과학과 불교의 만남

(현대인을 위한 《금강경》 해설)

과학과 불교의 만남

(현대인을 위한 《금강경》 해설)

글 황의현

하늘북

머 리 말

서양의 물질문명이 생활의 윤택을 가져온 것은 사실이지만, 그것들이 과연 사람들에게 행복을 가져다 주었을까요? 진정한 내면의 평화를 가져오는 불교야말로 현대 물질문명의 홍수 속에서 새로운 해결책(solution), 새로운 대안(alternative)이 될 수 있습니다.

서양의 심리학자들이 연구한 바에 의하면 일반 사람들의 고민의 80~90%는 본래 고민할 필요가 없는 것이라고 합니다. 이미 지나가 버린 일, 자기 힘으로 좌우할 수 없는 일, 발생할 가능성이 거의 없는 일(杞憂 기우)을 심각하게 붙들고 고민합니다. 그것이 인간입니다. 대부분의 번뇌는 자기 마음이 스스로 만들어내는 허상(虛想)입니다.

이것만 체득(體得)해도 인생의 반은 성공입니다. 사람이 일상생활에서 의견대립, 갈등(葛藤)이 마음을 만들어 내는 허상(虛想)이라는 사실을 절실히 이해하고 마음만 바꿔먹으면 직장 생활에서, 가정생활에서, 친구사이에서 갈등과 말다툼이 조금씩 줄어들고 시간이 지날수록 화목(和睦)해 질 수 있을 것입니다. 화(火)가 풀리면 인생도 풀립니다.

이 《금강경》은 마음의 본질을 밝힘으로써, 화를 억제(抑制)하거나 화를 발산(暴發 폭발)하거나 하지 않고 원천적으로 화를 낼 필요가 없음을 밝혀줍니다.

불교는 팔만대장경이 있지만 완결된 것이 아니고 끊임없이 새로운 해석, 새로운 내용을 더해가며 발전해 나가는 과정에 있습니다. 따라서 《금강경》도 시대의 발전에 따라서 새로운 해석, 새로운 폭과 깊이를 가지고 해석을 해나가야 됩니다. 그리고 이 《금강경》은 해석하는 사람의 깊이와 식견에 따라 해석의 깊이나 폭에 따라서 무척 다양하게 해석할 수 있습니다. 불교는 또한 과학의 최신 연구성과에 대해서도 열린 마음(open mind)으로 100% 받아들입니다.

인간은 재산, 지위, 명예 등을 추구하지만 한편으로는 뿌리깊게 영성(靈性)을 추구하는 속성이 있습니다. 인간에게는 종교적인 측면이 많이 있다는 뜻입니다. 《금강경》의 정신은 불교, 기독교, 천주교, 이슬람교, 힌두교, 유교, 도교의 차별이 전혀 없습니다(cross-over).

참된 불교의 정체성은 이렇게 활짝 열려있으며 어디에도 갇혀 있지 않는 것이며, 이것이 바로 불교적인 삶이고, 지혜로운 삶입니다. 불교는 불교 그 자체를 고집하지 않습니다. 불교라는 것은 다만 이름붙인 것일 뿐이며, 진리를 그렇게 이름 지은 것일 뿐입니다.

사람들은 특정종교의 이름이나 틀 속에 스스로 갇히길 좋아하고, 그러한 틀 속에 보다 많은 신자들을 편입시키고자 애를 쓰지만 《금강경》은 이런 모든 것을 초월합니다. 《금강경》은 불교라는 명칭에 구애받지 않는, 우주의 보편적인 진리입니다. 유네스코 세계문화유산처럼 《금강경》은 인류의 보편적인 진리의 보고(寶庫)인 것입니다. 부처님의 가르침은 특정인이 독점(獨占)하거나 전유(專有)해서는 안 되며, 널리 알려 일체 중생이 공유(共有)해야 합니다.

그런데 이렇게 말하는 사람도 있습니다. 불교는 너무 소극적이고, 현실도피적, 방어적이지 않느냐? 그 말도 일리가 없지는 않다고 생각합니다. 앞으로 불교를 사회복지, 과학과 접목시켜 보다 창의적이고 적극적으로, 사회 현실에 참여하고 기여하는 방향으로 새롭게 발전시켜 나가야 한다고 생각합니다.

그런 점에서 공(空)에 대한 해석도 새롭게 해석해 나갈 필요가 있습니다. 공의 의미가 결코 허무하다, 아무것도 없다 이런 의미를 넘어서서 모든 것을 창조할 수 있는 잠재력(potential)을 가진 것의 의미로서의 공(空)입니다. 유(有)를 그 속에 포함한 공(空)입니다. 양자역학(quantum mechanics)에 있어서도 아무것도 없는 진공속에서 끊임없이 입자가 생성되고 소멸되는 것을 알 수가 있습니다. 이와 마찬가지로 여기서 공이란 것은 허무의 의미가 아니라 비어있기에 모든 것을 창조할 수 있는, 즉 동양화에 있어서 여백의 의미입니다.

그런데 복잡한 현대사회에서 생존하기 위해서는 타인과 대립, 경쟁이 없을 수는 없습니다. 그러나 이 《금강경》의 깨달음을 얻고 아상(我相: the sense of self, egotism)이 없어진다면 훨씬 원만하고 평화로운 세상이 될 수 있을 겁니다. 그리고 지나친 에고의식으로 인한 갈등, 불행으로부터 벗어날 수 있습니다.

대승보살의 정신은 일체 중생의 이익을 위해 행하는 것으로, 하나하나의 모든 행위가 빠짐없이 자신을 희생시켜 남을 성취하게 하는 것입니다. 마땅히 이렇게 보시하고, 마땅히 온갖 인연을 떨쳐 버리며, 다른 사람의 몸과 마음을 이롭게 하는 것이 보살(菩薩)입니다.

노블레스 오블리주(Noblesse oblige)라는 말이 있습니다. 이는 사회지도층이 가져야할 도덕성, 책임감 같은 것을 의미합니다. 사람들은 그가 속한 사회의 지배층 인사들에게는 일반인들보다 높은 도덕성을 요구하게 마련입니다. 이러한 기대가 충족될 때 우리는 상류 계층 사람들을 존경의 눈으로 바라보게 됩니다. 그러나 최근 우리나라에는 철학과 도덕성을 갖춘 진정한 상류층이 존재하지 않는다는 이야기를 많이 합니다.

현대적 의미의 보살(Bodhisattva)은 누구일까요? 보살은 깨달음을 구하는 사람을 뜻하며, 대승불교에서 중시하는 일체 중생에 대한 자비행(慈悲行; 菩薩行)을 실천하는 사람입니다.

이런 관점에서 볼 때, 현대판 보살은 노블레스 오블리주(Noblesse oblige)를 몸소 실천하는 사람입니다. 미국의 경제학자 J.A.슘페터는 '혁신(innovation)'과 신결합(new combination)을 경제발전의 가장 중요한 동인(動因)으로 꼽았습니다. 기업가(entrepreneur)가 낡은 업무관행을 버리고 새로운 방식으로 변화시키는 '혁신'을 통해 투자와 소비수요를 자극해 새로운 경제발전을 가져오고, 망해가는 기업을 회생시키고, 많은 사람들에게 일자리를 창출하는 것이 과학자, 사회복지 자원봉사자 등과 더불어 현대판 보살이라고 볼 수 있을 것입니다.

빌 게이츠는 PC가 모든 사무실과 가정에서 중요한 틀이 될 것이라는 믿음을 가지고 PC용 소프트웨어를 개발했고, 이러한 선견지명과 비전은 마이크로소프트와 소프트웨어 산업의 커다란 성공을 가져왔습니다. PC용 소프트웨어 분야에서 전 세계 선두 업체인 마이크로소프트사의 회장 겸 CEO(Chief Executive Officer)인 빌 게이츠는 벤처의 신화, 세계 제일의 갑부, 검소한 생활 태도 등의 대명사로 불릴 만큼 많은 사람들의 사랑과 존경을 받아 오고 있습니다.

빌 게이츠는 재산이 오백억 $ 정도 된다고 합니다. 이 재산 중 0.02%인 천만 $만 자식에게 물려주고 나머지는 사회에 환원한다고 합니다. 마이크로소프트가 상장된 지 10년 만에 빌 게이츠 회장은 2억 7천만 달러 이상을 자선단체에 기부했습니다. 빌 게이츠와 아내 멜린다 게이츠가 운영하는 사회복지 재단을 통해 대학이나 질병 퇴치에 돈을 기부하는 것은 참 좋은 일입니다.

《금강경》은 일체 종교적 테두리를 철저히 초월합니다. 《금강경》 뒤편에 그런 이야기가 나오지만 《금강경》은 고정된(stereotype) 법(dharma)이 없습니다. 도그마(dogma: 독단론, 교조주의)를 인정하지 않습니다. 이제 《금강경》을 공부할 때는 먼저 자기의식 속에 있는 종교적인 틀을 한쪽으로 제쳐놓아야 합니다. 그렇게 한 뒤 《금강경》의 요점과 정신을 배워야 얻는 바가 있을 것 입니다.

《금강경》은 반야부에 속합니다. 반야라는 것은 보통의 지혜가 아니라 도를 이해하고 깨닫고 닦아서 해탈할 수 있는 지혜를 말합니다. 이것은 보통의 총명함이 아니라 부처님의 근본적 지혜에 속합니다. 여기서 말하는 근본적 지혜를 보다 현대적으로 표현해 본다면 형이상학적인 생명의 본원이나 본성을 파악해낼 수 있는 지혜를 말합니다. 이것은 사변적인 것이 아니라 몸과 마음을 모두 던져 증득(證得)해야 하는 지혜입니다.

《금강경》의 뜻은 심오합니다. 본문에 나오는 이야기지만 공덕과 복덕으로 나눌 때 공덕의 차원에 들어가지는 못하더라도 《금강경》을 전심(專心)으로 암송하면 큰 복덕을 얻습니다. 마음이 외롭고 쓸쓸하면 차분히 《금강경》을 필사(筆寫)하는 습관을 기르면 좋겠습니다. 《금강경》을 소리내어 읽는 것도 좋습니다.

끝으로 이 책을 출간하는 데 도움을 주신 모든 분께 진심으로 감사드리며, 언제나 건강과 행복이 가득하길 기원합니다.

2006. 6.

황 의 현 合掌

제목 차례

금강반야바라밀경
金剛般若波羅蜜經

(Vajra-prajna-paramita-sutra)

제1장 법회가 열리게 된 원인

제1절 한글번역

이와 같이 들었다.

어느 때 부처님께서 사위국(舍衛國) 기수급고독원(祇樹給孤獨園)에서 비구(比丘)들 1250명과 함께 계셨다. 그때 세존(世存)께서 식사(공양) 시간이 되어 가사를 입고 바리때를 드시고 사위성(舍衛城)으로 들어가시어 성안에서 한 집 한 집 걸식을 하시고는 계시던 곳으로 돌아오셔서 진지를 잡수시고 나서 가사와 바리때를 거두시고 발을 씻으시고는 자리를 펴고 앉으셨다.

제2절　해설

제1장 법회가 열리게 된 원인

《금강경》은 산스크리트본이 한역(漢譯)되면서 경의 명칭이 금강반야바라밀경(金剛般若波羅蜜經: Vajra-prajna-paramita-sutra) 또는 금강능단반야바라밀경으로 번역되었으며, 금강의 지혜로 번뇌를 잘라 낸다는 의미입니다. 《금강경》은 최고의 지혜(prajna paramita: supreme wisdom)를 담고 있습니다. 《금강경》은 영어로 다이아몬드 수트라(The Diamond Sutra)라고 합니다.

그런데 《금강경》은 단지 평범한 일상생활의 하루를 묘사하는 데서부터 시작됩니다. 《화엄경》(華嚴經)을 읽어보면 우주적인(cosmos) 차원에서 시작하여 지상으로 내려오는데 비하여, 《금강경》에서는 지상에서〔on earth〕 소박하게 시작하여 최상승(最上勝: the highest level)의 지혜로 나아갑니다.

이 경전에 나타나 있는 부처는 우리와 다르지 않습니다. 똑같이 밥을 먹고 똑같이 걸식을 하며 똑같이 맨발로 길을 걷고 똑같이 발바닥에 묻은 흙을 씻어냅니다. 그런 뒤 밥을 먹고는 좌선을 합니다. 평범하고 일상적입니다. 평범한 것이 도입니다. 중국의 선사(禪師)도 "평상심(平常心)이 도(道)"라고 했습니다. 도는 평범한 것에 있습니다. 초기 불교의 경전을 읽어보면 부처님은 권위적이지 않으면서도 권위가 있습니다.

『이와 같이 들었다.』

불경은 모두 『이와 같이 들었다』라고 시작합니다. 이렇게 시작하는 이유는 이렇습니다. 부처님이 열반(涅槃: nirvana)에 들려고 할 때 아난이 물었습니다. 아난은 붓다의 사촌으로서 부처님을 시봉(侍奉)했고 옆에서 설법을 많이 들었습니다(多聞第一: the foremost in hearing the Buddha's teachings). 아난은 기억력이 비상해 인간녹음기입니다.

이제 떠나시면 제가 그동안 부처님께서 말씀하신 것을 모두 기록하려 하는데 다른 사람들이 과연 믿겠습니까? 제가 조작한 것이라 생각할지도 모르겠습니다. 그러자 부처님은 아난에게 한 경전을 시작할 때마다 서두에 '이와 같이 들었다.'로 시작하라고 했습니다. '나는 들었다'의 나는 아난을 가리킵니다. 즉 부처께서 이렇게 말하는 것을 들은 사람이 아난이며, 가르침은 아난존자의 독단적인 생각이 아니라 부처님의 말씀을 그대로 전한다는 의미입니다.

『어느 때 부처님께서 사위국(舍衛國) 기수급고독원(祇樹給孤獨園)에서 비구(比丘)들 1250명과 함께 계셨다.』

인도인들은 시간을 중시하지 않습니다. 인도인은 역사관념이 없습니다. 인도인들은 시간관념과 역사관념이 뚜렷하지 않을 뿐 아니라 숫자관념 역시 치밀하지 못합니다. 불경 여기저기서 팔만사천이라는 숫자를 흔히 접할 수 있는데 이것은 아승기 나유타와 같이 많은 숫자를 나타낼 때 쓰는 말입니다.

어느 때(一時)의 의미는 이렇습니다. 서양의 직선적인 시간관념이 아니라 동양의 순환론적, 원(圓 circle)형론적 시간관념에서는 무시무종(無始無終), 시작도 없고 끝도 없습니다. 《금강경》에서는 과거의 마음은 얻을 수 없고 현재의 마음도 얻을 수 없으며 미래의 마음도 얻을 수 없다고 했습니다.

시간은 상대적인 것으로 진정한 시간은 영겁(永劫)이 한 생각이요 찰나(刹那)가 영겁입니다. 현재도 없고 과거와 미래도 없습니다. 불교의 시간은 유심(唯心)적인 것으로 절대적이 아닙니다. 그 때문에 어느 때라 표현한 것입니다.

아인슈타인의 상대성이론에 나온 시간이야기를 잠깐 소개하겠습니다.

아인슈타인은 우주의 심오한 성질을 밝혀냈습니다. 아인슈타인이라는 한 사람에 의해서 창조된 그의 상대성 이론은 인류가 지금까지 이룩한 가장 높은 수준의 지적 성과(the highest intellectual achievement)임이 틀림없습니다.

상대성 이론(the theory of relativity)이란 쉽게 말하면 공간(space)과 시간(time)이 절대적인 것이 아니라(not absolute), 관찰자(the observer)와 관찰되는 대상(the thing being observed) 모두에게 상대적인 것이며 속도가 빨라질수록 그 차이가 더욱 커진다는 것입니다. 상대성이론이 이상해 보이는 이유는 우리가 일상생활에서 그런 경우를 경험하지 못하기 때문입니다.

일반 상대성이론의 개념들 중에서 우리의 직관(intution)에서 벗어나기 때문에 가장 이해하기 어려운 것은 시간이 공간의 일부라는 주장입니다. 우리는 본능(instinct)적으로 시간이 영원(eternal)하고 절대적(absolute)이고 불변(immutable)의 것이라고 생각합니다. 일정하게 찰칵거리는 시간은 무엇으로도 방해할 수가 없습니다. 그런데 아인슈타인의 주장에 따르면 시간은 변화할 수 있는 것 일뿐만 아니라 실제로 끊임없이 변화하고 있다는 것입니다.

시간은 모양도 가지고 있습니다. 시간은 3차원의 공간과 풀어헤칠 수 없도록 서로 얽힌 시공간(space-time)이라는 기묘한 차원을 만들어냅니다. 무거운 물체〔massive object〕가 시공간을 늘어나고(stretch), 휘어지고

(curve) 구부러지게(warp) 만듭니다.

우리가 일상생활에서 느낄 수 있는 시간의 상대성 이야기를 해보겠습니다. 제가 전방에서 군복무를 하였는데 얼차려를 받을 때 한 시간 정도 시간이 지났나 싶어 시계를 보면 단지 5분이 지났을 뿐이었습니다.

여러분 모두 즐겁고 재미있게 시간을 보낼 때, 또는 즐겁게 노래를 부르고 행복한 시간을 가질 때 20~30분 지났다 싶어 시계를 보면 2~3시간이 훌쩍 지난 경우가 많았음을 누구나 경험할 것입니다. 시간은 상대적입니다.

부처님께서는 사위국(Sharvasti: Sravasti라고도 표기) 기수급고독원에서 35세에 설법을 시작해서 80세까지 45년간을 설법을 했습니다. 부처님의 설법은 대부분 사위국에서 행해졌습니다. 사위국은 중인도 지역에 자리잡은 경제와 문화가 발전한 국가입니다. 이 나라에 나이 많고 덕이 높은 사람이 있었는데 이 사람의 이름이 급고독 장자(Anathapindika) 즉 불쌍한 사람들에게 재물과 음식을 나눠준다는 의미입니다.

그는 부처님에게 설법을 해줄 것을 요청했습니다. 그리고 부처님을 위해서 강당하나를 지어주려고 했습니다. 그는 가장 좋은 장소를 찾았습니다. 그런데 그곳은 공교롭게도 기타태자의 땅(Jetavana Grove)이었습니다. 그가 태자에게 땅을 팔라고 하자, 태자는 한 가지 조건을 제시했습니다. 만약 황금으로 그 땅을 다 덮을 수 있을 정도의 황금을 준다면 그에게 땅을 팔겠다는 겁니다. 급고독 장자는 부처님을 존경하고 보시를 잘하는 사람이었기에 금으로 그 땅을 덮기 시작했습니다.

이렇게 반쯤 깔았을 때 어떤 사람이 태자에게 이 사실을 보고했습니다. 태자는 급고독 장자에게 왜 그렇게 하느냐고 물었습니다.

급고독 장자는 말했습니다.

"그분은 진짜 부처님이십니다. 진정한 성인이십니다." 라고 했습니다.

그러자 태자가 말했습니다.

"저는 선생의 말을 믿습니다. 황금을 깔 필요가 없습니다. 우리 두 사람이 공동으로 강당을 건립합시다."

이렇게 해서 강당의 이름을 두 사람의 이름을 따서 기수급고독원(祇院精舍 기원정사: Jetavana Vihara)이라 불리게 된 연유입니다.

『비구(比丘)들 1250명과 함께 계셨다.』

부처님 제자 중에서 사리자(舍利弗: Shariputra)는 부처님이 설법을 시작하기 전부터 이미 스승으로서 그 밑에 100명의 제자가 따라다니고 있었습니다. 사리불은 부처님의 제자 중 지혜가 제일이었습니다.(the foremost in wisdom) 그리고 삼(三) 가섭형제 중 2명은 각각 250명의 학생이 있었고 나머지 한명은 500명의 학생이 있었는데, 이들을 합하면 1000명으로서 이들 삼형제는 당시 사회에 큰 영향을 끼치는 대학자였습니다.

가섭(Kasyapa)은 고행에 뛰어났습니다(the foremost in ascetic practice). 이 밖에 신통력으로 유명한 목련존자(목건련; Maudgalyayana)가 있었는데 연령은 부처보다 몇 살 위로써 100여명의 학생을 거느리고 있었습니다. 또 야사장자가 있었는데 50명의 제자가 있었습니다. 위 여섯 제자가 부처에 귀의하자 그 학생들도 귀의해 모두 1250명이 된 것입니다.

비구(bhikshu)의 의미는 탁발하는 사람(one who goes around for alms)이라는 뜻인데 일체의 번뇌를 깨뜨려 없애고, 일체의 생사를 초월하며, 능히 성취를 이루고 깨달음을 증득(證得)한다는 뜻으로 발전되었습니다.

『그때 세존(世存)께서 식사시간이 되어 가사를 입고 바리때를 드시고』

세존은 부처의 또 다른 명칭입니다. 불교에서 말하는 세존이란 세상에서 가장 존경할만한 사람이란 뜻입니다. 그러나 주의할 것은 여기서 말하는 세상이란 단지 인간세상만을 의미하지는 않는다는 것입니다.

불교에서 말하는 일체의 중생으로서 생명과 지각을 가진 존재인 유정으로 구성된 유정세간, 그리고 성현들로 구성된 성현세간, 그리고 한국 미국 등 국토세간, 물질세계로 이루어진 기세간 등 이런 것을 모두 포함한 개념입니다. 부처님은 천·인·아수라를 포함한 모든 세상에서 가장 존경할만한 사람이라는 뜻입니다.

부처님은 삼계의 스승입니다. 삼계는 욕계·색계·무색계입니다. 삼계에 대해서는 뒤에 간단히 설명하겠습니다. 부처님은 2천 5백 년 전에 삼천대천세계를 말씀하셨습니다. 삼천대천세계란 3,000의 뜻이 아니라 현대과학용어로 표현하면 천개의 태양계를 합쳐서 하나의 소천세계라 하고 이런 소천세계 1,000개를 중천세계라 하고 이런 중천세계 1,000개를 합쳐 대천세계라고 합니다. 부처는 이 허공중에 삼천대천세계가 있다고 했습니다.

현대물리학, 우주천문학의 연구결과에 의하면 우주에는 은하계(galaxies)가 약 천억 개 정도 있고 이 각각의 은하계마다 약 천억 개 내지는 2천억 개의 별이 있다는 것을 생각해볼 때 우주에는 말 그대로 천문학적 숫자의 별이 있고, 별 하나를 하나의 세계라 볼 때 이 우주에는 천문학적인 수의 세계가 있는 셈이 되는 것입니다.

『그때 세존께서 식사시간이 되어』

그 당시 계율에는 하루에 한번 한차례 사시(巳時: 오전9시~오전11시)에 한번만 식사(공양)를 하도록 되어 있었습니다. 불교에서는 우리 보통사람들의 식사를 단식(段食)이라 합니다. 여기서 단은 구분이라는 뜻입니다.

하루에 세 번씩 구분해서 먹기 때문입니다. 부처님은 하루 중 한번만 식사를 하셨습니다. 후세의 제자는 오후 1시가 지나면 식사를 하지 않았는데 이것 역시 부처님이 제도화 시킨 것입니다.

그 외에도 촉식(觸食)이 있습니다. 우리가 제사를 지낼 때 과일 윗부분을 자르는 것은 영(靈)의 경우 접촉하는 것만으로 식사를 하기 때문입니다. 제삿밥을 아무리 먹어도 살찌지 않는다는 말도 있습니다. 그 말이 사실이라면, 영(靈)이 촉식으로 음식의 정기를 섭취해서 그럴 것입니다. 천상계에서는 사식(思食), 즉 생각하는 것만으로 식사를 합니다.

그리고 식식(識食)도 있습니다. 식식(識食)은 눈에 보이지 않지만 아주 중요합니다. 인간의 제8의식, 즉 아뢰야식은 서양에서 심층의식이라고 부르는 것과 약간 개념의 차이가 있지만, 아뢰야식(阿賴耶識)의 작용은 생명을 유지시켜줍니다. 사람이 죽을 때도 아뢰야식이 제일 나중에 나갑니다. 아뢰야식에 대해서는 뒤에 자세히 설명 드리도록 하겠습니다.

식사시간이 되자 가사를 걸쳐 입고, 밥그릇을 집어 들었습니다. 이때는 국이든 밥이든 모두 섞어서 한 그릇에 담았습니다. 저도 최전방에서 군대생활 할 때 야외훈련 중에 밥과 국, 반찬을 군용 반합에 한꺼번에 쏟아 부어 그냥 땅위에 앉아서 짬밥을 먹던 생각이 납니다. 비가 억수로 쏟아져 빗물반 짬밥반으로 말입니다.

우리는 보통 아프리카가 덥다고 생각하는데 실제로 인도가 더 더운 곳이 많습니다. 아프리카는 적도의 열대 우림을 빼놓고는 고지대가 많아 의외로 서늘한 곳이 많습니다. 인도는 여름에 덥고 우기에 벌레들이 땅으로 많이 기어 나옵니다. 수행자가 길을 걷다보면 자기도 모르게 많은 생물들을 밟아 죽이는 경우가 발생합니다.

이 때문에 하찮은 벌레라도 소중한 중생이기에 살생을 피하기 위해 하안거(夏安居: summer retreat)의 제도가 만들어진 것입니다. 그러니까 인도의 상황, 지역적인 상황을 고려해 하안거 제도가 생긴 것입니다.

그리고 걸식(乞食)을 할 때도 분별심을 갖지 못하도록 계율을 정했습니다. 걸식을 하는 것은 체면과 자존심을 버리지 않고서는 못합니다. 철저한 하심(下心)을 배우는 것입니다. 가난한 집이나 부잣집이나 똑같이 돌아가며 걸식을 해야하며(일곱 집을 찾아감) 가난한 집이나 부잣집만을 골라 걸식을 하지 못하도록 한 것입니다.

지금도 태국이나 미얀마 등 동남아시아에서는 걸식제도가 남아 있습니다. 동남아에서 점심밥이 다 되면 승려들이 걸식하기 전에는 식사를 안하고 기다리다가, 황색 옷을 입은 승려들이 일렬종대로 죽 서서 오면 승려들에게 먼저 밥과 반찬을 공양하고 나서 비로소 자기 식사를 시작하는 것을 볼 수 있습니다.

『사위성(舍衛城)으로 들어가시어 성안에서 한 집 한 집 걸식을 하시고는 계시던 곳으로 돌아오셔서 진지를 잡수시고 나서 가사와 바리때를 거두시고 발을 씻으시고는 자리를 펴고 앉으셨다.』

불경을 보면 부처님은 밤부터 낮까지 줄곧 선정에 들었습니다. 단지 점심때 식사를 하고서야 한차례 휴식을 취합니다. 휴식을 취한 후 오후에 설법을 하고 날이 어두워지면 모두 눈을 감고 입정(入定)에 들어갑니다. 길거리 아무 곳에서나 밥을 먹지 않고 밥그릇을 들고 자신의 강당으로 되돌아가 규정된 장소에서 식사를 합니다.

식사가 끝나면 의복과 밥그릇을 수습한 뒤 발을 씻습니다. 초기 불교 경전을 살펴보면 어떤 왕이 와서 이런 모습을 보고 깜짝 놀라는 장면이 나옵니다. 그 많은 수행인들이 강압적인 규제가 없는데도 너무나 질서정연하고, 조용하고, 절도가 있기에 말입니다.

여기서 정(定)에 대해서 간단히 소개하겠습니다. 정(定)은 불교의 수행방법 중 하나인데, 반야(般若)의 지혜를 얻고 성불하기 위하여 마음을 닦는 수행을 가리키는 말입니다. 인간은 잡다한 생각을 그치지 못하고 집착하기 때문에 불만과 고통으로 가득 차 있습니다.

그러므로 누구든지 망념(妄念)과 사념(邪念)을 버리면 이 세상이 곧 극락이고 이 마음이 곧 부처라 하였는데, 이와 같은 경지에 이르기 위해서는 마음을 다스리는 공부인 정(定, 禪定선정이라고도 함)을 연마하여야 합니다. 정의 본질(本質)은 명상(冥想)되어지는 대상(對象)에 마음을 집중(集中)시켜 분산(分散)되지 않는 것입니다(its nature is that of causing mind to be absorbed in attention on a contemplated object and not become distracted).

정(定)이란 마음을 대상에 국한(局限)시켜, 마음이 하나로 모아진 것을 말합니다. 그리고 고요합니다(the mind collected into oneness. calming the mind). 정(定)이란 마음의 집중입니다(concentration of mind).

《금강경》을 읽다보면 여러 경전 중에서 제일 소박하다는 것을 알 수 있습니다. 부처님도 보통사람처럼 맨발로 다니고 흙이 묻은 발을 씻습니다. 지극히 평범하고 진솔한 인간의 모습입니다. 발을 씻고는 앉을 자리를 정돈하여 단정하게 합니다. 제자에게 시키거나 사람에게 시키지 않고 본인 스스로 행합니다.

생활이 이처럼 빈틈없고 평범하고 또 절도가 있습니다. 《금강경》을 보면 부처님은 보통사람처럼 지극히 평범합니다. 비록 태자의 신분이었고 또 최고의 깨달음을 얻었지만 그의 생활은 평민과 다름없습니다.

그 당시 엄격한 신분상의 계급제도 속에서 그는 최하층 빈민출신 제자인 우팔리(優波離) 존자에게 규율을 맡겨 누가 계율을 어기더라도 평등하게 처리하도록 했습니다. 우팔리 존자(Upali)는 부처님 제자 중 지계제일(持戒第一)이었습니다(the foremost in observing the precepts). 부처님은 이처럼 가장 평범한 생활속에서 비범한 가르침을 세운 것입니다.

이것이 바로 《금강경》의 종지(宗旨)입니다.

여기서 잠깐 동양과 서양의 만남에 대해서 이야기 하겠습니다. 불교가 등장하던 2,500여 년 전 바라문교와 초기 불교사상(원시불교라고도 함)에 관해 연구하다가, 우연히 초기기독교시대 서양의 그노시스파(Gnosticism)에 대한 자료를 보게 되었습니다.

그런데 그노시스파의 자기 영혼의 근원과 하나님의 본질, 그리고 우주와 세계가 생성된 원인과 이 모순된 현실에서 벗어나 근원의 본질로 돌아가는 방법 등에 대해 읽다가 예수와 교회와 신성(神聖)이 우리 몸밖에 있는 것이 아니라 바로 내안에 있다는 구절을 보고 깜짝 놀랐습니다. 이것은 불교의 가장 근본적인 가르침, 즉 불성(佛性)이 우리 안에 있다는 것과 무엇이 다르겠습니까?

그노시스파의 믿음과 인도의 바라문교, 원시불교사상과 아주 많은 유사점을 발견했습니다. 그래서 이것이 동양과 서양이 서로 독자적으로 발전시켜온 것인데 서로 공통점이 많은 것인지, 아니면 동양(인도)의 불교사상이 서양으로 전파되어서 초기 기독교 그노시스파가 불교의 영향을 받은 것인지 연구해 볼 필요가 있을 것 같습니다.

B.C. 3세기경에 인도의 아쇼카왕은 불교 전법사를 아주 멀리 있는 여러 나라에까지 파견하였습니다. 초기 기독교 그노시스파가 불교의 영향을 받은 것이 있다면 그 당시 교통이 아주 불편했음에도 불구하고 요즘 우리의 예상과는 달리 고대(古代)에도 교역과 문화교류가 상당히 활발했음을 의미합니다.

그런데 고대의 문화와 사상교류에 대한 하나의 시사점이 있습니다. 2000년 전 불교의 근본에 대한 동양(인도)과 서양(그리스)의 지성을 대표하는 두 현인의 대화가 있었습니다. 옛날 그리스 샤갈라의 밀린다 왕은 현인 나가세나에게 갔습니다. 밀린다 왕은 진리의 횃불을 밝혀 마음의 어둠을 쫓아버린 나가세나에게 참과 거짓을 가려내는 여러 가지에 대해 어려운 질문을 했습니다. 그리고 나가세나의 지혜로운 해답이 있었습니다.

밀린다왕과 나가세나 비구 사이에 있었던 토론이 《밀린다왕문경》 입니다. 수행승들에게 곤란한 질문을 퍼붓기 좋아하는 밀린다왕이 나가세나에게 불교에 대하여 질문한 경인 것입니다. 이 《밀린다왕문경》 에는 이름(name)의 실체, 실체로서의 인격적 개체의 부인, 무아설은 윤회의 관념과 모순되지 않는가, 영원한 시간은 어떻게 하여 성립하는가, 여러 가지 정신작용의 협동, 붓다의 실재증명, 출가자의 육체관, 열일곱 가지 기억형식, 붓다에 대한 공양의 효력과 무효, 교단규정의 폐기의 가부, 비구의 스물두가지 자격 등에 대한 질문과 답변이 있습니다.

그노시스파(Gnosticism)에 대해서 왜곡없이 자세히 알려면 먼저 나그하마디(Nag Hammadi '나그함마디' 로도 읽음) 이야기부터 시작해야 합니다. 나그하마디는 이집트 나일강 상류의 도시 룩소르에서 약 100 거슬러 올라간 강가에 있는 도시입니다. 이 도시 부근에서 1945년에 한 농부에 의해 「나그하마디 문서」가 발견되어 현재 카이로의 콥트박물관에 보존되어 있습니다. A.D. 3~4세기에 필사된 13개의 콥트어 파피루스 코덱스(古寫本; Cod는 그 약어)로 이루어졌으며, 적어도 52개 문서가 포함되어 있는데 그 대부분은 그노시스 문서입니다.

그노시스, 즉 영지주의란 '영지(靈知, gnosis)' 를 통해 구원을 얻는다고 믿는 신앙의 일종입니다. 여기서 '영지' 란 '지식(knowledge)' 이라는 말이기는 하지만, 일반적인 지식이 아니라 자신의 영혼의 근원과 하나님의 본질, 그리고 우주와 세계가 생성된 원인과 이 모순된 현실에서 벗어나 근원의 본질로 나아가는 데 필요한 앎을 말합니다.

영지주의의 본질적인 질문은, '나는 어디에 있었으며, 어찌하여 이 세상에 왔으며, 어떻게 여기에서 근원으로 돌아갈 수 있는가?' 하는 것입니다. 이 종교운동의 기원에 대해서는 여러 가지 설이 있지만, 예수 당시부터 광범위하게 퍼졌다가, 당시 세력을 잡은 교회와 대립하여 탄압을 받고 그 세력을 잃었습니다. 그러나 그 맥은 중세 이래로 근세에까지 이어지고 있습니다.

영지주의에는 그리스도교적인 종파 뿐 아니라 비그리스도교적인 종파도 있습니다. 그 대표적인 것이 마니교와 헤르메스주의입니다. 헤르메스주의는 실제로 르네상스의 사상적 원천이었습니다. 유대교의 카발라와 하시디즘, 이슬람의 수피즘도 모두 영지주의의 영향으로 생긴 것이며, 매우 유사한 내용을 지니고 있습니다.

일반적으로 그리스도교의 이른 바 정통파에서는 영지주의를 이단이라고 합니다. 그러나 이 사상은 종교사적으로는 매우 중요한 사상입니다. 1945년 이집트의 나그하마디에서 영지주의 문서가 대량으로 발굴되었습니다. 이 문서를 「나그하마디 문서(The Nag Hammadi Library)」라고 하는데, 여기에는 부활 후 예수께서 제자들에게 전하신 비밀한 내용이 들어있습니다.

서구에서는 이 문서를 발굴한 이후 영지주의를 그리스도교의 중요한 종파 중 하나로 평가하고 있습니다. 복음서의 원형이라고도 하는 《도마복음》은 이 「나그하마디 문서」에 들어 있습니다.

영지주의는 이 세상의 모순에 대해 철저히 인식하고 있는데, 다만 그 원인을 인간에게서 찾지 않고 창조의 모순에서 찾는다는 점이 정통교회의 교리와 다릅니다. 또 결정적인 점은 영지주의에서는 인간 영혼의 본질이 하나님의 신성과 동일하다고 본다는 점입니다. 그래서 그것을 깨달으면 하나님과 같은 본질을 회복한다고 봅니다. 이 점에서 영지주의는 불교와 본질적으로 상통합니다.

나그하마디에 나오는 내용은 지금까지 알려진 예수의 가르침과는 너무도 다른 것입니다. 「예수의 비밀한 가르침」 에 들어 있는 첫 번째 말씀은 이러했습니다.

"누구든지 이 말을 이해하는 자는 죽음을 경험하지 않으리라."

이집트의 한 농부가 우연히 발견한 이 책에는 부활하신 예수께서 제자들에게 전한 우주의 비밀과 영생에 관한 가르침이 들어 있었습니다.

「나그하마디 문서」 는 모두 13권의 파피루스 묶음으로 되어 있습니다. 여기에는 모두 52편의 글이 실려 있습니다. 이 문서들이 발견되기 전에, 영지주의는 그리스도교의 이단으로 알려져 있었습니다. 이런 견해는 물론 이른 바 정통파 교회의 교부(教父)들이 영지주의자들을 이단으로 단죄하고 그들의 주장을 논박했기 때문입니다.

초기의 박해에 의해 영지주의자들이 보던 문서는 모두 자취를 감추었고, 단지 이단비판가들인 교부들이 비판을 위해 기록해 놓은 글들만이 영지주의자들의 주장을 알 수 있는 유일한 자료가 되었습니다. 그러나 이제 우리는 그리스도교 영지주의자들의 글을 직접 볼 수 있게 되었습니다. 이 문서들을 통해 우리는 비로소 교부들의 글에 인용된 편벽된 자료를 통해서만 접했던 그리스도교 영지주의의 진면목을 알 수 있게 된 것입니다.

나그하마디와 공통점이 많은 《유다 복음서(The Gospel of Judas)》도 발견되었습니다. 이 복음서의 내용은, "유다의 배신이 없었다면 예수는 십자가에 못 박히지 않았을 것이고, 인간을 죄로부터 구원한다는 신의 계획은 완성되지 못했을 것이다." 는 것입니다.

예수를 배신한 제자 가룟 유다의 입장에서 쓰여진 고문서 《유다 복음(The Gospel of Judas)》은 스위스의 메세나 고미술재단과 미국 내셔널지오그래픽이 수년간의 공동연구를 통해 《유다복음》의 고증과 번역을 해왔습니다. 《유다복음》은 그동안 실물은 전해지지 않았지만 서기 180년 무렵 프랑스 리옹의 주교 이레니우스가 「이단」이라고 강력히 비판한 사실을 통해 존재 자체는 알려져 있었습니다. 이번에 공개될 《유다복음》은 서기 1~2세기 사이에 그리스어로 쓰인 것을 서기 4세기 당시 이집트에서 사용하던 언어인 콥트어로 번역한 것입니다.

이 문서는 30년 전 이집트의 사막에서 발견돼 골동품 시장에 나왔으며 수년 전 스위스의 메세나 고미술재단이 입수한 것으로 알려졌습니다. 메세나 재단과 내셔널지오그래픽은 방사성탄소연대측정법, 가속기질량분석법 등을 통해 이 문서에 사용된 파피루스와 잉크 등이 서기 3~4세기의 것임을 밝혀냈습니다.

그러나 논란이 되는 점은 예수와 유다의 관계에 대한 기술(記述)입니다. 이 부분이 기존 복음서와는 전혀 다릅니다. 《유다복음》에는 예수가 유다에게, "너는 모든 이들로부터 저주를 받는 사도가 될 것이다. 너는 나를 둘러싼 인간의 육체를 희생 제물로 바칠 것"이라며, "그러나 결국은 그들을 다스릴 것"이라고 말했다고 합니다.

2003년, 댄 브라운의 소설 《다빈치 코드》는 출간과 동시에 뉴욕타임즈 86주 연속 베스트셀러를 기록하고 40개국 언어로 번역되어 전 세계적으로 4,300만부 이상이 판매되는 놀라운 기록을 세웠습니다.

다빈치 코드는 영화로도 제작되었습니다.

특별강연을 위해 파리에 체류 중이던 하버드대 기호학자 로버트 랭던(톰 행크스)은 깊은 밤 급박한 호출을 받습니다. 루브르 박물관의 수석 큐레이터 자크 소니에르가 박물관 내에서 살해당한 시체로 발견된 것입니다. 시체 주변에 가득한 이해할 수 없는 암호들… 그 중 'P.S. 로버트 랭던을 찾아라'는 암호 때문에 살인누명까지 뒤집어쓴 랭던은 자크의 손녀이자 기호학자인 소피 느뷔(오드리 토투)와 함께 자크가 남긴 불가사의한 수수께끼를 풀어나가기 시작합니다.

랭던과 소피는 시시각각 좁혀오는 경찰 조직과 파슈 국장(장 르노)의

숨가쁜 포위망을 피하면서, 〈모나리자〉, 〈암굴의 성모〉 등 천재화가 레오나르도 다 빈치의 작품들 속에 숨겨진 충격적인 비밀을 추적합니다. 하지만 코드 속에 감춰진 실마리를 쫓아 진실에 접근할수록 비밀단체 시온 수도회가 지켜온 비밀을 지워버리려는 '오푸스 데이'의 추격은 더욱 격렬해지고, 마침내 두 사람은 인류 역사를 송두리째 뒤바꿀 거대한 비밀과 마주하게 됩니다.

인류 역사를 송두리째 뒤바꿀 거대한 비밀이란 무엇일까요?

이것을 알기 위해서는 먼저 로마제국과 그리스도교간의 관계에 대한 그 역사적 배경을 이해해야 합니다. 그리스도교는 바울의 전도 후 초기에 급속한 발전을 이룩함에 따라 로마제국으로부터의 박해가 표면화하기 시작했습니다. 유명한 네로의 박해는, 네로가 로마의 대화재 책임을 그리스도교도들에게 전가시킨 것입니다.

로마제국의 압박이 종교상의 이유로 전국적으로 퍼진 것은 3세기 이후입니다. 로마는 기울어져 가는 국운(國運)을 황제를 숭배케 함으로써 만회하려 하였으나, 이에 강력히 반발한 그리스도교회를 압박하게 되었습니다. 레키우스황제 때인 250년, 발레리아누스황제 때인 258년에, 황제숭배를 국민의례로서 강요받은 그리스도교도들은 완강하게 저항하여, 전국적으로 기독교인들을 박해·처형하였습니다.

디오클레티아누스황제는 가톨릭교회 그 자체를 전멸시키려고 대규모의 박해를 감행하여 여러 순교자를 냈으며, 그리스도교도의 단결은 더욱 굳어져 로마제국측에서는 오히려 이것을 이용하는 편이 상책이라는 방침으로 전환하지 않을 수 없게 되었습니다.

콘스탄티누스 황제는 313년 <밀라노 칙령>을 발표하여 그리스도교를 승인했고, 322년에는 이것을 공인종교로서 국가에서 보호해 주었습니다. 또한 테오도시우스 1세는 392년에 그리스도교를 로마의 국교로 하여 모든 이교와 이단을 금했습니다. 이렇게 해서 그리스도교는 중세 말에 이르기까지 서유럽사회의 정신적 지도권을 확보하게 된 것입니다.

소설 다빈치 코드 속 인물들이 풀어내려고 애쓰는 수수께끼의 중심에 있는 중요한 사건은 바로 니케아 종교회의가 결정했습니다. 그 수수께끼란 바로 예수 그리스도가 인간이냐 아니냐의 문제입니다. 예수가 인간이면 결혼을 하고 자식을 낳을 수 있을 것입니다. 예수 그리스도가 인간이라고 믿는 신앙은 아리우스주의(Arian heresy)입니다.

콘스탄티누스 대제는 아리우스파로 발생한 교회 내의 분열과 분쟁을 우선적으로 끝내고자 서기 325년에 최초로 종교회의를 소집했습니다. 서기 325년에 열린 니케아 종교회의는 예수 그리스도는 신이며, 그렇기 때문에 결혼을 했을 리가 없다고 법령으로 포고했습니다.

니케아 종교회의는 아리우스파 문제를 논의하고 처리했으며 그리스도교의 신앙 중 가장 중요한 교리 중 하나, 즉 성부, 성자, 성령의 삼위일체를 공식적으로 선포했습니다. 콘스탄티누스는 이 문제들을 매우 중요하다고 생각했기 때문에, 모든 주교를 종교회의에 참석시키고자 했습니다.

주교들이 공의회에 안전하게 참석할 수 있도록 황제의 교통 체계를 자유롭게 이용할 수 있는 권한까지 줄 정도였습니다. 그 덕에 주교들은 자비를 들이지 않고도 로마 군대의 보호를 받으며 이동할 수 있었습니다.

니케아는 오늘 날 터키의 이즈닉(Iznik, 터키 남부의 해안 도시)로 알려져 있습니다. 이러한 콘스탄티누스 대제의 결정 덕분에 이탈리아와 유럽에서 오는 주교들은 더욱 수월하게 참석할 수 있었고, 또한 콘스탄티누스는 직접 공의회의 진행사항을 볼 수 있었습니다.

니케아 공의회는 325년 6월 19일에 소집되어 2달 동안 열렸습니다. 다양한 자료에 따르면 250명에서 320명의 주교들이 참석했다고 합니다. 콘스탄티누스 황제는 7월 초에 도착하여 화합의 중요성에 관해 연설했습니다. 공의회에서 작성되어 현재까지 남아 있는 문서로는 니케아 신경, 카논(그리스도교적 신앙 및 행위의 규범), 그리고 이집트 교회에 쓴 서한이 있습니다.

콘스탄티누스는 자신이 이룩한 제국의 평화와 번영을 위해 교회가 화합하기를 바랐습니다. 그러나 아리우스파는 '예수는 신의 피조물 중 최고의 존재'라고 주장했고, 이러한 견해는 로마 제국의 안정에 위협요소가 될 가능성을 가지고 있었습니다.

아리우스파는 로마 제국 전역의 그리스도교 곳곳에 스며들어 있었고 황제는 아리우스파가 제국의 안정을 위협하지는 않을까 우려했습니다. 아리우스파는 이집트 알렉산드리아 출신의 그리스도교인 아리우스의 이단적 견해에서 발생했습니다. 아리우스는 예수 그리스도를 신적인 존재가 아닌 '신의 피조물 중 최고이자 으뜸인 존재'라고 봤습니다.

아리우스의 생각대로 예수 그리스도에게 신성이 없다고 한다면 예수 그리스도가 죄를 짓고 변질될 수 있는 존재임을 의미하기도 합니다. 또한 아리우스는 '기원이 없는' 신과는 달리 예수 그리스도는 기원이 있다고 강력히 주장했습니다. 그리고 '예수 그리스도는 그의 세대 이전에는 있지도 않았다'고 주장했습니다.

사실, 콘스탄티누스는 아리우스파 주교 몇 명뿐만 아니라 아리우스파의 관점에 영향을 받았다고 알려져 있습니다. 그렇기 때문에 더욱 그는 점점 커져가는 교회의 분파를 끝내고 싶다는 바람이 강했습니다. 그리고 콘스탄티누스는 교회의 분파 문제를 공의회의 결정에 맡기기로 결심했습니다.

공의회는 아리우스파에게 비난을 퍼부었으며 이미 정해진 교회의 교리를 확고하게 다졌습니다. 주교들은 신경(神經)을 만들어 예수 그리스도의 신성과 하느님, 예수 그리스도, 성령과의 관계를 강조했습니다. 그렇게 해서 역사적으로나 종교적으로 삼위일체설이 주류가 되었고 아리우스파는 이단으로 단죄된 것입니다.

다빈치 코드는 예수가 막달라 마리아와 결혼했고, 그 사이에 딸이 있었으며(이름 사라 요셉), 이 딸이 이집트 알렉산드리아를 거쳐 12살 때 남부 프랑스로 왔으며, 이 후손이 뒤에 프랑스 메로빙거 왕조와 결혼하여 지금까지 이어져 내려오고 있다는 팩트(fact), 픽션(fiction), 프랑스 남부에 전해 내려오고 있는 전설과 작가 댄 브라운의 작가적 상상력(imagination)이 결합되어 빚어낸 소설입니다.

댄 브라운의 소설 《다빈치 코드》가 출간과 동시에 뉴욕타임즈 86주 연속 베스트셀러를 기록하고 40개국 언어로 번역되어 전 세계적으로 4,300만부 이상이 판매되고, 영화로까지 제작되어 '다빈치 신드롬'이라는 말까지 나오는 것은, 우리 인간이 재산, 지위, 명예 등을 추구하지만 한편으로는 얼마나 뿌리깊게 영성(靈性)을 추구하는 속성이 있는가, 얼마나 종교적인 측면을 많이 가지고 있는가 라고 볼 수도 있을 것입니다.

시온수도회는 예수의 후손을 보호하려는 비밀목적을 가지고 그 휘하에 템플기사단의 군사조직을 두고 있고, 한편 가톨릭교 산하의 오푸스 데이는 기독교의 근간을 뒤흔들 위험성이 있는 막달라 마리아와 예수의 후손 이야기의 비밀을 차단하고 시온수도회와 예수의 후손을 제거하는 데 총력을 기울인다는 게 다빈치 코드의 배경입니다.

다빈치 코드는 시온 수도회의 수장들이 아이작 뉴턴, 보티첼리, 빅토르 위고, 레오나르도 다 빈치라고 말하고 있습니다. 이들은 인류의 엄청난 비밀을 간직하고 여러 예술 장르를 통해 그 비밀을 인류에게 전하고 있다는 것입니다. 가장 쉽게 알 수 있는 것은 다 빈치의 그림 중 〈모나리자〉 〈최후의 만찬〉 〈암굴의 성모〉 이라고 주장합니다. 게다가 저자

댄 브라운은 자신이 묘사한 예술 작품, 건물, 비밀 종교의식 들이 '사실'이라고 자신 있게 말합니다.

우리가 성배(聖杯: The Holy Grail)라고 하는 것이, 최후의 만찬 때 사용한 포도주잔, 예수의 피를 담은 성배가 아니라 막달라 마리아와 막달라 마리아와 예수 사이에 낳은 후손이라는 주장입니다. 이것은 검증(檢證)할 수 없으며, 단지 소설속의 주장의 하나일 뿐입니다.

예수가 신의 아들이든 신의 아들이 아니든 그것은 중요한 것이 아니며, 예수가 휴머니티(humanity)를 가르친 인류의 위대한 스승이란 점이 진정한 의미를 가집니다.

인간은 재산, 지위, 명예 등을 추구하지만 한편으로는 뿌리깊게 영성(靈性)을 추구하는 속성이 있습니다. 인간은 종교적인 측면을 많이 가지고 있다는 말입니다. 《금강경》의 정신은 불교, 기독교, 천주교, 이슬람교, 힌두교, 유교, 도교의 차별이 전혀 없습니다.

참된 불교적 정체성은 이렇게 활짝 열려있으며 어디에도 갇혀 있지 않는 것이며, 이것이 바로 불교적인 삶이고, 지혜로운 삶입니다. 불교는 불교 그 자체에 고집하지 않습니다. 불교라는 것은 다만 이름붙인 것일 뿐이며, 진리를 그렇게 이름 지은 것일 뿐입니다.

사람들은 특정종교의 이름이나 틀 속에 스스로 갇히길 좋아하고, 그러한 틀 속에 보다 많은 신자들을 편입시키고자 애를 쓰지만 《금강경》은 이런 모든 것을 초월합니다. 《금강경》은 불교라는 명칭에 구애받지 않는, 우주의 보편적인 진리입니다. 유네스코 세계문화유산처럼 《금강경》은 인류의 보편적인 진리의 보고(寶庫)입니다.

제3절 용어해설

① 구마라집(鳩摩羅什, 344~413):

중국 한(漢)나라 때 명승. 줄여서 라집(羅什)·집(什)이라 한다. 서역(西域)의 일국이었던 구자국(龜玆國) 사람으로, 후진(後秦)의 왕 요흥(姚興)의 초청으로 장안(長安)으로 와서 중국불교사상에 큰 공을 세웠다.

구마라염(鳩摩羅炎)과 구자국왕의 누이인 기바(耆婆) 사이에서 출생하였다. 그의 부친인 구마라염은 재상집에서 태어났으나 출가하여 구자에 다녀와서 국사(國師)가 되었으며, 왕의 누이와 혼인하여 구마라집을 낳았다.

구마라집은 인도 북쪽의 계빈(桂賓)에서 반두달다(槃頭達多)로부터 소승불교를 배우고, 소륵국(疏勒國)에서는 수리야소마(須梨耶蘇摩)에게서 대승불교를 배웠으며, 구자국에 돌아와서는 비마라차(卑摩羅叉)에게서 율법을 배우면서 주로 대승불교를 수득(修得)하였고, 용수계(龍樹系)의 사상을 연구하여 그 명성을 떨쳤다.

또한 후진의 요흥의 간청을 받아 국사로서 예우를 받으며 서명각(西明閣)과 소요원(逍遙園)에서 경전을 번역하였다. 특히 삼론(三論) 중관(中觀)에 힘을 기울여서 후세에 삼론종(三論宗)의 조사(祖師)라고도 전해진다. 《성실론(誠實論)》 《대품반야경(大品般若經)》 《아미타경(阿彌陀經)》 등의 경률론 74부 300여 권을 한역(漢譯)하는 등 그의 공적은 당나라의 현장(玄奘)에 비길 만하다.

② 현장(玄奘, 602~664):

중국 당(唐)나라 승려. 속성은 진(陳), 이름은 위. 허난성〔河南省 하남성〕 옌스현 출생. 중국 법상종(法相宗)·구사종(俱舍宗)의 개조(開祖)이며, 보통 삼장법사(三藏法師)로 알려져 있다. 13세에 출가하여 뤄양〔洛陽 낙양〕 정토사(淨土寺)에서 경론(經論)을 공부하였다. 622년 구족계(具足戒)를 받고 각지를 다니면서 스승을 구하여 섭대승론(攝大乘論)과 소승(小乘)의 여러 이론에 통달하였으나 의심나는 부분이 많아 원전(原典)을 접하고자 629년 불교의 근원지 인도로 떠났다.

인도의 여러 성지를 참배하고 대덕(大德)들을 찾아 불교 및 학문·예술을 익혔으며, 특히 중인도 마가다국 나란다사〔那爛陀寺 나란타사〕에 5년간 머무르며 계현론사(戒賢論師) 아래서 《유가사지론(瑜伽師地論)》 중심의 교학을 연구하였다.

다시 인도 각지로 구법과 불적(佛蹟) 순례여행을 계속하였고, 불사리 150알, 불상 8구, 경전 520질 657부 등을 얻어 645년 장안(長安)에 돌아왔다.

그 뒤 태종의 후원으로 홍복사(弘福寺)·자은사(慈恩寺) 등에서 불전 번역에 종사하였는데, 그가 20년간에 걸쳐 번역한 경론은 《대반야바라밀다경(大般若波羅蜜多經, 600권)》을 비롯 《유가사지론》 《구사론(俱舍論)》 등 75부 1335권에 이르렀다. 또한 여행기 《대당서역기(大唐西域記, 12권)》는 그의 전기인 《대당대자은사삼장법사전(大唐大慈恩寺三藏法師傳, 10권)》과 함께 7세기의 서역과 인도를 알 수 있는 귀중한 문헌이다.

③ 대당서역기(大唐西域記):

중국 당(唐)나라의 고승 현장(三藏)이 인도여행 중의 견문을 이야기한 것을 제자가 기록해서 남긴 책. 646년 작품. 현장이 여행한 순서대로 그 지방의 지리·풍속·산물·언어·전승·불교사정이 기술되어 있으며, 정치나 민족에 관해서도 중요한 자료가 된다.

제1권과 제12권은 중앙아시아와 아프가니스탄, 제2권부터 제11권까지는 인도 각지에 대해 쓰고 있는데 내용 중에는 현장이 직접 가지 않았던 나라에 대한 전문(傳聞)도 있는데, 이것이 현장이 직접 입수한 지식과 구별되어 있지 않으므로 주의를 필요로 한다.

이 책의 연구에는 혜립편(慧立編) 《대자은사삼장법사전(大慈恩寺三藏法師傳)》(현장의 傳記)이 참고가 된다. 이 책은 19세기 이후의 인도·파키스탄·아프가니스탄·투르케스탄에 대한 구미 학자의 고고학적 조사에서 중요한 지침서가 되었다. 문학분야에도 영향을 끼쳤는데, 소설 《서유기(西遊記)》는 이 책의 자극으로 씌어진 것이다. 전12권으로 되어있다.

④ 산스크리트어(Sanskrit 語):

고대 인도의 아어(雅語)·문장어. 중국 및 한국에서는 범어(梵語)라고도 한다. 원래 '정화(淨化)·세련·완성'을 뜻하는 동사 samskr-의 과거수동분사 산스크리타(samskr-ta)에서 만들어진 말이며 '정화되고 세련된' 또는 '완성된' 언어를 의미한다.

또, 같은 samskr-에서 파생한 명사형 산스카라(samskara)는 고대 인도인이 그 인생의 중요한 단계에서 치러야 할 통과의례를 의미하는데, 거기에는 종교적인 의미가 들어 있다.

속(俗)에 대한 성(聖), 자연에 대한 인공이라는 의미가 강하고, 이런 것들이 산스크리트의 특징이다. 즉, 산스크리트는 이른바 인도의 교양인들이 사용하는 언어이며, 현재도 정식 의식에서는 산스크리트가 사용되고 있다.

1784년에 영국인 W. 존스가 산스크리트와 서양 고전어의 유사성을 지적한 이래, 인도유럽어 비교언어학의 성과는 이 언어의 계통을 명확히 하였다. 산스크리트의 고어는 옛 이란어와 매우 가깝고, 두 언어는 인도이란어를 형성한다. 그것은 또 그리스어·라틴어·게르만어·슬라브어 등과 자매관계에 있고 모두 인도유럽어에 연원을 두고 있다.

⑤ 유식불교(唯識佛教):

불교용어. 산스크리트로는 비지냐프티마트라타(vijnapti-matrata)이다. 비지냐프티는 우리들의 인식의 표상(表象)을 말한다. 마트라는 '다만' '뿐'을 나타내며 -ta는 추상명사를 만드는 접미사이다. 따라서 유식이란 자기와 이 세상의 모든 사물은 우리들의 인식의 표상에 불과하고, 인식 이외의 사물은 실재(實在)하지 않는 것을 말한다.

《십지경(十地經)》에서, '이 3계는 심식(心識)에서 이루어지는 것에 불과하다' 라고 하고 있다. 우리들에게 인식되고 있는 세계는 자기의 인식 안에 있는 것이고, 한편 자기의 인식 밖에 있는 것은 알 수 없기 때문에 세계란 자기 인식의 세계에 불과한 것이다.

인도불교 4대학파의 하나인 유가행파(瑜伽行派 ; 唯識學派, 한국에서는 法相宗)는 이러한 주관적 관념론철학을 주장하였다. 불교에서는 설일체유부(說一切有部, 俱舍宗)가 실재론의 철학을 주장했다. 이 학파는 같은 순간에 병존하는 외계의 대상과 감각기관과 의식의 접촉이 인식에 불과하다는 소박실재론(素朴實在論) 또는 모사설(模寫說)에 가까운 입장을 취했다.

이에 반하여 경량부(經量部)는 외계의 대상 그 자체는 우리들에게 지각되지 않는다고 한다. 인식이란 외계의 대상 X가 원인이 되어서 한 순간 후에 우리들 심중에 어떤 지각상(知覺像)을 낳는다고 하는 계시적(繼時的)인 인과관계라고 보고 있다. 따라서 참된 인식의 대상이란 외계 사물 그 자체인 X가 아니라 우리들 심중의 지각상(知覺像 ; 表象)이며, 심중의 주관(能取 :능취)이 그 표상을 대상(所取: 소취)으로서 파악하는 것이 인식에 불과하다고 주장했다. 외계의 대상X 그 자체는 심중의 지각이라는 결과에서 추리되는 원인이기는 하지만, 그것 자체는 결코 지각되지 않는다. 이 경량부(經量部)의 입장은 비판적 실재론 혹은 표상주의적 인식론이라고 할 수가 있다.

이에 대하여 유식학파는 경량부처럼 외계의 대상 X를 인식의 원인이라고 하지 않는다. 현재의 지각의 원인은 한 순간 전의 우리들 자신의 의식 속에 있었던 같은 종류의 지각상이라고 생각한다면, 양자 사이에서 인과관계인 인식이 가능하게 되며 외계는 이에 전혀 관여하지 않게 된다. 이렇게 하여 유식학파는 외계의 존재를 필요로 하지 않고, 의식의 흐름으로부터만 세계의 현현(顯現)을 설명하는 인식론을 확립했다.

경량부는 외계의 대상이 전혀 존재하지 않는다면 개개의 인식을 시간적·공간적 기타의 특수상(特殊相)으로 한정시킬 원리가 없어진다고 반론을 내세우지만, 유식학파는 정확히 꿈속의 인식은 외계의 대상을 갖지 않지만 시간·공간의 한정을 가지며 효용까지도 있다고 답론하면서 만법유식(萬法唯識)의 이론을 완성시켰다. 바수반두(婆修槃頭)의 《유식이십론》과 《유식삼십송(唯識三十頌)》은 운문(韻文)으로 유식설의 대강을 정리한 것이다.

⑥ 나는 이와 같이 들었노라(如是我聞):

불멸후 붓다의 가르침을 정리하기 위한 첫 결집에서 아난다는 기억하고 있는 경전을 암송하도록 요청받았다. 대부분의 경전의 시작에서 보이는 여시아문이라는 말은 이러한 암송을 암시한다. 불교경전의 제일 첫 부분은 의례 『나는 이와 같이 들었노라〔如是我聞〕』로 시작된다. 세존이 열반에 든 후에, 그 제자들은 교법의 준수를 위하여 저마다 들은 것을 모아서 경전편찬사업을 시작했는데, 그것을 결집(結集)이라 한다.

세존이 열반에 든 해인 기원전 544년에 왕사성(王舍成) 칠엽굴(七葉窟)에서 세존의 수제자인 마하가섭을 상수(上首)로 하여 500명의 제자들이 모여서 경, 율 이장(二藏)을 편찬하였다. 그 후 계속하여 결집사업이 시행되었으며, 세존의 제자들이 교법을 그대로 믿고 순종한다는 뜻으로 『나는 이와 같이 들었노라』

로 기록했던 것이다. 이 《금강경》에 나오는 『나는 이와 같이 들었노라』의 '나'는 석존의 10대 제자의 한 사람인 아난존자(阿難尊者)이다. 아난존자는 세존의 종제(從弟)인데, 그 이름을 아난타(阿難陀)라고 한다. 그는 8세에 출가하여 석존이 열반에 드실 때까지 조석으로 모시던 시봉자였다.

이 《금강경》은 아난존자가 훗날 세존과 그의 10대 제자의 한 사람인 수보리(須菩提)간에 문답한 내용을 모아서 기록한 것이다. 『이와 같이』의 '이와'는 이 《금강경》에 기록한, 세존이 친히 하신 설법을 들었다고 하는 뜻이며, 또 『들었노라』는 아난존자의 독단적인 생각이 아님을 뜻하는 것이다.

⑦ 불(佛):

구마라집 역본(譯本)만이 불(佛)이라 하고, 다른 유지본·진제본·급다본·의정본 등은 불바가바(佛婆伽婆) 또는 간단히 바가범(婆伽梵)으로 번역하고 있다. 범어는 Bhagavat로서 세존으로 번역되지만, 일반적으로 제자가 스승에 대해서 부르는 호칭으로 이 말이 사용된다.

⑧ 사위국(舍衛國):

원어 스라바스티(Sravasti)의 번역어. 실라벌(室羅筏), 실라벌실저(室羅筏悉底), 시라바제(尸羅波提)라고도 음역한다. 부처님 당시 인도 중부지방에 있던 가비라국 서북쪽에 있던 코살라라는 나라의 수도이다. 부처님이 살아계실 때에 그곳에는 파사닉왕(婆斯匿王: Prasenajit)이 있어 불교를 신봉하고 선정을 베풀었다고 한다. 본래는 코살라국의 수도를 사위(舍衛)라 했지만, 그 도시의 이름을 가지고 나라이름으로 삼아서 사위국(舍衛國)이라고 했다. 사위라는 말은 물자가 풍부하다는 뜻이라고 한다. 이 사위성의 남쪽에는 부처님이 25년간의 긴 세월에 걸쳐 설법·교화했던 저 유명한 기원정사(祇園精舍)가 있다.

⑨ 기수급고독원(祇樹給孤獨園):

기수(祇樹)는 제타바나(Jetavana)의 번역어로서 사위국 「제트리 태자(太子)의 숲」이라는 뜻이다. 제트리는 '전승자(戰勝者)'라는 뜻으로 파사닉왕 태자의 이름이다. 급고독(給孤獨)은 인명으로 아나타빈다타의 번역어이며, 「고독한 사람에게 먹을 것을 주는 사람」이라는 뜻으로, 고독한 사람이란 늙고 병들고 외로운 사람을 말한다. 급고독은 이름 그대로 불교를 위해서나 불우한 사람들을 위해서 많은 물질적인 선(善)을 베풀었던 부호인 수달(須達: Sudatta)의 다른 한 이름으로 수달다(須達多)·소달다(蘇達多)라고도 음역하고 있다.

수달장자가 부처님께 절을 지어드리려고 하는데, 그 후보지는 제타태자의 소유여서 그것을 팔라고 청했다. 그러나 태자는 팔 의사가 없으므로 엄청난 값을 부르는 장난을 했다. 그래도 장자는 거침없이 그 많은 값을 내고라도 사겠다고 하므로, 이에 태자가 물으니 전 인류의 스승이신 부처님께 절을 지어 헌납하겠다는 것이었다.

이 말에 감동이 된 태자는 그 지상물인 숲 값은 감면하고 자기의 이름으로 헌납할 것을 제의하자 이를 수락하여 「제타태자의 숲과 급고독장자가 세운 절」이란 기다란 이름이 생겼다 한다. 이것은 보통 생략해서 기원정사(祇園精舍)라고도 하는데, 사위성 남쪽 1마일 지점에 있다. 정사(精舍)는 수도하는 도장으로서, 수도승이 거처하는 집, 곧 절을 의미한다.

⑩ 큰스님[大比丘]:

큰스님, 즉 대비구라 함은 덕 높고 점잖은 비구란 뜻이다. 비구는 범어 Bhiksu의 음역으로서 포마(怖魔)·정계(淨戒)·걸사(乞士)의 세 가지 뜻이 있다. 포마는 악마를 겁나게 하는 사람이라는 뜻이고, 정계는 계행을 깨끗이 지닌 이라는 뜻이며, 걸사는 걸식으로 삶을 이어가는 이라는 뜻이니, 종합하면 부처님의 제자 중 성문(聲聞)을 가리키는 말이다.

⑪ 세존(世尊):

부처님을 부르는 10가지 호칭 중의 하나. 부처님에게 있는 공덕상(功德相)을 일컬어 10가지로 표현하는데, 이것을 여래 10호(如來十號)라 한다.

1. 여래(如來, Tathagata): 열반(涅槃)의 피안(彼岸)에 이르는 분.

2. 응공(應供, Arhat): 온갖 번뇌를 끊어 인간, 천상의 중생들로부터 공양을 받을만한 덕이 있는 분.

3. 정변지(正遍知, Samyaksambuddha): 일체지(一切智)를 갖추어 우주의 모

든 시공을 알지 못함이 없다는 뜻.

4. 명행족(明行足, Vidyacaranasampanna): 계(戒)·정(定)·혜(慧)의 삼학(三學)을 두루 갖추어 최고의 깨달음을 얻었다는 뜻.

5. 선서(善逝, Sugata): 깨달음의 피안에서 이 생사(生死)의 바다에 빠지지 않는 분.

6. 세간해(世間解, Lokavit): 세계의 온갖 일을 다 아는 분.

7. 무상사(無上士, Anuttara): 모든 생물 가운데에서 가장 높으신 분이며 위가 없는 큰 분.

8. 조어장부(調御丈夫, Purusadamyasarathi): 대자대비(大慈大悲)와 대지(大智)로써 중생에게 때로는 부드러운 말, 때로는 간절한 말로 제어(制御)하며 바른 길을 벗어나지 않게 조절하는 분.

9. 천인사(天人師, Devamanusyasastr): 하늘과 땅의 스승이라는 뜻.

10. 세존(世尊, Bhagavat): 세상에서 가장 존귀한 분.

⑫ 천이백오십인(千二百五十人):

천 이백 오십 인이라 함은 이 경을 말씀하실 때 당시의 제자들이 모두 다 모였음을 뜻하는데, 처음에 교진여(橋陳如) 등 다섯 사람이 제도되었고 다음에 가섭파(迦葉波) 등 삼형제를 합친 무리 천(千) 사람을 제도하셨고, 세 번째로 사리불(舍利佛) 등 이백(二百) 사람을 제도하셨고, 마지막으로 야사(耶舍) 등 오십(五十) 사람을 제도하셔서 정확히 말하면 천 이백 오십 오인이지만 대충 말씀하신 것이다.

⑬ 식사 때가 된지라[食時]:

부처님은 하루 한 끼 사시(巳時 오전 9시 11시)에 식사를 하시었다.

⑭ 바리때를 드시고[持鉢]:

바리때는 비구(比丘)가 사용하는 밥그릇이라는 뜻. 이것을 가지고 돌아다니면서 밥을 비는 것을 탁발(托鉢)이라 한다. 바리때라는 말은 원어 파트라(Patra)의 음역인데, 한문으로는 발다라(鉢多羅) 또는 발우(鉢盂)라고도 하며 단지 줄여서

발(鉢)이라고도 한다. 쇠로 만든 철발(鐵鉢), 오지로 만든 와발(瓦鉢) 등이 있으나 우리 나라에서는 주로 나무로 만든 목발(木鉢)을 쓰고 있다.

⑮ 탁발(托鉢):

출가한 승려가 바리때를 들고 거리를 돌아다니면서 음식 등을 비는 것으로, 이것을 탁발걸식이라 한다. 걸식에는 엄격한 규율이 정해져 있어서 그 대상에는 빈부나 귀천의 차별을 두지 않고 한 집 한 집 차례로 평등하게 한다. 이 걸식에는 얻거나 못 얻거나 하루에 일곱 집으로 정해져 있는데, 이는 색(色)과 물(物)에 대한 욕심, 즉 탐심에의 집착을 버리며 참고 견디는 정신을 기르기 위한 수양의 한 방법이다.

걸식할 때 비구가 지켜야 할 네 가지를 걸식사사〔乞食四事〕라 한다. 즉, 주정계(住定戒)라 하여 심신을 바르게 가져서 정계에 주(住)하고, 주정의(住定儀)라 하여 용모를 단정히 하고 예의바르게 하여 상대로 하여금 공경케 하고 믿게 하는 것이며, 주정명(住定命)이라 하여 부처님의 법도에 따라서 걸식하고 부정한 생활을 하지 않는 것이고, 주정각(住定覺)이라 하여 몸은 괴로움의 근본인 줄 알고 음식은 겨우 몸을 지탱할 정도로 만족해야 한다는 것 등이다.

⑯ 공양(供養):

출가한 승려가 하루 세끼 음식을 먹는 것, 또는 금품이나 옷·음식·꽃·향 등을 불(佛)·법(法)·승(僧)의 삼보(三寶)에게나 혹은 부모·스승 등에게 바치는 것을 말한다.

제4절 한역(漢譯)

1. 법회인유분(法會因由分)

如時我聞 一時佛在舍衛國 祇樹給孤獨園
여시아문 일시불재사위국 기수급고독원

與大比丘衆 千二百五十人俱
여대비구중 천이백오십인구

爾時 世尊 食時着衣持鉢
이시 세존 식시착의지발

入舍衛大城 乞食 於其城中 次第乞已 還至本處
입사위대성 걸식 어기성중 차제걸이 환지본처

飯食訖 收衣鉢 洗足已 敷座而坐
반사흘 수의발 세족이 부좌이좌

제5절 영역(英譯) 1

ONE:

Thus have I heard: Once the Bhagavan was dwelling near Shravasti at Anathapindada Garden in Jeta Forest together with the full assembly of 1250 bhikshus and a great many fearless bodhisattvas.

One day before noon, the Bhagavan put on his patched robe and picked up his bowl and entered the capital of Shravasti for offerings. After begging for food in the city and eating his meal of rice, he returned from his daily round in the afternoon, put his robe and bowl away, washed his feet, and sat down on the appointed seat. After crossing his legs and adjusting his body, he turned his awareness to what was before him.

A number of bhikshus then came up to where the Bhagavan was sitting. After touching their heads to his fee t, they walked around him to the right three times and sat down to one side.

제6절 영역(英譯) 2

Section 1. The Convocation of the Assembly

Thus have I heard. Upon a time Buddha sojourned in Anathapindika's Park by Shravasti with a great company of bhikshus, even twelve hundred and fifty. One Day, at the time for breaking fast, the World-honoured enrobed, and carrying His bowl made His way into the great city of Shravasti to beg for His food. In the midst of the city He begged from door to door according to rule. This done, He returned to His retreat and took His meal. When He had finished He put away His robe and begging bowl, washed His feet, arranged His seat, and sat down.

제2장　수보리가 일어나 법을 청하다

제1절　한글번역

이 때 장로 수보리(須菩提)가 대중가운데 있다가 일어나서 옷을 벗어 오른쪽 어깨를 드러내고 오른쪽 무릎을 땅에 꿇고 합장(合掌)하며 공경하게 부처님께 말했다.

『세상에 드문[世尊]이시여, 여래(如來)께서는 보살(菩薩)들을 잘 염려하여 보호해 주시고[善護念] 보살들에게 잘 일러주십니다[善付囑]. 세존이시여, 선남자(善男子) 선녀인(善女人)이 아뇩다라삼먁삼보리(阿耨多羅三藐三菩提)의 마음을 내고는 어떻게 머물러야 되며 어떻게 그 마음을 항복시키오리까?』

부처님께서 말씀하셨다.

『좋은 말이다. 참으로 좋은 말이다. 수보리여, 그대의 말과 같이 여래는 보살들을 잘 염려하여 보호하고 보살들에게 잘 일러주나니 자세히 들으라. 말해 주리라. 선남자 선녀인이 아뇩다라삼먁삼보리의 마음을 내고는 이렇게 머물러 있어야 하며 이렇게 그 마음을 항복시켜야 되느니라.』

『예, 세존이시여, 즐거이 듣고자 합니다.』

제2절 해설

제2장. 수보리가 일어나 법을 청하다

이 때 장로 수보리(須菩提)가 대중가운데 있다가 일어나서 옷을 벗어 오른쪽 어깨를 드러내고 오른쪽 무릎을 땅에 꿇고 합장(合掌)하며 공경하게 부처님께 말했다.

『세상에 드문 세존(世尊)이시여, 여래(如來)께서는 보살(菩薩)들을 잘 염려하여 보호해 주시고[善護念 선호념] 보살들에게 잘 일러주십니다[善付囑 선부촉]. 』

여기를 보면 마치 당시 현장을 생생하게 묘사한 한편의 드라마와 같습니다. 부처님께서 식사를 마치고 발을 씻고 앉을 자리를 정돈한 후 다리를 틀고 휴식을 취하려 할 때입니다. 바로 이때 나이 많은 제자의 대표격인 수보리가 부처를 그대로 내버려 두지 않았습니다.

자기에게 아직 의문점이 남아있어 여러 제자들을 대표해서 질문하오니 부처님께서 가르쳐 달라는 것입니다. 장로란 불교에서 여러 의미를 새기는데 나이가 많고 지혜와 덕이 높다는 뜻입니다.

수보리는 가사를 가다듬고 오른쪽 어깨를 드러낸 뒤 오른쪽 무릎을 땅에다 대고 무릎을 꿇고서 합장을 했습니다. 수보리는 합장을 한 뒤 먼저 선생님께 예를 갖춥니다. 스승에게 가르침을 청하기전 칭송의 이야기를 먼저 합니다. 《금강경》에서는 이 칭송의 이야기를 희유세존(稀有世尊) 네 글자로 압축시켰습니다.

제자들이 부처님께 질문할 때는 찬탄사를 늘어놓는데, 이 경전에서 희유세존 네 글자로 줄여놓은 것은 구마라집의 솜씨입니다. 간결하면서도 존경의 뜻을 잘 표현했습니다. 구마라집은 중국에 와서 인도의 불경을 한문으로 번역하면서 중국인에게 불교의 깊은 뜻을 가르치기 위해서 의역(意譯)을 주로 했습니다. 이에 반해서 현장은 직역(直譯)을 했습니다.

이것은 왜 그런가 하면 구마라집이 중국에 왔을 때에는 아직 중국에 불교가 널리 전파되지 않았던 시기입니다. 따라서 구마라집은 중국인들에게 불교의 깊은 뜻을 이해하기 쉽게 가르치고자 역경(譯經)시에 의역을 위주로 불경을 번역했던 것이고, 현장(玄奘)시대에는 이미 중국자체에서 상당한 수준의 불교지식이 쌓여 있었기 때문에 인도의 불교경전 원전 그대로를 직역할 단계의 수준에 도달했던 것입니다.

구마라집은 대단한 천재로서 번역된 글이 간결하면서도 문학적 향기가 높고 핵심을 집어냅니다. 반면 현장은 중국에 번역된 불경의 1/5 이상을 현장이 번역했다고 할 만큼 엄청나게 많은 역경사업을 했습니다.

알기 쉽게 비유를 들자면 물리학에서 뉴턴과 아인슈타인이 대표적인 두 사람의 천재이듯이, 불경 번역에 있어 구마라집과 현장은 쌍벽(雙璧)을 이루는 천재입니다(the two greatest authorities; authorities '권위자' 라는 뜻임).

현장에 얽힌 이야기를 한 가지 하고자 합니다. 현장은 상당히 잘 생겼다고 합니다. 중국에서 상당한 수준의 불법을 공부한 다음 이에 만족하지 못하고 인도로 직접 원전을 공부하러 갑니다. 요즘 우리나라로 비유하자면 미국 유학을 가는 셈이라고 할 수 있을 것입니다.

그러나 그 당시에는 요즘과 달라 엄청난 어려움이 있었습니다. 요즘은 비행기를 타고 쉽게 미국에 갈 수 있지만 옛날에는 교통도 불편하고 가는 도중에 수많은 산적, 떼강도, 길도 잃기도 하고, 길도 제대로 없는 엄청난 어려움이 있었습니다. 현장은 이런 모든 어려움을 극복하고 인도로 갔습니다.

그의 글 중에 보면 길을 잃고 며칠 동안이나 음식도 조금도 먹지 못하고 물 한 모금 마시지 못한 체 죽기 직전인 경우가 많았는데 그때마다 관세음보살에게 간절히 기도하면 정말 기적같이 지나가던 대상(隊商)이나 기타의 방법으로 먹을 것이 생기곤 했다고 합니다. 인도에서 현장은 요즘식으로 이야기하자면 인도의 불교종합대학인 나란다대학(Nalanda 날란다 로도 읽음; the Buddist university)으로 갔습니다.

나란다 대학 총장의 이야기는 많은 것을 시사합니다. 현장이 인도의 나란다 대학으로 갔을 때 자기가 가는 길에 꽃이 뿌려져 있고 코끼리를 타고 사람들이 현장을 영접하러 나왔다고 합니다. 현장이 깜짝 놀라서 그 이유를 물어보니 나란다 대학총장이 중국에서 앞으로 불교를 크게 펼칠 사람이 올 것이니 잘 영접하라는 이야기를 했다고 합니다.

현장이 그 총장을 만나니 그 총장의 이야기가 본인이 전생에 국왕이었는데 나라를 잘 다스렸지만 어쩔 수 없이 반역자들이나 범죄인들을 많이 죽였다고 합니다. 그런데 자기에게 죽임을 당한 사람들이 복수를 하기위해 다시 태어나서 자기를 죽이려고 했지만 자기가 나란다 대학의 총장이고 또 고승(高僧)으로 불법을 공부하고 가르치니 차마 죽이지 못하고 자기 주위에서 죽일 기회를 노리며 맴돌고 있었답니다.

그리고 자기가 비록 전생에 나라를 통치하기 위해서 어쩔 수 없이 사람을 많이 죽이게 되었고 어쨌든 살생을 했으므로 그 과보(果報)로 자기 온몸을 바늘로 콕콕 찌르는 듯한 통증을 받고 있었습니다. 그래서 자기도 빨리 육신을 벗어버리고 싶지만 불법을 전파시키기 위한 자기임무가 남아 있기 때문에 현장이 올 때까지 생존하고 있다고 합니다. 현장에게 직접 불법의 비전을 전수하고 많은 불경을 선물한 다음 편안히 눈을 감았다 합니다.

여기서 알 수 있는 것은 카르마(Karma)의 힘이 얼마나 무서운가 하는 것입니다. 즉 우리가 말이나 생각이나 행동으로 한 것은 이번 생 아니면 다음 생에서라도 반드시 자기에게 과보(果報)가 돌아온다는 것과, 불교의 가르침이 끊어지지 않고 계속 이어지게 하기위한 섭리(攝理: providence)입니다.

그 당시 인도에서는 불교가 크게 융성했지만, 바라문교가 토속신앙과 불교 교리를 일부 흡수한 후 힌두교로 다시 융성해지면서 불교는 거의 사라졌습니다. 이 불교가 티베트, 중국, 그리고 스리랑카로 전파되면서 북방불교와 남방불교의 흐름으로 이어졌고 현장은 이 북방불교의 흐름에 굉장히 중요한 역할을 하게 됩니다.

희유세존, 세상에 참으로 드물게 만나볼 수 없는 세존이시여 이런 표현을 봐도 구마라집의 번역은 간단하면서도 참으로 뛰어납니다. 우리가 보통 읽는 《금강경》 한문본은 양(梁)나라 무제(武帝)의 아들 소명태자(昭明太子)가 일체 중생이 《금강경》을 쉽게 이해하도록 그 의미에 따라 32분의 단락으로 나눈 것입니다. 수보리는 이어 말합니다. 여래께서는 여러 보살들을 잘 보호해주시고 여러 보살들에게 잘 일러주십니다.

우리는 먼저 여래와 보살에 대해서 알아보겠습니다.

여래는 석가모니의 다른 이름의 하나입니다. 산스크리트어의 타타가타(tathāgata)를 번역한 것입니다. 「수행완성자」 「완전한 인격자」를 뜻하며, 처음에는 브라만교 이외의 출가자 중 뛰어난 사람에 대한 존칭으로서 널리 사용되었으나 뒤에는 불교에만 사용하게 되었습니다. tathā는 여(如)로 번역되며, 진리 또는 있는 그대로의 상태를 나타내고, āgata는 온다[來]는 뜻인 āgam의 과거완료입니다.

이것이 합성된 말로서 「여래」라 번역되었으나, tathā와 gata(간다는 뜻인 gam의 과거완료)의 합성어로 해석되기도 하며, 이때는 여거(如去)로 번역되는데 티베트에서는 여거(如去)로 번역합니다. 여래십호라 하여 석가모니를 존경하여 부르는 10개의 이름이 잘 알려져 있는데, 그 중에서도 '진여에서 와서 중생을 이끈다' 는 뜻의 「여래」라는 명호가 가장 애호되어 왔습니다.

보살은 산스크리트의 보디사트바(Bodhisattva)의 음사(音寫)인 보리살타를 줄인 말입니다. bodhi(菩提 ; 깨달음)+sattva(사람)에서 「깨달음을 구하는 사람」의 뜻이며, 본래는 불교의 창시자 석가모니의 성도(成道) 이전의 모습을 가리키는 말이었습니다.

보살의 용어와 개념이 처음 등장하는 것은 B.C. 2세기 무렵 부파불교(部派佛教)시대에 제작된 《본생담(本生譚)》에서 입니다. 본생담은 석가모니가 전생에서 수행한 여러 행적을 이야기한 책인데, 여기에서의 보살을 본생보살(本生菩薩)이라고 합니다.

《금강경》 뒤편에 나오는 연등불 이야기에 자세히 나오지만 석가모니는 다른 사람에 대한 자비행(慈悲行 ; 菩薩行)을 되풀이하여 시행했기 때문에 금세에서 특별히 불타(佛陀)로 될 수 있었다고 합니다. 즉, 부파불교에서 보살은 항상 단수로 표시했는데, 이는 성불 이전의 수행 중인 석가모니만을 의미했기 때문입니다. 그리고 다른 수행자는 석가모니가 설법한 사성제(四聖諦) 등의 법을 수행하여 「아라한(阿羅漢)」이 되는 것을 목표로 했습니다.

기원전후에 일어난 대승불교(大乘佛教)는 부파불교가 법을 학습하여 자신이 아라한이 되려는 데 중점을 두는 것에 대해, 이것은 석가모니의 참정신인 자비행을 저버린 것이라고 비판하고, 《본생담》의 자비행을 행하는 석가모니(보살)를 대승불교의 모델로 하고, 보살이 되는 것을 목표로 하였습니다. 이리하여 보살은 복수가 되고, 대승불교의 수행자는 모두 보살 또는 보살승(菩薩乘)이라고 하게 된 것입니다.

《반야경(般若經)》 등에서는 보살을 마하살(摩訶薩 ; mahāsattva) 즉

「큰 뜻을 가진 사람」이라고 하였습니다. 마하는 영어로 great의 의미입니다.

보살은 수행의 단계에 의하여 그 계위(階位)가 주어집니다. 즉 초발심(初發心)·행도(行道)·불퇴전(不退轉)·일생보처(一生補處)의 4단계가 있는데, 특히 《화엄경(華嚴經)》의 십지(十地)의 level이 유명합니다. 또 대보살·소보살의 구별도 하게 되어, 이를테면 관음(觀音)·보현(普賢)·문수(文殊) 등의 대보살은 불타가 될 수 있는 데도 불구하고, 중생 구제(salvation)를 위해서 계속 보살로 남아 있으나, 실은 불타와 같은 능력을 지녔다고 생각하였습니다.

그런데 불타를 목표로 수행하는 보살이 복수라면, 과거에도 이미 많은 불타가 탄생되었으리라 여겨져, 약사(藥師)·아미타(阿彌陀)·아축 등의 다불사상(多佛思想)이 생겨났습니다. 따라서 전생의 석가모니보살과 같은 특정의 보살만이 아니라 누구든지 성불(成佛)하겠다는 서원을 일으켜서 보살의 길로 나아가면 그 사람이 바로 보살이며, 장차 성불할 것이라는 범부보살사상(凡夫菩薩思想)이 일어나게 된 것입니다.

보살은 대승불교를 이해하는 데 가장 중요합니다. 조선 중기에 저술된 《선가귀감(禪家龜鑑)》에서 휴정(休靜)은 『보살은 오로지 중생에 대한 생각뿐이다』라고 하여 보살의 성격을 잘 나타내고 있습니다. 보살은 또 실재하였던 고승(高僧)이나 대학자에 대한 일종의 존칭으로도 사용되었는데 인도의 용수(龍樹)·마명(馬鳴)·무착(無着) 등이 보살로 불렸으며 한국에서는 원효(元曉)가 보살의 칭호를 받았습니다.

불교사상사에서 《중론》을 저술하여 중관불교를 확립한 용수는 너무나 유명하며, 마명은 《대승기신론》을 저술했고, 무착(Asanga; 아상가)은 유식불교의 중요한 기초를 다진 사람입니다.

원효는 《대승기신론소》와 《금강삼매경론》을 저술했는데 이전에 일본의 불교서적을 읽어보던 중 일본 불교전문학자들이 원효의 저서를 연구하고서는 원효가 천재중의 천재라고 극찬한 내용을 발견한 것이 지금 기억이 납니다. 원효대사는 지금 축구선수 설기현처럼 속성(俗姓)이 설씨인데 대단한 천재였던 모양입니다.

아미타와 석가모니는 개인의 이름, 즉 고유명사입니다. 이에 반해서 여래나 보살은 통칭입니다. 일반 명사인 것입니다. 여래나 부처는 말하자면 성인과 같습니다.

구마라집의 여래라는 번역은 문학적으로도 아주 뛰어납니다. 여래라고 번역한 것은 잘한 것입니다. 앞에서도 티베트의 번역과 비교하여 이야기했지만, 올 래(來)의 상대되는 말은 갈 거(去)인데 여거라고 번역하지 않았습니다. 여래라고 번역해놓으니 영원히 다가올 것 같습니다. 미륵불처럼 중생에게 희망과 기대감을 줍니다.

부처는 이미 도를 이뤘기 때문에 여래라 했습니다. 《금강경》에서 다음과 같이 부처님이 여래에 대해서 해석을 했습니다. 즉 오는 곳도 없고 가는 곳도 없기 때문에 여래라 한다는 것입니다. 오지도 않고 가지도 않으며, 생기지도 않으며 없어지지도 않고, 움직이지도 않고 정지해 있지도 않으며, 기쁘지도 않고 슬프지도 않고, 높지도 않고 낮지도 않아 일체평등하고 영원히 존재합니다. 이것이 바로 여래입니다.

좀 더 쉽게 풀어보면 여래란 영원히 당신 앞에 있어서 일념(一念)으로 믿기만 하면 바로 드러난다는 것입니다. 부처나 진리는 각자의 마음속에 있습니다. 선종의 표현을 빌면 심즉불(心卽佛), 불즉심(佛卽心)입니다. 불경에서는 마음 바깥에서 법을 구하는 것은 모두 외도(外道)에 속한다고 말합니다. 초기 기독교 그노시스파에서도 진리, 교회, 예수는 밖에 있는 것이 아니라 우리 안에 있다고 이야기했습니다.

앞에서도 이야기했지만 다시 한번 보살에 대해서 간단히 이야기 하면, 보살은 산스크리스트어를 번역한 것으로 보디사트바를 줄인 말입니다. 산스크리스트어의 음을 따서〔音借〕 간단히 보살이라고 했지만, 우리나라에서는 불교를 믿는 여자 신도를 보살이라고 많이 통칭합니다. 본래 보살이란 깨달음을 구하는 사람이라는 뜻이지만 대승불교에서는 중생을 제도(濟度)하는 자비(慈悲)에 포인트를 둡니다(attain enlightenment & save suffering beings) .

깨달음이란 무엇인가, 바로 부처의 경계입니다. 스스로 이롭게 함으로써 다른 사람을 이롭게 하는 자리이타(自利利他), 스스로 깨달아 다른 사람을 깨닫게 하는 자각각타(自覺覺他), 바로 그 깨달음 입니다. 보살은 깨닫고 나서 세간의 일체고통을 해탈시키려 합니다. 세상 중생들이 아직 고통의 한가운데 있는 것을 보고 다시 내려가 중생을 구제(salvation)하려고 합니다. 이처럼 자신을 희생시켜 일체중생을 이익되게 하는 것이 바로 보살입니다. 보살은 자신을 희생하여 일체 중생을 이롭게 합니다〔廻向〕.

세속의 일체를 떠나 자신의 수행에 전념하며 일체의 것을 내버리고 자신의 도를 성취하고자 한다면 이것은 소승의 경지입니다. 그러나 대승은 자신은 깨치지 못했지만 그럼에도 불구하고 먼저 다른 사람을 구하고자 하는 마음입니다. 지장보살의 서원(誓願)과 같습니다. 이것이 바로 보살의 마음입니다. 이미 스스로 원만히 깨닫고서 다른 사람을 깨닫게 하면 살아 있는 부처입니다.

또 불경을 읽으면서 한 가지 참고로 할 것이 있습니다. 예를 들면 경제학에서 미시경제학과 거시경제학이 있듯이, 예를 들면 시간의 길이를 어느 정도로 놓고 보느냐에 따라서 사람의 일생 물론 이것도 짧은 것은 아니지만 이런 짧은 시간으로 볼 때의 진리가 있듯이, 지구가 탄생했던

46억년 아니면 이 우주가 탄생했던 150억년(Big Bang; 137억년, 138억년, 150억년 등의 이론이 있음) 이렇게 긴 시간의 관점으로 볼 때의 진리가 있습니다. 짧은 시간으로 보는 관점과, 천문학적인 시간, 영겁의 시간을 두고 보는 관점의 차이에 따라서 같은 것을 다르게 다른 것을 같게 표현할 수 있습니다.

예를 들면 소승이나 대승은 우리가 짧은 시간을 기준으로 놓고 보면, 여기서 짧다고 하는 것도 그렇게 짧은 시간은 아니지만, 차이가 있습니다. 그러나 불안(佛眼)으로 보면, 즉 부처님의 시각으로, 우주와 같은 영겁의 시간으로 보면, 대승과 소승의 차이는 없습니다. 이런 영겁의 시간으로 보면 번뇌가 바로 보리이고, 중생이 바로 부처인 것입니다.

중국 선종에서 가장 유명한 육조 혜능은 글자도 읽지 못하는 문맹(文盲)이었습니다. 나무꾼으로 산에서 나무를 해서 팔아 홀어머니를 봉양했습니다. 어떤 스님이 《금강경》을 읽는 것을 듣고 『응무소주 이생기심』 한구절만 듣고도, 바로 깨달음을 얻었습니다. 물론 그 한구절만 듣고서 깨달음을 얻을 만큼 전생에 많은 수행을 하지 않았을까라고 생각합니다.

여기서 중요한 말이 선호념(善護念)입니다. 자신의 마음을 잘 살피는 것입니다. 시시각각으로 일어났다가 사라지는 자신의 생각을 가만히 살피는 겁니다. 부처님을 한번 보십시오. 얼마나 평범합니까? 옷을 입고 발을 씻으며 좌선합니다. 환상적이거나 종교적인 색채는 조금도 없습니다. 너무도 일상적입니다.

이런 태도로 우리에게 수행의 중점이 선호념에 있다고 가르칩니다. 선이란 자기의 생각을 잘 살피는 것입니다. 영어로 take good care of의 good이 선(善)입니다 착하다의 의미가 아니라 잘(skillfully; carefully)의 의미입니다. 자기 마음의 흐름을 잘, 세밀하게 살피는 것입니다.

여기서 잠깐 대승불교의 두 기둥인 중관불교(中觀佛敎)와 유식불교(唯識

佛敎) 중 유식불교에 대해서 간단히 말하고자 합니다. 유식불교란 것은 그 사람 참 유식하다 무식하다라는 의미가 아닙니다. 유식불교의 유식은 오직 식만 있다. 오직 유(唯)에 알 식(識)자입니다. 굳이 비유를 하자면 칸트의 선험적관념론과 비교할 수 있을 것입니다.

유식불교에 의하면 우리의 의식 중 제6식인 의식, 제7식인 말나식(자아의식), 제8식인 아뢰야식(근본식)이 있습니다. 우리의 의식은 끊임없이 생겼다 사라져갑니다. 이 끊임없이 생겼다 사라지는 의식의 흐름에 대해서, 서양에서는 제임스 조이스의 '율리시즈'가 의식의 흐름을 다룬 뛰어난 소설이라고 이야기합니다.

그러나 지금 현재 서양에서는 분자생물학, 정신신경학 등 모든 첨단과학을 동원해서 인간의 의식의 흐름을 연구하고 있지만 아직 명쾌한 결론을 내리고 있지 못하고, 아직 계속 연구 중에 있습니다. 그만큼 뇌는 블랙박스로서 미스터리에 쌓여있고 연구하면 연구할수록 더 많은 미지의 영역을 보여줄 뿐입니다.

인간의 의식의 흐름은 어떻게 이루어지는 것인가? 최근의 연구성과를 보면 우리의 표층의식이 어떤 판단을 하고 표현을 하기 전에 이미 우리의 심층의식이 먼저 판단을 내리며, 표층의식은 단지 그 판단을 언어 또는 표정 등으로 표출하는 것에 지나지 않는다고 합니다.

우리가 어떤 사람을 만났을 때 첫인상을 결정하는 것은 우리의 표층의식이 아니라 우리 심층의식이 먼저 결론을 내려 좋아하고 싫어하고의 판단을 먼저하고 난 뒤, 표층의식이 그것을 차후에 언어로 정리해서 표현하는 것이라고 합니다.

그런데 이런 의식의 흐름은 어떻게 이루어지는 것일까요? 유식(唯識)에서는 무간멸의(無間滅意)라고 합니다. 끊임없이 떠오르는 생각은 바로 직전의 의식이 소멸한 후, 그 다음의 종자가 의식으로 현행되어 의식표면에 떠오른다는 것입니다. 즉 직전에 떠오른 의식은 종자가 되어 다시 아뢰야식에 저장되고, 아뢰야식에 있던 무수한 종자 중 인연에 따라 우리의 의지와는 관계없이 종자가 현현(顯現)되어 우리의 그다음 생각으로 이어집니다.

이것은 현대물리학으로 표현하면 양자역학에 나오는 양자도약 현상에 비유하면 좋을 것 같습니다. 현재의 과학수준으로 의식의 흐름에 대한 메커니즘을 아직 밝혀내지 못했습니다. 우리가 문득 어떤 생각이 났을 때 그 많고 많은 수많은 생각 중 다른 생각도 아니고 바로 '그 생각' 이 떠오른 이유는 과연 무엇일까요?

우리가 선정(禪定)을 통해서 생각을 한군데로 집중할 수 있는 경지에 도달하지 못했을 때, 보통 일반사람의 경우 문득 생각이 떠오르는 경우, 우리의 의식이 심층의식(深層意識)에서 전의식(前意識)을 거쳐 표층의식(表層意識)으로 의식이 떠오르는 것이 마치 양자역학에서 말하는 양자도약과 유사하다고 비유할 수 있을 것 같습니다. 중간에 이어지는 연결고리 없이 갑자기 나타나는 것처럼 보이는 것이 양자도약과 우리의 의식의 메커니즘과 유사해 보입니다.

잠시 현대물리학의 양자역학 이야기를 하고자 합니다.

닐스 보어(Niels Bohr)는 전자들이 핵으로 끌려들어가지 않는 이유가 전자들이 확실하게 정의된 궤도(well-defined orbits)만을 차지하기 때문이라고 설명했습니다. 그의 새로운 이론에 따르면 두 궤도사이를 움직이는 전자는 한 궤도에서 사라지는 바로 그 순간에 다른 궤도에서 나타나게 되지만 그사이의 공간은 절대로 지나갈 수가 없습니다.

양자도약(quantum leap)이라고 알려진 이 유명한 발상의 이론에 따르면 전자가 핵으로 휘돌아 들어가는 재앙도 없었을 뿐만 아니라 전자는 특별한 궤도에서만 존재할 수 있기 때문에 그런 궤도에서 나타날 수 있을 뿐입니다.

전자는 입자(particle)처럼 행동하지만 파동(wave)처럼 행동할 때도 있습니다. 1926년에 하이젠베르크는 두 가지 이론을 결합시켜서 양자역학(quantum mechanics)이라고 알려진 새로운 분야를 정립했습니다. 전자는 파동으로도 설명할 수 있는 입자라는 의미를 담고 있는 하이젠베르크의 불확정성의 원리(Uncertainty Principle)가 그 핵심입니다.

양자론에 근거되는 불확정성은 전자가 공간에서 움직이는 과정 또는 어느 순간에 존재하는 위치를 알아낼 수는 있지만 두 가지 모두를 알아낼 수는 없다는 뜻입니다. 어느 하나를 측정하려고 시도하면 반드시 다른 하나를 변화시키게 됩니다. 더 정밀한 측정기구가 있다고 해결될 문제가 아니라 우주가 가지고 있는 불변의 특성(property of the universe) 때문에 유래하는 것이기 때문입니다.

불교 교리 중에는 37도품 보리도차제(사념처 · 사정근 · 사여의족 · 오근 · 오력 · 칠각분 · 팔정도: thirty-seven prerequisites for the attainment of enlightenment 여기서 prerequisite는 '미리 필요한 필수 전제조건' 이라는 의미)라는 것이 있습니다. 큰 깨달음에 이르는 방법 중 네 가지 염처(念處)가 있는데 바로 염신, 염수, 염심, 염법입니다.

이중 염심은 네 염처 중에서도 특히 중요합니다. 수시로 이 마음을 염하면 그것을 알 수 있습니다. 바로 선호념입니다. 우리 몸과 마음은 아주 중요합니다. 이 몸을 염하면 그것이 무상함을 알고 마음을 염하면 우리 생각은 생멸하는 것으로 거기에 의존할 수 없음을 압니다.

한 생각이 일어나면 곧 사라집니다. 시시각각으로 일어났다가 사라지는 이 생각들이 바로 우리 마음이라 여긴다면 이는 잘못된 생각입니다. 태평양 바다위에 바람이 불면 파도가 칩니다. 외부환경[緣: 바람]에 따라 우리의 생각과 감정(파도)이 수시로 생겼다 사라졌다 하지만 우리의 자성(自性: 물)은 의연(毅然)합니다.

무엇을 염(念)이라고 할까요? 호흡 한번 하는 사이를 일념이라고 합니다. 불교에서는 사람의 일념에는 8만 4천의 번뇌가 있다고 합니다. 이것이 바로 인생의 번뇌입니다. 인생은 항시 번뇌 속에 있습니다. 뭘 번뇌할까요? 아무 이유도 없이 근심스럽고 원망스러운 겁니다. 걱정이 없으면 사소한 것을 스스로 침소봉대(針小棒大)해 걱정합니다. 나중에는 걱정없는 것을 걱정으로 삼아 걱정합니다.

서양의 정신연구자들이 연구한 바에 의하면 일반 사람들의 고민의 80~90%는 본래 고민할 필요가 없는 것이라고 합니다. 이미 지나가 버린 일, 자기 힘으로 좌우할 수 없는 일, 발생할 가능성이 거의 없는 일〔杞憂〕을 심각하게 붙들고 고민합니다. 그것이 인간입니다. 대부분의 번뇌는 자기 마음이 스스로 만들어내는 허상(虛想)입니다.

이것만 체득(體得)해도 인생의 반은 성공입니다. 사람이 일상생활에서 의견대립, 갈등(葛藤)이 마음이 만들어 내는 허상(虛想)이라는 사실만 몸으로 깨달으면 직장 생활에서, 가정생활에서, 친구사이에서 말다툼이 점점 줄어들고 시간이 지날수록 점점 화목(和睦)해 질 것입니다. 화(火)가 풀리면 인생도 풀립니다.

이것이 바로 우리가 살피고자하는 인간의 마음입니다. 일념사이에 8만 4천 가지 번뇌(煩惱)가 들어 있습니다. 이것이 우리 인생입니다. 번뇌에서 해탈하기 위해서는 일념을 떨쳐버리기만 하면 됩니다. 그러면 곧 우리는 성불합니다. 이처럼 간단합니다. 수시로 이 마음을 살펴야 합니다.

우리가 《금강경》을 연구하고 나면 부처님의 설법이 핵심을 가리키며, 수보리의 문제제기 또한 뛰어나다는 것을 알게 됩니다. 문답식 교육으로 의혹을 하나하나 제거해 나가면서 최상승(最上勝)의 진리를 찾아 나섭니다.

수보리가 문제제기했을 때 사실 답은 이미 문제 속에 있었습니다. 수보리가 부처님의 마음을 제대로 알고 부처님의 뜻을 바르게 알았기 때문에 불언 선재선재 수보리(佛言 善哉善哉 須菩提) 여여소설 여래 선호념제보살 선부촉제보살(如汝所說 如來 善護念諸菩薩 善付囑諸菩薩)이라고 답합니다.

선재선재란 착하다는 뜻이 아니고 참 잘 말했다(excellent)의 의미입니다. 여여소설(如汝所說)는 as you said; You can say that again의 의미입니다. 《금강경》 전체를 통틀어 선호념, 즉 자기 마음을 잘 살피는 것은 가장 중요한 가르침 중의 하나입니다.

많은 사람들이 도(道)를 구합니다. 진리(眞理)는 구할 수 있는 것일까요? 망상입니다. 번뇌일 뿐입니다. 법(dharma)은 어디 있을까요? 바로 자기 마음속에 있습니다. 바로 선호념입니다. 이것이 바로 《금강경》의 무상심심미묘법(無上甚深微妙法)입니다.

그런데 불경을 읽다보면 법이란 말이 많이 나옵니다. 법이란 것은 그때그때 어떻게 해석하느냐에 따라서 전혀 의미가 달라집니다. 저도 한문(漢文)으로 된 불경을 읽다가 법(法)이란 글자가 나오면 어떤 뜻으로 해석해야 할지 생각을 한참 해야 하는 경우가 종종 있었습니다.

법이라는 용어의 의미를 문맥에 따라 바르게 해석하는 것이 아주 중요합니다. 아(我)와 법(法)이라고 할 때는 나를 제외한 일체 사물, 모든 것을 법이라고 하는 것입니다. 또 제6식(識)의 인식대상 쉽게 말하면 우리가 이성으로 생각할 때 그 생각의 대상이 되는 모든 사물, 정신적 현상까지 다 법입니다. 즉 법경(法境)을 법이라고 합니다. 법경(法境)이라고 할 때 경(境)은 땅, 장소라는 뜻인데 여기서는 영어로 object, 즉 물건, 생각의 대상, 인식 대상, 인식의 목적물의 의미입니다.

일반적으로 법이란 다르마(dharma) 즉 부처님의 가르침(teaching), 진리(truth)라는 뜻도 있고 앞에서 이야기한 자기를 제외한 모든 일체 사물

(things), 현상(phenomena)을 법이라고 하기도 합니다. 또한 계율(religious precepts)을 법이라 하기도 합니다. 그러니까 법이라고 하는 말은 진리, 가르침, 이성적 인식대상, 또는 일체 사물이나 일체의 현상, 계율 등 문맥에 따라 바르게 해석해야 합니다.

『세존이시여, 선남자(善男子) 선여인(善女人)이 아뇩다라삼먁삼보리(阿耨多羅三藐三菩提)의 마음을 내고는 어떻게 머물러야 되며 어떻게 그 마음을 항복시키오리까?』

아뇩다라삼먁삼보리(Anuttara-samyaksambodhi)를 구태여 번역해본다면 아뇩다라는 무상(無上) 즉 더 이상 높은 곳이 없다 지고무상의 뜻입니다. 삼은 바를 정(正)이며 먁은 평등을 의미합니다. 그리고 보리(菩提)는 깨달음입니다. 합쳐보면 무상정등정각(無上正等正覺) 또는 무상정등각(無上正等覺) 입니다. 영어로 표현하면 supreme perfect universal enlightenment로서 unexcelled, perfect enlightenment입니다.

하지만 이무상정등정각의 마음은 아뇩다라삼먁삼보리의 내용을 전부 포괄하지는 못합니다. 아뇩다라삼먁삼보리는 세속을 초월하여 성불의 경지에 도달하는 것을 전부 포괄하고 있습니다. 행의 측면에서는 세속으로 들어가 일체의 중생을 제도하는 것이요, 이론의 측면에서는 큰 깨달음으로서 초월적인 형이상학의 본성입니다.

이처럼 아뇩다라삼먁삼보리의 의미는 대단히 포괄적이어서 그 뜻을 다 담을 수 없기에 산스크리트어(Anuttara-samyaksambodhi)를 음차(音借)로 아뇩다라삼먁삼보리(阿耨多羅三藐三菩提)로 표시해 후세의 사람들이 스스로 참구하도록 하였습니다.

법성계의 초발심시변정각, 불법을 배우고자 처음 발심을 일으키는 것이 바로 아뇩다라삼먁삼보리에 도달하는 것이다. 그것은 믿음을 내는 것,

발심(發心)의 중요성을 말하고 있는 것입니다. 그리고 《법화경》의 차원에서, 우주적인 차원에서 보면 발심을 하면 중도에 어려움이 있더라도 결국에는 반드시 성불한다는 깊은 뜻이 담겨 있습니다.

불교가 기타 종교와 다른 점은 일체의 중생이 모두 성불할 수 있다고 보는 것입니다. 일천제(一闡提: Icchantica), 즉 선근(善根)이 전혀 없어서 구제불능이라고 표현되는 일천제조차도 성불할 수 있다고 봅니다. 불교에서는 일체의 중생이 모두 부처이며 평등하다고 봅니다. 그렇다면 중생이 왜 성불하지 못할까요? 자기의 마음을 찾지 못하기 때문입니다. 만약 스스로 깨달아 잃어버리지 않는다면 곧 성불합니다.

불교는 권위를 가지고 주도하지 않습니다. 부처님의 권위는 모두 개개인의 마음속에 있습니다. 이런 까닭에 불법공부를 잘못된 믿음이 아니라 바른 믿음이라 합니다. 바른 믿음이란 스스로 깨어나고 스스로 깨쳐 성불하는 겁니다. 이것이 바로 불교의 진정한 정신입니다.

부처님께 절하고 기도하는 것은 하나의 방편입니다. 부처님에게 기도하는 자기, 부처님께 기도하는 행위, 부처님 이 세 가지가 모두 사실 하나입니다.

부처님이 말해줄 수 있는 것은 스스로를 보호하는 방법입니다. 복이란 스스로 구하는 것이니 하늘은 스스로 돕는 자를 돕는다고 했듯이 자신이 스스로 도운 후에야 부처님도 그를 도울 수가 있습니다. 스스로 하기에 달려 있습니다.

우리 일반사람들은 절에 가서 부처님께 기도합니다. 시주돈을 조금 내놓고 그의 열배 백배 천배의 보답을 바랍니다. 이것은 기복불교(祈福佛教)입니다. 물론 이런 기도가 효과가 없다고는 할 수 없으나 불법의 진정한 가르침과는 거리가 있습니다. 불법의 진정한 가르침은 우리가 비록 미혹(迷惑)에 빠져 있는 중생이지만 우리 마음속에는 불성이 있다는 것입니다.

우리가 비록 미혹한 중생이지만 불성을 가지고 있기에 불상(佛像)에 기도하는 것은 부처가 부처에게 기도하는 격입니다.

불상이 있다는 것은 하나의 방편입니다. 어리석고 미흡한 중생이 한꺼번에 최고의 높은 단계의 깨달음(最上勝: the highest level)을 얻을 수 없기에 일단 불상으로 된 부처님에게 기도하고 단계별로 근기(根機, level: 가르침을 듣고 깨닫는 능력, 수준)에 맞게 깨달음을 얻어가는 방편(方便: way, means, device: 중생을 제도하기 위한 여러 가지 수단·방법)이자 과정입니다.

그리고 우주적인 영겁의 시간의 차원에서 보면 일체중생이 다 성불합니다. 《법화경》의 가르침이 그런 취지입니다. 일체 중생이 결국엔 다 성불하니까 게으름을 피워도 되지 않을까요? 아닙니다. 그 답은 정진(精進)입니다.

짧은 시간의 차원에서 보면 공덕(功德)과 복덕(福德)의 차이가 있습니다. 공덕이란 쉽게 말하면 불경을 공부하고 참선을 통해서 자기자성을 발견해 나가는 것이 공덕이고 복덕이란 절에 시주한다든지 중생에게 보시한다든지 덕을 쌓는 것입니다. 공덕과 복덕의 차이는 공덕은 탐·진·취 삼독을 여의고 불성을 닦아가는 과정이라 한다면 복덕은 보다 세속적인 차원에서 재물로 보시를 하여 그에 상응하는 복을 향유하게 되는 것입니다.

성불을 하고자 한다면 자기마음 속에 있는 자성의 부처를 찾아야 합니다. 바로 아뇩다라삼막삼보리의 마음을 찾는 것입니다. 불교 수행과정에서 진정한 어려움은 바로 선호념입니다. 명심견성(明心見性)하여 자기 생명의 본래모습을 알고, 또 무상(無上)의 도(道)를 발한 이 마음을 찾고자 하나 아주 큰 어려움이 가로막고 있습니다.

수행을 위해 좌선(坐禪)을 해도, 생각이 멈추지 않고 망상(妄想)이 끊어지지 않습니다. 일반 사람들은 명상을 위해 자리에 앉으면 가족 생각, 사업생각, 돈 생각, 온갖 세상사의 걱정이 다 떠오릅니다. 좌선을 하지 않으면 괜찮은데 일단 자리에 앉아 명상을 시작하면 온갖 망상이 끊임없이 이어집니다. 바로 이 몸의 번뇌를 끊을 수 없기 때문입니다. 수행의 첫 단계부터 부딪치는 어려움입니다.

수보리는 여러 사람을 대신해서 아주 담담하게 묻습니다. 어떻게 이 마음을 청정하고 지극히 선한 그 경계에 머물 수 있게 할 수 있을까요? 온갖 번뇌와 망상으로 어지러운 이 마음을 어떻게 해야만 항복시킬 수 있을까요? 이 마음을 어떻게 머물게 하는가?

온갖 번뇌와 망상으로 어지러운 이 마음을 어떻게 항복시키는가? 하는 것은 참으로 어려운 문제입니다. 천하를 정복할 수 있는 영웅이라 하더라도 자신의 마음을 정복할 수는 없습니다. 전 세계를 통치하는 대통령이라도 자기마음을 항복시킬 방법은 없습니다. 자신의 마음을 항복시키는 것은 성인도 어려워하는 것이니 하물며 우리같이 평범한 중생이란 더욱 어려운 것입니다.

부처님께서 말씀하셨다.

『좋은 말이다. 참으로 좋은 말이다. 수보리여, 그대의 말과 같이 여래는 보살들을 잘 염려하여 보호하고 보살들에게 잘 일러주나니 자세히 들으라. 말해 주리라.』

《금강경》의 뜻은 심오합니다. 조금 전에 이야기 했듯이 공덕과 복덕으로 나눌 때 공덕의 차원에 들어가지는 못하더라도 《금강경》을 전심(專心)으로 암송하면 큰 복덕을 얻습니다. 마음이 외롭고 쓸쓸하면 차분히 《금강경》을 필사(筆寫)하는 습관을 가져보십시오. 《금강경》을 큰소리로 읽는 것도 좋습니다.

본래 불교경전이란 송(誦), 즉 영어로 말하면 챈팅(chanting)으로 큰소리로 운율을 붙여가지고 노래 부르듯이 암송한 것이 유래입니다. 옛날에 문자가 없었던 시절 부처님의 가르침을 운율을 붙여 노래하듯이 여러 제자가 모여 합창한 것이 시초입니다. 본래 문자로 기록하면 인간의 기억력은 약해집니다. 문자기록이 없을 때 사람의 기억력이란 것은 비상했었습니다.

인도의 고승이 중국에 와서 이런 말을 했다고 합니다. 부처님의 가르침을 중국어로 번역한 것을 보니 의미는 전달이 되었지만 인도어로 읽을 때의 그 아름다운 운율, 문학적인 표현, 감흥은 많이 줄어들었다고 했습니다. 본래 인도어로 암송할 때의 시적인 운율같은 것은 다 사라지고 번역하는 과정에서 단지 의미만 전달되었다는 것입니다. 번역이란 참으로 어려운 것입니다.

『선남자 선여인이 아뇩다라삼먁삼보리의 마음을 내고는 이렇게 머물러 있어야 하며 이렇게 그 마음을 항복시켜야 되느니라.』

『예, 세존이시여, 즐거이 듣고자 합니다.』

불법을 공부하면서 제일 어려운 것이 마음속의 생각, 망상을 머물게 하는 것임을 알고 있습니다. 세상의 어떤 종교든 어떤 수행방법이든 추구하는 것은 마음의 안정, 즉 마음을 머무르게 하는 것입니다.

불교에는 수행방법이 많지만 총괄하면 단지 하나의 법문, 즉 지(止)와 관(觀)입니다. 생각을 집중시켜 한곳에 그쳐 머물게 하는 것입니다. 무릇 마음이 조금도 흐트러지지 않을 때 그쳐 머무름의 경계에 도달합니다.

지관(止觀: shamatha-vipashyana)은 고요한 마음과 꿰뚫는 마음의 결합입니다.(the union of tranquil mind and penetrative insight) 산란한 마음(restless mind)을 차분히 진정시키고(calming) 분별심(distinctions)으로부터 벗어나게 하여(freeing) 생각을 한곳에 집중(concentration)시키는 것입니다(calming of restless mind and freeing it from distinctions).

예를 들면 정토종의 염불은 나무아미타불만 외움으로써 바로 거기에 마음이 그쳐 머무르게 하는 겁니다. 시골의 나이 많은 할머니가 나무아미타불만 열심히 외워도, 복덕은 있습니다. 어떤 할머니는 길을 지나가다가 쥐가 죽어있는 것을 보아도 반드시 땅에 파묻어 주는 깊은 불심이 있었습니다. 이 할머니가 죽어 화장하자 사리가 나왔습니다.

원효대사는 무지몽매한 일반 민중에게 어려운 불법교리를 전파하는 대신 포교의 방편으로 나무아미타불만 열심히 외워도 성불 한다고 했습니다. 불법을 수행하는 데는 정해진 법이 없습니다.

염불은 마음이 조금도 흐트러지지 않을 때 그쳐 머무는 경계에 도달합니다. 그러나 우리 일반 사람이 보통 염불을 할 때에는 한편으론 나무아미타불을 외우면서 다른 한편으로는 온갖 생각으로 머리가 어지럽습니다.

염불을 통해 진정으로 마음이 흐트러지지 않는 상태에 도달하려면 자기도 잊고, 사업도 잊고, 가족도 잊고, 돈도 잊고 주위의 일체도 잊어야 합니다. 이렇게 마음이 하나에 집중되어 흐트러지지 않을 때가 바로 생각이 정지하는 그침〔止〕의 단계이며, 이 그침으로부터 정(定)을 얻을 수 있습니다.

온갖 삼매(三昧)의 정(定), 불법에 있어서는 온갖 삼매의 정의 경계가 모두 같지 않다고 합니다. 어떤 정의 경계는 하루 종일 눈코 뜰새없이 바빠도 신경은 여전히 입정(入定)된 상태에 있어 바깥으로부터 어떠한 영향도 받지 않습니다. 행주좌와(行住坐臥), 어묵동정(語默動靜), 오매일여(寤寐一如)의 경지입니다. 이는 무척 어렵습니다.

불교에서는 인간의 심경(心境)을 바닷물에 비유합니다. 우리의 생각이나 감정은 흐르는 물처럼 잠시도 중단하지 않고 흐릅니다. 마치 강물이 흘러서 바다로 간 뒤 다시 돌아오지 않는 것과 같습니다. 칼로 무우를 자르듯 자신의 생각이나 망념을 즉시 끊어버리고 바로 정(定)으로 가야 합니다.

그러나 일반 사람은 마음을 안정시키기 어렵고, 현실에 안주하기 어렵습니다. 자신에 대해 만족하지 못하고 현실에 대해 만족하지 못하며 뭔지도 모를 어떤 궁극적인 것을 추구하며 영원히 만족하지 못합니다. 이유야 많습니다. 비즈니스, 건강, 돈, 학문적 업적, 성취 등 여러 가지를 추구하느라 번잡하고 영원히 만족하지 못합니다.

마음은 마땅히 이렇게 머물 수 없습니다. 마음이 이런데 다른 것이야 오죽하겠습니까? 주위환경이나 사물이 갑자기 바뀔 때 거기에 적응하기 어려운 것은 마음이 편안히 거기에 안주하지 못하기 때문입니다. 우리가 제기한 문제가 바로 이것입니다. 불법을 처음 배우기 시작하면서 부딪히는 가장 곤란한 문제로 마음이 편안할 수 없다는 것입니다.

이제 부처님은 수보리에게 이렇게 말씀하십니다.

"그대가 물었을 때 마음은 이미 머무름의 상태에 있다. 바로 그렇게 물었을 때 번뇌와 망상은 없어졌다."

하나의 예를 들어보겠습니다. 우리가 길을 걸을 때 신기한 것을 보면 거기에 마음을 빼앗깁니다. 거기에 마음이 머무는 것입니다. 이 머무름이 불법에서 말하는 진정한 머무름은 아니지만 이런 심리적 현상에서부터 우리는 마음이 머무르면 확실히 정(定)의 상태가 수반된다는 것을 이해할 수 있습니다.

어떻게 번뇌를 항복시킬 수 있느냐는 물음에 대해 부처는 바로 그렇게 머무르며, 바로 그렇게 마음을 항복시키라고 말합니다. 말을 바꾸면 그가 문제를 제기했을 때 이미 마음속 번뇌는 없어졌다는 겁니다. 바로 선종에서 말하는 바로 그것, 바로 그 생각입니다. 다른 방법을 생각할 필요가 없습니다. 이 한순간의 고요함이 바로 부처의 경계입니다.

앞에서도 이야기했지만 무간멸의(無間滅意), 즉 앞의 생각이 사라지고 뒤의 생각이 떠오르기 전의 간극(interval), 이 짧은 틈을 늘려나가는 것입니다. 분별의식이 개재되지 않은 순수의식의 시간을 점점 늘려나가는 것입니다.

이 한순간의 고요함이 바로 부처의 경계입니다. 이미 번뇌는 없기에 다른 방법은 필요 없습니다. 그래도 이 방법을 생각해 번뇌를 항복시키려 한다면 도리어 심리적 동요를 가중시켜 편안히 머물지 못하게 할 겁니다. 이것이 한걸음 더 나아간 이치입니다. 여기서 한 걸음 더 나아간 이치는 《금강경》의 내용이 대승불법의 대지혜를 성취하기 위한 것이라는 점입니다.

불교가 기타 종교와 다른 점은 공부의 성취가 아니라 지혜의 성취라는 점입니다. 이 지혜는 일체의 공덕과 일체의 지선(至善)의 성취를 포괄합니다. 그런 까닭에 반야는 지혜의 성취입니다. 이제 대승의 지혜가 세워집니다.

문제를 제기하는 바로 그때 이미 편안히 머무르고 있습니다. 단지 찰나 지간의 일이라 스스로는 알지 못합니다. 만약 이 찰나지간의 머무름을 파악할 수 있다면 이미 목적지에 도달한 겁니다. 《금강경》의 강의를 전부 듣고 나면 이 경전이 우리에게 어떻게 머무는가 하는 것과 머무는 바가 없음을 가르치고 있음을 알게 될 것입니다.

앞에서 언급한 바 있지만 진정한 수행이란 며칠이나 몇 달 동안이라도 입정에 들어있을 수 있습니다. 이들 공부는 서서히 누적된 겁니다. 즉 이 마음을 편안히 머무르게 하는 겁니다.

우리는 마음을 일상생활에서 감정, 인식, 영혼 등 여러 가지 의미로 사용합니다. 유식불교(唯識佛教)에서는 우리의 식(識),즉 마음을 감각기관으로 이루어지는 5가지의 식과, 이성적인 판단을 하는 제6식, 그리고 자아의식인 제7식, 근본식인 제8식으로 구분합니다. 제6식이 작용할 때는 제7식과 제8식이 항상 같이 작용하는데, 분별사량(分別思量)하며 이분법적인 대립구조 하에서 인식을 하게 됩니다.

이러한 분별사량(分別思量)이 사라질 때, 사물(대상본질)을 있는 그대로 보게 되며, 그것이 바로 마음이 머무는 바 없이 머무는 것입니다. 우리가 한 생각이 일어나서 사라지고, 또 다른 생각이 일어나기 전의 짧은 틈, 이 틈과 같이 주관적인 인식의 3가지 필터(제6,7,8식)에 의한 왜곡이 없이 인식하는 것이 바로 머무는 바 없이 머무는 것입니다.

《금강경》에서는 어떻게 해야 비로소 편안히 머물 수 있느냐는 질문에 대해 '머무는 바 없이 머무는 것' 이라고 합니다. 사량분별(思量分別)없이 집착(執着)없이 머무는 것입니다. 수행이 이 경계에 이르면 이것이 바로 여래로서 마음이 거울처럼 맑고 깨끗한 바로 대원경지(大圓鏡智)입니다.

주관과 개관의 이원적인 대립도 없고, 우리가 윤회하면서 제8식에 쌓아왔던 무수한 종자, 그리고 제7식의 자아중심적인 관점도 없이, 즉 선입견 없이 대상본질을 직관적으로 인식하게 되는 것입니다.

희노애락(喜怒哀樂)이 있으면 희노애락에 젖지만 지나가면 일체 남지 않습니다. 일체의 사물은 지나고 나면 아무것도 남지 않습니다. 일체의 영상은 원래 한바탕의 꿈입니다. 일체의 일은 한번 지나가면 그만입니다. 강물이 흘러가면 다시 돌아오지 못하는 것과 같습니다.

일체의 것은 꿈처럼 다시 되돌아 올 수 없습니다. 인생에 있어서 진정으로 모든 일이 꿈처럼 흔적없는 것임을 몸으로 직접 깨닫는다면 다시 《금강경》을 연구할 필요가 없습니다. 그렇게 머물고 그렇게 마음을 항복시키는 겁니다. 번뇌란 본래가 실체가 없는 공입니다. 모든 희노애락과 번뇌는 바로 여기에 자리를 잡는 순간부터 모두 없어져 버립니다.

《금강경》을 이야기 하는 가운데 유식불교이야기를 많이 했습니다.

대승불교에서 나가르주나(Nagarjuna), 즉 용수(龍樹)의 중관불교(中觀佛教)와 무착(無着), 세친(世親)의 유식불교(唯識佛教)가 두개의 큰 흐름이라고 볼 수가 있습니다. 중관불교는 용수 보살의 《중론》,《십이문론》이 대표적인 논서이고, 유식불교는 세친의 《유식삼십론송(唯識三十論頌)》이 널리 알려졌습니다. 저도 유식삼십송을 주로 읽었습니다.

유식불교는 불교심리학이라고 볼 수 있습니다. 깊은 명상수행을 통해서 인식의 본질이 무엇인가 우리의 인식과 독립하여 외계에 실제로 사물이 있는가를 논하고 있습니다. 유식에서는 그 결론으로 유식무경(唯識無境)이라고 합니다.

우리가 인식하는 외부 객관 사물은 실로 인식작용으로부터 독립하여 존재하는 실제 사물이 아니고, 견분(見分)에 의하여 마음속에 비치는 상분(相分), 즉 영상에 불과하며 그 본질은 제8 아뢰야식에 함장(含藏)된 종자로부터 생긴 것이므로 마음으로 만든 것에 불과하며 일체의 사물은 모두 식(識)이 변현(變顯)한 것으로 삼계(욕계·색계·무색계)는 식(識)만이 궁극의 실제라고 보는 입장입니다.

유식(唯識)은 심층의식(제8식) 분석이라는 측면에서 서양의 프로이드와 칼 융의 무의식의 연구와 일맥상통하는 점이 있습니다. 프로이드는 우리의 심층의식을 주로 리비도(libido), 즉 성적욕구쪽에 가깝게 보았고 칼 융은 리비도를 모든 지각·사고·감정·충동의 원천이 되는 에너지로 간주하였습니다.

칼 융은 특히 집단무의식에 관심이 많았는데, 이것은 정신의 매우 깊고 오묘한 기저(基底)에 있는 여성상(女性像)과 남성상 등의 원형(原型)으로써 성립되어 있으며, 선사시대로부터 계승된 인간의 표상능력(表象能力)입니다. 실제로 칼 융은 정신분석학의 대단한 권위자일 뿐만 아니라 칼 융과 같이 근무해 본 사람이 쓴 글에 의하면 심령현상의 연구에 있어서도 한국식으로 표현하면 만신 즉 스위스의 큰 무당으로 불러도 될 정도였습니다.

먼저 프로이트에 대해서 간단히 소개하겠습니다.

프로이트(Sigmund Freud, 1856~1939)는 오스트리아의 정신과 의사로서 정신분석학의 창시자입니다. 그는 J.M. 샤르코 교수밑에서 최면술로 히스테리환자의 마비·경련 등을 조절할 수 있음을 알았고, 1886년 빈에서 신경병원을 개업하고 많은 임상관찰을 통해 연구에 진력하여 인간의 마음에 본인이 의식하지 못하는 무의식의 존재를 설정하였습니다.

J. 브로이어와 함께 히스테리 치유 방법을 연구, 1893년 카타르시스(Katharsis ; 淨化)법을 확립하였고, 최면술 대신 자유연상법을 임상에 적용하여 1896년 이 치료법을 「정신분석」이라 이름 붙였는데, 이 용어는 뒤에 그가 세운 심리학체계까지도 뜻하게 되었습니다.

1900년 이후에는 꿈 · 착각 · 해학과 같은 정상심리에도 연구를 확대하여 심층심리학을 확립하였고, 1905년에는 소아성욕론(小兒性慾論)을 주장하였습니다. 이에 따라 점차 그의 학설에 공명하는 사람들이 나타나 1908년 제1회국제정신분석학회가 열렸고, 그 뒤 이론 체계의 정립에 주력하여 인간의 인격구조를 「이드(id)」「자아(ego)」「초자아(super ego)」의 셋으로 나누고 사회적 양심이나 부모의 금지 등에 의하여 형성되는 초자아에 의해 생명, 특히 성(性)충동인 리비도(libido)가 억압되어 잠재의식을 형성한다고 하였습니다.

꿈은 이러한 잠재의식의 발산이며, 리비도가 목적이 억제된 애정으로 치환(置換)되어 나타나는 것이 예술·종교 등의 문화활동이라 보았습니다. 그의 리비도설은 넓은 뜻의 성적본능을 뜻하는 것으로 범성욕설(汎性慾說)이라고도 합니다.

인간의 무의식이 인간행동에 커다란 영향을 미친다는 가설하에 자유연상법을 통하여 과거에 억압된 기억들을 끌어냄으로써 히스테리 치료에 효과를 거두었으며, 인간의 본성과 성격을 구조화한 정신분석이론을 정립하여 20세기 심리학·정신의학에서뿐만 아니라 예술·종교·도덕·문화의 여러 문제에 널리 적용되어 사회학·사회심리학·문화인류학·교육학·범죄학·문예비평 등 여러 영역에 깊은 영향을 끼쳤습니다.

다음으로 칼 융에 대해서 간단히 소개하겠습니다.

칼 융(Carl Gustav Jung, 1875~1961)은 스위스의 정신과 의사입니다. 그는 바젤대학에 입학하여 의학을 전공, 학위를 받았고, 1902년 프랑스 파리의 P. 자네 밑에서 연구했으며, 1905년 취리히대학 강사가 되었습니다. 그때부터 S. 프로이트의 저작이 마음에 들어 프로이트와 편지를 교환하기 시작하다가 1907년 프로이트와 빈에서 처음으로 만나 취리히에 프로이트연구소를 설립하였고, 1910년 국제정신분석학회가 창설되자 초대 회장이 되었습니다.

1913년 프로이트와 리비도이론에 대한 의견차이 때문에 편지 왕래가 끊어졌습니다. 1914년 학회를 떠나, 홀로 「분석심리학」이라는 학파를 창설하고 대학도 사직한 뒤 정신병원을 개업했습니다.

1920년 이후는 북아프리카·애리조나·뉴멕시코·동아프리카 등으로 원시문화 연구여행을 계속하면서, 신화·종교·연금술·신비주의 등에 흥미를 가지게 되었습니다.

융 심리학의 특징을 살펴 보기위해 프로이트와 융을 비교해 보면, 프로이트는 생물학적·과학적인데 대하여 융은 종교적·철학적 색채가 짙습니다. 그의 심리학은 정신분석이라기보다는 「구제법(救濟法)」에 가까웠고, 심적 결정론이라기보다 목적론을 강조했습니다. 리비도를 프로이트처럼 성적(性的)이 아니라 모든 지각·사고·감정·충동의 원천이 되는 에너지로 간주하였고, 마음은 쾌감원칙에 지배되는 것이 아니라 이 에너지에 의해 자율적으로 조절되고 있다고 생각하였습니다.

마음, 즉 인격은 의식(意識)과 무의식으로 나누어서, 무의식은 개인적 무의식, 집단적 무의식으로 나누어 생각했는데, 의식은 자아(自我)와 가면(假面)으로 성립되고, 자아는 의식의 핵심이 되며, 가면은 환경에 대처해 가는 얼굴입니다. 자아와 가면이 조화되지 못하면 심리적 부담을 일으킨다고 합니다. 개인적 무의식은 경험에 바탕을 두는 것이지만 억압된 원망(願望)을 이르는 말이며 기본적으로는 의식될 수 있는 것으로 생각됩니다.

집단적 무의식은 전혀 의식되는 일이 없는 것이지만 인격 전체를 지배하고 종족적으로 유전된 것이며 개인적 경험을 초월한 것입니다. 이 집단적 무의식은 애니마(anima), 즉 정신이 매우 깊고 오묘한 기저(基底)에 있는 여성상(女性像)과 애니무스(animus), 즉 남성상 등의 원형(原型)으로써 성립되어 있습니다.

이는 선사시대로부터 계승된 인간의 표상능력(表象能力)이며, 모든 시대의 모든 인간이 만나지 않으면 안 될 곤란과 위험에 처하여 반복적으로 경험하는 것입니다. 이 원형이 발달되어 통일된 인격이 만들어지는데, 이러한 인격의 개개 양상을 기술하는 것으로서 인격의 유형론이 거론되어 내향(內向)·외향 유형으로 구별되고, 지각·사고·감정·충동의 심적 기능에 대응되어 8유형으로 구별됩니다.

융의 저작은 방대하나 체계적으로 정리되어 있지 않기 때문에, 융연구가들은 지금까지도 융의 사상을 체계적으로 정리하는데 노력을 계속하고 있습니다.

제3절 용어해설

① 장로(長老):

불교에서 학식과 덕망이 높고 나이가 많은 승려의 존칭이다. 이 용어는 장로 외에도 구수(具壽), 명자(命者), 혜명(慧命), 장자(長子), 대덕(大德), 존자(尊者) 등으로도 번역되고 있다. 유지, 진제, 급다, 현장, 의정은 각각 혜명(慧命), 정명(淨命), 명자(命者), 구수(具壽)라고 번역하고 있다.

② 수보리(須菩提):

수부티(Subhuti)의 음역. 석가모니의 10대 제자 중 한 사람이며 또 16나한의 한 분이기도 하다. 사위국 왕의 장자로 태어나 천성이 총명하였으나 성질이 고약하여 늘 화를 잘 내었으므로 부모로부터 쫓겨나다시피 집을 나와서 사방으로 돌아다니다가 기원정사에서 부처님의 설법을 듣고 공(空)사상을 깨달아 그 후부터는 자비로워져서 많은 선업(善業)을 베풀었다고 한다. 또 공(空)의 도리를 제일 잘 이해한 사람으로 알려져 '해공제일(解空第一)'이라고도 불렸다.

태어날 때 부친이 꿈을 꾸니 창고가 텅비어 보여서 공생(空生)이라 이름을 지었는데, 1주일 후 다시 꿈에 창고가 가득 차 있는 것을 보고 선현(善現)이라 이름을 고치었다고 한다. 또 그의 장래를 점상가(占相家)에게 물으니, "오직 길하다" 고 하여 이름을 선길(善吉)이라고도 하였다 한다. 그래서 선현(善現)·선길(善吉)·묘생(妙生) 등의 여러 가지로 불리고 있다.

석가모니의 10대 제자로는, 만행(萬行)을 가장 잘 하는 두타제일(頭陀第一)인 마하가섭존자(魔訶迦葉尊者), 지혜제일(智慧第一)인 사리불존자(舍利佛尊者), 신통제일(神通第一)인 목건련존자(目鍵蓮尊者), 지계제일(持戒第一)인 우바리존자(優婆離尊者), 설법제일(說法第一)인 부루나존자(富樓那尊者), 해공제일(解空第一)인 수보리존자(須菩提尊者), 다문제일(多聞第一)인 아난존자(阿難尊者), 밀행제일(蜜行第一)인 라후라존자(羅睺羅尊者), 논의제일(論議第一)인 가전연존자(可傳蓮尊者), 천안제일(天眼第一)인 아나율존자(阿那律尊者) 등이 있다.

③ 옷을 벗어 오른쪽 어깨에 메고[偏袒右肩]:

단(袒)은 옷 벗어 멜 단자이다. 편단(偏袒)은 한쪽 소매를 벗어 멘다는 뜻이다. 고대 인도의 예법으로 웃옷의 한 쪽 소매를 벗어 오른쪽 어깨에 걸어 메고 어깨를 드러내는 것으로 자진해서 시중을 들겠다는 의사표시라고 하는데, 지금도 동남아시아의 승려들 사이에서 행해지고 있는 예법이며 승려의 가사에 이 흔적이 그대로 남아 있다.

④ 오른쪽 무릎을 땅에 꿇고[右膝著地]:

착(著)은 착(着)과 통한다. 고대 인도 예법의 하나로 오른쪽 무릎을 땅에 대는 것인데, 존경의 뜻을 표하는 방법이다.

⑤ 합장(合掌):

합장배례(合掌拜禮)라 하여 두 손바닥을 앞으로 합쳐서 모아올리고 고개를 숙여 절하는 예법이다.

⑥ 여래(如來):

원어 타타아가타(Tathagata)의 한역. 부처님의 10가지 호칭 중의 하나. 다타아가타(多陀阿伽陀), 다타아가도(多陀阿伽度), 달타벽다(怛他櫱多)라고 음역하기도 한다. 원어인 Tathagata라는 말은 tatha라는 말과 gata, 또는 agata라는 두 낱말의 합성어이다. tatha는 여(如)를, 여(如)는 진여(眞如)를 말하고, gata는 가다〔去〕, agata는 오다〔來〕의 뜻이다.

그래서 tatha + gata란 말은 진여(眞如)에 가다〔去〕, 오다〔來〕가 되고 열반의 피안에 간 사람, 즉 도피안(到彼岸)의 뜻이 된다고 풀이하고 있다. 또한 여래라는 말은 다음과 같은 3가지의 뜻을 갖는다고도 한다.

1. 전세(前世)의 모든 부처님들과 같은 길을 걸어서 이 세상에 나타나신 분으로, 이 세상에 진리를 보여주신 분.

2. 전세의 부처님들처럼 같은 길을 걸어서 열반의 피안에 도달하신 분.

3. 진리에 도달하신 분.

위 세 가지 뜻으로 해석하여 여(如)로 내생(來生)한 사람이라고 해서 여래(如來)라고 한 것이다. 여(如)는 진여(眞如), 즉 항상 불변한 것이므로 가는 것도 없고 오는 것도 없는 것이라고 해석하는 학자도 있다.

⑦ 보살(菩薩):

원어는 보리살타(Bodhisattva). 보살은 보리살타(菩利薩陀)의 준말로써 각유정(覺有情), 고사(高士), 개사(開士), 대사(大士), 시사(始士) 등으로 의역하고 있다. 보살이란 일반적으로는 대승불교에 귀의하여 성불하기 위해 수행에 힘쓰는 이를 말한다. 원래 보살이란 큰 마음을 내어 불도에 들어와서 6바라밀(六波羅蜜)을 수행하며, 위로는 부처를 따르고 아래로는 중생을 제도하는, 부처에 버금하는 성인을 말하는 것이다.

그래서 보살이란 3아승기(阿僧祇)의 100억 겁(劫)이라는 긴 세월에 걸쳐 세상에 나와 자기와 남을 모두 이롭게 하기 위한 자리타리(自利他利)의 행(行)을 닦으며 51위(位)의 수양계단을 지나 드디어 불과(佛果)를 얻은 이를 말한다. 그 중에는 중생의 제도를 위해 영영 성불하지 않겠다는, 대비천제(大悲闡提)로서의 지장보살도 있고 관세음보살도 있다. 보(菩)는 슬기를 닦음이요, 살(薩)은 복을 닦음이라고 풀이하는 학자도 있다.

소승불교에서는 부처님은 오직 석가모니 한 분뿐이라고 생각하기 때문에 보살로서는 석가모니불이 성불하기 전의 호명보살밖에 없다고 하고 있으나, 대승불교에서는 성불하는 것을 목적으로 하므로 석가모니 한 분만이 아니고 한없이 많은 부처가 있다고 말하고 또 재가나 출가를 막론하고 불도를 수행하는 이를 모두 보살이라고 부르고 있다. 우리나라에서는 우바이, 청신녀(淸信女)의 존칭으로 쓰이고 있는데, 여승(女僧)을 보살이라 부르기도 한다.

⑧ 호념(護念):

원어 파리그라하(Parigraha)의 번역어. 모든 부처, 보살들이 선행을 닦는 중생들에게 온갖 어려움을 없애주며 옹호하고 깊이 억념(憶念)하여 버리지 않는 것을 말한다.

⑨ 부촉(付囑):

다른 이에게 부탁하고 위촉하는 것. 부처님은 설법을 마친 후에 청중 가운데에서 어떤 사람을 가려내어 그 법의 유통을 촉탁하는 것이 상례(常例)였다. 이것을 부촉(付囑) 또는 촉루(囑累), 누교(累敎)라고 하기도 한다. 경전 가운데서는 이러한 부촉의 일을 말한 부분을 촉루품(囑累品), 또는 부촉단(付囑單)이라고 해서 대개 경전의 맨 끝에 있다.

⑩ 선남선녀(善男善女):

선남자(善男子), 선여인(善女人)을 줄여서 하는 말. 직역하면 출생이 좋은 올바른 아들, 딸의 뜻이다. 선남선녀는 선인(善因)의 결과 전생에서 지은 선사공덕(善事功德)이 현세에 나타나 부처님의 가르침을 듣고 믿는 이, 현세에서 불법을 믿고 선을 닦는 이, 부처님의 명호를 듣고 염불하는 남자와 여자라는 뜻. 죄악이 많은 자라도 마음을 돌이켜서 참회하고 염불하면 선남자 선여인이 된다고 한다.

이 선남자 선여인이 보살승에 나아간다는 것은 구마라집역 · 진제역 및 범본(梵本)에 있는 것이고, 유지역 · 급다역 · 현장역 및 의정역에는 선남자 선여인이 없으며, 보살이 대승 가운데에서 보리심을 일으킨다고 되어 있다. 그러나 어느 것이나 경 가운데서는 선남자 선여인을 대상으로 하고 있기 때문에, 본래는 선남자 선여인이 보살승에 나아간다고 하는 구마라집역이 본래의 뜻에 합당한 것이라고 생각할 수 있다.

⑪ 아뇩다라삼먁삼보리(阿耨多羅三藐三菩提):

원어 아누타라삼약삼보드히(Anuttara-samyak-sambodhi)의 음역. 직역하면 "이 위없이 올바른 깨달음으로 향하는 마음" 이란 뜻이고 무상정등정각(無上正等正覺) 또는 무상정등각(無上正等覺)이라 한역한다. 범부는 불각(不覺)의 상태를 의미하는데, 무상정등정각은 미계(迷界)를 여의고 각지(覺智)가 원만하여 일체의 진상을 모두 아는 부처님의 전지전능한 깨달음을 말하는 것이다.

아뇩다라는 "위가 없다", 즉 무상(無上)이고, 삼먁은 "바르고 평등하다" 는 뜻으로 정등(正等)이고, 삼보리는 세 가지의 도(道), 즉 성문보리(聲聞菩提) · 연각보리(緣覺菩提) · 제불보리(諸佛菩提)를 말하는데, 모든 진리를 똑바로 밝게 깨달은 부처의 마음(正覺)을 뜻한다. 따라서 부처님의 무상승지(無上勝地)를 말하는 것이다.

제4절 한역(漢譯)

2. 선현기청분(善現起請分)

時長老須菩提 在大衆中 卽從座起 偏袒右肩 右膝着地
시장로수보리 재대중중 즉종좌기 편단우견 우슬착지

合掌恭敬 而白佛言 希有世尊 如來善護念諸菩薩 善付囑諸菩薩
합장공경 이백불언 희유세존 여래선호념제보살 선부촉제보살

世尊 善男子善女人 發阿耨多羅三藐三菩提心
세존 선남자선여인 발아뇩다라삼먁삼보리심

應云何住 云何降伏其心
응운하주 운하항복기심

佛言 善哉善哉 須菩提
불언 선재선재 수보리

如汝所說 如來 善護念諸菩薩 善付囑諸菩薩
여여소설 여래 선호념제보살 선부촉제보살

汝今諦請 當爲汝說
여금제청 당위여설

善男子善女人 發阿耨多羅三藐三菩提心
선남자선여인 발아뇩다라삼먁삼보리심

應如是住 如是降伏其心
응여시주 여시항복기심

唯然世尊 願樂欲聞
유연세존 원요욕문

제5절 영역(英譯) 1

TWO:

On this occasion, the venerable Subhuti was also present in the assembly. Rising from his seat, he uncovered one shoulder and touched his right knee to the ground. Pressing his palms together and bowing to the Buddha, he said: "It is rare, Bhagavan, most rare, indeed, Sugata, how the Tathagata, the Arhan, the Fully-Enlightened One blesses fearless bodhisattvas with the best of blessings. And it is rare, Bhagavan, how the Tathagata, the Arhan, the Fully-Enlightened One entrusts fearless bodhisattvas with the greatest of trusts.

"Even so, Bhagavan, if a noble son or daughter should set forth on the bodhisattva path, how should they stand , how should they walk, and how should they control their thoughts?"

The Buddha told the venerable Subhuti, "Well said, Subhuti. Well said. So it is, Subhuti. It is as you say.

The Tathagata blesses fearless bodhisattvas with the best of blessings and entrusts fearless bodhisattvas with the greatest of trusts. You should therefore truly listen, Subhuti, and consider this well. I shall tell you how those who set forth on the bodhisattva path should stand, how they should walk, and how they should control their thoughts."

The venerable Subhuti answered, "May it be so, Bhagavan" and gave his full attention.

제6절 영역(英譯) 2

Section 2. Subhuti Makes a Request

Now in the midst of the assembly was the Venerable Subhuti. Forthwith he arose, uncovered his right shoulder, knelt upon his right knee and respectfully raising his hands with palms joined, addressed Buddha thus: World-honoured One, it is most precious how mindful the Tathagata is of all the Bodhisattvas, protecting and instructing them so well! World-honoured One, if good men and good women seek the Consummation of Incomparable Enlightenment, by what criteria should they abide and how should they control their thoughts?

Buddha said: Very good, Subhuti! Just as you say, the Tathagatha is ever-mindful of all the Bodhisattvas, protecting and instructing them well. Now listen and take my words to heart: I will declare to you by what criteria good men and good women seeking the Consummation of Incomparable Enlightenment should abide, and how they should control their thoughts.

Said Subhti: Pray, do, World-honoured One. With joyful anticipation we long to hear.

제3장 대승의 바른 종지

제1절 한글번역

부처님이 수보리에게 말씀하셨다.

『보살마하살(菩薩摩訶薩)은 응당 이렇게 그 마음을 항복시켜야 되나니, 이른바 세상에 있는 온갖 중생(衆生)인 난생(卵生)·태생(胎生)·습생(濕生)·화생(化生)과 유색(有色)·무색(無色)·유상(有想)·무상(無想)·비유상(非有想)·비무상(非無想)을 내가 모두 제도하여 무여열반(無餘涅槃)에 들도록 하리라 하라.

이렇게 한량없고 끝없는 중생을 제도하되 실제로는 한 중생도 제도를 받은 이가 없느니라. 무슨 까닭이겠는가?

수보리여, 만약 보살이 아상(我相)·인상(人相)·중생상(衆生相)·수자상(壽者相)이 있으면 보살이 아니기 때문이니라.』

제2절 해설

제3장 대승의 바른 종지

부처님이 수보리에게 말씀하셨다.

『보살마하살(菩薩摩訶薩)은 응당 이렇게 그 마음을 항복시켜야 되나니, 이른바 세상에 있는 온갖 중생(衆生)인 난생(卵生) · 태생(胎生) · 습생(濕生) · 화생(化生)과 유색(有色) · 무색(無色) · 유상(有想) · 무상(無想) · 비유상(非有想) · 비무상(非無想)을 내가 모두 제도(濟度)하여 무여열반(無餘涅槃)에 들도록 하리라 하라.』

부처님은 수보리가 어떻게 해야 마음을 편안케 할 수 있느냐고 물었을 때 바로 그때 그대 마음은 이미 편안해졌다고 말해줍니다.

이 시나리오 같은 장면은 달마의 첫 제자 혜가(속명은 신광)의 이야기를 연상시켜 줍니다. 혜가가 달마에게 찾아와 대사님 제 마음이 몹시 불안합니다. 제 마음을 안정시켜 주십시오. 이때 달마대사가 이렇게 말했습니다. 너의 불안한 마음을 가져오라. 내가 편안하게 해주리라. 그러나 혜가는 아무리 찾아보아도 자기의 불안한 마음을 찾을 수 없었습니다.

당연한 이야기입니다. 불안한 마음도 자기 마음이고 그것을 찾는 마음도 자기 마음입니다. 마음이 마음을 찾는 것입니다.

이때 혜가가 달마를 찾아와서 어디를 찾아보아도 불안한 마음을 찾을 수 없습니다. 그때 달마대사가 한말은 지금 부처님의 말씀과 같습니다. 이제 그대 마음은 편안하게 되었다. 이때 혜가는 깨달음을 얻었습니다.

마음을 연구하는 것이 어려운 것이 마음을 연구하는 주체도 마음이요 그 연구의 대상도 마음이기 때문입니다. 마음이 마음을 연구 하는 것입니다. 칼이 자기 자신인 칼을 자를 수 없듯이 마음으로 마음을 연구한다는 것은 참으로 어려운 일입니다. 양자역학에서도 우리가 소립자의 행동을 관찰하면 그 관찰하는 행위가 입자의 운동에 영향을 미칩니다.

앞에서도 이야기했지만 우리는 일상생활에서 마음이라는 것을 여러 가지 의미로 사용합니다. 그런데 마음을 영혼이라는 의미로 사용할 때, 기독교와 불교의 중요한 차이점의 하나는 영혼의 개념에 대한 차이입니다.

기독교에서 영혼은 브라만교와 힌두교의 아트만과 같은 개념으로 불변하는 성질을 가진 정신적인 존재를 보통 영혼으로 생각합니다. 예수님이 재림했을 때 무덤에서 다시 부활하여 천년왕국으로 들어가는, 즉 동일성이 유지되며 불변하는 영혼개념입니다.

이에 반해서 불교에서의 영혼개념은 다릅니다. 불교에서는 우리가 자기의 본성인 불성을 깨닫지 못하고 탐·진·치에 미혹되어 카르마(Karma), 즉 말이나, 행동이나 생각으로 업을 지으면 계속 윤회하게 됩니다. 우리의 모든 생각, 모든 말 모든 행동은 종자(種子)가 되어서 우리의 아뢰야식에 저장됩니다.

제8식인 아뢰야식에는 수많은 생을 통해 쌓여온 무수히 많은 종자가 함장(含藏)되어 있습니다. 우리가 죽으면 이 아뢰야식은 다시 가장 인연있는 자궁으로 들어가 다시 환생하게 됩니다. 이렇게 끊임없이 이어집니다. 이 아뢰야식은 끊임없이 생성, 변화해 나가는 것입니다.

우리가 사람 한 사람 한 사람 개체로 보면 삶과 죽음이 있지만, 아뢰야식의 입장에서 보면 다만 육체를 바꿔 입는 것일 뿐입니다.

리처드 도킨스의 〈이기적인 유전자〉 이론에 의하면, 당신의 DNA 중에서 대부분은 당신을 위해서가 아니라 DNA 자신(not devoted to you but to itself)을 위해서 존재할 뿐입니다. DNA가 당신을 위해서 존재하는 것이 아니라, 관점에 따라서는 당신은 DNA를 복제(reproducing)시키는 기계(a machine)에 불과하다고 볼 수 있습니다.

생명은 그저 존재하고 싶어 할 뿐이라는 것(Life just wants to be)을 잊지 말아야 합니다. DNA가 그런 일을 가능하게 해줍니다. 모든 생물은 어떤 의미에서 유전자의 노예(slaves to their genes)들입니다. 연어(salmon)나 거미(spider)를 비롯해서 거의 수를 헤아릴 수도 없을 정도의 많은 생물들이 교미(mating)를 가지면서 죽음을 각오하는 것도 바로 그런 이유 때문입니다. 번식을 통해서 자신의 유전자를 퍼뜨리려는(to disperse one′s genes) 욕구는 자연에서 가장 강력한 충동(the most powerful impulse)입니다.

윤회의 주체인 이 아뢰야식은 기독교의 영혼개념이나 브라만(Bramanism)의 아트만(Atman) 개념과는 달리 끊임없이 생성, 변환되어 나가는 것으로 보고 있습니다.

어린애가 태어나 어느 정도 시간이 지나면 자기 나름대로의 개성, 성향을 보이는데 전생으로부터의 경험이 종자의 형태로 집적되어 있는 아뢰야식이 연(緣: 환경)을 맞아 종자가 발현하여 개별적인 성격의 차이를 드러냅니다.

우리가 죽더라도 자손에게 유전자를 물려주고 그 유전자가 자손에서 자손으로 계속 이어집니다. 우리의 개체는 죽지만 유전자는 계속 복제되어 후손에게 전달되는 것과 마찬가지로 우리의 개별적인 육신은 죽지만 이 아뢰야식은 다시 인연에 따라 새로운 육체로 태어나 끊임없이 이어져 내려가는 것입니다. 이것이 바로 윤회입니다.

윤회란 우리가 무명(無明)으로부터 비롯된 탐진치(貪瞋痴)의 미혹에 젖어 우리자신이 본래 부처임, 우리 자신속에 불성이 있음을 알지 못하고 끊임없이 말과 행동과 생각으로 업(Karma)을 지어 육도(지옥·아귀·축생·아수라·인간·천상)를 돌며 생사를 반복하는 것을 말합니다.

여기서 카르마라는 것은 미래에 어떤 결과를 초래할 수 있는 힘을 가진 것, 특수 에너지라고 볼 수가 있습니다. 우리가 어떤 것을 골똘히 생각한다면 이것도 아뢰야식에 종자를 남기며〔薰習〕, 이런 수많은 업들이 모여 우리를 윤회케 하는 것입니다.

부처님께서 수보리에게 말씀하셨다. 모든 보살마하살은 마땅히 마음을 이렇게 항복시켜야 한다. 부처님은 수보리가 어떻게 해야 마음을 편안히 할 수 있느냐고 물었을 때 바로 그때 그대 마음은 이미 편안해졌다고 말해 줍니다. 그러나 한참이 지나도 수보리가 이해하지 못하자 어쩔 도리없이 불러서 다시 한번 설명하지 않을 수 없었습니다. 그 때가 이미 지나가 버렸기 때문입니다. 요즘 표현으로 말하자면 타이밍을 놓친 것입니다. 선종에서 말하는 소위 선기(禪氣)를 수보리가 이해하지 못한 채 보내버렸기 때문입니다.

선문답은 스승과 제자 사이에서 일어나는 선대화입니다. 한편이 실존적 문제에 관해서 상대방의 마음을 뒤흔드는 질문을 하고 다른 편이 이론이나 논리의 전개가 아닌, 마음의 심층으로부터 일어나는 대답을 하는 방식으로 반응하는 대화입니다.

먼저 중생에 대해서 알아봅시다. 불경에서 말하는 중생이란 인간뿐 아니라 일체의 생명이 있는 존재를 말합니다. 사람은 중생의 한 종류일 뿐입니다. 인간만이 유일한 생명체이고 다른 모든 생명체를 지배한다는 것은 인간만의 오만한 생각입니다. 일체의 생물내지 세균에 이르기 까지 오로지 생명이 있는 것은 모두 중생입니다.

부처님은 일체 중생을 구제하고자 하며 일체 중생에게 자유를 베풉니다. 좋은 사람에 대해서 뿐만 아니라 나쁜 사람에 대해서도 차별없이 자비를 베풉니다. 좋은 사람도 제도하고 나쁜 사람도 제도하려 합니다. 극락에 있는 사람도 제도하지만 지옥에 있는 사람은 더욱 불쌍하게 여겨 제도하려 합니다. 이것이 불법의 정신입니다. 그래서 일체 중생이라 말한 겁니다.

존재하는 모든 중생의 종류, 즉 난생·태생·습생·화생·유색·무색·유상·무상·비유상·비무상 등을 내가 모두 남김 없는 열반에 들게 하여 제도시키리라. 불교에서는 일체의 중생, 즉 일체의 생명의 종류를 12가지로 나누고 있습니다.

첫째가 난생입니다. 태생, 습생, 화생 외에도 또 다른 생명이 있는데 이것이 유색입니다. 이것은 형상이 있고 물질적인 것으로 볼 수 있습니다. 이외에 무색이라는 것도 있습니다. 우리가 알 수 없고 볼 수도 없지만 확실히 존재하는 일종의 생명입니다. 예를 들면 귀신과 같은 것입니다. 이 귀신이라는 것은 확실히 존재하는 것이지만 실체만 안다면 그렇게 무서워 할 필요는 없습니다.

《티벳사자의 서》에 대해서 잠깐 이야기 하고자 합니다. 《티벳사자의 서》에 많은 이야기가 들어있습니다. 우리 인간이 죽으면 우리의 아뢰야식은 자기에게 가장 적합한 다음의 육신을 얻을 때까지 일종의 과도기간을 거칩니다. 바로 이 과도기간을 바로 도(道)라고 합니다.

여기서 귀신(鬼神)에 대해 간단하게 이야기 하도록 하겠습니다. 귀신은 초인간적이고도 초자연적인 능력을 발휘하는 주체인 신(神), 천신(天神)의 개념과, 죽은 사람의 넋인 사령(死靈)의 두 가지 개념으로 주로 이해됩니다.

한국에서의 귀신의 개념에는 무속신앙·유교·도교·불교 등에 연원을 둔 개념들이 얽혀 있는 만큼 귀신이라는 개념이 지닌 복합성을 단정적으로 정의를 내리기는 어렵습니다.

서구 인류학이나 종교학의 개념을 빌린다면 제신(諸神: gods), 물령(物靈)이라고 번역할 만한 스피릿(spirit), 마귀를 뜻하는 데몬(demon), 사령을 뜻하는 고스트(ghost) 등이 귀신의 개념에 해당될 수 있을 것입니다.

한국의 민속신 및 무속신앙의 현장에서 행해지고 있는 실제를 살펴보면 범신론적인 신(諸神: gods) 보다 사령신(死靈: ghost) 이 더 많이 목격됩니다.

범신론적 귀신은 인간에게 도움을 주는 신과 인간에게 해를 끼치고 공포를 주는 신으로 나눠볼 수 있습니다.

인간에게 도움을 주는 신이란 농촌에서 풍년을 기원하는 대상인 신, 산신, 풍어를 비는 대상인 용왕신 등의 경우 한 지역공동체가 굿으로 섬기는 풍요의 신이고 우주론적인 함축성을 간직하고 있는 신이라 할 수 있습니다. 이러한 경우 귀신의 개념은 유일신적인 절대신(God)의 경지에까지는 미치지 못한다고 하여도 인격화되었거나 의인화된 초자연적 존재인 다신교적인 제신(gods)의 개념에 매우 근접하게 됩니다.

인간에게 해를 끼치고 공포를 주는 신으로는 악령(惡靈)이나 마귀론의 범주에서 다루어질 신입니다.

사령신(死靈: ghost)적 귀신은 원귀(怨鬼)라고 하는데 다양한 경우를 다 포괄할 수는 없겠지만 대체로 보면 원귀(怨鬼)라는 현상은 너무 억울하게 죽었거나, 죽을 때 너무 공포심에 사로잡혔을 경우, 죽음에 대해 전혀 무지한 경우, 육신에 대한 집착이 너무 강하다든지, 어린 자식을 두고 죽었다든지 또는 너무나 강한 원한을 가지고 있다든지 등의 비정상적인 죽음의 경우 정상적인 죽음의 단계를 거치지 않고 어느 특정한 지역, 어느 특정한 사람, 어느 특정한 대상에 집착되어있는 사념체, 즉 생각의 덩어리가 귀신이라고 할 수 있습니다.

이런 원귀(怨鬼)에 대해서 사람들은 두려움을 느끼면서 그것을 멀리하려 듭니다. 사람들에게 언제 해독을 끼치게 될지 모르기 때문입니다.

한국인의 귀신관은, 한국인의 의식의 심층에 간직된 신화적 원형입니다. 귀신은 인간에게 도움을 주는 초월적 힘이나, 인간에게 해악을 끼치는 사악한 힘을 통해 자연의 순리와 변고, 인간사의 길흉을 통어하고 조절한다고 믿어 왔습니다.

조선시대의 유학자들은 음양이론으로 설명이 가능한 우주론적인 것과 조상신만을 인정하고 나머지는 모두 사(邪)나 괴(怪)의 범주로 몰아 배척했습니다. 한편 일반 민중들은 민속신앙과 무속신앙을 통해 범신론적인 신앙체계 속에서 정사(正邪)를 포함한 귀신론을 지켜왔습니다.

우리가 과학의 합리성을 존중해야 하지만, 과학이 만능이 아니며 현 과학수준에서 미지의 영역도 많습니다. 과학은 검증 가능성과 재현가능성을 중요시합니다. 항상 열린 마음으로 사물과 현상을 대하면 됩니다. 심령현상에 사기(詐欺: fraud)도 많지만 사실인 경우도 있습니다.

영국 헨리 8세의 유령(幽靈: ghost)을 목격한 사람이 많으며, 필리핀에서는 억울하게 살해당한 원혼이 심령술사를 통해 범인을 잡게 만든 케이스가 꽤 있습니다.

우리 육체를 가진 인간도 깊은 명상을 통해보면 정신적으로 보면 나라고 하는 개체의식이 실체가 없으며 이 육체도 우리 주변의 일체의 사물에 그 생존과 존속을 의지하고 있는, 즉 자기고유의 실체적 존재가 없는 존재일진데 하물며 귀신은 더욱 실체가 없는 존재입니다. 그러니까 우리가 자성을 관찰하며 마음을 차분히 하여 명상을 해나가면 귀신에 대해서 두려워 할 필요는 없습니다.

자기 생활에 충실하고 강한 정신력을 가지면 됩니다. 참숯과 소금은 사기(邪氣) 퇴치에 효과적입니다. 귀신 중에는 인류의 미래를 위해 도움을 주려는 천신(天神), 고급령(高級靈), 고차원(高次元)의 영(靈)도 있지만 대체로 빙의와 같이 비자연스러운 현상, 부자연스런 현상입니다. 〈무상계〉를 읽어보면 영가천도(靈駕遷度)의 깊은 내용이 잘 나와 있습니다.

신과학의 흐름의 하나로서 프리초프 카프라의 《현대물리학과 동양사상》, 이차크 벤토프의 《우주심과 정신물리학》과 더불어 마이클 탤보트(Michael Talbot)가 쓴 《홀로그램 우주(The Holographic Universe)》도 주목할 만합니다.

홀로그램 우주는 홀로그램 모델을 통해 기억이나 의식, 양자(quantum)들의 상호연결성 같은 풀리지 않는 과학계의 쟁점과 유체이탈, 임사체험 등 여러 가지 신비현상까지도 설명합니다. 외국에서는 칼 프리브램·데이비드 봄 등 여러 저명한 학자들이 오래 전부터 홀로그램으로 우주를 설명해 왔습니다.

과학이라는 세계에서 《홀로그램 우주》는 과학과 종교가 반드시 다른 면만 존재하는 것은 아니고 동일한 지점에서 만날 수도 있다는 사실에 대해 가능성을 심어주고 있습니다. 시간이 더 흐르고 미래가 다가오면 지금 우리가 풀지 못하는 많은 수수께끼 같은 신비로운 현상들도 상식처럼 증명되는 시대가 올 것입니다. 그 자리는 과학과 종교가 만나는 자리가 될 것입니다.

《홀로그램 우주》는 인간과 현실을 바라보는 시각이 기존의 현대과학과는 다른 참신함을 느낄 수 있으며, 세상에 대한 이해를 한 차원 더 높일 수 있는 기회를 제공합니다. 비판적인 사고를 견지하되 또한 열린 마음으로 읽는다면 분명 깨닫는 바가 많이 있을 것입니다.

기존 심리학에서 기억의 존재는 대부분 특정 기억이 뇌의 특정 부위에 있다는 펜필드의 이론에 따라 설명되고 있습니다. 프리그램은 이 이론에 반대하여 홀로그램 모델을 세워 기억이 뇌 전체에 퍼져있거나 분산되어 있다고 주장하고 있습니다.

홀로그램은 두 갈래로 나누어진 광선이 하나는 피사체에 반사되고 다른 하나는 그 반사된 광선과 부딪히며 간섭무늬를 만들게 되는데 이것이 홀로그램 필름에 기록되는 것입니다. 이 때 홀로그램 필름은 작은 조각으로 나눠더라도 필름 전체에 기록된 정보들이 모두 남게 되는데 이것을 통해 기억이 두뇌 전체에 분산 분포되는 현상을 설명하는 홀로그램 모델이 성립하는 것입니다.

기억뿐만 아니라 시각, 망각, 연상 등 심리학에서 다루는 많은 인지적 주제들을 설명하고 있는 홀로그램 모델은 자연스럽게 "인간이 세계와 우주를 어떻게 인지·인식하고 있는가?" 라는 물음으로 연결됩니다. 즉, 인식의 문제와 직결되는 것입니다. 물질로 이루어진 객관적인 세계라는 것이 존재하지 않을 가능성이 제기되는 것입니다.

프리그램은 이러한 자신의 물음을 풀기 위해 물리학자인 봄의 연구에 관심을 갖게 되고 《홀로그램 우주》의 존재 가능성에 대해 생각하기 시작합니다. 양자물리학에 의하면 물질을 구성하는 근본 질료라고 생각되는 양자, 전자들이 입자와 파동의 이중성을 가지고 있습니다.

홀로그램 모델의 설명대로라면 우리의 의식은 우주와 떼어놓고 생각할 수 없는 것이 됩니다. 물질이 홀로그램의 방식을 따라 공간의 일부분으로 존재하며, 진공에서 일어난 파문이 우주가 되는 것입니다. 따라서 우리의 의식이 홀로그램의 방식에 따라 작용하고 있으며, 세계를 인식하게 되는 것이라고 봅니다.

이 모델은 우주와 그것을 인식하는 인간의 의식이 상호연결성을 맺고 있으며 그 존재 양식 자체가 근본적으로 홀로그램과 같은 방식으로 동일하게 나타남을 말하고 있습니다. 이러한 방식으로 의식을 설명할 때 우리가 일상적으로 생각하는 과학적 증명으로는 설명할 수 없는 많은 부분을 설명할 수 있게 됩니다.

앞에서 카르마(karma)에 대해서 간단히 이야기 한 적이 있는데 카르마란 어떤 결과를 초래하는 힘을 가지고 있는 어떤 힘, 특수 에너지라고 할 수 있습니다. 카르마와 관련된 이야기를 조금 하고자 합니다. 숙업(宿業)은 전생에서 쌓은 업(karma from former lives)이며, 현업(現業)은 현생에서 행위로서 쌓고 있는 업(karma from present conduct)입니다. 인과법칙(因果法則)은 우주의 보편적인 법칙이며, 하늘의 그물망은 엉성한 것 같이 보여도, 그 누구도 그 그물을 빠져나가지 못하며 때가 무르익으면 선업선과, 악업악과를 받게 됩니다.

(Causality ; universal law of cause and effect
When it is ripe, then it falls upon the one responsible)

진실은 그 자체의 고유한 힘을 가지고 있기 때문에 그것을 유지하는데 힘이 별로 들지 않습니다. 그런데 거짓은 그 자체의 고유한 힘이 없기 때문에 그것을 유지하려면 많은 힘이 듭니다. 그러니까 오래가지 못합니다. 거짓을 유지하려면 또 다른 거짓말을 해야 하고 계속 거짓말을 덧보태야 하기 때문에 거짓을 유지하려면 힘이 많이 듭니다.

거짓은 계속 거짓을 유지하기 위한 힘을 쓰지 않으면 무너지고 오직 진실만이 힘을 가지고 있다고 말합니다. 그런데 이 진실보다 더 큰 힘을 가진 것이 있습니다. 바로 용서입니다.

용서만이 진정으로 강한 힘을 가지고 있습니다. 세상에서 어떤 사람이 우리에게 해를 끼쳤을 때, 앙갚음으로 복수를 하면 그 복수는 또 다른 복수를 낳습니다. 용서는 악의 카르마를 없애고 선의 카르마를 키웁니다. 인내와 용서는 업을 바꾸며, 개인의 운명을 바꾸며, 온 우주를 바꾸는 힘이 있습니다. 자기 감정을 조절할 줄 알면, 화를 참을 줄 알면 운명이 달라집니다.

초기 조건의 사소한 변화가 나중의 결과에 엄청난 차이를 가져온다는 카오스 이론, 나비효과(butterfly effect) 그리고 《화엄경》에 나오는 인드라망(이 세상의 모든 생명은 그물처럼 연결되어 있다)의 그물〔網〕, 중중무진법계연기(重重無盡法界緣起)를 이해하신다면, 겉으로는 사소해 보일지도 모르는 것, 즉 우리가 한 마음을 돌려 먹는 것, 우리의 인내와 용서가 업을 바꾸며, 개인의 운명을 바꾸며, 온 우주를 바꾸는 힘이 있다는 것을 알 수 있을 것입니다.

일체 중생을 분류하면 태로 태어나는 생명, 알로 태어나는 생명, 습한 데서 나오는 생명, 변화해서 나오는 생명의 4가지〔四生 사생〕로 크게 분류할 수 있습니다. 이 4가지는 또한 모양〔色〕과 마음〔心〕 두 가지로 다시 구분합니다. 모양이 있는가〔有色〕 모양이 없는가〔無色〕 생각이 있는가〔有想〕 생각이 없는가〔無想〕로 구분합니다.

우리는 인간이 태생(胎生)이라고만 생각해서는 안 됩니다. 포유동물, 젖을 먹는 동물을 태생이라고 하는데 인간은 단지 태생이라고만 해서는 안 됩니다. 우리 인류는 12종류의 특성을 모두 가지고 있습니다.

인류는 태반 속에서 정자와 난자가 결합되어 생성되는데 이런 점에서 보면 태생이자 난생입니다. 어머니의 뱃속은 습생입니다. 밥, 채소, 고기 등을 먹어야 자랄 수 있는데 이는 화생입니다. 사람은 육체가 있으니 유색입니다. 신체기능은 모두 물질적입니다.

그렇지만 인간의 생명은 물질적인 것이 아닙니다. 아뢰야식은 눈으로 볼 수 없는 것이기에 무색입니다. 우리는 당연히 생각이 있기에 유상이며 어떤 때는 멍하니 아무 생각이 없기 때문에 무상입니다. 그리고 참선 수행을 통해 비유상, 비무상의 경계에 접어들 수도 있습니다.

수행인들은 좌선을 할 때 주화입마(走火入魔)에 들까봐 두려워합니다. 주화입마란 악령이 달라붙거나, 가위에 눌리거나 마군에 빙의(haunted, obsession)되는 것을 말합니다. 마군은 천인, 신이나 귀신 그 밖의 어떤 모습으로도 변화할 수 있습니다. 이것을 이기는 것은 자신의 정신력에 달려있습니다. 참선도량에서는 고승의 도움을 받을 수 있습니다.

우리인간은 어떻게 보면 아주 위대한 존재이고 어떻게 보면 아주 취약한 존재입니다. 그러면 어느 것이 더 진리에 가까울까요? 정답은 우리 인간은 아주 위대한 존재라는 것입니다.

인간은 고도로 진화한 영적 존재이며 윤회의 과정에서 삼악도, 즉 지옥, 아귀, 축생에 빠질 수도 있다고 하지만 예를 들면 동물로도 환생할 수 있다고 하지만 그것은 극히 드문 현상이고 인간은 대부분 인간으로 다시 윤회합니다. 인간은 고도로 영적으로 진화한 존재이기 때문에 쉽게 그렇게 동물군(動物群)으로 급전직하(急轉直下) 하지는 않습니다.

광물질인 돌이나 흙이나 바위를 구성하고 있는 원자나 우리 인간을 구상하고 있는 원자나 원자는 다 똑같습니다. 이런 광물질이 식물에 흡수되고 그 식물을 동물이 먹고 그 식물이나 동물을 인간이 음식으로 섭취하고 이렇게 자연의 연쇄는 끊임없이 순환합니다. 이러한 무생물이 생명으로, 인간으로 되려면 수억, 수십 억 년이 걸릴 것입니다. 인간은 36억년 이상이나 진화를 거듭해서 탄생한 위대한 영적인 존재입니다.

인간으로 태어나기가 얼마나 어려운가 비유를 하나 들겠습니다. 태평양 넓은 바다에 사는 눈먼 거북이 100년에 한번씩 깊은 바다에서 바다표면으로 떠오를 때, 그때 바다위를 떠다니던 나무로 만든 염주에 거북의 목이 걸릴 정도의 확률이라고 합니다.

우리는 인간으로 쉽게 태어날 수 있다고 생각합니다. 지구에 65억이 넘는 인간이 살고 있고 말입니다. 그러나 거북의 비유와 같이 인간으로 태어난다는 것은 이 정도로 엄청난 축복이며, 인간은 고도로 진화한 영적인 존재이며, 인간은 그 자체에 불성(佛性), 즉 부처님의 본성과 조금도 다르지 않은 자성을 가진 존재입니다.

불교를 공부하는 사람은 먼저 발원(發願)을 해야 합니다. 세상의 일체 중생을 구하겠다는 염원을 세워야 합니다. 중생은 모두 고통과 번뇌 속에 있기 때문입니다. 부귀공명을 누리는 사람들도 부귀공명에 따르는 고통이 있습니다. 빈곤과 생노병사 등도 역시 모두 번뇌입니다.

연애할 때도 연애에 따르는 번뇌가 있으며, 결혼할 때는 결혼의 번뇌가 따르며 출생에는 출생의 번뇌가 따릅니다. 한마디로 인생은 어느 때도 모두 고통과 번뇌속에 있습니다. 인간은 상심의 바다(sea of heartbreak)에 빠져 있습니다.

복은 청정한 복 청복(淸福)과 이 세속의 복 홍복(鴻福)으로 나눌 수 있습니다. 지혜가 없는 사람은 청복을 누릴 수가 없습니다. 그런데 청복은 적막함을 즐길 수 있어야 누릴 수 있는 것입니다.

청복의 경우 법정 스님의 《무소유》, 《오두막 편지》, 《홀로 사는 즐거움》의 책에 나오는 경지입니다. 여기서 홀로 있다는 말의 의미는 외떨어져 혼자 사는 단순한 의미로만 해석해서는 안 됩니다. 홀로 있음의 진정한 의미를 이야기하면서 법정스님은 명상가 토마스 머튼의 말 즉 '홀로 있을수록 함께 있다'는 가르침을 이야기합니다.

인간은 누군가와 같이 있을 때 온전한 자기 자신으로 존재할 수 없습니다. 홀로 있다는 것은 어디에도 물들지 않고 순수하며 자유롭고, 부분이 아니라 전체로서 당당하게 있는 것입니다.

또한 인간은 본래 전체적인 존재이며, 부분이 아닌 전체로서 존재할 때 그의 삶에도 생기와 탄력과 건강함이 생깁니다. 결국 홀로 사는 즐거움도 여기에서 비롯되는 것입니다.

법정스님 정신의 맑고 향기로움과 무소유의 철학의 정수는 스님의 단순하면서도 명쾌한 삶에 있습니다. 맑고 시원한 샘물같은 삶입니다.

그렇게 생활할 수 있다면 인생을 이해할 수 있고 또 인생의 보다 높은 경지를 체험할 수 있습니다. 이렇게 해야만 세속의 복, 즉 홍복(鴻福)이 번거로운 것임을 간파할 수 있습니다. 불경에서는 불법을 배우려는 사람은 먼저 세간의 홍복의 본질을 간파하고 그것을 벗어날 수 있어야 된다고 말합니다.

열반의 경계는 상락아정(常樂我淨), 항상 즐거우면서도 스스로 깨끗한 그런 경계입니다. 다시 말해 여러분이 이것을 찾아내기만 하면 영원히 불생불멸하고 영원히 즐겁습니다. 바로 하나의 극락세계입니다.

그리고 이때야 비로소 진정한 나의 존재가 드러납니다. 우리생명의 진정한 나는 수십 년된 우리 육체도 아니고 변화해 가는 것도 아닙니다. 불생불멸(不生不滅), 불구부정(不垢不淨), 부증불감(不增不減)의 법신, 이러한 진정한 내가 드러날 때 비로소 열반의 경계에 들 수 있습니다.

열반(涅槃)에 대해서 간단히 이야기 하고자 합니다. 열반은 수행에 의해 진리를 체득하여 미혹(迷惑)과 집착(執着)을 끊고 일체의 속박에서 해탈(解脫)한 최고의 경지를 일컫는 말입니다.

열반이란, 산스크리트의 '니르바나'의 음역인데, 멸도(滅度)·적멸(寂滅) 등으로 번역하기도 합니다. nirvana의 본뜻은 '불어서 끄는 것', '불어서 꺼진 상태'를 뜻하며, 마치 타고 있는 불을 바람이 불어와 꺼버리듯이, 타오르는 번뇌의 불꽃을 지혜로 꺼서 일체의 번뇌, 고뇌가 소멸된 상태를 가리킵니다. 그때 비로소 적정(寂靜)한 최상의 안락(安樂)이 실현되는 것입니다. 현대적인 의미로는 영원한 평화, 완전한 평화라고 할 수 있을 것입니다.

부파불교(部派佛敎)에 이르러서는 석가불의 이상화, 신격화에 따라 열반에 대한 생각도 변하여, 수행자가 아무리 노력을 하여도 이 세상에 생존하는 동안에는 완전한 열반을 체득하기란 어려운 것으로 생각하였습니다. 그래서 이 세상에 생존하는 동안에 얻어진 열반은 불완전한 것[有餘涅槃: 유여열반]이며, 사후에 비로소 완전한 상태에 들어간다[無餘涅槃: 무여열반]고 생각하였습니다.

그러므로 수행자는 석가불과는 달리 열반의 경지가 아니라 아라한(阿羅漢: 궁극의 깨달음을 얻은 사람)의 경지에 도달하는 것이라고 보았습니다.

대승불교에서는 유여, 무여열반 외에 본래자성 청정열반(本來自性 淸淨涅槃), 무주처열반(無住處涅槃)을 주장하였습니다. 본래자성 청정열반은 일체 중생의 심성(心性)이 본래 청정하다는 것으로, 진여(眞如: 있는 그대로의 진리) 그 자체임을 달관하여 안심(安心)의 경지에 이르는 것을 말하며, 무주처열반은 대승불교에서 이상으로 여기는 열반으로서 생사에도 머물지 않고 열반에도 머물지 않는 것, 즉 자비와 지혜가 원만하고, 아무런 조작 없이 있는 그대로의 불, 보살의 상태를 말합니다.

결국 열반이 어떤 특별한 경지로서 실재하는 것으로 생각하는 것은 범부(凡夫)의 미혹이며, 열반은 유(有)도 무(無)도 아닌 공(空)으로서 윤회나 열반이나 어떤 구분도 없다는 것입니다. 그리하여 이 세상에서의 보살의 중생구제 활동을 강조합니다.

열반은 남김이 있는 유여열반(有餘涅槃)과 남김이 없는 무여열반(無餘涅槃)의 두 종류로 나뉩니다. 생각을 비운다고 해서 그것이 머무름이 되는 것은 아닙니다. 여러분은 특별히 주의해야합니다. 마음을 비우는 것은 머무는 것이 아닙니다. 진정한 머무름이 아닙니다.

공(空)에 머무르는 것은 궁극적인 것이 아닙니다. 그래서 남김이 있는 유여열반(有餘涅槃) 이라고 하는 것입니다. 남아있다는 것은 무엇일까요?

습기(習氣)입니다. 습기라는 것은 향 담았던 그릇은 향을 비웠어도 향기가 남아 있는 것과 같이 어떤 버릇이 남아있음을 말하며 아뢰야식에 과거의 번뇌, 경향이 종자로 남아있음을 이야기 하는 것입니다.

부처님은 말씀하십니다.

불법을 배우는 사람의 제일 첫째 발원(發願)은 일체중생이 모두 성불하게 하는 것이다. 모두 내가 성취한 것과 같은 열반에 도달할 수 있게 하는 것이다. 대승불법에서 만약 이런 발원이 없다면 불법을 배워도 성취가 없을 것입니다.

자신이 아주 고통스럽고 번뇌에 시달리더라도 대승적 발원이 없다면 이것은 불법의 진정한 정신이 아닙니다. 부처의 원력은 불법을 배우는 것이 자신을 위하는 것이 아니라 일체의 중생을 위함입니다. 이렇게 헤아릴 수 없이 많은 중생을 제도시키더라도 실로 제도를 받은 중생은 하나도 없습니다.

고통과 번뇌로부터 해탈하기는 무척이나 어렵습니다. 부처님은 단지 우리에게 번뇌와 고통으로부터 해탈하는 방법만을 말해줍니다. 해탈은 스스로에게 달린 것이지 외부의 힘에 의지할 수 있는 것이 아닙니다. 목마른 사람은 자기가 직접 물을 마셔야 합니다. 물이 차가운지 뜨거운지는 본인이 직접 마셔보아야만 압니다. 부처님이 우리에게 성취하는 방법을 일러주었지만 그것을 따르느냐 따르지 않느냐는 우리 자신에게 에게 달려있고, 우리 스스로가 수행해야 비로소 성취를 이룰 수가 있습니다.

『이렇게 한량없고 끝없는 중생을 제도하되 실제로는 한 중생도 제도를 받은 이가 없느니라. 무슨 까닭이겠는가?

수보리여, 만약 보살이 아상(我相)·인상(人相)·중생상(衆生相)·수자상(壽者相)이 있으면 보살이 아니기 때문이니라.』

부처님은 무수히 많은 중생을 교화하고 구제했지만 마음속으로 저 중생은 내가 구제한 것이다라는 생각은 전혀 없었습니다. 수없이 많은 사람을 돕지만 마음속으로 그것이 자신의 공로라는 생각은 조금도 없습니다. 부처님의 경계는 겸허함의 극치입니다.

부처님은 일체중생을 제도하고자 하면서도 마음속으로는 자신이 다른 사람을 교화하거나 제도하고 있다는 생각은 털끝만치도 하지 않았습니다. 부처님은 권위의식이 없이 지극히 평범합니다.

부처님은 말씀하십니다.

수보리여 대승보살불법을 공부하는 사람이 마음속에 아직 나와 너 그리고 그 사람이라는 구별이 남아있고, 심지어 다른 사람에게 도움을 베풀면서 그 사람이 고마워해야 마땅하다고 생각한다면 이것은 세속의 법이다. 불법은 그렇지 않다. 일단 준 것은 준 것으로 끝나버린다. 만약 일부러 그것을 잊어버리려 한다면 보살이 아니다. 아직 작위적인 마음이 남아있기 때문이다.

천지는 만물을 만들어 내지만 그것을 사적인 것으로 소유하지 않습니다. 진리는 온 우주의 것입니다. 누구에게도 속해있지 않습니다. 그러니 여러분이 그것을 가지십시오. 부처님은 우리에게 모든 것을 다 말해줍니다. 그런데 우리는 왜 부처님의 경지에 도달하지 못할까요?

《금강경》에는 사상(四相)이 언급됩니다. 상이란 현상으로 심리적인 측면에서 관념이라고 할 수 있습니다. 우리사람들은 일종의 관념을 갖고 있습니다.

이해를 쉽게 하기 위해서 영어로 아상(我相)을 표현해 보겠습니다. 아상을 영어로 설명하면 the concept of the ego as real, 즉 자아관념(the concept of the ego; the sence of self)을 실재(實在: real)하는 것으로

착각(錯覺: illusion)하는 것을 말합니다. 앞에서도 이야기 했지만 관념은 생각의 구조물일 뿐 반드시 실재하는 것은 아닙니다. 아상은 또한 the illusion that in the five skandhas there is a real ego 여기서 five skandhas는 오온(五蘊)입니다. 오온은 색·수·상·행·식(色受想行識)입니다. 우리 인간을 분석해보면 오온의 집합체일 뿐인 것을 '내가 있다' 고 착각한다는 뜻입니다. 즉 아상을 가진다는 뜻입니다.

인상(人相)은 한마디로 너와 나를 구별하는 관념입니다(the illusion that this ego is human being, and different from beings of the other paths).

아상(我相)은 나에 대한 관념으로 이것은 두 종류로 나눠집니다. 하나는 생명을 지닌 개체로서의 인간입니다. 나는 나요 너는 너요 그는 그입니다. 매사람은 모두 각기 다른 개체입니다. 다른 하나는 정신적 측면입니다. 인간이라는 것은 주관적인 선입견으로 관념상 존재하는 나입니다.

수자상(壽者相)이란 내가 오래 살았으면 하고 내가 무병장수 했으면 합니다(the illusion that the ego has age ; a determined or fated period of existence).

번뇌는 모두 이 사상으로부터 일어납니다. 《금강경》에서도 말하지만 이 사상에서 완전히 벗어나지 않는 한 진정한 불법의 경계에 이를 수 없다는 것입니다. 이들 사상은 말하자면 일반 사람들에게 공통되는 것으로 여간해서 파괴하기 힘든 완고한 주관적 관념이라고 할 수 있습니다.

이 관념만 벗어던질 수 있다면 불법배우기는 문제도 없을 겁니다. 그리고 불법을 공부하는 목적, 즉 중생을 제도하겠다는 발원이 완성되더라도 자신이 중생을 제도한다고 생각하지 않아야 한다는 것입니다.

아상(我相)에 관해서 잠깐 이야기 하고자 합니다. 아상을 영어로 센스 오브 셀프(the sense of self) 또는 에고티즘과 셀프 아이덴티티(egotism, self-identity)라고 합니다. 어린아이가 태어나면 자기와 자기이외의 일체 사물에 구별이 없습니다. 자기와 자기외의 일체 사물, 이것을 아(我)와 법(法)이라고 간단하게 표현을 합니다.

인간은 자라면서 나와 나 아닌 모든 것 이렇게 이원적으로 구별하고, 인식하는 주체가 있고 인식하는 대상이 따로 있는 것으로 생각하고 구별해서, 이원적인 대립구조 속에서 인식을 하고 사량분별을 하기 때문에 인간의 모든 번뇌가 탄생하는 것입니다.

그런데 과연 이 자아관념(에고의식)이 실체가 있는 것일까요? 깊은 명상을 통해 보면 아와 법의 구별이 없습니다. 하나입니다. 인간의 모든 번뇌는 자아의식에서 비롯됩니다. 내가 있기 때문에 타자와의 경쟁, 대립, 갈등이 발생하는 것입니다. 만일 자아가 없다면 타인도 없을 것이고 자기와 타인과의 사이에서 발생하는 갈등과 대립, 그리고 그로부터 유래되는 번뇌 또한 없을 것입니다.

그런데 과연 이 자아란 것이 실체(entity)가 있을까요. 우리인간은 태어났을 때는 자아의식이 없습니다. 자기와 남의 구별이 없다는 것입니다. 그러나 성장하면서 생존하기 위해서 일정한 생각, 일정한 행동패턴으로 외부환경에 대응하면서 자아의식이 형성되어갑니다.

그런데 명상수행자들이 깊은 명상을 통해서 이 자아의식이 본래 실체가 있는 것이 아니고 제7식인 말나식이 제8식인 근본식(아뢰야식)의 견분(見分: 인식주관)을 자아라고 간주하고 자기의 관점에서, 자기에 유리하게 모든 분별사량(分別思量)을 해나간다는 것입니다.

현대과학 차원에서도 PET - fMRI를 이용해서 뇌속을 분자차원에서 많은 연구를 하고 있습니다. 뇌의 기능은 모듈단위로 분리되어 있으며 수직적으로 통합(integrate)된 체계가 있는 것이 아니고 수평적으로 기능적으로 연결된 체계에 가깝다고 합니다.

삼륜체공(三輪體空)에 대해서 알아보겠습니다. 우리가 일반적으로 절에 가서 불상에 기도를 드리고 불공을 할 때 우리는 기도드리는 사람, 기도를 하는 행위 그리고 부처님 이렇게 삼자(三者)를 나누어 생각합니다. 그러나 삼륜체공(三輪體空)은 이 삼자가 다 공(空)으로서 하나라는 것이며 마찬가지로 보시(布施)에 있어서도 보시하는 자, 보시하는 행위, 보시를 받는 사람 이 세 가지도 실체가 다 공(空)이며 하나라는 것입니다.

먼저 보시의 종류를 알아보겠습니다. 보시에는 세 가지가 있습니다.

첫째는 재시(財施)로서 돈이나 재물로써 보시하는 것입니다.

둘째는 법시(法施)로서 불법(佛法)을 가르쳐 주는 것입니다.

세 번째는 무외시(無畏施)로서 두려움이 없도록 마음을 편안하게 해주는 것입니다.

어떤 보시이든 베푼다는 의식이 없어야 합니다. 받는 자도 공이고 베푸는 일도 공이어야 합니다. 누가 내 보시를 받았는지조차도 잊어버립니다. 보시를 행한 후 마치 한바탕의 꿈이 흔적을 남기지 않듯 베푸는 자도 받는 자도 베푸는 행위도 모두 없어져 버리는 것이 보시의 이치입니다. 이것이 삼륜체공입니다. 여기서 공(空)이란 것은 허무하다는 의미로 해석하면 잘못이며, 마음이 머물지 않는다 집착하지 않는다의 의미입니다.

수보리의 물음은 어떻게 하면 번뇌와 망상을 항복시켜 낼 수 있을까 하는 것이었습니다. 어떻게 하면 자신의 마음이 평정해지고 영원히 그 속에 평안히 머물 수 있는가 입니다. 부처님께서 먼저 그에게 바로 그렇게 하라고 했습니다. 수보리가 그 말을 이해하지 못하자 부처님은 다시 설명합니다.

대승불교의 수행방법은 아무데도 머무는 데 없이 보시를 행해야 한다는 겁니다. 어떤 것도 한 번하고 나면 그만이며 거기에 머물지 않는다는 겁니다. 머무는 바 없이 보시를 행하는 것, 그것을 수행이라고 합니다. 어디에도 머물지 않고 모든 것을 보시하되 모든 것을 놓아버리는 것입니다.

선종에서는 놓아버린다(放下)라는 표현을 사용하는데 이것은 바로 떨쳐버리는 것, 털어버리는 것, 놓아버리는 것입니다. 좋은 일을 행하고 나서 곧 놓아버리는 것이 보살입니다. 반대로 고통스러운 일이 있을 때도 마찬가지로 곧 놓아버립니다.

어떤 사람은 좋은 일은 쉽게 털어버릴 수 있지만 고통스런 일은 그럴 수 없다고 합니다. 어떤 사람들은 잘나갈 때는, 즉 돈을 잘 벌고 좋은 자리에 있을 때는 수행도 잘하지만, 어려움에 빠지면, 즉 사업이 부도나거나 실직하거나 하면 크게 낙담하고 실의에 빠져 자신이 너무 작고 왜소하게 느껴져 수행도 하지 않게 됩니다.

이렇게 된다면 자만해서 처지를 잊는 것이나 실의에 빠져 처지를 잊는 것은 모두 수행이 부족한 것입니다. 말을 바꾸면 마음이 머무는 데가 있는 겁니다. 마음이 머무는 데가 있으면 어떤 것에 얽매이게 되고 그렇게 되면 불법을 배울 수 없습니다. 진정한 불법은 어떠한 일이 다가오면 응하고 지나면 흔적을 남기지 않는 것입니다.

대승보살의 경계는 천하의 중생을 구하면서도 구한다는 의식이 전혀 없다는 겁니다. 만약 마음속에 사람을 이롭게 한다거나 세상을 구한다거나 사람을 제도한다는 생각이 남아있으면 보살이 아닙니다. 우리가 불법을 공부하는 목적은 계·정·혜(戒定慧)를 얻는 것인데 많은 사람들은 수행이나 참선시에 모두 상(相)에 집착하는 것 같습니다.

우리의 무의식속에 아상·인상·중생상·수자상이 남아있다면 아직 궁극적 성취는 얻지 못한 것입니다. 우리 인간을 자세히 들여다보면 인간

삶의 대부분은 체면이나 외모 등에 대해서 다른 사람을 의식하거나 다른 사람에게 잘 보이기 위해 에너지를 낭비하는 경우가 많습니다.

정(定)을 얻는 과정은 다음과 같습니다. 사선(四禪:Catvari-dhyanani)정은 색계정(色界定) 또는 사정려(四靜慮)라고도 합니다. 이 정은 고요함과 함께 지혜가 있어, 능히 자세하게 생각하므로 정려(靜慮)라고 하는 것입니다. 초선(初禪)에서 잡념과 망상이 없어집니다. 이선(二禪)에서는 기가 머뭅니다. 삼선(三禪)에서는 심장의 고동마저도 아주 완만해집니다. 사선(四禪)에서 비로소 몸과 마음이 비로소 청정해집니다.

정(定)의 본질은 마음이 흐트러지지 않고 한 가지 대상에 마음을 집중시키는 것입니다(its nature is that of causing mind to be absorbed in attention on a contemplated object and not become distracted).

정에는 사선정(四禪定: four absorptions), 사무색정(四無色定: four stage of formlessness), 멸진정(滅盡定: state of extinction)이 있습니다.

제3절 용어해설

① 마하살(摩訶薩):

원어는 Mahasattva. 마하살타(摩訶薩陀)의 준말로서 보살의 미칭(美稱)이다. 마하(摩訶)는 "크다"는 뜻이고 보살은 나와 남을 이롭게 하기위하여 대행(大行)을 닦는 사람이므로 큰 보살, 즉 마하살이라고 하는 것이다. 부처님을 제외하고는 중생 가운데 맨 윗자리에 있으므로 대(大)를 더하여 대중생(大衆生) 또는 대유정(大有情)이라 한역하고 있다.

② 일체 중생의 종류[一切衆生之類]:

범어의 Satta를 중생이라고 한역했다. 보통 미계(迷界)의 생물들을 통틀어 중생지류(衆生之類)라고 한다. 예전에는 '정식(情識)이 있는 생물'로 풀이되어 왔으나 唐나라 현장법사가 유정(有情)이라 번역한 이후로는 이것이 계속 쓰이고 있다. 중생의 의미에는 첫째, 여러 생(生)을 윤회한다. 둘째, 여럿이 함께 산다. 셋째, 많은 연(緣)이 화합하여 비로소 생(生)한다라는 세 가지 뜻이 있다.

③ 난생(卵生):

원어 andaja의 번역어. 알에서 태어나는 모든 생물들을 말한다. 원생동물이나 포유동물 이외의 새 종류, 뱀이나 물고기류가 이에 속한다.

④ 태생(胎生):

원어 jarayuja의 번역어. 사람이나 소, 말과 같이 어미의 뱃속에서 사지와 형태가 갖추어진 채 출생하는 모든 생물들을 말한다. 포유동물이 이에 속한다.

⑤ 습생(濕生):

원어 Samsvedaja의 번역어. 습한 곳에서 태어나는 생물을 말하는데, 모기, 개구리, 지렁이 따위가 그것이다.

⑥ 화생(化生):

원어 aupapadukaja의 번역어. 자체가 없으며 의탁한 데가 없이 홀연히 생겨나는 생물을 말한다. 모든 천상이나 지옥에 나거나, 우주가 처음 생길 때인 초겁(初劫) 또는 천지개벽 시초에 나는 존재들을 말한다.

⑦ 사생(四生):

육조(六祖) 혜능(慧能)은 《금강경오가해》에서 이 사생을 다음과 같이 설명하고 있다. 난생(卵生)은 미(迷)한 성품, 태생(胎生)은 습성(習性), 습생(濕生)은 사견(邪見)에, 그리고 화생(化生)은 견취성(見趣性)에 이끌린다. 이 모두는 어리석기 때문에 업을 짓고, 습성에 젖어 있기 때문에 생사윤회에 유전(流轉)하고, 사(邪)에 끌리기 때문에 마음이 인정(印定)되지 못하여 타락하게 된다는 것이다.

《구사론》에서는 다음과 같이 풀이하고 있다. "어째서 난생(卵生 andaja)인가? 유정(有情)의 부류 중 난곡(卵轂)을 따라 나오기 때문이며, 그래서 이것을 난생이라 이름한다. 올빼미 · 공작 · 앵무새 · 기러기 등이 그러하다.

어째서 태생(胎生 jarayuja)인가? 유정의 부류 중 태장(胎臟)을 따라 나오기 때문이며, 그래서 이것을 태생이라 이름한다. 코끼리 · 말 · 소 · 돼지 · 양 · 당나귀 등이 그러하다. 어째서 습생(濕生 samsvedaja)인가? 유정의 부류 중 습기를 좇아 나오기 때문이며, 그래서 이것을 습생이라 이름한다. 벌레 · 나방 · 모기 · 빈대 · 지네 등이 그러하다. 어째서 화생(化生 aupapadukaja)인가? 유정의 부류 중 의탁하는 바가 없기 때문이며, 그래서 이것을 화생이라 이름한다.

⑧ 유색무색(有色無色):

중생이 살고 있는 세계를 욕계(慾界) · 색계(色界) · 무색계(無色界)의 3개로 나누는데, 이것을 삼계(三界)라 한다. 이 중에 욕계(慾界)는 지옥 · 아귀 · 축생 · 아수라 · 인간 · 천상의 6개의 욕천(慾天)이라 하여 육욕천(六慾天)이라 한다. 이곳은 식욕(食慾), 음욕(淫慾), 수면욕(睡眠慾) 등이 가득찬 세계이다.

색계(色界)는 욕계의 위, 무색계(無色界)의 아래에 있는 세계로서 욕계에서와 같은 탐욕은 없어졌으나, 물질적인 것에서 완전히 벗어나지는 못해 전적으로 정신적인 것이 되지 못한 중간인 물적인 세계이다. 즉 아직 형상이 남아 있어 유색이라 한다.

무색계(無色界)는 색계의 위에 있어 물질적인 것에서 벗어난 순 정신적인 세계, 즉 무색천(無色天)을 말한다. 여기에는 형상이 없다고 하여 무색이라 한다. 이 무색계에서는 형색(形色)은 없고, 수(受)・상(相)・행(行)・식(識)의 정신적인 작용만 있다. 삼계 가운데에서 맨 위의 차원 높은 하늘이라고 해서 유정천(有頂天)이라고도 한다.

⑨ 유상무상(有想無想):

생각하는 번뇌나 망상이 있는 상념을 가지고 있는 것이 유상(有想)이고, 일체의 상념이 없는 것이 무상(無想)이다. 그러나 깊은 번뇌, 곧 잠재의식은 남아 있으므로 역시 중생임을 면치 못 한다.

⑩ 무여열반(無餘涅槃):

원어는 아누파디세사 니르바나(anupadhisesa-nirvana)이다. 멸(滅)・적멸(寂滅)・원적(圓寂)・멸도(滅道)라고도 번역하고 있다. 혹은 무작(無作), 무생(無生)이라고도 한다. 도를 완전히 이루어 일체의 미혹과 번뇌를 끊고, 삶과 죽음을 초월한 불생불멸의 법을 증험한 해탈의 경지를 열반이라 하여 불교의 최고의 이상으로 삼는다. 열반에는 두 가지가 있다.

그 하나는 일체의 번뇌와 미혹을 끊어버리고 미래의 生과 死의 원인을 없이 하였으나 아직도 과거의 업보로 받은 몸을 멸하지 못하고 남기고 있는 경우의 유여열반(有餘涅槃 Sopadhises a-nirvana)이고, 또 하나는 미혹과 번뇌가 전혀 없는 상태로 죽어서 몸체까지도 모두 영원한 진리에로 들어가는 경우의 무여열반(無餘涅槃)이다.

그러나 이는 부파불교(部派佛敎)의 견해로서 이에 대하여 대승불교에서는, 열반을 진여실상(眞如實相)과 같은 뜻으로 해석하여 본체 또는 실재라고 보고 있다. 그리하여 자성청정열반(自性淸淨涅槃)과 무소주열반(無所住涅槃)을 설명하고 있는데, 전자의 것은 진여의 이(理)를 말하는 것이고, 후자의 것은 비(悲)로 인해 생사에 주(住)하지 않고 또 지(智)로 인해 생사에 住하지 않는다는 보살의 불교를 설명하기에 이르렀다.

⑪ 아상(我相):

아상(我相)・인상(人相)・중생상(衆生相)・수자상(壽者相)의 네 개를 아인사상(我人四相) 또는 사상(四相)이라 하는데, 이것은 중생들이 범하기 쉬운 집착상을 경계하는 말이다. 아상은 '나' 라는 상(相)에 집착하는 것을 말한다. 오온이 가합하여 이루어진 가변의 존재인 자기 자신을 마치 무슨 실재가 있고 또 "내가 있다" 고 그릇되게 생각하는 견해이다.

⑫ 인상(人相):

아상처럼 집착하는 모습의 하나인데, '남' 을 의식하는 데에서 오는 행동과 생각을 말한다. 우리는 사람이므로 지옥취(地獄趣)나 축생취(畜生趣)와는 다르다고 집착하여 소나 개같은 짐승이나, 성인과 범부 등의 상대방과 비교하여 차별의식, 경멸감・열등감 등을 느낌으로써 일어나는 대립적 행동이나 생각의 현상을 말한다. 사람은 만물의 영장이라고 생각하고 육식(肉食)을 하는 것은, 짐승인 다른 중생을 나보다 열등하다고 보는데서 오는 인상(人相)이라고 할 수 있다.

⑬ 중생상(衆生相):

괴로운 것을 싫어하고 즐거운 것을 탐내는 등 현실주의적인 행동이나 상념의 집착을 규정하는 말인데, 중생들이 그릇된 의미에서 "나의 몸은 오온(五蘊)이 가합되어서 생겨난 것" 이라는 아집에 집착하여 그릇된 생각에 빠지는 오류를 말한다.

⑭ 수자상(壽者相):

인간은 선천적으로 길든 짧든간에 일정한 수명을 하늘에서 받아 그 수명대로 살고 있다는 생각의 집착을 말한다.

자은(慈恩)대사의 《찬술(贊述)》에서는, 『세친의 「아(我)라는 것은 일괄하여 삼세오온(三世五蘊)의 차별을 관하는 집착이고, 과거의 아(我)가 서로 계속하여 현재에 이르기까지 끊이지 않고 오는 것을 중생상이라 이름하며, 현재의 명근(命根)이 끊이지 않고 주(住)한다고 보는 것을 명자상(命者相)이라 이름하며, 명근이 과거에 단멸하여 뒤에 육도(六道)에 태어난다고 보는 것을 수자상(壽者相)이라 한다」 라는 말을 들어 명자상은 인상(人相)을 말한다.』 고 해석하기도 한다.

제4절 한역(漢譯)

3. 대승정종분(大乘正宗分)

佛告須菩提 諸菩薩摩訶薩 應如是降伏其心
불고수보리 제보살마하살 응여시항복기심

所有一切衆生之類 若卵生 若胎生 若濕生 若化生
소유일체중생지류 약난생 약태생 약습생 약화생

若有色 若無色 若有想 若無想 若非有想 非無想
약유색 약무색 약유상 약무상 약비유상 비무상

我皆令入無餘涅槃而滅度之
아개영입무여열반이멸도지

如是滅度無量無數無邊衆生
여시멸도무량무수무변중생

實無衆生得滅度者 何以故
실무중생득멸도자 하이고

須菩提 若菩薩有我相人相衆生相壽者相 卽非菩薩
수보리 약보살유아상인상중생상수자상 즉비보살

제5절 영역(英譯) 1

THREE:

The Buddha said to him, "Subhuti, those who would now set forth on the bodhisattva path should thus give birth to this thought: 'However many beings there are in whatever realms of being might exist, whether they are born from an egg or born from a womb, born from the water or born from the air, whether they have form or no form, whether they have perception or no perception or neither perception nor no perception, in whatever conceivable realm of being one might conceive of beings, in the realm of complete nirvana I shall liberate them all. And though I thus liberate countless beings, not a single being is liberated.'

"And why not? Subhuti, a bodhisattva who creates the perception of a being cannot be called a 'bodhisattva.' And why not? Subhuti, no one can be called a bodhisattva who creates the perception of a self or who creates the preception of a being , a life , or a soul."

제6절 영역(英譯) 2

Section 3. The Real Teaching of the Great Way

Buddha said: Subhuti, all the Bodhisattva-Heroes should discipline their thoughts as follows: All living creatures of whatever class, born from eggs, from wombs, from moisture, or by transformation, whether with form or without form, whether in a state of thinking or exempt from thought-necessity, or wholly beyond all thought realms - all these are caused by Me to attain Unbounded Liberation Nirvana. Yet when vast, uncountable, immeasurable numbers of beings have thus been liberated, verily no being has been liberated. Why is this, Subhuti?

It is because no Bodhisattva who is a real Bodhisattva cherishes the idea of an ego-entity, a personality, a being, or a separated individuality.

제4장 불법의 수행은 머무름이 없는 것이다

제1절 한글번역

『또한 수보리여, 보살은 온갖 법(法)에 대하여 마땅히 머물러 있는 생각이 없이 보시(布施)를 해야 하나니, 이른바 형체[色]에 머물지 않고 보시하며 소리[聲] · 냄새[香] · 맛[味] · 감촉[觸] · 법(法)에도 머무르지 않고 보시해야 하느니라. 수보리여, 보살은 이렇게 보시를 행하여 상(相)에 머물지 않아야 되느니라. 무슨 까닭이겠는가?

만약 보살이 상(相)에 머물지 않고 보시하면 그 복덕(福德)을 헤아릴 수 없느니라. 수보리여, 그대 생각은 어떠한가? 동쪽에 있는 허공을 다 헤아려 볼 수 있겠느냐?』

『불가능합니다. 세존이시여.』

『수보리여, 남쪽서쪽북쪽과 네 간방과 위 아래에 있는 허공을 다 헤아려 볼 수 있겠느냐.』

『불가능합니다, 세존이시여.』

『수보리여, 보살이 상(相)에 머물지 않고 보시하는 복덕도 그와 같아서 다 헤아릴 수 없느니라. 수보리여, 보살은 마땅히 가르침을 받은대로 머물러야 하느니라.』

제2절 해설

제4장 불법의 수행은 머무름이 없는 것이다

『또한 수보리여, 보살은 온갖 법(法)에 대하여 마땅히 머물러 있는 생각이 없이 보시(布施)를 해야 하나니, 이른바 형체(色)에 머물지 않고 보시하며 소리[聲] · 냄새[香] · 맛[味] · 감촉[觸] · 법[法]에도 머무르지 않고 보시해야 하느니라.』

인생에서 제일 어려운 것이 놓아버리는 겁니다. 우리가 불법을 공부하는 것은 안으로 차곡차곡 불법(佛法)의 지식을 쌓는 것이 아니라 비워내는 과정, 들어내는 과정입니다. 진정으로 놓아버리는 것 이것이 보시(布施)입니다. 이러한 진정한 보시에 이르러야만 도를 이룰 수 있습니다. 진정한 경계는 글자 한자도 필요하지 않습니다.

언어란 것은 우리는 일반적으로 언어가 있으면 거기에 상응하는 실체가 있는 것으로, 일대일 대응하는 것으로 생각합니다. 그러나 실제 일대일 대응하지 않습니다.

언어와 관련해서는 비트겐슈타인(Ludwig Josef Johann Wittgenstein 1889~1951)의 《논리철학논고》를 연구할 필요가 있습니다. 이 책은 독일에서 1921년에 출간했는데, 우리들의 언어역할에 대한 올바른 이해를 추구했습니다. 그는 탐사적인 질문들을 통해 사태의 본질에로 파고들며 우리의 사고를 촉발합니다.

이를 통해 그는 전통의 주요 구분들과 개념들, 가령 현상과 실재, 본질과 속성, 진리와 믿음, 이성과 감각, 형식과 내용 간의 구분 등의 이분법, 환원주의, 분석의 이념, 그리고 보편성과 객관성의 근거로서의 본질, 의미, 추상체, 보편자 등과 같은 철학적 존재자의 개념을 폐기하거나 재규정해야 한다고 합니다.

앞에서도 이야기했지만, 진정한 경계는 말이 필요하지 않습니다. 본래 공(空)일 뿐입니다. 바로 그렇게 머물고 그렇게 마음을 항복시키는 것이 최상승(最上勝: the highest level)의 경전입니다. 최상승의 경전을 이해하지 못하니 방편으로, 말로 설법을 할 수밖에 없는 것입니다.

진정한 수행은 어떻게 하는 것인가? 보살은 법에 대해 머무는 바가 없다 바로 이 한마디 입니다. 이 마음은 어느 때 어느 곳이든 머무는 바가 없어야 합니다. 만약 마음이 항상 공의 경계에 있다면 이것은 잘못된 겁니다. 공에 머물고 있기 때문입니다.

공(空)에 빠진 것은 유(有)에 빠진 것보다 더 위험합니다. 이 마음이 빛이나 소리에 머물러 있는 것도 역시 잘못된 겁니다. 일념 일념이 모두 공이요 항상 던져버려 사물이 닿으면 응하나 지나가면 남기지 않습니다. 좋은 일이라 하더라도 행하고 나면 잊어버려 마음에 남아있지 않습니다. 좋은 일도 남아있지 않으니 나쁜 일이야 당연히 남아있지 않습니다.

곳곳에 보시를 행하고 어느 때 어느 곳이라도 몸이 머물지 않습니다. 어떤 경계에도 머물지 않으며 이쪽을 보나 저쪽을 보나 모두 꿈처럼 지나가 버려 아무것도 남지 않습니다. 머무는 바 없이 보시를 행하여야 합니다. 보시란 모두 털어내는 것입니다.

무엇을 색(色)이라고 할까요? 영화제목으로도 나온 적이 있지만 《반야심경》의 색즉시공이라는 말을 종종 씁니다. 색(色 Rupa)이라는 것은 일정한 모양과 색채가 있는, 시각적으로 형태(form)가 있는 일체의 물질을 말합니다. '부주색(不住色)' 이란 이런 색에 구애받지 않는, 즉 머무름이 없는 것이란 뜻이 됩니다.

그리고 법(法)이라는 불교용어의 뜻은 진리, 가르침, 계율, 일체 사물, 등 의미가 많지만, 이 장(章)에서는 곱다, 밉다, 옳다, 그르다 하는 따위의 마음의 대상이 되는 정신작용을 가리키는 것입니다. 법은 다양한 의미를 가지고 있는데 그때그때마다 정확히 해석해야 합니다. 법은 통상 불교의 가르침, 진리라는 의미로도 많이 쓰입니다.

여기서는 전오식과 제육식의 여섯 종류의 감각의식 중에서 제육식의 대상 즉 대상지각을 본질로 하는 제육식(第6識)의 대상으로서 법진(the field of phenomena), 즉 제6의식의 object(목적어, 대상) 대경(對境)이 되는 법경(法境; 물체, 정신의 일체 만유)의 의미로 쓰입니다.

보살은 마땅히 법에 대해 머무는 바 없이 보시를 행한다는 것은 색에 머무른 상태에서, 또는 대상을 의식하는 상태에서 보시를 행하여서는 안 된다는 겁니다. 복덕을 쌓기 위해서 돈을 내거나 어떤 사람을 구하며 그를 구했다고 내세우는 것은 모두 상에 머무는 보시입니다. 불법을 공부하는 사람은 사람을 돕거나 구한 뒤 마음속에서 마땅히 그 대상을 털어버려야 합니다.

일반인(凡夫)의 보시는 단지 자기 한 몸의 안락과 욕심의 충족을 지향하는 까닭에 그 과보가 다하면 곧 삼계에 떨어지게 됩니다. 이에 부처님께서는 자비심으로 "형상을 벗어난 보시(無相布施 무상보시)" 를 가르쳐 마음속의 미혹(迷惑)을 깨뜨리고 밖으로 일체 중생을 이롭게 하라고 말씀하셨습니다.

보시한 복덕을 인천복덕(人天福德)이라고 하는데, 이것은 조그만 과보(果報)로서 불법을 공부하는 대복덕(大福德)에 비길 것이 아닙니다. 복덕과 공덕은 큰 차이가 있습니다. 복덕과 공덕에 대해서 전에 이야기 한 바가 있을 겁니다. 쉽게 예를 들자면 재물로써 부처님께 공양하는 것은 복덕이고, 불법(佛法)을 공부하는 것은 공덕입니다.

어떤 것이 인생에 있어서 최대의 복덕일까요? 깨달음을 얻는 것입니다. 지혜는 인생 최대의 복덕입니다. 지혜의 성취란 물론 보통의 지식을 가리키는 것은 아닙니다.

우리는 육체를 가지고 공부를 합니다. 눈을 감고 염불을 하던 참선을 하던 주문을 외우건 불경을 외우든 모두 색에 머물러 있습니다. 이 육체를 벗어나기가 쉽지 않습니다. 그러다 보니 좌선을 오래하면 다리가 저립니다. 그것은 의식이 색신(physical body)에 머물러 있기 때문입니다.

만약 의식이 색신에 머물러 있지 않다면 아무런 감각을 느끼지 못할 겁니다. 다리가 저린 것을 느낄 수가 없습니다. 일체중생은 이처럼 모두 색신상에서 수행을 하지만 보살은 색신에 머물지 않고 색신에 포함된 일체의 것을 모두 놓아버립니다.

냄새와 관련 두 가지를 이야기 하겠습니다.

첫째는 악취(惡臭)입니다. 수행인이 깊은 산속에서 홀로 오랜 수행을 한 다음 산에서 내려와 민가에 접근하면 사람 냄새가 아주 코를 찌른다고 합니다. 우리는 사람 냄새에 익숙해져 모릅니다.

둘째는 수행중의 좋은 향기(香氣: fragrance)입니다. 참선을 시작해서 인체 내부의 향기가 뿜어져 나올 때 만약 자신의 공덕이 무량해 보살의 향기를 맡게 되었다고 생각한다면 이것은 향에 머문 것입니다. 이것은 잘못된 것입니다. 머무는 바가 없어야 합니다. 즉시 놓아버려야 합니다. 떨어버려야 합니다.

참선을 오래하게 되면 보살이 내적으로 접하는 오묘한 쾌감을 느낍니다. 신체 내적으로 아직 한번도 겪어보지 못한 기묘한 쾌감에 접하게 됩니다. 그러나 보살의 계율은 이런 정(定)의 경계에 드는 것을 허락하지 않습니다. 이런 선정에 빠지게 되면 중생을 제도하려 하지 않기 때문입니다. 누구든 모두 이 내재적 쾌감을 향수하려 합니다. 그렇지만 진정으로 대승불법을 공부하는 사람은 이런 내적 쾌감에 머물지 않습니다. 마땅히 머무는 바 없이 보시를 행해야 합니다.

법[여기서는 제6식인 의식의 인식대상을 의미하며, 의식으로 생각할 수 있는 사물things, 현상phenomena, 정신적인 것thinking & imaginations(想) 등을 포함]이란 의식의 경계로서 관념이나 생각 또는 정신적인 측면의 것입니다. 마음속이 텅비고 깨끗하다면 이미 법에 떨어진 것입니다.

신체 외면적인 것을 일체 떨쳐버려 완전히 비게 해야 할뿐 아니라 의식(衣食)의 생각까지도 완전히 떨쳐버려야 비로소 불법을 배울 수 있습니다. 바로 색에 머물지 않는 보시요, 소리와 쾌감과 향기와 법에 머물지 않는 보시입니다. 부처님은 이렇게 되어야 비로소 옳다고 합니다.

『수보리여, 보살은 이렇게 보시를 행하여 상(相)에 머물지 않아야 되느니라. 무슨 까닭이겠는가? 만약 보살이 상(相)에 머물지 않고 보시하면 그 복덕(福德)은 헤아릴 수 없느니라.』

대승보살을 공부하는 사람이라면 마땅히 이렇게 보시하고 수행해야 합니다. 무주상보시(無住相布施), 즉 상에 머물지 않는 보시를 해야 합니다. 마음속에 어떤 것이 조금이라도 남아있다면 그것은 불법을 공부하는 경계가 부족한 것입니다. 보살이 상에 머물지 않고 보시하면 그 복덕은 헤아릴 수 없습니다.

대승보살도를 닦는 사람이 상에 머물지 않고 보시할 수 있다면 그의 복덕은 헤아릴 수 없이 크다는 것입니다. 어떤 것에도 집착하지 않는 보시란 첫째 마음에 자기가 보시한다는 자취가 없고, 둘째 자신이 보시하는 물건에 조금도 집착함이 없고, 셋째 보시받는 사람에 대해 추호도 분별하지 않는다는 뜻입니다.

앞에서도 이야기했지만 공덕은 공부를 통해 조금씩 조금씩 선업을 축적시켜 나가는 것입니다. 복덕은 이와는 다른 겁니다. 앞에서 이야기 한 적이 있습니다. 복덕은 두 종류로 나뉩니다. 하나는 세속적인 복입니다. 다른 하나는 출세간(出世間)적인 복덕입니다.

출세간적인 복(unworldly happiness of keeping aloof from mundane affairs)은 세속의 복(worldly happiness)에 비해 얻기 어렵고 그것을 향수(享受)하기란 더욱 어렵습니다. 그렇지만 세상 사람들은 노후에 출세간적인 복을 향수할 기회가 오면 도리어 적막함과 쓸쓸함을 두려워합니다. 이것은 왜 그렇겠습니까? 상에 집착하기 때문입니다. 인상이나 아상에 집착하기 때문에 그렇습니다.

상에 머물기 때문에 이 세상의 온갖 변화무쌍한 현상을 마치 절대적인 것인 양 붙들고 늘어집니다. 그러다보니 현상이 변화할 때는 두려워하고 변화를 거부하는 것입니다. 우리의 뇌가 과거부터 습관적으로 계속해온 익숙한 것에 대해서는 회로가 형성되어 별로 힘들이지 않고 별 생각없이 척척하지만 새로운 것에 대해서는 새로 뇌의 회로를 형성해야 되기 때문에 힘들어 합니다.

세상에서 어떤 복이 가장 큰 복일까요? 답은 물론 성불(成佛),즉 부처님이 되는 것입니다. 성인의 경계로 들어서는 것입니다. 그렇다면 무엇에 의지해서 성인의 경계로 들어갈 수 있을까요? 지혜의 성취는 공덕의 성취가 아니며 미신은 더욱 아닙니다.

모든 것을 던져버릴 때에야 비로소 지혜의 성취에 이를 수 있습니다. 이 때문에 부처님은 수보리에게 상(相)에 머물지 않고 보시를 행할 수 있다면 이런 사람의 복덕은 상상할 수 없이 크다고 하신 것입니다.

『수보리여, 그대 생각은 어떠한가? 동쪽에 있는 허공을 다 헤아려 볼 수 있겠느냐?』

『불가능합니다, 세존이시여.』

『수보리여, 남쪽서쪽북쪽과 사유(四維)와 위 아래에 있는 허공을 다 헤아려 볼 수 있겠느냐?』

『불가능합니다, 세존이시여.』

동서남북 사이를 사유(四維)라고 하는데 사유외에 상·하가 있습니다. 이것이 시방(十方)입니다. 부처님은 남방, 서방, 북방, 사유, 상하가 어느 정도인지 측량할 수 있느냐고 묻습니다. 수보리는 불가능하다고 대답합니다.

동방은 약사여래가 있는 곳입니다. 약사여래는 사람들에게 현세의 이익을 얻게 하려는 의도가 강하기 때문에, 우리나라에서는 예로부터 약사신앙이 성행했습니다. 약사여래의 형상은 보통 왼손에 약단지를 가지고 있는 것이 특징입니다.

서방은 아미타불(阿彌陀佛)의 서방정토가 있는 곳입니다. 아미타불이라는 이름은 무량수(無量壽)·무량광(無量光)을 나타내는 산스크리트어 아미타유스(amitayus)와 아미타브하(amitabhas) 한역(漢譯)의 음사(音寫)입니다. 아미타불은 법장(法藏)이라는 비구였으나 무상의 깨달음을 얻어야겠다고 결심하고, 전 인류를 구원하기 위한 본원(本願)으로서 48대원(四十八大願)을 세우고 수행을 거듭했습니다.

이러한 아미타불의 본원(本願)에 의하여 뭇 생명있는 자들은 '나무아미타불' 염불을 통하여 극락세계에 왕생하여 위없는 깨달음에 도달할 수 있게 되는 것입니다. 특히 중국·한국·일본 등지에서는 염불을 통하여 아미타불의 서방정토에 왕생하고, 또 깨달음을 얻고자 하는 아미타불에 관한 신앙이 널리 퍼져 있습니다.

우리나라에서는 중생의 소원을 들어주는 관세음보살에 대한 신앙이 많습니다. 그래서 사찰 이름에도 관음사(觀音寺)가 많습니다. 티베트에서는 달라이 라마가 관세음보살의 화신이라고 믿습니다.

『수보리여, 보살이 상(相)에 머물지 않고 보시하는 복덕도 그와 같아서 다 헤아릴 수 없느니라. 수보리여, 보살은 마땅히 가르침을 받은대로 머물러야 하느니라.』

사람을 이롭게 하고 보시를 하면서도 이렇게 상에 머물지 않고 하는 보시는, 그 복덕(福德)과 과보(果報)가 마치 허공과도 같이 무궁무진합니다. 어떤 사람은 하루 종일 온통 근심 걱정을 하는데 이것은 잘못된 것입니다. 그리고 하루 종일 멍하니 있는 것도 역시 잘못된 것입니다. 일체의 것에 머무는 바 없이 사물이 오면 응하고 가면 남기지 않는 것이 대승보살 반야도의 수행법입니다.

불법을 공부하는 데에는 두 가지가 필요합니다. 바로 지혜자량(智慧資糧)과 복덕자량(福德資糧)입니다. 자량이라 하는 것은 요즘말로 하면 기업을 경영하는데 필요한 자본(資本 capital)에 비유할 수 있습니다. 어떤 사람은 지혜는 아주 뛰어나지만 가난할 수 있습니다. 반대로 어떤 사람은 아주 부자지만 지혜가 모자랄 수 있습니다. 성불(成佛) 하기 위해서는 지혜와 복덕이 동시에 원만하게 구족해야 합니다.

부처님의 제자 중에 추다판타카(Cūdapanthaka)가 있었습니다. 형인 마하판타카(Mahāpanthaka ; 摩訶槃陀迦 마하반타가)와 함께 부처님의 교단에 들어갔으나, 형은 총명한데 비해 우둔하여 짧은 시(詩)조차도 4개월이 걸려도 암송하지 못하였습니다. 형이 질책하며 환속하라 했으나 부처님은 상대방의 근기(level)에 맞게 가르침과 수행방법을 가르쳐 주시므로 「먼지를 털고 때를 벗겨라」라는 말과 함께 청소의 임무만을 맡겼습니다. 그것을 매일하다 보니 마침내 아라한과(阿羅漢果)를 얻었다고 합니다.

수행이란 이와 같습니다. 어떤 정해진 법이 없습니다. 자기 근기에 맞는 방법에 따라 정진(精進)하면 됩니다. 추다판타카(Cūdapanthaka)처럼 마음속의 잡념을 모두 쓸어버리고 상에 머물지 않고 수행을 하면 성취합니다. 추다판타카의 이야기에서 많은 지식이 도를 깨닫게 하는 것이 아니라 진정한 발심, 그리고 꾸준한 수행만이 깨달음을 얻게 하는 지름길임을 알 수 있습니다.

우리 인간은 육체의 노예입니다. 추우면 춥다고 하고 더우면 덥다고 합니다. 배고프면 먹어야 하고 목마르면 물을 마셔야 합니다. 일반 사람들은 환절기 때마다 감기에 걸리고 아픈 곳이 많습니다. 현대인은 육체의 건강을 위해, 웰빙을 위해 허둥지둥 바쁩니다. 정견(正見)을 가지지 못하면 외부 물질세계에 휘둘리게 됩니다.

우주는 여전히 끝없는 허공입니다. 우리가 죽었다고 없어지지 않습니다. 그런데 인류역사가 시작된 이후로 다사다난 하지 않았던 때는 없었습니다. 인간은 누구나 자기가 살고 있던 때가 가장 다사다난했다고 생각하는 경향을 가지고 있습니다. 자기 관점에서만 생각하는 것입니다.

수천 년 전에 쓰여진 바빌로니아의 점토판이 발견되었는데 그것을 해독해보니, "요새 젊은이들은 노인에 대한 존경심이 부족하고 버릇이 없다"라고 적혀 있었다고 합니다. 인간은 항상 자기 시대, 자기 기준으로 판단하기 때문에 자기가 사는 시대가 가장 다사다난하고 노인들은 어느 시대나 항상 요즘 젊은이들은 버릇없고 무례하다고 생각하고, 자기가 가장 고생하고 억울하다고 생각하는 것은 수천 년 전이나 지금이나 인간을 지배하는 인식의 보편적인 성향인 모양입니다.

제3절 용어해설

① 보시(布施):

원어의 Dana의 의역. 불교에서 6바라밀(六波羅蜜)의 하나로 조건없이 깨끗한 마음으로 법이나 재물을 남에게 베푸는 것을 말한다. 6바라밀은 보시(布施), 지계(持戒), 인욕(忍辱), 정진(精進), 선정(禪定), 지혜(智慧)의 여섯 가지로, 생사의 고해를 건너 열반의 피안에 이르는 대승불교도의 실천덕목이다.

보시는 그 베푸는 성질에 따라서 첫째, 돈이나 제물 등으로 하는 물질적인 보시인 재시(財施), 둘째 설법으로서 선근을 자라게 하는 정신적인 보시인 법시(法施), 셋째 계(戒)를 지켜서 남을 침해하지 아니하며 남에게 두려움이나, 근심·걱정을 없애주고 또한 위태로운 목숨을 구해주거나 병을 고쳐주고 곤경을 면하게 해 주는 보시인 무외시(無畏施)의 세 가지가 있다.

또 베푸는 사람의 마음가짐에 따라서 정시(淨施)와 부정시(不淨施)가 있다. 정시(淨施)는 보시하면서 그 대가나 어떤 보람을 바라지 않는 깨끗한 마음으로 하는 보시를 말한다. 부정시(不淨施)는 어떤 보람이나 보답을 바라고, 즉 보시함으로써 어떤 복을 받는다거나 혹은 남의 칭찬이나 감사를 기대하면서 하는 보시를 말한다.

여기에서 나오는 '法에 머무는 바 없는 보시(無住於相布施)'란 "내가 무엇을 베풀었다" 하는 자만 같은 것 없이 오로지 깨끗한 마음으로 보시하는 것을 말한다. 만일 "내가 보시를 했다" 라는 상념이 있는 보시라면 진정한 의미의 보시라 볼 수 없다. 그 이유는 "내가 베풀었다" 하는 의식은 집착이기 때문이다. 이렇게 마음이 걸림이 없고 머무름이 없는 보시를 무주어상보시(無住於相布施)라 한다.

② 머무는 바 없음[無所住]:

구마라집의 역본에는 "보살은 법(法)에 있어서 주(住)하는 바 없이 보시를 행해야 한다. 이른바 색에 주하지 않고 보시하며…" 로 되어 있지만, 유지역본은 산스크리트 텍스트와 같이 "사(事)에 주(住)하지 말고 보시를 행하여야 한다." 주하는 바 없이 보시를 행하여야 한다. 유지역의 '부주어사(不住於事)' 는 경론에서 게(偈)를 주석하기를 '자기 자신에 집착하지 않는다' 로 하고, '무소주(無所住)' 는 "보은(報恩)에 집착하지 않는다" 라고 풀이하고 있다. 보은(報恩)이란 공양, 공경 등을 말한다. 또 "색에 주하지 않는다" 라고 하는 것은 과보에 집착하지 않는 것을 말하는 것이다.

③ 색(色) · 성(聲) · 향(香) · 미(味) · 촉(觸) · 법(法):

우리들의 눈〔眼〕· 귀〔耳〕· 코〔鼻〕· 혀〔舌〕· 몸〔體〕· 뜻〔意〕을 6근(六根)이라 하는데, 색(모양) · 성(소리) · 향(냄새) · 미(맛) · 촉(느낌) · 법(계법)의 6요소는 육근을 통하여 몸속으로 들어가 우리들의 본성인 청정하고 깨끗한 마음을 더럽히고 진성(眞性)을 덮어 흐리게 하는 6개의 요소라 하여 육진(六塵)이라고도 한다.

이것을 구체적으로 설명하면 다음과 같다.

1. 색(色 Rupa): 일정한 모양과 색채가 있는 시각적, 직감적인 일체의 물질을 말한다. '부주색(不住色)' 이란 이런 색에 구애받지 않는, 즉 머무름이 없는 것이란 뜻이다.

2. 성(聲): 귀로 듣는 청각적인 대상, 즉 소리를 말한다.

3. 향(香 Ganda): 건타(乾陀)라고 음역하기도 하는데, 코로 맡아서 후각적으로 느껴 분별하는 냄새를 말한다. 냄새는 호향(好香), 등향(等香), 오향(惡香), 부등향(不等香) 등 4종으로 나눈다.

4. 미(味): 혀로 느끼는 미각적인 미욕(味慾)을 말한다. 즉 맛있는 음식을 많이 먹고 싶어하는 욕심이다. 또 맛이라는 것은 심식(心識)을 물들게 하여 번뇌를 일으키기도 한다.

5. 촉(觸 Sparsha): 촉각의 대상, 감촉되는 것을 말한다. 즉 닿아서 느껴 아는 것이다. 굳은 것〔堅〕, 축축한 것〔濕〕, 더운 것〔煖〕, 흔들거리는 것〔動〕, 매끄러운 것〔滑〕, 껄끄러운 것〔澁〕, 무거운 것〔重〕, 가벼운 것〔輕〕, 차가운 것〔冷〕, 배고픈 것〔肌〕, 목마른 것〔渴〕의 11종으로 나눈다.

6. 법(法): 여기에서는 곱다, 밉다, 옳다, 그르다 하는 따위의 마음의 대상이 되는 정신작용을 가리키는 것이다. 법은 다양한 의미를 가지고 있는데 그때그때마다 정확히 해석해야 한다. 법은 불교의 가르침, 진리라는 의미로도 많이 쓰인다. 여기서는 전오식과 제육식의 여섯 종류의 감각의식 중에서 제육식의 대상 즉 대상지각을 본질로 하는 제육식의 대상으로서 법진(the field of phenomena),

즉 제6의식의 대경(對境)이 되는 법경(法境; 물체, 정신의 일체 만유)의 의미이다.

④ 상에 머무르지 않아야[不住於相]:

상(相)이란 마음의 상상이 외계에 나타난 사물의 모양, 꼴, 형태 등을 말한다. 유지역본은 산스크리트본과 같아서 '보살 응여시보시 부주어상상(菩薩 應如是布施 不住於相想)'으로 되어 있다. 그러나 구마라집역본에는 상(相) 하나만 있다. 사물의 표상에 집착하지 않는다는 것은, 경론에서 주석하기를 시물(施物), 수자(受者)를 보지 않는다라고 하고 있다. 그러므로 "머무르지 않아야"란 말은 보시를 할 때에는 내가, 누구에게, 무엇을 보시함에 있어서 거기에 대한 어떤 보람이나 또는 어떤 희망이나, 내가 베풀었다는 자부심을 마음속에 남기지 않고 마음을 비운 상태에서 해야 한다는 말이다.

이것은 삼륜청정(三輪淸淨) 또는 삼륜공적(三輪空寂)이라고 해서 대단히 중요시 하는 법도이다. 삼륜(三輪)이란, 베푸는 사람 즉 시자(施者), 받는 사람 즉 수자(受者), 베푸는 물건 즉 시물(施物)의 세 가지를 가리키는 말이다. 청정(淸淨)은 깨끗하고 맑은 마음을 말하는 것이고, 공적(空寂)은 마음속에 아무것도 얽매임이 없는 공허의 상태를 말한다.

⑤ 복덕(福德):

복은 복리, 선(善)을 수행하는 이를 도와 복되게 하는 것이고, 덕(德)을 얻었다는 뜻이다. 즉 복을 얻었다는 뜻으로 복덕이라 한다.

⑥ 사유(四維):

유(維)는 방우(方隅), 즉 모퉁이를 말한다. 네 구석, 동북(東北)의 간(艮), 동남(東南)의 손(巽), 서북(西北)의 건(乾), 서남(西南)의 곤(坤)의 4개의 간방(間方)을 말한다. 동·서·남·북의 사방(四方)과 상(上)·하(下)를 합해 육합(六合)이라 하고, 여기에 사유인 네 모퉁이를 넣어 10개 방향을 시방(十方)이라 한다. 시방세계(十方世界)라 하면 '온 세계'를 말하는 것이고 시방정토(十方淨土)라 하면 '무량무변한 여러 부처의 정토'를 말하는 것이다.

제4절 한역(漢譯)

4. 묘행무주분(妙行無住分)

復次 須菩提 菩薩於法 應無所住 行於布施
부차 수보리 보살어법 응무소주 행어보시

所謂不住色布施 不住聲香味觸法布施
소위부주색보시 부주성향미촉법보시

須菩提 菩薩應如是布施 不住於相 何以故
수보리 보살응여시보시 부주어상 하이고

若菩薩不住相布施 其福德不可思量
약보살부주상보시 기복덕불가사량

須菩提 於意云何 東方虛空 可思量不 不也 世尊
수보리 어의운하 동방허공 가사량부 불야 세존

須菩提 南西北方四維上下虛空可思量不 不也 世尊
수보리 남서북방사유상하허공가사량부 불야 세존

須菩提 菩薩無住相布施福德 亦復如是 不可思量
수보리 보살무주상보시복덕 역부여시 불가사량

須菩提 菩薩但應如所敎住
수보리 보살단응여소교주

제5절 영역(英譯) 1

FOUR:

"Moreover, Subhuti, when bodhisattvas give a gift, they should not be attached to a thing. When they give a gift, they should not be attached to anything at all. They should not be attached to a sight when they give a gift. Nor should they be attached to a sound, a smell, a taste, a touch, or a dharma when they give a gift. Thus, Subhuti, fearless bodhisattvas should give a gift without being attached to the perception of an object. And why? Subhuti, the body of merit of those bodhisattvas who give a gift without being attached is not easy to measure. What do you think, Subhuti, is the space to the east easy to measure?"

Subhuti replied, "No, it is not, Bhagavan."

The Buddha said, "Likewise, is the space to the south, to the west, to the north, in between, above, below, or in any of the ten directions easy to measure?"

Subhuti replied, "No, it is not, Bhagavan."

The Buddha said, "So it is, Subhuti. The body of merit of those bodhisattvas who give a gift without being attached is not easy to measure. Thus, Subhuti, those who set forth on the bodhisattva path should give a gift without being attached to the perception of an object."

제6절 영역(英譯) 2

Section 4. Even the Most Beneficent Practices are Relative

Furthermore, Subhuti, in the practice of charity a Bodhisattva should be detached. That is to say, he should practise charity without regard to appearances; without regar to sound, odour, touch, flavour or any quality. Subhuti, thus should the Bodhisattva practise charity without attachment. Wherefore? In such a case his merit is incalculable.

Subhuti, what do you think? Can you measure all the space extending eastward?

No, World-honoured One, I cannot.

Then can you, Subhuti, measure all the space extending southward, westward, northward, or in any other direction, including nadir and zenith?

No, World-honoured One, I cannot.

Well, Subhuti, equally incalculable is the merit of the Bodhisattva who practises charity without any attachment to appearances.

Subhuti, Bodhisattvas should persevere one-pointedly in this instruction.

제5장 여래를 보다

제1절 한글번역

『수보리여, 그대 생각은 어떠한가? 신상(身相)으로 여래를 볼 수 있겠는가?』

『못하옵니다. 세존이시여, 신상(身相)으로써 여래를 볼 수는 없습니다. 무슨 까닭인가 하면 여래께서 신상(身相)이라고 말씀하시는 것은 신상(身相)이 아니기 때문입니다.』

부처님께서 수보리에게 말씀하셨다.

『모든 상(相)은
다 허망하니
만약 모든 상(相)이 상(相)이 아닌 줄 알면
바로 여래를 보리라.』

제2절 해설

제5장 여래를 보다

『수보리여, 그대 생각은 어떠한가? 신상(身相)으로 여래를 볼 수 있겠는가?』

『못 하옵니다, 세존이시여. 신상(身相)으로써 여래를 볼 수는 없습니다.』

불경에서는 부처님이 32상(相)과 80종호(種好)의 보기 좋은 모습을 지니고 있다고 합니다. 불경을 읽어보면 부처님의 사촌으로서 부처님을 시봉(侍奉: 수행비서)한 아난도 아주 잘 생겼다고 합니다. 요즘 말로 하면 얼짱입니다. 좋은 상을 갖기 위해서는 여러 겁(劫: kalpa)에 걸쳐, 수많은 생애를 통해, 공덕을 쌓아야 가능한 것입니다.

요즘 성형수술이 유행인데 자신감을 준다는 측면에서 나쁘지 않다고 봅니다. 다만 너무 지나치게 성형에 집착하지 않아야 할 것 같습니다. 마음수련을 하면 시간이 지날수록 인상이 좋아집니다.

인도 사람들은 꽃으로 화환을 만들어 신(神)에게 바칩니다. 불경에는 꽃으로 부처님께 보시하면 내생에 아름다운 사람으로 태어나며, 옷을 공양하면 내생에서 입을 옷 걱정하지 않게 되고, 의약품을 보시하면 내생에서 평생 동안 병에 걸리지 않는다고 합니다. 꼭 글자 그대로 해석하는 것보다 전체적인 뜻이 인과응보(因果應報), 보시의 중요성을 말하고자 하는 취지로 이해하면 될 것 같습니다.

부처님이 32상과 80종호의 보기 좋은 모습을 갖춘 것은 수많은 생애를 통해 공덕을 쌓아온 과보(果報)입니다. 수많은 겁에 걸친 생애를 모두 지극히 선하게 수행에 전념하면서 보냈기 때문에 이 복덕이 상으로 나타난 겁니다.

그러나 부처님을 형상으로서 볼 수 있는 것은 아닙니다. 형상으로 부처를 보는 것은 잘못된 겁니다. 본래 부처님이 열반하시고 나서 탑(stupa)만 세웠지 부처님의 불상을 만들지 않았습니다. 부처님의 모습은 동남아의 박물관에 가보면 법륜(法輪), 부처님 발 등으로 부처님을 상징한 것을 볼 수 있습니다.

불상이 나타난 것은 석가가 타계한 지 500년이 지난 후부터입니다. 본래 인도에서는 성스런 것을 인간의 모습으로 표현하는 것이 금기시되었는데 이 금기를 깨뜨리고 불상이 제작된 것은 100년경 쿠샨조(朝) 시대였고, 특히 그리스 헬레니즘문화의 영향을 받은 서북 인도의 간다라 지방과 조형미술의 전통이 남아 있는 마투라 지방에서 간다라불상이 만들어지기 시작한 것입니다. 간다라 불상은 서역(西域)을 거쳐 중국으로 들어와 중국의 불교조각에 영향을 주었으며 이 양식은 한국을 통해 일본까지 전파되었습니다.

간다라 불상의 특징을 보면 서양인의 모습을 하고 있습니다. 부처님의 머리가 곱슬곱슬하고 또 얼굴의 형태도 서양인같은 모양입니다. 그 이전에는 불상을 만들지 않았습니다. 그런데 이 불상은 상에 매이지 않아야 한다고 한 불경에 맞지는 않지만 미혹한 중생이 처음부터 최고의 경계에 도달할 수 없기 때문에 하나의 중간단계로서, 방편으로서 존재의미는 충분히 있습니다.

이슬람교에서도 일체의 그림이나 조각을 우상숭배라고 보고 만들지 않습니다. 얼마 전에 네덜란드에서 마호메드의 얼굴을 만화로 그렸다고 해서 이슬람세계에서 엄청난 항의를 하고 폭동까지 일어날 정도였습니다. 마호메드의 얼굴을 만화에 그린다는 것 이것은 이슬람의 입장에서는 신성모독인 것입니다. 물론 이슬람경전에 마호메드의 얼굴을 자세하게 묘사했기 때문에 그것에 근거해서 얼굴을 그릴 수는 있을 겁니다. 그러나 언론자유, 표현의 자유도 중요하지만 타 문화, 타 종교에 대한 존중이 우선되어야 하지 않을까 생각합니다.

진정한 불교는 다른 종교와 마찬가지로 우상숭배를 반대합니다. 그렇다면 왜 그려놓은 부처나 새겨놓은 보살에 절을 할까요? 그것은 부처의 모습을 통해 자신의 공경심을 이끌어내기 위함입니다. 절을 하는 것은 그림이나 조각에 하는 것이 아니라 자기 자신에게 하는 겁니다. 우리자신에 불성(佛性)이 있습니다.

이 불성(佛性)에 대해 비유를 들면 이렇습니다. 우리 일체의 중생에게 불성이 있습니다. 이 불성은 다이아몬드 원석(原石)과 같은 것이 아닙니다. 다이아몬드 원석은 이것을 갈고 닦고 연마를 해야 보석으로 태어납니다. 그러나 우리에게 내재된 불성(佛性)은 그 자체로 완벽(完璧)합니다. 다만 그 불성을 우리의 무명(無明), 탐욕(貪慾)이 덮고 있어서, 불성이 존재함을, 그 가치를 모르고 있을 뿐입니다. 우리가 불성을 인식하든 인식하지 못하든 간에 이미 완벽한 불성이 모든 일체 중생이 다 가지고 있는 것입니다.

물론 이 불성이란 것이 말로써 언어로써 표현될 수 있는 것이 아닙니다. 그렇지만 방편으로 불성이라고 표현하는 것입니다. 달마대사가 '불립문자(不立文字) 직진인심(直指人心) 견성성불(見性成佛)' 이라고 했듯이 문자로 표현될 수가 없는 것입니다.

앞에서도 이야기했지만 비트겐슈타인의 언어학 연구에 나오듯이 우리의 문자와 언어라는 것이 사물과 일대일 대응하고 대상본질을 정확하게 나타내는 것이 아닙니다. 언어라는 것은 우리가 인위적인 문법체계 하에서 만들어낸 인위적인 체계입니다. 이것으로 모든 사물의 실상을 다 담을 수가 없는 것입니다.

부처님에게 절을 하는 것은 절을 하는 우리 자신이나 부처님에게 절을 하는 행위 그리고 부처님, 이것이 삼륜체공(三輪體空)입니다. 어떤 종교든 최고의 진리는 마찬가지입니다.

산을 올라가는 방법은 여러 가지가 있습니다. 여러 가지 등산코스가 있고, 우회해서 가는 방법, 또는 암벽을 타고 올라가는 방법, 또는 직선코스로 가는 방법 등 여러 가지 다양하게 있더라도 산의 정상은 하나이듯 어느 종교든 최고의 이치는 마찬가지입니다.

다른 사람이 자기 자신을 구해 주는 것이 아니라 자기가 자신 스스로를 구해야 합니다. 일념으로 공경심을 다했다면 불상이 진짜 부처님이니 아니니 말할 필요가 없습니다. 중국의 선문답을 보면 조사가 오면 조사를 죽이고 부처가 오면 부처를 죽이라는 공안(公案)이 있습니다.

이것은 최고의 경지에 도달해야만 가능한 일입니다. 수행의 중간단계에서 그런 행동을 한다면 《능엄경》에 나와 있듯이 엄청난 과보(果報)를 면할 수가 없을 것입니다. 그 이야기는 다만 어떠한 고정된 권위나 틀에도 매이지마라는 의미입니다. 기존의 패러다임(paradigm)을 깨라는 의미입니다.

불상을 보고 절을 했든 마애불을 보고 절을 했든 오직 일념으로 성심성의를 다했으면 성공한 것입니다. 구원을 받을 것입니다. 그것은 부처님으로 인해 여러분 자기 자신이 공경스럽게 되는 것입니다. 그리고 부처님에게 절하는 것이 아니라 그대 자신에게 절하는 것입니다. 일체 중생의 자성(自性)이 불성(佛性)이기 때문입니다.

유식불교의 중요한 교리중의 하나가 전식득지(轉識得智)입니다. 전식득지란 유루(有漏)의 8식(八識)을 전환하여 무루(無漏)의 8식과 상응하는 4지(智)를 얻는 것을 말합니다. 전오식(前五識)을 전(轉)하여 성소작지(成所作智)를 얻고, 제6식을 전(轉)하여 묘관찰지(妙觀察智)를 얻고, 제7식을 전(轉)하여 평등성지(平等性智)를 얻고, 제8식을 전(轉)하여 대원경지(大圓鏡智)를 얻습니다.

대원경지란 거울에 한 점의 티끌도 없이 삼라만상이 그대로 비추어 모자람이 없는 것과 같이, 원만하고 분명한 지혜를 말합니다. 우리의 마음을 덮고 있는 미혹을 벗어나면 대원경지가 펼쳐집니다. 일체 사물을 모두 비춰주는 거울의 경지가 대원경지입니다.

거기에는 하늘도 담기고 땅도 담기고 흘러 지나가는 구름도 담깁니다. 그러나 지나가면 지나갈 뿐 일체의 흔적을 남기지 않습니다. 일체의 사량분별, 분별심이 작용하지 않는 겁니다.

우상들을 부처님이라 생각해서는 안 될 뿐 아니라 부처님의 육신을 스승으로 삼아서도 안 됩니다. 그렇게 되면 상에 사로잡히게 됩니다. 왜냐하면 여래께서 신상(身相)이라 하신 것은 신상이 아니기 때문입니다. 무엇 때문일까요? 진정으로 불생불멸(不生不滅)의 몸은 이런 육신이 아닙니다. 육신에는 생사가 있습니다. 아무리 장수를 한다 해도 불생불멸할 수 없습니다.

500년이든 1000년이든 불생불멸하는 것은 이 육신이 아니라 법신입니다. 법신은 형상이 없습니다. 부처님께서 수보리에게 말씀하셨습니다. 모든 상은 다 허망하니 만약 모든 상이 상 아님을 본다면 여래를 보리라. 이 구절은 아주 중요합니다. 어떻게 해야 진정한 부처를 볼 수 있을까요? 법신을 볼 때 비로소 진정한 부처를 보았다고 할 수 있습니다.

만약 모든 상이 상이 아니라면 바로 공(空)을 말하는 것이 아니겠습니까? 흔히들 이렇게 해석합니다. 그러나 이 해석은 잘못된 겁니다. 그것이 공이라면 왜 공이라고 해석하지 않았겠습니까? 그렇지만 구마라집이 만약 모든 상이 상이 아님을 본다면 이라고 표현할 뿐입니다. 상이 아닌 것이란 무엇일까요? 이것은 한마디로 딱 잘라 말할 수 없습니다.

보통 《금강경》 해설서를 보면 《금강경》이 공(空)을 말한 것이라 이야기하는데 《반야심경》과 《금강경》 뒷장을 종합해서 생각해야 합니다. 모든 것이 텅비었다 허무하다고 보는 공견(空見)은 단멸견(斷滅見)과 마찬가지로 잘못된 견해이며 위험한 생각입니다.

부처님의 가르침은 진공묘유, 즉 공(空)과 유(有)를 변증법적으로 초월한 중도(中道)의 가르침입니다. 우리 일반사람들이 너무 물질에 집착하니까 그 집착대상의 허망함을 일깨워 주기 위해서 공(空)을 설한 것이지 결코 허무주의가 아닙니다. 무상정등정각을 증득(證得)하기 위한 정진(精進)이 부처님의 종지(宗旨)입니다.

탐진치(貪瞋痴)의 병에 걸린 중생을 치유하고자 공(空)이라는 약(藥)을 주었더니 맨날 공(空)이라는 약(藥)만 먹으면 안 됩니다. 병이 낫고 나면 약은 끊어야 합니다. 약은 병을 치료하지만 계속 먹으면 몸에 독(毒)이 됩니다. 강을 건너고 나면 뗏목(raft)은 버려야 합니다.

《금강경》에서 언급한 사구게(四句偈)는 도대체 어떤 구절일까요? 《금강경》 중에는 이외에도 일체의 유위법은 꿈, 환상, 물거품, 그림자와 같고 이슬과 같고 번개와 같으니 마땅히 이렇게 보아야 한다는 유명한 구절도 있기 때문입니다. 부처님은 신상(身相)으로 여래를 보아서는 안 된다고 하셨습니다. 우리는 불경에서는 성불하면 법신, 보신, 화신의 3가지 몸을 얻을 수 있다고 합니다.

법신은 청정한 것이요, 보신은 원만한 것이며, 화신은 각기 다른 수없이 많은 형상입니다. 법신은 본체로서 우주만물의 본체입니다. 현대적인 개념으로 표현해 본다면 일체의 에너지원이라고 할 수 있습니다. 법신이 본체라면 보신은 현상입니다. 따라서 현상인 신상으로써 본체인 여래를 볼 수 없습니다. 화신은 본체가 변화하는 작용입니다. 말을 바꾸면 법신, 보신, 화신은 곧 체(體), 상(相), 용(用)에 해당된다고 볼 수 있습니다.

《금강경》에서 아뇩다라삼먁삼보리, 즉 무상정등정각(無上正等正覺)에서 무엇을 깨달았다는 걸까요? 바로 우주만유의 생명의 본체인 법신입니다. 소위 《반야심경》에 나오는 불생불멸(不生不滅) 불구부정(不垢不淨) 부증불감(不增不減)입니다. 일념도 일어나지 않으면 전체가 드러난다는 것 역시 법신을 가리킵니다. 법신은 상이 없습니다.

보신(報身)이 원만하다는 것은 수행의 방면에서 말한 겁니다. 앞에서 우리는 부처님에게 32가지의 특수한 상이 있고, 또 이 상(相)에 따르는 80종의 아름다운 모습이 있다는 것을 살펴보았습니다. 무릇 도를 얻은 사람이라면 부모로부터 받은 색신(色身), 즉 육신이 바뀝니다.

일체 중생의 모든 육체는 보신입니다. 일생을 아주 편하고 행복하게 보내는 것은 그의 선한 업보로 인해 얻은 보신 때문입니다. 어떤 사람은 견디기 어려울 정도로 고통스럽게 일상을 살아가는데 그것은 과거 생에서 그가 심은 악의 씨앗 때문입니다.

도를 성취한 수도인은 보신이 바뀝니다. 보신의 수련이 완벽하고 원만한 경지에 이를 때 전신이 환골탈태(換骨奪胎)하고 일체 신통을 갖추게 됩니다. 보신의 수련에 성취가 있으면 자신의 육체 이외에 또 다른 육체가 생길 수 있는데 바로 화신의 작용입니다.

알렉산드라 다비드 넬(Alexandra David Neel)이 쓴 《티베트 마법의 서(티베트의 밀교와 주술 세계)》에는 화신(化身)에 관한 이야기가 많이 나옵니다. 알렉산드라 다비드 넬은 티베트를 최초로 방문한 서양 여성입니다.

《티베트 마법의 서》는 티베트의 문화, 풍속 및 밀교의 신비한 마술 세계에 대한 이야기를 소개하며 알렉산드라 다비드 넬은 밀교나 신비한 마술을 소개하는데 그치지 않고 직접 수련법을 체험해 보기도 했는데, 이러한 수련을 통해 티베트의 정신을 이해하는 데 큰 도움을 받았다고 합니다. 이 책은 공중 부양술, 발열술, 텔레파시 등의 신통에 관련된 많은 이야기보다도 티베트 사람들의 종교와 생활 그리고 무엇보다 '마음의 힘'이 얼마나 중요한지 생생하게 보여주고 있습니다.

법을 배우는 사람은 법신을 성취하기 위한 노선을 쫓습니다. 일부에서는 삼신의 성취를 동시에 주창합니다. 삼신의 성취를 얻은 자(者)만이 진정한 불법을 얻은 것이기 때문입니다. 삼신의 성취를 즉신성불(卽身成佛)이라고 합니다. 그것은 이 생애에서 깨달음을 얻어 생사를 초월하게 되는 것입니다.

밀라레빠의 전기를 읽어보면 즉신성불에 대한 자세한 이야기가 나와 있습니다. 평범한 중생은 3겁을 넘는 동안의 수행을 쌓아야 하지만 밀라레빠와 같은 초인적인 노력, 인간으로서 도저히 할 수 없는 수행의 경지까지 마치면 이번 생애 동안에 성불할 수 있다는 것입니다.

밀라레빠는 티베트의 위대한 스승이며, 완전한 지혜와 더없이 큰 힘을 성취한 구도자입니다. 티베트 불교의 성자라고 추앙받는 밀라레빠의 설법은 모든 깨달음의 길이 불법의 근원으로, 종교적 형식과 이념을 넘어서야 한다고 합니다.

부모로부터 받은 이 사대(四大)로 이루어진 색신(육체)을 바꾸자면 계(戒)·정(定)·혜(慧) 뿐만 아니라 온갖 수행의 방법이 모두 필요합니다. 이렇게 색신이 완전히 바뀐 다음에야 비로소 즉신성취가 가능합니다.

티베트 밀교에서는 석가모니불 이외에도 파드마삼바바를 받들어 모십니다. 파드마삼바바는 석가모니불이 세상을 떠난 지 8년 뒤에 세상에 나왔다 합니다. 석가모니불이 불교에 있어서 현교(顯敎)를 가르칠 때 중요한 수행방법을 다 말하지 못했기 때문이라고 합니다. 파드마삼바바는 연꽃으로부터 태어나 밀교의 교주가 되었다고 합니다.

파드마삼바바(Padmasambhava)는 A.D. 750년경 티베트에 처음으로 불교를 전파한 대성인입니다. 우겐국의 왕자로 태어나 과거 인연에 의해 출가하여 인도 후기 중관파(中觀派)의 대가 파담파 상게의 제자가 됨으로써 신비과학에 정통한 자가 되었습니다. 기록에는 그가 영적 정신의 중심지인 나란다 대학에서 《티베트 사자의 서》를 가르쳤다고 되어 있습니다.

그는 만년에 송첸캄포 왕의 초청으로 티베트로 가, 죽음의 길에서 단 한 번 듣고 이해하는 것만으로도 영원한 자유에 이른다는 인류 만고의 비전 《티베트 사자의 서》를 저작하였고, 이를 세상 사람들이 이해할 때가 아직 오지 않음을 알고 여제자 예세 초겔을 시켜 동굴 속에 숨겼다고 합니다.

이 비장의 문헌은 20세기에 이르러서야 그의 다섯 번째 환생자로 알려진 릭진 카르마 링파에 의해 발견되어 티베트 인접 국가를 떠돌다가 옥스퍼드 대학 교수인 에반스 웬츠에 의해 발견되었습니다. 이 책이 옥스퍼드 대학 출판부에서 출간되기 직전 심리학의 거장 칼 구스타프 융은 서구 정신의학의 한계를 개탄하면서 이 비전에 대해 가장 차원 높은 정신의 과학이라고까지 극찬했습니다. 그가 직접 장문의 해설을 썼을 정도였습니다. 완전하고 순수함 그 자체이기에 연꽃에서 태어난 자라고 불리는 파드마삼바바는 지금도 티베트에서 가장 위대한 성인으로 추앙받고 있습니다.

어떻게 하면 법신을 볼 수가 있을까요? 도를 보거나 깨달아야 합니다. 《금강경》은 반야의 부분으로서의 실상반야(實相般若), 즉 온갖 생명이 시작되기 전에 본체를 증득(證得)하는 데 필요한 것입니다. 보신과 화신은 경계반야에 속합니다. 《금강경》의 이 부분에서 말하는 여래란 바로 일체생명이 공유하는 생명의 본체(本體)입니다.

《금강경》을 「금강능단반야바라밀경」이라고 부르는데 깊이 연구하면 끝이 없습니다. 이 글을 쓰면서 너무 세세하게 쓰면 나무만 보고 숲을 보지 못할 우려가 있어 전체적으로 부처님의 종지(宗旨)를 드러내는 것이 더 중요하지 않을까 생각했습니다.

일반적으로 해석하기는 금강이 견고해서 무엇이든지 끊는다는 뜻으로 풀이합니다. 그런데 서역지방에는 실제 금강이라는 보석이 있다고 합니다. 어떤 책에서는 이 금강이 아주 단단한 쇠라고 하고 어떤 책에서는 다이아몬드라고도 합니다. 이 금강을 모든 번뇌를 잘라버리는 반야(般若: 지혜)에 비유한다면 의미상으로는 가까울지는 몰라도 100% 정확한 것은 아닙니다.

왜 그런가 설명을 드리겠습니다. 《금강경》의 여러 한역본을 찾아보니 제목 중에 《금강능단반야바라밀경(金剛能斷般若波羅蜜經)》도 있었습니다. 이것을 풀어보면 능단(能斷: can easily cut)을 타동사로 해석하면 cut의 목적어가 금강이 됩니다. 즉 세상에서 가장 단단하다는 다이아몬드도 자를 수 있는 지혜로 해석할 수도 있는 것입니다. 첫째 금강과 같은 지혜로 모든 번뇌를 잘라버리는 것과 둘째 금강도 자를 수 있는 지혜의 경전 어느 것이 더 맞는 해석일까요?

《금강경》을 영어로 The Diamond Sutra라고 합니다. 이것은 첫째 해석쪽에 가깝습니다. 이 한 줄 가지고 며칠 심사숙고를 했습니다. 본래 산스크리트어로 숨은 뜻을 해석하면 뇌성벽력(thunder)을 쳐서 중생의 번뇌를 뿌리째 없애버린다는 뜻이 있다고 합니다.

또 중국 명나라 시대의 《금강경》 해설서에 《금강경》 전체의 종지는 부처님의 금강심(金剛心)을 현시하고 있다고 했습니다. 그래서 첫 번째 해석, 즉 금강의 지혜로 모든 번뇌를 잘라 버린다로 해석하게 된 것입니다.

일반 사람들이 선을 공부하거나 각종 공부를 하면서 이 경계는 어떤가? 저 경계는 어떤가? 묻곤 합니다. 그러나 반드시 염두에 두어야 할 것은 모든 상은 모두 허망하다는 사실입니다. 또 어제는 참선이 좀 잘되다가 오늘은 잘 안된다고도 합니다. 이것은 수행이 부족하다는 사인(sign)입니다. 수행을 꾸준히 계속하여 습기(習氣)를 없애는 수밖에 없습니다.

참선의 경우를 하나의 예로 들고자 합니다. 참선을 시작하면 온갖 망상(妄想)이 나타납니다. 물론 그중에는 환희에 찬 부처님상이 보일 수도 있습니다. 그러나 이것 또한 망상의 환영(幻影)입니다. 좋은 상의 환영이 떠오르든 나쁜 상의 환영이 떠오르든 이것을 떨쳐버려야 합니다.

《금강경》에서 말하는 바와 같이 '범소유상 개시허망', 즉 모든 상은 모두 허망한 것입니다. 참선 수행을 하는 과정에서 여러 가지 환영, 환각, 환청, 환취(향기로운 냄새 등)가 발생하더라도 이 모든 것을 극복하고 초월해야 하는 것입니다.

물론 우리 아뢰야식에 함장(含藏)되어 있는 무수한 종자들이 현행(顯行)해서 여러 가지 환영, 환청현상을 일으키지만 이 모든 것을 의식적으로 억제하려 하지 말고 이 자체가 실체가 없는 허망한 것이라는 것을 이해하고 자연히 내버려두면 스스로 사라져 버리는 것입니다. 이것이 여기서 말하는 일체의 상은 모두 허망하다는 경계인 것입니다.

그러면 참선을 할 때의 경계는 좋으나 참선을 하지 않으면 경계가 나빠진다면 이것은 아직 수행이 덜된 것입니다. 행주좌와(行住座臥) 어묵동정(語黙動靜), 즉 움직이거나 서있거나 앉아있거나 누워있거나 말을 하거나 말을 하지 않거나 움직이든 움직이지 않던 항상 여여(如如)한 상태가 되어야 비로소 최고의 경계에 도달한 것입니다.

우리가 참선 중에 부처님이 나타났다면 이것은 기뻐해야 할까요? 우리가 어떤 소리를 듣거나 어떤 향기로운 냄새를 맡거나 하면 보통 사람들은 여기에 탐닉합니다. 그러나 참으로 주의해야 할 것은 이런 모든 상은 허무하다는 것입니다.

선종(禪宗)에서는 "부처가 오면 부처를 죽이고 조사(祖師)가 오면 조사를 죽여라" 라고 말합니다. 이것은 어떠한 고정된 관념에도 사로잡히지 말라는 가르침입니다. 도그마(dogma)에 사로잡히지 말라는 이야기입니다.

무상(無上)의 교리는 지극히 평범한 것일 뿐입니다. 옛 성현(聖賢)들은 말합니다. "도란 일상생활 속에 있다." 진정한 도나 진정한 진리는 일상적이고 평범한 것입니다. 제일 평범한 것이 가장 위대한 것입니다. 옛 성현은 '크게 지혜로운 사람은 마치 어리석은 사람같다.' 고 했습니다. 지혜가 극에 달하면 대단히 평범해집니다. 육신통(六神通) 중에서 기적(miracle)을 행하는 것보다 번뇌를 끊는 누진통(漏盡通)을 가장 높게 평가합니다.

일체의 상은 모두 허망합니다. 부처님 뿐만 아니라 인간세상 일체의 상에도 집착하지 말아야 합니다. 일체의 상에 집착하지 않을 때 비로소 여래를 볼 수 있고 자기 자성, 즉 법신을 볼 수 있습니다.

5. 여리실견분(如理實見分)

① 신상(身相):

산스크리트어는 Lakasnasampad로서 신체적 특징을 말한다. 이 원어는 상구족(相具足) 또는 상성취(相成就)로 번역된다. 구마라집역본은 신상으로 번역하고 있다. 부처님의 신체적 특징을 의미하는 상(相)은 32상으로 말해지고 있다. 그래서 유지・급다・현장・의정 등은 모두 상구족으로 번역하고 있다.

② 견제상비상(見諸相非相):

이것을 구마라집역본에서는 "모든 모양이 모양 아닌 줄로 안다"고 읽고 있지만, 진제역은 유상무상(有相無相), 현장역본은 이상비상(以相非相)으로 번역하고 있다. 여기서 상(相)의 구족은 속제(俗諦), 비상구족(非相具足)은 제일의제(第一義諦)를 나타내는 것이라 할 수 있다.

③ 사구게(四句偈):

게는 범어 가타(伽陀 gatha)의 음역. 사구게는 게송(偈頌)의 형식인데, 여기서 송(頌)이란 게의 뜻 번역, 운문체의 문장이란 뜻이다. 보통 게송은 경전구조의 한 부분을 차지하고 있는데, 이는 주로 운문체의 형식에 의해 경전의 교리나 부처님의 공덕을 찬양하는데 사용된다.

여기에는 본문에 있던 것을 정리해서 운문으로 바꾸어 놓는 경우와 본문과는 관계없는 사실이 게송으로 나타나는 두 가지 경우가 있다. 전자를 응송(應頌)이라 하고 후자를 고기송(孤起頌)이라 한다. 그런데 경 하나에 여러 게송이 나오는 것이 상례로서 그 중에서 가장 중요한 부분에 속하는 것을 사구게(四句偈)라 한다. 따라서 지금 여기 나오는 게송을 사구게라 함은 옛부터 많이 읽혀지는 중요한 대목이라는 의미라 할 수 있다.

지금의 이 사구게를 분석해 보면, 첫째와 둘째 구절은 현실의 허망함을, 셋째와 넷째 구절은 허망한 내면에 허망치 않은 존재를 말씀하신 것이다. 이 사구게는 이 경의 골수일 뿐만 아니라 불교의 교리 전체를 대표하는 것이라 할 수 있다.

불교에서는 모든 사물을 관찰할 때에 공(空)·가(假)·중(中), 삼제(三諦)의 원칙에 의한다.

공(空)은 모든 현실을 실재하지 않는 것으로 보는 것이다. 그러나 눈앞의 모든 물건들을 부수거나 태워 없애 버린 뒤의 허공의 상태를 말하는 것은 아니다. 그저 있는 그대로를 관찰하고 분석한 결과, 모두가 잠시 일시적으로 인연에 따라 나타난 현상이요 절대적인 실체는 없다고 보는 것이다.

가(假)는 유(有)라고도 하므로 공(空)의 반대 현상이다. 모든 사물이 공(空)한 자리에 나타나는 모든 사물의 현상을 그대로 임시, 거짓으로 모인 인연이 존속하는 한, 존속함을 인정하는 것이다. 그러므로 공(空)의 반대현상인 유(有)라 하는 것이다. 그러나 우리들이 흔히 "있다"고 말하는 따위의 완유(頑有)는 아니다.

마지막으로 중(中)은 중도(中道)로서 공(空)인 동시에 유(有)요, 유(有)인 동시에 공(空)임을 바로알아 어느 한쪽에 치우치지 않는 진공묘유(眞空妙有)를 말한다.

이러한 이치를 하나의 거울로써 예를 들어보자. 거울 속에 비친 그림자는 아무리 울긋불긋하여도 그 실체가 공하다. 그 공하다는 사실은 아무 것도 없는 거울에 일시적인 인연이 닿아서 한 사물이 비친 현상에 불과하기 때문이다. 그러므로 이것은 공(空)인 것이다.

다음 거울속의 그림자가 공하여 실체가 없는 것임을 알았으니, 인연이 비쳐진 그 그림자는 분명 다양하고, 그 다양한 그림자는 보는 이의 감정을 돋우기도 하고, 낮추기도 하며 자재자유(自在自由)한다. 그러므로 아주 없다는 생각에 치우칠 것이 아니라 현실적으로 있는 그림자의 상태를 인정하자는 것이다. 이것이 가(假)인 것이다.

끝으로 그렇다면 거울속의 그림자는 실재로는 없는 것이나 현실적으로는 없지 아니하니, 없는 듯하되 있고 있는 듯하되 없다고 할 수 있다. 그러므로 공이라 할 때에 공에 치우치지 않고 가유(假有)를 전제한 공이어야 하며, "있다"라고 할 때에 "있다"라는 사실에만 치우치지 말고 공을 전제한 가유(假有)이어야 한다. 이렇게 바르게 보는 방법이 곧 중도이다.

지금까지 이 사구게를 이렇게 풀이해 보았는데, 다시 삼제(三諦)에 의해 게(偈)를 나누어 보면 첫째와 둘째 구절은 공(空)이고, 셋째 구절은 가(假)이며, 넷째 구절은 중도(中道)라 하겠다. 첫 구절에서 "온갖 겉모양[凡所有相]"이라 함은, 부처님의 32相을 비롯하여 모든 형상있는 것을 총망라한 것이다.

둘째 구절에서 "모두가 허망하다〔皆是虛妄〕" 함은 그러한 겉모양은 모두가 허망하여 실체가 없다는 것이다. 왜냐하면 모두가 인연따라 임시 건립된 것인데, 우리들의 허망한 분별 때문에 실제로 있는 것으로 여기기 때문이다.

셋째 구절에서 "모든 모양이 모양 아닌 줄로 안다〔若見諸相非相〕" 함은 위의 두 구절의 말씀에 의하여 눈앞에 보이는 겉모양들이 보기에는 있는 듯하나 실제로는 없는 것이라는 사실을 분명히 말하는 것이니, 이런 경지를 진공묘유(眞空妙有)라 한다.

제4절 한역(漢譯)

5. 여리실견분(如理實見分)

須菩提 於意云何 可以身相見如來不 不也 世尊
수보리 어의운하 가이신상견여래부 불야 세존

不可以身相得見如來
불가이신상득견여래

何以故 如來所說身相 卽非身相
하이고 여래소설신상 즉비신상

佛告須菩提 凡所有相 皆是虛妄 若見諸相非相 卽見如來
불고수보리 범소유상 개시허망 약견제상비상 즉견여래

제5절 영역(英譯) 1

FIVE:

"What do you think, Subhuti, can the Tathagata be seen by means of the possession of attributes?"

Subhuti replied, "No, indeed, Bhagavan, the Tathagata cannot be seen by means of the possession of attributes. And why not? Bhagavan, what the Tathagata says is the possession of attributes is no possession of attributes."

This having been said, the Buddha told the venerable Subhuti, "Since the possession of attributes is an illusion, Subhuti, and no possession of attributes is no illusion, by means of attributes that are no attributes the Tathagata ca n, indeed, be seen."

제6절 영역(英譯) 2

Section 5. Understanding the Ultimate Principle of Reality

Subhuti, what do you think? Is the Tathagata to be recognized by some material characteristic? No, World-honoured One, the Tathagata cannot be recognized by any material characteristic. Wherefore? Because the Tathagata has said that material characteristics are not, in fact, material characteristics.

Buddha said: Subhuti, wheresoever are material characteristics there is delusion; but who so perceives that all characteristics are in fact no-characteristics, perceives the Tathagata.

제6장 바른 믿음이 드물다

제1절 한글번역

수보리가 부처님께 여쭈었다.

『세존이시여, 혹 어떤 중생이 이러한 말씀[章句]을 듣고서 진실한 믿음을 내겠습니까.』

부처님께서 말씀하셨다.

『수보리여, 그런 말을 하지 말라. 여래가 멸한 후 나중 오백년(後五百年)에도 계(戒)를 지키고 복(福)을 닦는 이가 있어 이 말씀에 믿음을 내어 이것을 진실이라 여기리니, 이런 사람은 한 부처님이나 두 부처님이나 셋·넷·다섯 부처님께만 선근(善根)을 심은 것이 아니라 이미 한량없는 백·천만 부처님께 온갖 선근을 심었으므로 이 말씀을 듣고 한 생각만으로도 깨끗한 믿음이 생길 것이다.

수보리여, 여래는 다 알고 다 보나니, 이 중생들은 이렇게 한량없는 복덕을 받을 것이다.

무슨 까닭인가 하면 이 중생들은 아상 · 인상 · 중생상 · 수자상이 전혀 없으며 법상(法相)도 없고 비법상(非法相)도 없기 때문이니라.

무슨 까닭인가 하면 이 중생들이 만일 마음에 상(相)을 갖는다면 이는 곧 아상 · 인상 · 중생상 · 수자상에 집착되는 것이기 때문이니라.

만약 법상을 갖는다면 아상 · 인상 · 중생상 · 수자상에 집착하게 되고, 만약 비법상을 갖는다고 하더라도 아상·인상·중생상·수자상에 집착하게 되기 때문이니라.

그러므로 마땅히 법에도 집착하지 말고 법이 아닌 것에도 집착하지 말아야 한다.

그러기에 여래가 항상 말하기를, 「그대들 비구들은 나의 설법을 뗏목의 비유와 같다는 것을 알라.」하였나니, 법도 버려야 하거늘 하물며 법이 아닌 것은 더욱 버려야 하는 게 아니겠는가.』

제2절 해설

제6장 바른 믿음이 드물다

수보리가 부처님께 여쭈었다.

『세존이시여, 혹 어떤 중생이 이러한 말씀[章句 장구]을 듣고서 진실한 믿음을 내겠습니까?』

부처님께서 말씀하셨다.

『수보리여, 그런 말을 하지 말라.』

우리가 《금강경》을 살펴보면 《금강경》은 말하자면 스승과 제자간의 문답을 기록한 것으로 하나의 극본, 드라마와도 같습니다.

수보리가 이렇게 물은 것은 부처님의 가르침이 너무 심오하여 후세의 사람들이 이해하지 못하고 따라서 참다운 믿음을 갖지 못할 것이라고 지레 짐작하고 염려하는 마음이 드러나 보입니다. 이에 대해서 부처님은 아래와 같이 후대인들 가운데 바른 신심을 가진 사람이 나오리라고 단호하게 말씀하십니다.

『여래가 멸한 후 나중 오백년(後五百年)에도 계(戒)를 지키고 복(福)을 닦는 이가 있어 이 말씀에 믿음을 내어 이것을 진실이라 여기리니, 이런 사람은 한 부처님이나 두 부처님이나 셋·넷·다섯 부처님께만 선근(善根)을 심은 것이 아니라 이미 한량없는 백·천만 부처님께 온갖 선근을 심었으므로 이 말씀을 듣고 한 생각만으로도 깨끗한 믿음이 생길 것이다.』

부처님이 세상에 계시던 시기를 정법시대(正法時代)라 하며 부처님이 세상을 떠난 이후를 상법시대(像法時代)라 합니다. 바로 불상과 불경이 있는 시기입니다. 불경이 다 없어지고 단지 미신만 있는 시기를 말법시대(末法時代)라 합니다.

부처님은 말씀하십니다. 내가 세상을 떠난 후 500년 후에도 진정으로 지계(持戒), 수복(修福)하여 많은 선(善)을 행하며 공덕을 쌓는 사람이 있어 그의 지혜로 이 말을 믿을 수가 있을 것이다.

후 오백년의 의미에 대해 많은 이론과 설명들이 있지만, 일반적으로 후세를 가리킨다고 보면 되겠습니다. 부처님의 탄생 시기에 대해서도 여러 학설이 있지만 B.C. 623년으로 보는 견해가 많으며 1956년 11월 네팔의 수도 카트만두에서 열린 제4차 세계불교도대회에서 양력 5월 15일을 불탄일(佛誕日)로 정했습니다. 우리나라에서는 매년 음력 4월 8일을 석가탄신일(釋迦誕辰日)로 기념하고 있습니다.

부처님이 세상을 떠난 후 2500년도 훨씬 더 지났습니다. 이 말법시대에 무상의 지혜를 얻고 싶겠지만 이것은 구해서 얻을 수 있는 것이 아니라 닦아서 얻는 것입니다. 일체의 선행과 공덕을 닦아야만 비로소 무상의 지혜를 성취할 수 있습니다. 지혜는 깨달아 얻는 것입니다. 지계(持戒)와 수복(修福)으로 오는 겁니다. 계율(戒律)을 지키는 것이 축적되고 거기다 악을 행하지 않고 뭇 선(善)을 받들어 행하는 수복(修福)이 더해질 때 비로소 진정한 대복보(大福報)인 대지혜를 얻을 수 있습니다.

《금강경》의 '모든 상은 모두 허망한 것으로 만약 모든 상이 상이 아니라는 것을 본다면 곧 여래를 본다' 는 설법을 능히 이해할 수 있다면 비로소 진정한 반야의 지혜가 나타난 것입니다. 그렇지만 반야의 지혜는 대단히 어려운 것입니다. 일반인이 종교를 믿을 때는 대부분 기복불교(祈福佛教)로서, 무엇을 바라는 마음으로, 얻을 수 없는 것을 얻도록 바랍니다.

우리가 볼 수 있는 일체의 사물은 모두 계속 변화하고 있고 우리의 마음도 계속 변하고 있습니다. 《금강경》의 '모든 상은 모두 허망한 것으로 만약 모든 상이 상이 아니라는 것을 본다면 곧 여래를 본다'와 관련, 일체제법(一體諸法)을 먼저 간단하게 설명하겠습니다.

나와 나 아닌 이 세상 모든 만물, 이렇게 두 가지로 나누어 볼 때 나를 아(我)라 하고 나아닌 모든 것을 법(法)이라고 할 수 있습니다. 수행을 계속하면 아(我)도 공(空)이고 법(法)도 공(空)이라는 것을 깨닫게 됩니다〔我空法空〕. 즉 바라문교에서 상정(想定)했던 아트만과 같이 변하지 않는, 상주불변(常住不變)의 실체가 있는 것이 아니란 뜻입니다.

모든 것이 모든 것에 서로 의존하고 있습니다〔相依相關〕. 다른 여러 가지 구성요소(四大)가 합해서 이루어진 구성물이라는 뜻입니다. 이중에 어느 한 요소로만 빠지면, 즉 성냥개비로 만든 탑에 성냥개비 하나만 빼도 와르르 전체가 무너지듯이 무너지게 되는 겁니다. 즉 인연이 있으면 모이고 인연이 다하면 흩어져 사라지는 것입니다.

불경을 읽다가 법(dharma)이란 말은 해석을 잘해야 합니다. 법이라는 것은 부처님의 가르침, 진리, 계율, 의식(軌範: 궤범)이라는 뜻도 있고 제6의식의 대상인 법경(法境)의 의미로도 쓰이고 이 세상에 있는 모든 사물인 일체제법 이러한 뜻도 됩니다. 그러니까 문맥에 따라 법이라는 말이 어떤 의미로 사용됐는가를 잘 알아야 합니다.

모든 상(相)은 모두 허망(虛妄)한 것으로 우리의 마음도 실체가 없는 것입니다. 유식(唯識)에서는 유식무경(唯識無境), 즉 오직 식만 있고 따로 경계가 있는 것이 아니라 하며, 일체유심조(一切唯心造) 일체의 대상은 오직 마음이 만들어낸 것이라 합니다.

모든 상은 인연화합으로 이뤄진 가립(假立)된 존재로 계속 변화하고 있고 그 자체의 고유하고 불변의 성질을 가진 실체가 아닌 허망한 것으로 만약 모든 상 일체의 만물 우리가 눈으로 보는 모든 외양이 고정된 실체가 없는 연기(緣起)에 의한 것이란 것을 안다면 여래(如來), 즉 진여자성(眞如自性)인 법신(法身)을 알게 된다는 뜻입니다.

현대 종교를 보면 기복(祈福)의 성향이 강합니다. 절에 가서 떡이며 과일이며 꽃이며 향이며 약간의 돈을 시주합니다. 절을 하고 나서 남편 사업이 잘되게, 그리고 자식이 공부를 잘하게, 그리고 모든 것이 잘되게 해달고 요구합니다. 돈을 조금 시주하고 요구하는 것은 이렇게 많습니다.

종교의 진정한 본뜻은 자기의 본성을 깨달아서 번뇌에 물들지 않고 번뇌를 해탈하는 것입니다. 기복불교가 아니라 자기성찰 더 나아가서는 세계평화를 위한 대승보살의 정신을 실천하는 것입니다.

후세의 어떤 사람이 《금강경》의 이 가르침을 믿기 위해서는 계율을 지키고 복덕을 쌓은 사람이라야 비로소 믿을 수 있다고 부처님은 말씀하십니다. 여기서 믿음이란 바른 믿음입니다. 여래의 참된 지혜를 진리로 믿는 것입니다. 부처님은 말합니다. 그대는 알아야 한다. 장래 세상에 이런 사람은 단지 한명의 부처 두 명의 부처 세 명의 부처 네 명의 부처 다섯 명의 부처와 같이 지내면서 선의 뿌리를 내린 것이 아니다.

이런 사람은 한 생애나 한 세대의 지혜를 닦아 되는 것이 아니다. 얼마나 많은 생애동안 얼마나 많은 부처님 밑에서 배웠는지 모른다. 그는 이미 무수히 많은 선행을 했으며 이렇게 큰 선의 뿌리를 심어놨기 때문에 그렇게 큰 지혜를 타고 난 것이다. 수보리여 여래는 이런 사람을 모두 알고 모두 본다(如來悉知悉見여래실지실견; 여기서 悉실은 '남김없이 모두' all 라는 뜻임). 이 모든 중생이 이제 한없는 복덕을 받을 것이다.

《금강경》을 읽고 깨끗한 믿음〔淨信〕을 내기란 아주 어렵습니다. 만약 이런 사람이 있다면, 한 생애를 깨끗한 믿음으로 일관할 수 있는 사람이 있다면, 그는 이미 깨달은 사람이요 이미 진정으로 아무 것에도 머물지 않는 경지에 이른 사람이며 한 생각도 일지 않아 전체가 드러나는 경지에 이른 사람입니다.

『수보리여, 여래는 다 알고 다 보나니, 이 중생들은 이렇게 한량없는 복덕을 받을 것이다. 무슨 까닭인가 하면 이 중생들은 아상 · 인상 · 중생상 · 수자상이 전혀 없으며 법상(法相)도 없고 비법상(非法相)도 없기 때문이니라.』

깨끗한 믿음에 이른 사람이라면 무릇 형체를 갖춘 것은 모두 올바른 것이 아니며 일체는 상이 없고 심지어 상이 없다는 것조차도 없다는 것을 압니다. 이렇게 안다면 큰 깨달음을 얻은 것입니다.

왜 그럴까요? 이 사람은 현생에서 이미 '부처님의 지혜〔佛知見 불지견〕'에 도달했기 때문입니다. 왜 그가 부처의 경지에 도달했다고 말하는 것일까요? 이 사람은 이미 무아상(無我相) 무인상(無人相)에 이르러 진정으로 깨끗한 믿음〔淨信 정신〕을 지니고 있기 때문입니다.

한 생각을 놓아버리니 당연히 인상도 중생상도 수자상도 없는 것입니다. 인생의 일체 고통과 번뇌는 모두 사상(四相)으로부터 옵니다. 심리학적으로 말하면 사상이란 네 가지 관념입니다. 인류에게 공통적인 네 가지 현상입니다.

사람마다 아상(我相)은 매우 무겁습니다. 어떤 사람은 특히 에고의식이 강한 사람이 있습니다. 보통 지식인은 나라고 하는 의식이 아주 강합니다. 지식인의 아견(我見)은 아주 뿌리 깊습니다. 사람은 곳곳에서 아상에 빠집니다.

아상을 떨쳐버릴 수 있다면 거의 깨달음에 근접한 것입니다. 아상을 떨쳐버리면 무아상(無我相)으로서 일체가 평등합니다. 일체중생이 모두 부처이며 65억 인류가 모두 부모이며 모두 자식입니다. 이것이 가능한 것은 아상이 없기 때문입니다. 아상이 없으니 인상이 없고 인상이 없으니 중생상이 없어 평등합니다. 그리고 소위 수자상이라는 것도 없으니 오래 사나 짧게 사나 큰 차이가 없습니다. 삶과 죽음이 하나가 됩니다.

이 경지에 도탈하면 중생(衆生)이 곧 부처이며 부처가 중생이고 번뇌(煩惱)가 보리(菩提: bodhi)이며 보리가 곧 번뇌입니다. 삶과 죽음이 하나가 됩니다.

여기서 잠깐 아트만[我]에 대해서 살펴보겠습니다. 아트만은 인도철학에서 「개체의 본질」을 나타내는 용어입니다. 아트만의 원래의 뜻에 대해서는 여러 설이 있으나 《리그 베다》 이후의 문헌에서 차츰 철학적 의의를 띠게 되고 브라마나 문헌을 거쳐 생기(生氣 ; 프라나)·뜻(마나스)·언어(바추) 등, 정신원리를 초월하여 개체를 통일하는 보편적인 최고 실재를 나타내는 말로서 자리를 굳혔습니다.

우파니샤드문헌에서 우주 최고의 원리 브라만과의 동일성이 역설되고 범아일여사상(梵我一如思想)이 주창되었습니다. 그 뒤, 아트만은 인도철학 여러 학파에 의해 여러 가지로 고찰되어 니야야학파·바이셰시카학파에서는 그 실재성의 논증에 의의를 부여하고, 베다학파에서는 우파니샤드사상을 계승하여 범아일여사상을 강조해오고 있습니다.

우리는 아상의 관점에서 상주론(常住論)과 단멸론(斷滅論)을 살펴보겠습니다. 상주론은 위에서 설명한 아트만과 같이 영혼이 영원무궁할 것이라 생각하는 것입니다. 자기가 가지고 있는 이 의식, 이 생각, 이 영혼이 육체가 죽더라도 영원하리라는 것입니다. 이것은 잘못된 생각입니다. 또 한편으로 단멸론은 공산주의와 같이 물질주의입니다. 우리 인간이 죽고나면 완전히 무(無)로 돌아간다는 생각입니다. 이것도 또한 잘못된 생각입니다. 부처님은 이 양 극단을 초월한 중도(中道)의 진리를 가르칩니다.

일반 사람은 자성(自性)을 깨닫지 못하고 본래면목(本來面目)을 보지 못합니다. 살면서 신·구·의(身口意) 삼업(三業)을 계속 지어 그 까르마(karma)에 의해서 빚을 갚아야 할 것이 있다면 계속 이 세상에서 다음 세상으로 윤회(samsara)하게 됩니다.

우리가 옷을 입다 옷이 낡아서 해어지면 새 옷으로 갈아입듯이, 우리가 자동차를 타다가 자동차가 오래되면 자동차를 새 자동차로 바꾸듯이 우리의 아뢰야식은 이번 생애에서 쌓은 모든 경험을 종자로 내포하고는 또다시 새로운 육체를 입어 육도윤회를 계속합니다. 아뢰야식이 고정된 영혼개념과 다른 점은 아뢰야식은 끊임없이 그 속의 종자가 생성, 변화, 현현을 거듭한다는 점입니다.

아뢰야식에 대해서 간단히 이야기하도록 하겠습니다. 아뢰야식(阿賴耶識)은 범어로 Alaya vijnana라 합니다. 아뢰야식은 제8식으로서 근본식, 장식(능장, 소장, 집장)이라고도 합니다. 여기에는 우리가 전생부터 무수히 축적해왔던 종자 그리고 현생에 태어난 이후 신구의(身口意), 즉 행동, 말, 생각으로 쌓아왔던 무수한 까르마가 종자의 형태로 저장됩니다. 사람이 죽으면 이 아뢰야식만이 육신을 벗어나 자기와 가장 인연이 있는 태(胎) 속으로 들어가 다시 환생하게 되는 것입니다.

이 아뢰야식을 서양의 용어로 영혼이라고 볼 수도 있는데 서양과 동양에 있어서 영혼에 대한 개념의 차이가 있고, 위에서 이미 설명했듯이 서양에서의 영혼개념, 즉 고정불변한 아트만의 개념이 아니라 끊임없이 학습하고 변해가는 영혼의 개념, 즉 진화하는 영혼이라고 이해하면 100%

정확하지는 않지만 아뢰야식을 쉽게 이해하는 방편이 될 것 같습니다.

아뢰야식은 수많은 전생(前生)에서부터 쌓아온 종자(種子)가 새로운 연(緣: 환경)을 만나 현현(顯現)되고, 한편으로는 이번 생애에서 경험하는 많은 것들이 끊임없이 새로운 종자로 아뢰야식내에 축적(薰習: 훈습)되고 하는 끊임없는 생성과정(interactive)에 있는 것입니다.

이 아뢰야식은 육신이 소멸해도 새로운 육신을 입어 다시 윤회를 합니다. 어린아이가 태어나면 고집이 세다든지 아니면 총명하다든지 여러 가지 성격상의 특질, 성향을 보입니다. 이것은 수많은 전생으로부터 쌓아 내려온 습기(習氣), 습성, 아뢰야식에 함장된 특성이 현현된 겁니다.

이런 차원에서 보면 삶과 죽음은 하나입니다. 아침과 저녁과도 같습니다. 삶과 죽음이 헌 옷을 새 옷으로 갈아입는 것, 헌 자동차를 새 자동차로 교체하는 것과 같습니다.

이런 관점에서 보면 우리 인간이란 리처드 도킨스의 《이기적인 유전자》에 나오는 이야기와 같이 DNA를 실어 나르는 숙주, 아뢰야식을 다음 세대에 전달해주는 릴레이주자라고도 비유할 수 있을 것입니다.

일체가 모두 공(空)이라고 생각하는 것은 틀린 것입니다. 일체가 유(有)라고 하는 것도 일체가 공이라고 하는 것도 마찬가지로 틀린 것입니다. 《능엄경》에서 부처님은 일체의 상을 떠나되 일체의 법에 즉(卽)한다는 말을 하셨습니다.

일체의 상(相)을 떠나는 것은 바로 비법상(非法相)이라고 할 수 있습니다. 일체의 법에 즉하는 것은 또 역무비법상(亦無非法相)이라고 할 수 있습니다. 일체의 상을 떠나되 일체의 법에 즉한다는 것은 일체를 떠난 것 역시 떠납니다. 부처님의 가르침은 중도입니다. 이 중도는 산술평균, 중간이라는 뜻이 아니라 변증법(辨證法 ; dialectic)적으로 초월하여 보다 높은 차원에서의 통일을 의미합니다.

여러분은 반드시 이러한 이치를 증득(證得)해야 합니다.

분별지는 이분법적인 사고입니다. 이것은 본래 한마음으로부터 나온 것을 인식주체와 인식대상으로 분리시켜 사량분별하는 것입니다. 우리의 심층의식 중 자아의식인 제7식(末那識: 말나식)은 근본식인 제8식 아뢰야식을 자아라는 존재로 집착한 것입니다.

앞에서도 비트겐슈타인 이야기를 했지만, 우리의 언어라는 것은 한계를 가지고 있습니다. 우리의 언어는 실체를 다 나타낼 수 없습니다. 그러므로 부처님도 염화시중(拈華示衆: 염화시중), 달마대사도 불립문자(不立文字) 즉 언어나 문자로서 진리를 다 나타낼 수는 없습니다.

《금강경》이 말하는 것은 모든 상이 허망하다는 것입니다. 그러나 여기서 우리가 반드시 알아야 할 것이 있습니다. 모든 상이 허망하다고 해서 절대 허무주의가 아닙니다. 여기서 결정적으로 잘못이해하면 안 됩니다. 우리는 수행의 과정에서 육바라밀 중 정진(精進)을 우선순위로 삼고, 대승보살의 자비를 실천하고 수행해 나가야 한다는 점을 오매일여(寤寐一如)로 잊지 말아야합니다.

다시 말하면 부지런히 선을 행하고 한 생각 한 생각이 모두 선해야 합니다. 이것이 모두 공(空)일 수는 없습니다. 우리는 모든 면에서 정(正)의 일면과 반(反)의 일면을 고려한 뒤 최후로 종합해서 하나의 결론을 내려야 합니다. 한 가지 면만을 생각한다면 하나는 알고 둘은 모르는 우(愚)를 범하게 됩니다.

『무슨 까닭인가 하면 이 중생들이 만일 마음에 상(相)을 갖는다면 이는 곧 아상·인상·중생상·수자상에 집착되는 것이기 때문이니라.

만약 법상을 갖는다면 아상·인상·중생상·수자상에 집착하게 되고, 만약 비법상을 갖는다고 하더라도 아상·인상·중생상·수자상에 집착하게 되기 때문이니라. 그러므로 마땅히 법에도 집착하지 말고 법이 아닌 것에도 집착하지 말아야 한다.』

일체 중생의 마음속에 있는 부처의 대한 신앙은 모두 상에 집착하는 것입니다. 바로 아상·인상·중생상·수자상에 집착하는 것입니다. 상에 집착하는 것은 불법(佛法)이 아닙니다.

그런데 여기서 한 가지 말할 것이 있습니다. 《금강경》은 최상승(最上勝)의 근기(根機)를 가진 사람을 위한 법문입니다. 불법을 배우는 과정에서 중간 정도의 근기를 가진 불자(佛子)의 경우 부처님의 심상(心象)을 마음에 떠올려 수행하는 방법도 하나의 방편으로서 효과가 있습니다.

사이비 종교는 교주를 숭배합니다. 이것은 바른 믿음이 아닙니다. 혹세무민하는 것입니다. 우상을 숭배하거나, 교주를 숭배하는 것은 바로 상(相)에 집착하는 것으로, 법상(法相)에 빠진 것입니다.

왜 그런가. 만약 비법상(非法相)을 갖는다면 아·인·중생·수자에 집착하기 때문이다. 그러므로 마땅히 법을 취하지도 말고 법이 아닌 것을 취하지도 말아야 한다.

공(空)이라고 말하면 옳지 않습니다. 불법(佛法)이 아닙니다. 유(有)에 집착하는 것도 불법이 아닙니다. 비공비유(非空非有) 또한 옳지 않습니다. 즉공즉유(卽空卽有) 또한 불법이 아닙니다. 그러므로 진정한 불법은 중도(中道)입니다. 도를 깨치기 위해서는 진정한 지혜가 필요합니다. 그러므로 법(여기서는 진리 truth의 의미)을 취해서도 안 되고 법이 아닌 것(진리가 아닌 것)을 취해서도 안 된다는 것입니다. 진정으로 불법을 배우기 위해서는 상에 집착해서는 안 됩니다.

『그러기에 여래가 항상 말씀하시기를, '그대들 비구들은 나의 설법을 뗏목의 비유와 같다는 것을 알라.' 하였나니, 법도 버려야 하거늘 하물며 법이 아닌 것은 더욱 버려야 하는 게 아니겠는가.』

부처님께서 말씀하십니다.

내 설법은 모두 방편적인 것이다. 모두 강을 건너는 배이다. 이미 피안(彼岸)에 닿았다면 배는 필요없다. 그러므로 내가 말하는 법은 하나의 뗏목(raft)과 같다.

하나의 비유입니다. 일체의 진정한 불법도 최후에는 강을 건너고 난 후의 배처럼 버려야 하거늘, 하물며 법이 아닌 일체의 것이겠는가. 바른 법(dharma)이라도 최후에 깨끗이 버리지 않으면 도를 이룰 수 없습니다. 하물며 법[非法]이 아닌 경우이겠습니까?

인생은 고해(苦海)라고 합니다. 그리고 고해는 끝이 없습니다. 고해는 끝이 없으나 고개를 돌리면 바로 피안입니다. 피안은 어디에 있을까요? 고개를 돌릴 필요도 없습니다. 여기(here), 바로 지금(now)이 바로 피안입니다. 일체를 그 자리에서 놓아버리면 피안이 바로 거기에 있습니다.

어떤 젊은이가 있었습니다. 제법 큰 중소기업을 경영하다가 부도가 나자, 평소에 굽실거리던 사람들 모두가 그를 외면했다고 합니다. 그는 인간에 환멸을 느끼고 큰 실의에 빠져 자살을 하려고 모텔에 가서 누워 여러 가지를 생각했습니다.

자살을 생각할 정도였으니 얼마나 마음이 번뇌(煩惱)에 불타고 마치 자신이 지옥에 빠진 것 같았겠습니까. 아무런 희망도 보이지 않고 온통 캄캄한 절망에 빠져 지푸라기 하나 잡을 데가 없다고 생각했습니다. 마음은 마치 지옥의 불에 타고 있는 것 같았습니다.

그런데 다시 한 생각, 한 마음만 돌려서 생각해보니 본래 맨손에서 시작해서 다시 맨손으로 돌아온 것 뿐이고, 한편 아직 젊음도 있고 건강하니 얼마든지 재기할 수 있겠다고 마음 먹었습니다. 그러자 삶의 의욕이

솟아나고 그래서 다시 조그만 일이라도 시작했다고 합니다. 바로 이와 같습니다. 주위 환경이 전혀 바뀌지 않았는데도 마음만 바꿔 먹으면, 관점만 바꾸어도 세상이 달라 보이고 다시 시작할 수 있는 겁니다.

지옥과 극락은 어디에 있을까요. 지옥과 극락은 3차원적으로 따로 어떤 공간을 점유하고 있는 것이 아닙니다. 바로 마음에 있는 것입니다. 마음은 어디에 있을까요. 우리 뇌속에 있다고만 생각하면 안 됩니다. 우리의 심장에도 마음이 있고 우리의 모든 세포에도 그리고 우리 몸밖에도 마음이 있습니다.

일체를 그 자리에서 놓아버리면 바로 지금 여기가 극락입니다. 자신이 깨달았다고 생각하면 안 됩니다. 어떤 깨달음의 경계가 있다면 아직 깨닫지 못한 겁니다. 진정으로 깨달은 사람은 깨달음의 경계조차도 존재하지 않습니다. 어떤 깨달음의 경계가 있다면 이미 상에 집착한 것입니다.

삶과 죽음은 아침 저녁과 같습니다. 매일 태양이 떴다 태양이 지고 끊임없이 반복됩니다. 우리가 깨달음을 얻지 못하면, 해탈하지 못하면 끊임없이 윤회를 하게 됩니다. 삶과 죽음은 하나입니다.

우리가 뿌리깊은 아상(我相)에 젖어 있기 때문에, 우리가 이 육체를 자신과 동일시하기 때문에 이 육체의 소멸을 죽음이라고 생각하고 그렇게 두려워하는 것입니다. 이 자아라는 관념은 끊임없이 외부의 상황과 반응하면서 형성되어진 것이지, 그 실체가 있는 것이 아니라는 것입니다.

제3절 용어해설

6. 정신희유분(正信希有分)

① 실신(實信):

범어에는 "진실이라는 생각을 일으킬 것이다" 라고 되어 있다. 유지역본은 '생실상(生實相)' 으로 하지만, 진제역·급다역본은 '생실상(生實想)' 으로 하고 있다.

② 후오백세(後五百歲):

제2의 오백년을 지칭하는 것이다. 부처님은 자신이 열반한 뒤에 다가올 일들을 500년씩 다섯 번으로 구분해서 그 각각의 500년을 1기로 하는 예언을 하셨다.

첫 500년 동안은 해탈견고(解脫堅固)하다고 하셨다. 즉 지혜가 있어서 해탈의 과(果)를 증득한 사람이 많이 나고 정법이 세상에 행해지며 교(敎)의 수행과 증과(證果)의 셋이 존재하는 시기라 하여 정법시(正法時)라 하셨다.

두번째 오백년 동안은 선정견고(禪定堅固)하다고 하셨다. 곧 가르침이나 수행을 충실하게 닦는 사람이 많아 불법이 성행한다는 것이다. 그러나 교(敎)와 수행은 있으나, 증과(證果)가 없는 시기이고 그 후로는 말법(末法)의 시기로서 교는 있으나 수행도 증과도 없는 멸법(滅法)의 시대가 온다고 하셨다.

이 설에 따르면 제2의 500년은 상법(相法)의 시대가 된다. 따라서 이 시대에 이르게 되면 불교가 어지러워지고 변동이 일어난다고 보았다.

세번째 500년 동안은 다문견고(多聞堅固)의 시대라 하는데, 곧 불경을 많이 배워 독송·학습하는 사람이 많은 시기라는 것이다.

네번째 500년 동안은 절이나 탑을 세우는 사람이 많이 날 것이므로 탑사견고(塔寺堅固)의 시대라 하셨다.

다섯번째 500년 동안은 점점 불법이 쇠미하여져서 불법에 대한 논쟁이 많아질 것이라 하여 투쟁견고(鬪爭堅固)의 시대라 하셨다. 이 500년 동안은 가르침은 있으나 수행도 증과도 없는 시기라 하여, 말법시(末法時)라 하였다. 여기에 나오는 후오백세는 다섯번째 500년을 가리킨다는 설도 있다.

③ 계를 지키고 복을 닦는[持戒修福]:

계(戒)란 범어 실라(Sila)의 의역인데, 불교도로서 해서는 안 되는 금제(禁制), 즉 불교도의 도덕을 말하는 것이다. 계에는 대승계(大乘戒)에 삼귀계(三歸戒)가 있는데, 즉 삼취정계(三聚淨戒), 십중금계(十重禁戒), 49경계(四十九輕戒) 등이다. 소승계(小乘戒)에는 5계, 8계, 10계 등의 재가계(在家戒)와 비구의 250계, 비구니의 348계 등이 있다. 지계는 계율을 잘 지켜서 충실하게 수양을 하는 것이고, 수복(修福)은 공덕을 쌓아 복과 덕을 닦는 것을 말한다.

④ 선근(善根):

좋은 과보를 받을 수 있는 좋은 인(因), 즉 그 원인의 뿌리라는 뜻으로 불교에서는 행업(行業)에 선근을 심으면 반드시 선과(善果)를 맺고, 악인(惡因)으로는 반드시 악과(惡果)를 얻는다는 인과응보의 윤리관을 내세운다. 선한 과보를 얻기 위해서는 선과의 근본이 되는 선근을 심어야 한다. 온갖 선을 내는 근원인 세 가지를 삼선근(三善根)이라 하여 탐하지 않고〔無貪〕, 성내지 않고〔無瞋〕, 어리석지 않은〔無癡〕 세 가지를 들고 있다. 그래서 탐(貪)하고 성내고〔瞋〕 어리석은〔癡〕 것을 인간의 삼독심(三毒心)이라 말하고 있다.

⑤ 여래는 다 알고 다 본다[如來 悉知悉見]:

"여래는 다 알고 다 본다" 함은 위에서 하신 부처님의 말씀을 더욱 믿게 하려는 다짐의 말씀으로서, 선근을 심은 중생은 나중 오백세에도 이 경(經)을 그대로 믿으리란 말이 너무 추상적이고 방편의 말씀인 것만 같다는 생각을 할까봐 "다 본다" 하심으로써 그저 막연한 짐작이 아니요, "다 안다" 하심으로써 눈앞에 보이는 것뿐만이 아님을 확실히 하신 것이다. 부처님은 거짓이 없다. 진실의 상징인 여래의 명예를 걸고 이 사실을 보증한다. 그러므로 의심하지 말고 그저 믿으라는 뜻이다.

불교에서는 세상의 사물을 관찰하는데 4가지 기준을 갖고 있다. 이를 사량(四量)이라 하는데, 현량(現量) · 비량(比量) · 사량(似量) · 성언량(聖言量)이 그것이다.

현량(現量)은 눈에 보이는 것, 들리는 것들을 있는 그대로 받아들이는 것으로 소를 보고 소인줄 아는 것이다.

비량(比量)은 조그마한 단서에 의해 추측하여 아는 것으로 담 넘어 뿔을 보고 그 밑에 소가 있을 줄 짐작하는 것이다.

사량(似量)은 잘못된 추측으로서 현량과 사량 양자의 경우에 다 걸린다. 즉 현량의 경우의 사량일 경우 소를 보고 말인 줄로 생각하는 것으로, 이를 사현량(似現量)이라 한다. 그리고 비량인 경우의 사량일 경우 담 넘어 뿔을 보고도 죽순인 것으로 생각하는 것으로, 이를 사비량(似比量)이라 한다.

그러나 이들은 모두 현상계를 관찰할 때의 일로서 부처님의 말씀이나 그 밖의 다른 성인들의 말씀에 의해 그대로 믿는 경우가 있으니, 이를 성언량(聖言量)이라 한다.

예컨대 극락세계에 연꽃이 있다든가, 지옥세계가 어떠어떠하다든가 하는 것은 현량이나 비량으로 알 바가 아니므로 성언량에 의해서 인식해야 한다. 지금 여기에서의 경우도 성언량이다. 즉 오늘날의 세상을 말세라고들 많이 말하고 있지만, 그 중에는 이 경의 말씀을 진실이라고 믿는 자가 있을 것이고, 그 사람은 과거에 많은 선근을 심은 사람임을 성언량에 의해 믿어야 한다는 것이다.

⑥ 법상(法相):

원어는 다르마-삼즈나(dharma-samjna)이다. 모든 법의 모양을 말하고 만유(萬有)의 그 모양 자태를 법상(法相)이라 하는데, 만유는 그 본바탕은 한 가지이나 그 외부에 나타난 모양은 각각 다르다고 하는 말. 불교에서 말하는 법(dharma)은 이법(理法)·경전(經典)·설법(說法) 등 여러 가지 뜻이 있으나 특히 이법을 의미하는 때가 많다. 여기에서는 "실체가 없는 물건"이라는 뜻으로 해석해도 무방할 것 같다.

⑦ 뗏목의 비유(筏喩):

생사의 고락, 윤회의 괴로운 '이 언덕(此岸)'에서 티 없이 깨끗한〔淸淨無垢〕 '저 언덕(彼岸)'으로 가기 위해 괴로움이라는 바다를 건너는 데에는 많은 수행이 필요하다. 베풀고〔布施〕, 계를 지키고〔持戒〕, 참고〔忍辱〕, 노력하고〔精進〕, 마음을 가라앉히고〔禪定〕, 지혜를 개발하는〔智慧〕 수많은 수행을 해야 한다.

이런 것들은 모두 고해라는 바다를 건너 저 언덕에 이르는데 필요한 뗏목[筏]과 같은 것이다. 그러나 뗏목은 저 언덕에 도달하기 위해 필요한 도구에 불과한 것이다. 저 언덕에 건너간 후에는 뗏목은 필요없게 된다. 또 뗏목이 물에 흐르다가 한 모퉁이라도 걸리게 되면 앞으로 나아가지 못 하는 것같이, 중도에서 수행을 게을리 하면 정진(精進)이 될 수 없다는 뜻으로 이 뗏목의 비유는 불경 도처에서 사용되고 있다.

그리고 타고 간 뗏목은 일단 버리고 나면 잊어버리는 것같이 만유(萬有)에 대한 집착을 갖지 말아라라는 뜻으로도 사용된다. 부처님은 "집착을 버려라" 하는 가르침도 결국은 또 다른 집착일 뿐이라는 것을 설하기 위하여 뗏목의 비유법을 설하신 것이다.

제4절 한역(漢譯)

6. 정신희유분(正信希有分)

須菩提白佛言 世尊 頗有衆生 得聞如是言說章句 生實信不
수보리백불언 세존 파유중생 득문여시언설장구 생실신부

佛告須菩提 莫作是說
불고수보리 막작시설

如來滅後 後五百歲 有持戒修福者 於此章句 能生信心
여래멸후 후오백세 유지계수복자 어차장구 능생신심

以此爲實 當知是人 不於一佛二佛三四五佛而種善根
이차위실 당지시인 불어일불이불삼사오불이종선근

已於無量千萬佛所 種諸善根
이어무량천만불소 종제선근

聞是章句 乃至一念 生淨信者
문시장구 내지일념 생정신자

須菩提 如來悉知悉見 是諸衆生 得如是無量福德
수보리 여래실지실견 시제중생 득여시무량복덕

何以故 是諸衆生 無復我相人相衆生相壽者相
하이고 시제중생 무부아상인상중생상수자상

無法相 亦無非法相
무법상 역무비법상

何以故 是諸衆生 若心取相 卽爲着我人衆生壽者
하이고 시제중생 약심취상 즉위착아인중생수자

若取法相 卽着我人衆生壽者
약취법상 즉착아인중생수자

何以故 若取非法相 卽着我人衆生壽者
하이고 약취비법상 즉착아인중생수자

是故 不應取法 不應取非法
시고 불응취법 불응취비법

以是義故 如來常說 汝等比丘 知我說法 如筏喩者
이시의고 여래상설 여등비구 지아설법 여벌유자

法尙應捨 何況非法
법상응사 하황비법

제5절 영역(英譯) 1

SIX:

This having been said, the venerable Subhuti asked the Buddha, "Bhagavan, will there be any beings in the futur e, in the final epoch, in the final period, in the final five hundred years of the dharma-ending age, who give birth to a perception of the truth of the words of a sutra such as that spoken here?"

The Buddha said, "Subhuti, do not ask, 'Will there be any beings in the future, in the final epoch, in the final period, in the final five hundred years of the dharma-ending age, who give birth to a perception of the truth of the words of a sutra such as that spoken here?' Surely, Subhuti, in the future, in the final epoch, in the final period, in the final five hundred years of the dharma-ending age, there will be fearless bodhisattvas who are capable, virtuous, and wise who give birth to a perception of the truth of the words of a sutra such as that spoken here.

"Indeed, Subhuti, such fearless bodhisattvas will have honored not just one buddha, and they will have planted auspicious roots before not just one buddha. Surely, Subhuti, such fearless bodhisattvas will have honored countless hundreds and thousands of buddhas, and they will have planted auspicious roots before countless hundreds and thousands of buddhas. In the words of a sutra such as that spoken here, they are sure to gain perfect clarity of mind.

The Tathagata knows them, Subhuti, by means of his buddha knowledge. And the Tathagata sees them, Subhuti,

by means of his buddha vision. The Tathagata is aware of them, Subhuti. For they all produce and receive a measureless, infinite body of merit.

"And how so?" Because, Subhuti, these fearless bodhisattvas do not create the perception of a self. Nor do they create the perception of a being, a life, or a soul. No r, Subhuti, do these fearless bodhisattvas create the perception of a dharma, much less the perception of no dharma. Subhuti, they do not create a perception nor no perception.

"And why not? Because, Subhuti, if these fearless bodhisattvas created the perception of a dharma, they would be attached to a self, a being, a life, and a soul. Likewise, if they created the perception of no dharma, they would be attached to a self, a being, a life, and a soul. "And why not? Because surely, Subhuti, fearless bodhisattvas do not cling to a dharma, much less to no dharma. This is the meaning behind the Tathagata's saying, 'A dharma teaching is like a raft. If you should let go of dharmas, how much more so no dharmas.' "

제6절 영역(英譯) 2

Section 6. Rare is True Faith

Subhuti said to Buddha: World-honoured One, will there always be men who will truly believe after coming to hear these teachings?

Buddha answered: Subhuti, do not utter such words! At the end of the last five-hundred-year period following the passing of the Tathagata, there will be self-controlled men, rooted in merit, coming to hear these teachings, who will be inspired with belief. But you should realize that such men have not strenghtened their root of merit under just one Buddha, or two Buddhas, or three, or four, or five Buddhas, but under countless Buddhas; and their merit is of every kind. Such men, coming to hear these teachings, will have an immediate uprising of pure faith, Subhuti; and the Tathagata will recognize them. Yes, He will clearly perceive all these of pure heart, and the magnitude of their moral excellences. Wherefore? It is because such men will not fall back to cherishing the idea of an ego-entity, a personality, a being, or a separated individuality. They will neither fall back to cherishing the idea of things as having intrinsic qualities, nor even of things as devoid of intrinsic qualities. Wherefore? Because if such men allowed their minds to grasp and hold on to anything they would be cherishing the idea of an ego-entity, a personality, a being, or a separated individuality; and if they grasped and held on to the notion of things as having intrinsic qualities they would be cherishing the idea of an ego-entity, a personality, a being, or a separated individuality. Likewise, if they grasped and held on to the notion of things as devoid of intrinsic qualities they would be cherishing the idea of an ego-entity, a personality, a being, or a separated individuality. So you should not be attached to things as

being possessed of, or devoid of, intrinsic qualities.

This is the reason why the Tathagata always teaches this saying: My teaching of the Good Law is to be likened unto a raft. The Buddha-teaching must be relinquished; how much more so misteaching!

제7장 얻은 것도 없고 말한 것도 없다

제1절 한글번역

『수보리여, 그대 생각은 어떠한가. 여래가 아뇩다라삼먁삼보리(阿耨多羅三藐三菩提)를 얻었다고 여기느냐. 여래가 설법한 것이 있다고 여기느냐.』

수보리가 대답하였다.

『제가 부처님의 말씀하신 뜻을 이해하기로는 아뇩다라삼먁삼보리라고 이름할만한 정해진 법이 없으며, 여래께서 말씀하셨다고 할만한 정해진 법도 없습니다. 무슨 까닭인가 하오면 여래께서 말씀하신 법은 잡을 수 없고 말할 수도 없으며 법도 아니고 비법(非法)도 아니기 때문입니다. 왜 그런가 하면, 일체의 성현은 모두 무위(無爲)로 법을 삼으나 차별이 있기 때문입니다.』

제2절 해설

제7장 얻은 것도 없고 말한 것도 없다

『수보리여, 그대 생각은 어떠한가. 여래가 아뇩다라삼먁삼보리(阿耨多羅三藐三菩提)를 얻었다고 여기느냐. 여래가 설법한 것이 있다고 여기느냐.』

수보리가 대답하였다.

『제가 부처님의 말씀하신 뜻을 이해하기로는 아뇩다라삼먁삼보리라고 이름할 만한 정해진 법이 없으며, 여래께서 말씀하셨다고 할만한 정해진 법도 없습니다.』

부처님의 설법은 위대한 교육자의 교육방법과 같습니다. 판에 박힌 스테레오 타입(stereotype: 틀에 박힌 방식)이 아니라 상대방의 근기(根機: 설법을 듣고 닦아 깨닫는 능력)에 따라 가르침을 달리 행합니다. 어떤 때는 나무라는 것이 교육이요, 어떤 때는 칭찬하는 것이 교육입니다. 결국 교육방법은 학생을 자극하여 스스로 지혜의 문을 여는 것입니다. 그러므로 정해진 법이 있는 것이 아닙니다.

불법(佛法)은 어디에 있을까요? 반드시 불경에만 있는 것이 아닙니다. 세간법은 모두 불법입니다. 그러므로 불법을 배우는 정신과 현실적 생활이나 인생을 분리시켜서는 안 됩니다.

성철스님이 말씀하신 것으로 해서 더욱 유명해진 '산은 산이요 물은 물이로다' 라는 것을 세 가지 단계로 설명하겠습니다. 불법을 배우기전 산은 산이고 물은 물이었습니다. 그런데 불교 특히 유식 불교를 배우고 나면 일체유심조로서 인식주체와 인식대상이 실제로는 한마음으로부터 분리된 것임을 압니다. 외계(外界)의 사물은 마음의 변현(變現)이라는 것입니다.

우리들이 우리 외부에 있는 사물이라고 생각하는 것이, 인식작용으로부터 독립하여 존재하는 것이 아닙니다. 외부 사물은 견분(見分)에 의하여 마음속에 비춰는 상분(相分), 곧 본질을 연(緣)으로 삼고 생긴 영상에 불과한 것입니다. 그러나 그 본질이라는 것도 제8식 아뢰야식에 함장(含藏)된 종자로부터 생긴 것이므로 마음으로 만든 것에 불과한 것입니다. 이것에 대해서는 《능엄경》(《능엄경》)과 이차크 벤토프가 지은 《우주심과 정신물리학》에 우리의 시각인식과정에 대한 상세한 설명이 나옵니다.

따라서 3계(욕계·색계·무색계)는 유식만이 궁극의 실재요 그 밖에 따로 만물이 있는 것이 아니라고 보는 것이 유식(唯識)의 입장입니다. 그러므로 이 단계에서는 산은 산이 아니요 물은 물이 아닌 것으로 알게 됩니다. 그러나 이 단계를 다시 한 단계 뛰어넘어서면, 즉 세상의 모든 사물은 일심진여(一心眞如)의 현현으로서 그 체(體)는 진여를 여읜 것이 아니라는 것을 증득(證得)하면 다시 산은 산이고 물은 물이 됩니다.

《무상계(無常戒)》에 나오는,

자정기심 성본향(自淨其心 性本鄉)

묘체담연무처소(妙體湛然無處所)

산하대지현진광(山河大地現眞光)의 경지입니다

『무슨 까닭인가 하오면 여래께서 말씀하신 법은 잡을 수 없고 말할 수도 없으며 법도 아니고 비법(非法)도 아니기 때문입니다. 왜 그런가 하면, 일체의 성현은 모두 무위(無爲)로 법을 삼으나 차별이 있기 때문입니다.』

더운 여름날 여러분의 목이 몹시 마를 때 시원한 물을 마시면 참 물

맛이 좋습니다. 시원합니다. 그리고 그 물 맛을 다른 사람에게 이야기 했다고 합시다. 그러면 다른 사람도 물맛이 시원하겠구나 느끼기는 하겠지만 직접 마셔본 것은 아닙니다. 시원하다고 아무리 설명해봐야 이차적인 것으로 본래 그 맛이 아닙니다.

불법(佛法) 역시 마찬가지입니다. 말로 표현할 수 없습니다. 표현된 것은 이미 그것이 아닙니다. 그러므로 여래의 설법은 모두 취할 수 없으며 말할 수 없는 것입니다. 이것은 언어문자에 집착해, "형상을 벗어난 진리"를 알지 못하고 허망한 분별을 일으킬까 두려워하여, "여래께서 말씀한 진리는 취할 수 없다"고 말씀하신 것입니다.

그런데 여기서 잘 알아야 합니다. 부정의 표현속에 강한 긍정이 내포되어 있습니다. 여래의 설법에 지나치게 집착하여 도그마(dogma) 하지 말라는 뜻이지 여래의 설법이 진리가 아니라거나 잘못되었다는 의미는 결코 아닙니다.

일체의 성현(聖賢)은 모두 무위(無爲)로 법을 삼으나 차별이 있다는 것은 모든 성인과 현인은 추호도 거짓이 없는 그 자리에서 이런저런 다양한 모습으로 나타난다는 뜻입니다. 불법(佛法)은 이처럼 위대합니다. 이것이 불법의 정신입니다. 불법은 자기 이외의 종교를 부정하지 않습니다. 불법은 일체의 종교, 일체의 스승을 승인합니다. 일체의 스승에는 나 아니라도 좋고 보살이라도 좋으며 너라도 좋고 그라고 해도 좋습니다. 도를 이해하는 데는 단지 종교의 차이가 있을 뿐입니다.

불법(佛法)은 첨단 과학의 최신 연구성과도 열린 마음으로 모두 받아들입니다. 상대성 이론, 양자역학, 줄기세포 연구도 모두 수용합니다. 불법(佛法)은 우주의 법칙, 자연의 법칙, 진리 그 자체이기 때문입니다. 법신은 온 우주를 가득 채운 것입니다. 따라서 우주질량의 2/3 이상을 차지하는 암흑 에너지, 암흑 물질도 역시 다 포함합니다.

기독교, 불교, 이슬람교, 유교, 도교 중에서 어느 것이 진정한 종교, 진리, 도일까요? 어느 도가 더 크며 어느 도가 더 작을까요? 어느 도가 더 진리이고 어느 도가 더 진리가 아닐까요? 진리는 단지 하나입니다.

그럼에도 불구하고 장님이 코끼리를 더듬는 것처럼 각기 한 면만을 고집합니다. 장님이 코끼리를 더듬다보면 귀를 더듬은 사람은 코끼리가 둥글다고 할 것입니다. 꼬리를 만진 사람은 코끼리가 밧줄과 같다고 할 것입니다. 다리를 만진 사람은 기둥과 같다고 할 것이며, 배를 만진 사람은 벽과 같다고 할 것입니다. 장님 코끼리 더듬듯 한 면에 집착하는 것은 모두 개인의 주관적인 인식입니다. 그것을 도라고 하지만 그건 도가 아닙니다. 불법을 배우는 사람은 이런 착오를 범해서는 안 됩니다. 말할만한 정해진 법이 없기 때문입니다.

진정한 불법은 일체를 포함할 수 있으며, 일체의 성현은 모두 무위를 법으로 삼아 약간의 차이가 있을 뿐입니다. 그 시대, 그 사회의 역사적 문화적 상황에 따라 조금 차이가 있을 뿐입니다. 진리는 단지 하나입니다. 둘이 아닙니다. 진리의 한 측면만을 보고 그것만이 옳고 다른 것은 틀렸다고 한다면 사실 그것은 잘못된 것입니다.

진정으로 부처의 경계에 도달했다면 만상을 포용하고 부정하기도 하며 건립하기도 합니다. 이것이 부처의 경계입니다. 앞에서도 이야기했지만 불교는 현대의 모든 과학적 연구 성과를 다 포용합니다. 열린 마음으로 100% 수용합니다. 진리는 고정된 것이 아니라 끊임없이 형성되어 나가는 것입니다.

이와 관련 토머스 쿤의 《과학혁명의 구조》를 참조할 필요가 있습니다. 토머스 쿤은 1922년에 태어나 하버드 대학교에서 물리학을 전공하고 1943년에 같은 대학교에서 최우등 졸업을 하였습니다. 이후 캘리포니아 버클리 대학교에서 사학과 조교수, 프린스턴 대학교에서 과학사 및 과학

철학과 교수를 거쳐 MIT의 언어학 및 철학과 교수로 재직하였고 1996년 6월에 타계하였습니다.

토마스 쿤이 제시한 패러다임의 변화(paradigm shift) 개념은 과학의 발전 양식이 축적에 의한 발전이 아니라 비축적적, 혁명적 변화를 통하여 발전한다는 생각을 내놓고 있습니다. 그는 과학을 정상과학의 한 패러다임으로 이해하면서 그로부터 멀어지는 새로운 과학적 이론이나 발견에서부터 기존의 패러다임이 위기를 거치게 되며 그것은 비가시적인 과학혁명으로 이어진다고 합니다.

그의 이론은 과학을 공부하는 사람들뿐만 아니라 그 과학의 영향아래 놓인 현대인 모두의 궁금함에 대한 가능한 해답일 수 있으며, 비과학도는 사회적 변화, 정치적 변화가 과학적 발전과의 유사성을 가지고 있음을 이해하게 될 것입니다.

《법화경》에서도 말합니다. 일체의 세간법은 모두 불법이다. 세간의 일체는 모두 불법입니다. 《법화경》에서 말합니다. 일체의 생산활동도 모두 실상(實相)과 위배되지 않는다. 즉 우리가 각자 장사를 하든, 사업을 하든, 직장을 다니든 그것이 실상과 위배되지 않는다는 겁니다.

불법에는 인간세(人間世)를 떠나 가정을 떠나 깊은 산, 썰렁한 절로 들어가 전문적으로 수행해야만 하는 것은 결코 아닙니다. 우리 일반사람들이 사업을 하고 직장을 다니고 각자 생계수단을 영위하는 각종의 생활방식이 실상과 서로 위배 되지 않습니다. 이것이 《법화경》의 요점입니다.

《법화경》은 불법의 일상 법문입니다. 세간의 법이든 출세법이든 모두 평등하며 성취도 동일합니다. 다만 중간에 방법상의 차이가 있을 뿐입니다. 《법화경》은 우주적인 차원에서, 영겁의 차원에서 본 것입니다. 부처님은 성불할 성품이 없다는 일천재(一闡提: Icchantica)도 성불할 수 있다고 하셨습니다. 부처님은 이 관점을 다시 확대시킵니다.

여래가 행한 설법은 모두 취할 수 없는 것이고 말할 수 없는 것이다. 부처님 스스로 45년간 행한 자신의 설법을 부정한 셈입니다. 앞에서도 이야기 했지만 이것은 부정속에 강한 긍정을 내포하고 있습니다.

여래께서는 온갖 중생을 교화할 때 근기에 따라 방편으로 가르친 것뿐이니 어찌 그 가르침이 일정하게 정해져 있겠습니까. 일반 사람들이 여래의 깊은 뜻을 제대로 이해하지 못한 채 단지 경전을 입으로만 이야기할 뿐 자기 마음으로 증득하지 못하므로 이것을 경계하여 부처님이 이렇게 말씀하신 것입니다. 그 취지를 잘 알아야 합니다.

부처님이 말씀한 각종 진리와 이치에 집착해서는 안 됩니다. 집착한다면 부처가 말한 어떤 구절도 옳지 않습니다. 이 때문에 취할 수도 없고 말할 수도 없다고 한 겁니다. 이점은 자신의 마음으로 이해하면 됩니다.

부처님의 설법 중 어떤 것을 얻을 수 있다고 생각하거나 취할 수 있다고 생각한다면 이것은 잘못된 겁니다. 그러나 만약 부처님의 설법이 모두 공(空)이라 취할 방법이 없다고 생각한다면 이것은 더욱 잘못된 것입니다. 그러므로 법이 아니요 법이 아닌 것도 아니라 했습니다. 지식으로써가 아니라 지혜로써 증득(證得)해야 되는 것입니다.

일체의 성현은 모두 무위로써 법을 삼으나 차별이 있다라는 구절을 다시 한번 간단히 설명하겠습니다. 지금 이 글을 읽어도, 독자가 천명이 있다면 천 가지, 만 명이 있다면 만 가지 그 독자들이 느끼는 인식의 정도, 이해하는 정도는 모두 제각각이며 모두 다를 것입니다.

사람마다 전생으로부터 쌓아온 아뢰야식의 종자가 다 다르고 자기가 아는 만큼 보인다고 했듯이 근기가 다 다르고 이해의 정도도 모두가 다릅니다. 똑같은 한 가지 글을 읽더라도 인식은 십인십색(十人十色)이며, 독자가 천명이 있으면 천 가지 다른 인식, 독자가 만 명이 있으면 만 가지의 다른 인식이 발생하는 것입니다.

현재 지구 인구가 65억 명이라면 65억 개의 세계가 있는 셈입니다. 왜냐하면 세계에 대한 인식이 우리 외부의 세계를 직접 인식하는 것이 아니라 65억 명의 지구인이 외부 세계를 눈으로 받아들여 망막에 영상을 맺고 이를 생체전기신호로 바꾸어 뇌에 보내면 뇌는 여러 부위가 종합해서 그 영상을 해석하고 비교, 분석, 분별해서 우리에게 시각적 인식 및 사물에 대한 이해를 하게 해주는데, 외부 사물을 직접적으로 보는 것이 아니라 뇌 속에서 구성한 제2차적 영상입니다.

그리고 이 영상을 만드는 것도, 이 영상을 해석하는 것도 각 사람마다의 아뢰야식의 종자에 영향을 받습니다. 그리고 사람마다 아뢰야식의 종자가 다 다르므로 각 사람마다 구성한 영상이 다르며 그것에 대한 해석도 달라지게 되므로 지구 인구가 65억 명이라면 65억 개의 세계가 있는 셈이 되는 것입니다.

개는 색맹이라 이 세상을 컬러가 아닌 흑백으로 봅니다. 벌은 보라색 너머의 자외(紫外)선을 볼 수 있습니다. 뱀은 캄캄한 어둠속에서도 적외선 카메라처럼 쥐의 체온에서 나오는 열을 감지, 쥐를 잡아먹습니다. 뱀의 시각에서는 세상이 검은색 바탕과 그 바탕위에 온혈동물인 쥐와 같이 붉은 색 덩어리 같은 것으로 이분되어 보일 것입니다. 곤충도 마찬가지입니다. 일체 중생은 자기 시각으로 세상을 봅니다. 일체 중생수가 100조(兆)라면 100조(兆)의 세상이 있습니다.

설법을 하면서 중요한 문구를 예로 들어 자세히 설명을 했음에도 불구하고 그 의미는 사람마다 다양한 형태로 변질되어 받아들여집니다. 똑같은 말을 듣고도 다르게 받아들이는 것이 인간이며, 인간의 감각은 불완전합니다.

진리는 하나일지라도 성현(聖賢)이 처한 역사적, 사회적, 문화적 배경에 따라 여러 가지 종교, 여러 가지 지혜의 차이가 있다는 것입니다.

우리가 참선을 하다보면 빛을 보거나 부처님을 보거나 혹은 천상의 음악을 듣거나 혹은 향기로운 냄새를 맡습니다. 이때에 기뻐서 어쩔 줄을 모릅니다. 그러나 이것은 《금강경》의 말대로 일체가 모두 우연인 것을 알아야 합니다. 연기(緣起)를 일으키는 본성이 공(空)이니 인연이 일어남은 본래 모두 없는 것입니다. 그러므로 일체를 놓아버려야 합니다. 일체를 놓아버렸다면 불법에 어느 정도 접근한 것입니다.

수보리가 부처님에게 불법을 배우는 사람이 어떻게 자신의 마음을 평온하게 할 수 있느냐고 여쭈었습니다. 마음속의 허다한 감정, 견해, 번뇌를 어떻게 항복시킬 수 있느냐는 것입니다. 부처님은 수보리에게 말합니다. 바로 이렇게 하라. 바로 이렇게 마음을 항복시켜라. 수보리가 이해하지 못합니다.

우리는 한마음이 견분과 상분으로 분리되어 인식주체와 인식대상의 이원적인 구조하에서 인식을 하게 됩니다. 이때 있는 현상 그 자체를 보는 것이 아니고 우리의 제6의식, 제7의식, 제8의식이 개제되어 세 개의 필터를 거쳐서 보게 되는 것입니다. 즉 있는 그대로를 보는 것이 아니라 우리의 제6의식, 제7의식, 제8의식에 의해서 투영된 것을 보고, 즉 우리 마음이 만들어낸 것을 우리 마음이 보고 있는 것입니다. 그러므로 보는 자를 보는 것이 필요하다고 하는 것입니다. 인식에 있어서 우리의 사량분별(思量分別)이 끼지 않은 생각, 그것이 바로 순수인식이며, 우리의 분별심이 개재(介在)되지 않았을 때, 그렇게 머무는 것을 의미합니다.

수보리가 이것을 이해하지 못하자 부처님은 다시 말합니다. 머무는 바가 없도록 하라 바로 선호념(善護念)입니다. 불법 역시 머무는 바가 없고 말할만한 정해진 법도 없습니다. 마음속 머무는 바가 있거나 걸리는 바가 있다면 그것은 불법이 아닙니다.

제3절 용어해설

7. 무득무설분(無得無說分)

① 현인(賢人)・성인(聖人):

현자(賢者)와 성자(聖者)를 말한다. 불법을 닦아 범부에서 차차 선(善)으로 악에서 벗어나기는 했으나 아직도 진리를 깨닫지 못 하여 범부의 자리에 머물러 있는 자를 현자(賢者)라 하고, 이미 진리를 깨닫고 미혹을 끊어 범부의 성품을 버린 것을 성자(聖者)라 한다. 현자에게는 그 구별에 따라 삼현(三現)이 있고, 성자에게는 십성(十聖)이 있다.

② 무위의 법(無爲法):

만들어진 것으로 있지 않은 존재. 곧 인위적으로 만들어진 것이 아닌 존재라는 뜻이다. 지금 눈앞에 현상으로 나타나 있는 존재인 유위법(有爲法)이 아니라, 현상의 배후에 있는 '절대적인 것', '무한한 것', '존재의 근원으로서의 무규정적인 것'을 말한다. 다시 말하면 인연으로 인해 생겨났다 없어졌다 하지 않는 법을 말하는 것이다. 있다가 없어졌다 하는 법이 상대세계의 법이라면, 이 상대성의 원리를 초월한 절대경지의 법이 무위의 법인 것이다.

무위라 함은 모든 법의 진실체(眞實體)를 말하는 것이고, 위(爲)는 위작(僞作), 조작(造作)의 뜻으로서 인연의 조작의 뜻이기도 하다. 이 세상의 모든 것은 물질적인 것이든 정신적인 것이든간에 생주이멸(生住離滅), 성주괴공(成住壞空)의 사상(四相)의 변천을 거치는데, 이런 것이 없고 하는 것이 없고 조작할 것도 없는 경지이므로 무위법(無爲法)이라 하는 것이다.

원문의 번역에 있어 구마라집은 "일체의 현성(賢聖)은 모두 무위법으로서 차별이 있기 때문이다" 라고 번역하고, 진제는 "왜냐하면 일체의 성인은 모두 무위법에서 현현되기 때문이다" 라고 하고, 급다는 "그것은 무엇에 의해서인가, 무위법에 의해 성인은 현명(顯明)하기 때문이다" 라고 번역하며, 이후 현장이나 의정도 prabhavita를 현현(顯現)으로 번역하고 있다.

콘제는 그의 저서 《금강반야경의 주해》에서 "절대적인 것이 성자들을 드높인다"(an absolute exalts the holy persons)라고 번역하고 있다. 여기서 성자들이란 수다원(須陀洹), 사다함(斯陀含), 아나함(阿那含), 아라한(阿羅漢)의 도를 획득한 네 종류의 현성들을 말하는데, 그들은 절대적인 것에서 나와 위대한 힘으로 되고, 그로 인해 우세하며, 그 관계의 결과로서 탁월하며, 무제약적인 것에 의해 인정되고 특징지워지고 확립된다는 용례를 들어 설명하고 있다.

그래서 콘제는 우레자의 "왜냐하면 귀인(貴人)은 무위에 의해 특징지워지기 때문이다"라는 번역을 들어 자신의 번역에 가장 가깝다고 하고 있다.

한편 티베트 역에서는 "모든 성인은 무위법에 의해 개시(開始)되고 있기 때문이다"라고 하고 있다.

③ 차별이 있다(有差別):

만상의 근본원리나 진리의 본체는 평등하다고 한 데에 대해 만유(萬有)의 차별현상이 있음을 말한 것이다. 여기에서는 부처님의 법과 성문(聲聞)·연각(緣覺)의 법이 각각 차이가 있다는 말이다. 성문(聲聞)은 부처님의 음성을 직접 듣거나 교법을 공부하는 사람이고, 연각(緣覺)은 스승없이 주위의 사물을 보고 인연현상을 파악하여 스스로 진리를 깨닫는 자로서 전생에 많은 공부가 있었던 사람을 말하는 것이다.

성문이나 연각이 되면 다 같이 무위의 세계에 들어가게 되지만, 대각(大覺)을 성취해 가는 과정에서는 그 깨달음에 깊고 얕은 차이, 크고 작은 차이가 있으므로 다 같은 성현이라도 부처가 되기 전에는 무수한 차별이 있다는 말이다. 여래의 설법은 모두 다 파악할 수도, 설할 수도 없으며, 법도 아니고[非法] 또 법 아님도 아니어서[非非法] 반드시 정한 법[定法]이 있는 것은 아니다.

따라서 소승을 대하면 소승법을 설하고, 대승을 대하면 대승법을 설하며, 축생을 대하면 축생도를, 아귀에게는 아귀도를 때와 장소에 따라 또 사람에 따라 무량무수한 중생의 근기에 맞추어 각각 차별을 두어 설하신다는 뜻이다.

제4절 한역(漢譯)

7. 무득무설분(無得無說分)

須菩提 於意云何 如來得阿耨多羅三藐三菩提耶
수보리 어의운하 여래득아뇩다라삼먁삼보리야

如來有所說法耶
여래유소설법야

須菩提言 如我解佛所說義 無有定法名阿耨多羅三藐三菩提
수보리언 여아해불소설의 무유정법명아뇩다라삼먁삼보리

亦無有定法如來可說
역무유정법여래가설

何以故 如來所說法 皆不可取 不可說 非法 非非法
하이고 여래소설법 개불가취 불가설 비법 비비법

所以者何 一切賢聖 皆以無爲法 而有差別
소이자하 일체현성 개이무위법 이유차별

제5절 영역(英譯) 1

SEVEN:

Once again, the Buddha asked the venerable Subhuti,

"What do you think, Subhuti? Did the Tathagata realize any such dharma as 'unexcelled, perfect enlightenment'? And does the Tathagata teach any such dharma?"

The venerable Subhuti thereupon answered, "Bhagavan, as I understand the meaning of what the Buddha says, the Tathagata did not realize any such dharma as 'unexcelled, perfect enlightenment.' Nor does the Tathagata teach such a dharma. And why? Because this dharma realized and taught by the Tathagata is incomprehensible and inexpressible and neither a dharma nor no dharma. And why? Because sages arise from what is uncreated."

Section 7. Great Ones, Perfect Beyond Learning, Utter no Words of Teaching

Subhuti, what do you think? Has the Tathagata attained the Consummation of Incomparable Enlightenment? Has the Tathagata a teaching to enunciate?

Subhuti answered: As I understand Buddha's meaning there is no formulation of truth called Consummation of Incomparable Enlightenment. Moreover, the Tathagata has no formulated teaching to enunciate. Wherefore? Because the Tathagata has said that truth is uncontainable and inexpressible. It neither is nor is it not.

Thus it is that this unformulated Principle is the foundation of the different systems of all the sages.

제8장 일체의 부처가 이 법으로부터 나온다

제1절 한글번역

『수보리여, 그대 생각은 어떠한가. 만약 어떤 사람이 삼천대천세계(三千大千世界)를 가득 채울 수 있는 칠보(七寶)로써 보시한다면, 그 사람이 받을 복덕이 많지 않겠느냐?』

수보리가 대답하였다.

『매우 많겠나이다. 세존이시여, 무슨 까닭인가 하면 이 복덕은 자성(自性)이 없기 때문입니다. 그러므로 여래께서 복덕이 많다고 말씀하시는 것입니다.』

『만일 어떤 사람이 이 경전중의 내용을 수지하거나 사구게만이라도 다른 사람에게 말하여주면 그 복덕은 저 칠보를 보시한 복덕보다 더 수승(殊勝)하리니, 무슨 까닭이겠는가.

수보리여, 여러 부처님들과 부처님들의 아뇩다라삼먁삼보리의 법이 모두 이 경전으로부터 나왔기 때문이니라.

수보리여, 불법이라고 하는 것은 곧 불법이 아니니라.』

제2절 해설

제8장 일체의 부처가 이 법으로부터 나온다

『수보리여, 그대 생각은 어떠한가. 만약 어떤 사람이 삼천대천세계(三千大千世界)를 가득 채울 수 있는 칠보(七寶)로써 보시한다면, 그 사람이 받을 복덕이 많지 않겠느냐?』

수보리가 대답하였다.

『매우 많겠나이다. 세존이시여, 무슨 까닭인가 하면 이 복덕은 자성(自性)이 없기 때문입니다. 그러므로 여래께서 복덕이 많다고 말씀하시는 것입니다.』

보통사람은 단돈 몇 만원을 보시하고서도 좋은 복보를 바랍니다. 과일을 좀 사놓고 향을 태우며 절을 하고는 무엇을 바랍니다. 기복불교(祈福佛教)입니다. 부처님은 말합니다. 그대는 잘 알아야 한다. 사람들이 복보를 바란다고 하지만 복보는 본래 자성이 없는 것이다. 어떤 정해진 본성이 없다는 것입니다. 본래 어떤 정해진 본성이 있는 것이 아닙니다. 그리고 어떤 복덕이나 복보라도 어느 시기가 지나면 즉 어느 정도 향수(享受)하고 나면 역시 공입니다.

이것을 쉬운 예를 들면, 한번 선행을 하면 한번 좋은 과보를 받고 끝나 버리고 마는 것에 비유할 수 있을 것입니다. 한번 선행을 베푸는 것은 시험을 앞두고 어떤 특정한 과목을 벼락공부한 것과 같습니다. 평소 전반적으로 꾸준한 실력을 쌓지 않고 특정 과목을 벼락공부해서 그 과목 시험은 잘 보았지만 그 다음에도 그 과목을 잘 본다는 보장이 없습니다. 다음에는 다른 문제가 시험에 나올 테니까요. 그 과목 말고 다른 과목은 두말할 필요도 없습니다. 그러니까 평소에 전 과목을 꾸준히 공부해야 하듯이 우리가 덕을 쌓는 것도 언제나 한결같이 꾸준히 해야 한다는 뜻입니다. 이렇게 선행을 쌓는 것, 덕을 쌓는 것이 습관이 되어야 합니다.

복보(福報)는 본래 자성이 없습니다. 우리는 천상에 태어나기를 원합니다. 그러나 천인으로 태어나더라도 자기 복보가 다하면 어느 정도 시간이 지나면 다시 인간으로 떨어집니다. 소위 자성이 없다는 것은 고정되어 있지 않으며 영원히 존재하지 않는다는 말입니다.

『만일 어떤 사람이 이 경전중의 내용을 수지하거나 사구게만이라도 다른 사람에게 말하여주면 그 복덕은 저 칠보를 보시한 복덕보다 더 수승(殊勝)하리니, 무슨 까닭이겠는가. 수보리여, 여러 부처님들과 부처님들의 아뇩다라삼먁삼보리의 법이 모두 이 경전으로부터 나왔기 때문이니라.

수보리여, 불법이라고 하는 것은 곧 불법이 아니니라.』

삼천대천 세계에 가득 찰 정도로 많은 일곱 가지 보배로 보시하면 그 복이 비록 많기는 해도 근본자리에 있어서는 조금도 이로움이 없습니다. 왜냐하면 마음에 주관과 객관의 대립이 있으면 곧 복덕이 없게 되고, 주객 대립이 끊어져야만 이를 진정한 복덕이라 일컬을 수 있기 때문입니다. 부처님이 말씀하시는 진정한 복보는 큰 깨달음의 성취입니다. 깨달음을 얻는 것 이것은 세간의 복보로써 판단할 수 있는 것이 아닙니다. 그러므로 여래는 복덕이 많다고 말합니다.

만약 어떤 사람이 있어 이 경전중의 내용을 수지(受持)하거나 혹 사구게(四句偈)를 다른 사람을 위해 말해준다면 그 복은 앞은 복덕보다 나을 것이다. 부처님은 지혜, 교화, 교육의 중요성을 강조합니다. 어떤 사람이 《금강경》을 이해하거나 혹 사구게를 이해한 후 다른 사람들을 인도해 번뇌로부터 해탈하게 한다면 이 사람의 복보는 삼천대천세계를 가득 채울 수 있는 만큼 많은 칠보(七寶)로써 보시한 사람보다 그 복덕이 훨씬 더 큽니다.

부처님은 말씀하십니다.

일체의 성불한 사람, 큰 깨달음을 얻은 사람, 무상정등정각의 깨달음은 모두 《금강경》에서 나온다는 겁니다. 여기서 해석을 잘해야 합니다. 여기서 《금강경》은 단지 《금강경》경전만을 지칭하는 것이 아니라 《금강경》이 상징하는 반야(般若), 즉 진정한 지혜로부터 일체의 성불한 사람, 큰 깨달음을 얻은 사람, 무상정등정각의 깨달음이 나온다는 것입니다. 《금강경》은 지혜를 꿰뚫어 본 뒤 그것을 가르친 것입니다. 진정한 불법은 모두 반야의 지혜로부터 드러납니다.

《금강경》을 언뜻 보면 부처님이 무슨 말을 하는지 알 수가 없습니다. 불법(佛法)이란 불법이 아니다, 최후에는 불법 또한 부정해 버립니다. 소위 불법이란 불법이 아니다 라는 것입니다. 무엇을 불법이라 할까요? 깨달음을 얻는 것입니다. 도를 깨달았다고 해도 아무 것도 없습니다. 여기서 아무 것도 없다는 것은 단견(斷見)을 말하는 것이 아닙니다.

성불한 사람이 자기가 살아있는 부처라 한다면 여러분은 그 말을 믿지 않아도 좋습니다. 그것은 부처가 아닙니다. 부처란 얻을 방법이 없는 것입니다. 무상(無相) 중에 거처합니다. 진정으로 그런 성취를 얻은 사람은 절대로 겸손하고 온화합니다.

제14대 달라이 라마를 보십시오. 대단히 평범하여 아무런 권위를 내세우지 않습니다. 진정한 부처는 자신을 부처라 생각하지 않으며 진정한 성인은 자기가 성인이라 생각하지 않습니다. 그러므로 진정한 불법은 불법이 아닙니다. 만약 불법에 대한 하나의 관념이 존재한다면 이미 상에 집착하는 겁니다. 이것이 바로 《금강경》의 특징입니다.

소위 반야경의 지혜가 극에 이르러 한 점의 흔적도 남기지 않습니다. 일체의 중생을 교화하고 제도하는 것은 보살로서 마땅히 해야 할 일일 뿐이라 생각합니다. 그렇게 하고 나면 그만입니다. 마음속에 어떤 것도 남아있지 않습니다.

양무제가 달마조사에게 물었습니다. 짐(朕)이 수많은 절을 짓고 승려에게 보시한 것이 그렇게 많으니 장래 복덕이 많지 않겠소? 달마조사가 말했습니다. 그것은 인천(人天)의 작은 열매로 곧 새어나갈 뿐입니다. 인천의 작은 열매일 뿐입니다. 죽어서 하늘로 올라갈 따름입니다. 천인의 복을 다 누리고 나면 다시 추락합니다. 기껏해야 인천의 작은 열매로 새어나갈 인(因)에 불과합니다. 한도가 있는 복보입니다. 새어나가지 않는 열매가 아닙니다. 새어나가지 않는 것은 영원히 변함이 없는 것입니다. 그러므로 이렇게 말할 수 있습니다. 사람이 좋은 일을 많이 하면 요즘 같으면 장관이나 대통령이 되고 높은 지위에 오르며 돈도 모으며 이름도 떨쳐 세속의 복보는 아주 좋습니다. 그러나 지혜를 얻는 것은 아닙니다.

임제선사(臨濟禪師)는 도를 깨닫고 난 뒤에 『원래 불법이란 그렇게 많은 것이 아니다 이렇게 적은 것이다』라고 말했습니다. 도를 깨달은 선사는 '도라는 것이 그렇게 먼 데 있는 것이 아니고 바로 우리 옆에 있는 것이다' 라고 이야기 합니다.

우리는 세상에 살면서 일체의 번뇌와 감정에 묶여 있습니다. 삼계의 탐욕(貪慾), 번뇌(煩惱), 망상(妄想)을 해탈(解脫)하려면 일체의 속박(束縛)을 벗어던지고 자기본래의 면목으로 돌아가야 합니다. 이것이 불법의 궁극적인 목적입니다. 일체의 정신적 속박(束縛: shackle)으로부터 해탈하기 위한 것입니다. 이것이 불법의 핵심입니다.

제3절 용어해설

8. 의법출생분(依法出生分)

① 삼천대천세계(三千大千世界):

끝없이 넓은 우주라는 뜻으로 일대삼천세계(一大三千世界)라고도 한다. 사대주와 해·달과, 수미산과 육욕천(六欲天)과, 초선천(初禪天)을 모두 천곱하면 소천세계(小千世界)라 부르고, 이 소천세계를 천곱하면 중천세계라 부르고, 중천의 천곱을 대천세계라 부르니 모두가 똑같이 생겼다 사라진다고 한다.

이는 불교에서 말하는 '우주의 구조설'로서 넓고 넓은 공간에는 향수해(香水海)라는 바다가 있고, 그 바다에는 여러 개의 사대주(四大洲)가 그룹을 지어 존재하는데, 사대주라 함은 남섬부주(南贍部洲), 서구다니주(西瞿陀尼洲), 북구로주(北拘盧洲), 동불파제(東弗婆提)로서 한 대륙을 동·서·남·북으로 나누어 말한 것이다. 그런데 이 4대주를 중심으로 하여 여덟 겹의 바다가 있으니, 이를 팔향수해(八香水海)라 하고, 그 향수해 사이마다 일곱 겹의 산이 둘려 있으니 이를 칠금산(七金山)이라 하는데 바깥쪽으로 마지막의 것을 철위산(鐵圍山)이라 하여 해와 달보다 높이 솟아 마치 어떤 집의 높은 담과도 같다 한다.

이와 같이 옆의 4대주도 그 구조가 같으므로 결국 철위산과 철위산이 인접해 있게 되고 철위산 사이에는 해와 달이 비치지 못하여 지옥을 이룬다고 한다. 그리고 4대주 한복판에는 수미산(蘇迷盧)이라는 높은 산이 있는데, 그 높이는 8만 4천 유순(由旬)이라고 한다. 한 유순은 평균 60리에 해당한다 하며, 해와 달은 그 수미산 중턱의 높이를 오간다 한다.

한 4대주, 즉 한 철위산이 둘러싼 공간위를 6욕천(六欲天)이 덮고 있으며, 육욕천은 욕망을 갖고 있는 중생이 사는 욕계(欲界)에 해당하는 여섯 층의 하늘을 말하는데, 곧 사왕천(四王天)·도리천(忉利天)·도솔천(兜率天)·야마천(夜摩天)·화락천(化樂天)·타화자재천(他化自在天) 등이다.

이 육욕천위에는 다시 범세천(梵世天)이라 하여 색계(色界)의 네 하늘이 있는데, 색계라 함은 욕심이 없어진 이가 태어나는 하늘이다. 이 하늘사람들은 얼굴이 수려하고 미색이 훌륭하다 하여 색계라 하는 것인데, 여기서 네 하늘이라 함은 초선천(初禪天)·이선천(二禪天)·삼선천(三禪天)·사선천(四禪天) 등이다.

이 가운데 초선천의 넓이는 한 철위산의 범위와 대등하다 하니, 이것이 한 4대주의 우주권이다. 이러한 4대주권이 천(千)이 모이면 소천세계요 이 소천세계가 千이 모이면 중천세계요 이 중천세계가 천(千)이 모이면 대천세계가 되니, 여기서 말한 삼천대천세계는 곧 대천세계를 의미한다고 할 수 있다.

② 칠보(七寶):

금·은·유리·파리(玻梨)·차거(車渠)·적주(赤珠)·마노(瑪瑙)를 말한다. 한편 전륜성왕(轉輪聖王)이 가지고 있다고 전하는 칠보로는 윤보(輪寶)·상보(象寶)·마보(馬寶)·여의주보(如意珠寶)·여보(女寶)·장보(將寶)·주장신보(主藏臣寶)를 말한다.

③ 사구게(四句偈):

사구(四句)로 된 게문(偈文)을 말하는 것으로 게(偈)라는 것은 원어 gatha의 음역이다. gatha는 가타(伽陀), 게송(偈頌), 풍송(諷頌) 등으로 음역하기도 한다. gatha는 본래 부처님의 공덕이나 교리를 찬미하는 노래나 글귀로서 이 글귀가 네 구로 되어 있을 경우 사구게라고 하는 것이다. 지금 여기서 말씀하시는 사구게는 정확히 어느 사구게를 말씀하시는 것인지 확실치 않다. 왜냐하면 《금강경》에는 다음 네 가지의 사구게가 있기 때문이다. 즉

1.「제5 여리실견분(如理實見分)」
"범소유상 개시허망(凡所有相 皆是虛妄)
약견제상비상 즉견여래(若見諸相非相 卽見如來)"

2. 「제10 장엄정토분(莊嚴淨土分)」
"불응주색생심 불응주성향미촉법생심(不應住色生心 不應住聲香味觸法生心)
응무소주 이생기심(應無所住 而生其心)"

3. 「제26 법신비상분(法身非相分)」

"약이색견아 이음성구아(若以色見我 以音聲求我)
시인행사도 불능견여래(是人行邪道 不能見如來)"

4. 「제32 응화비진분(應化非眞分)」
"일체유위법 여몽환포영(一切有爲法 如夢幻泡影)
여로역여전 응작여시관(如露亦如電 應作如是觀)"

이러한 사구게는 문의(文義)가 갖추어져 있기 때문에 최묘(最妙)라고 말한다. 이러한 최묘의 뜻은 실상(實相)에 통한다.

한편 참고로 덧붙인다면, 게에는 풍송(諷頌) 또는 중송(重頌)이라는 것과 고기송(孤起頌)이라는 두 가지 종류가 있다. 풍송은 산문체로 된 경전의 일절이거나 총결(總結)한 끝에 아름다운 글귀로써 그 뜻을 읊어놓은 운문(韻文)이고, 고기송은 부중송게(不重頌偈)라고 하여 본문의 내용을 거듭 말한 중송에 대해 본문과 관계없이 노래한 운문이다.

④ 받아 지녀서 남을 위해 설해 준다면[受持爲他人說]:

『받아지녀서 남을 위해 설해 준다면』이라 함은 오품제자(五品弟子)의 한 부분을 말하는 것이다. 오품제자라 함은 부처님께서 열반하신 후에 부처님의 법을 듣고 기꺼이 믿음을 내는 〈수희품(隋喜品)〉 부처님의 법을 즐기어 독송하는 〈독송품(讀誦品)〉, 그 법을 남에게 이야기 해주는 〈설법품(說法品)〉, 마음으로 진실한 법을 관찰하면서 육바라밀의 법을 두루 실천하는 〈겸행육도품(兼行六度品)〉, 그리고 나와 남이 모두 진실의 경지에 이르도록 육바라밀의 행을 구체적으로 닦는 〈정행육도품(正行六度品)〉 등 다섯 종류의 불제자를 말한다. 그러므로 여기서 말한 "받아지닌다"라 함은 〈수희품〉의 제자를 말하고, "남에게 말해 준다"라 함은 〈설법품〉의 제자를 말한다.

⑤ 일체의 모든 부처[一切諸佛]:

불(佛)은 각자(覺者) 또는 불타(佛陀)라고도 하고 단지 불(佛), 즉 부처님이라고도 한다. 스스로 미망(迷妄)을 버려 모든 법의 진리를 깨닫고, 또 중생을 가르쳐 깨닫게 하는 자각(自覺)·타각(他覺)의 이행(二行)을 원만하게 성취한 이가 불

(佛)이다.

원래는 석가모니불을 지칭하는 말이었는데, 후일 불교의 교리가 발달함에 따라 과거, 현재, 미래의 모든 부처님들의 존재를 가리키는 말이 되었고, 드디어 시방(十方)의 여러 부처님으로 발전하여 그 수가 한량없는 모든 부처님을 가리키는 말로 되었다. 처음엔 역사적인 한 인물을 지칭하던 말이 점점 이상화되어 유형·무형 온갖 방면으로도 원만한 인격적 존재를 가리키는 말로 된 것이다.

제4절　한역(漢譯)

8. 의법출생분(依法出生分)

須菩提 於意云何 若人滿三千大千世界七寶 以用布施
수보리 어의운하 약인만삼천대천세계칠보 이용보시

是人所得福德 寧爲多不
시인소득복덕 영위다부

須菩提言 甚多 世尊 何以故
수보리언 심다 세존 하이고

是福德 卽非福德性 是故如來說福德多
시복덕 즉비복덕성 시고여래설복덕다

若復有人 於此經中 受持乃至四句偈等 爲他人說 其福勝彼
약부유인 어차경중 수지내지사구게등 위타인설 기복승피

何以故 須菩提 一切諸佛 及諸佛阿耨多羅三藐三菩提法
하이고 수보리 일체제불 급제불아뇩다라삼먁삼보리법

皆從此經出
개종차경출

須菩提 所謂佛法者 卽非佛法
수보리 소위불법자 즉비불법

제5절 영역(英譯) 1

EIGHT:

The Buddha said, "Subhuti, what do you think? If some noble son or daughter filled the billion worlds of this universe with the seven jewels and gave them as a gift to the tathagatas, the arhans, the fully-enlightened ones, would the body of merit produced as a result by this noble son or daughter be great?"

Subhuti answered, "Great, indeed, Bhagavan. The body of merit produced as a result by that noble son or daughter would be great, Sugata. And how so? Bhagavan, whatever is said by the Tathagata to be a body of merit is said by the Tathagata to be no body. Thus does the Tathagata speak of a body of merit as a 'body of merit.' "

The Buddha said, "Subhuti, if, instead of filling the billion worlds of this universe with the seven jewels and giving them as a gift to the tathagatas, the arhans, the fully-enlightened ones, this noble son or daughter grasped but one four-line gatha of this dharma teaching and made it known and explained it in detail to others, the body of merit produced as a result would be immeasurably, infinitely greater. And how so? Subhuti, from this is born the unexcelled, perfect enlightenment of tathagatas, arhans, and fully-enlightened ones. From this are born buddhas and bhagavans. And how so? Buddha dharmas, Subhuti, 'buddha dharmas' are spoken of by the Tathagata as no buddha dharmas. Thus are they called 'buddha dharmas.' "

Section 8. The Fruits of Meritorious Action

Subhuti, what do you think? If anyone filled three thousand galaxies of worlds with the seven treasures and gave all away in gifts of alms, would he gain great merit?

Subhuti said: Great indeed, World-honoured One! Wherefore? Because merit partakes of the character of no-merit, the Tathagata characterized the merit as great.

Then Buddha said: On the other hand, if anyone received and retained even only four lines of this Discourse and taught and explained them to others, his merit would be the greater. Wherefore? Because, Subhuti, from this Discourse issue forth all the Buddhas and the Consummation of Incomparable Enlightenment teachings of all the Buddhas. Subhuti, what is called "the Religion given by Buddha" is not, in fact, Buddha-Religion.

제9장 어떤 깨달음도 깨달음의 상이 없다

제1절 한글번역

『수보리여, 그대 생각은 어떠한가. 수다원(須陀洹)이 생각하기를 「내가 수다원의 과위(果)를 얻었다.」 하겠느냐?』

수보리가 대답하였다.

『그렇지 않습니다. 세존이시여, 무슨 까닭인가 하면 수다원은 입류(入流)라 하지만 실로는 들어간 곳이 없으니 형체[色]·소리[聲]·냄새[香]·맛[味]·촉감[觸]·법[法]에 들지 않은 것을 이름하여 수다원이라 하나이다.』

『수보리여, 그대 생각은 어떠한가. 사다함(斯陀含)이 생각하기를 「내가 사다함의 과위를 얻었노라.」 하겠느냐?』

수보리가 대답하였다.

『그렇지 않습니다. 세존이시여, 사다함을 이름하여 일왕래(一往來)라 하지만 실로는 왕래함이 없으므로 이름을 사다함이라 하나이다.』

『수보리여, 그대 생각은 어떠한가. 아나함(阿那含)이 생각하기를 「내가 아나함의 과위를 얻었노라.」 하겠느냐?』

수보리가 대답하였다.

『그렇지 않습니다. 세존이시여, 무슨 까닭인가 하면 아나함은 불래(不來)라 하지만 실로 다시 오지 아니함이 없으므로 이름을 아나함이라 하나이다.』

『수보리여, 그대 생각은 어떠한가. 아라한(阿羅漢)이 생각하기를 「내가 아라한의 도를 얻었노라.」하겠느냐?』

수보리가 대답하였다.

『그렇지 않습니다. 세존이시여, 무슨 까닭인가 하면 실로 아무것도 아라한이라 할 법이 없기 때문입니다. 세존이시여, 만일 아라한이 생각하기를 「내가 아라한의 도를 얻었노라.」한다면 이는 곧 아상·인상·중생상·수자상에 집착하는 것입니다.』

『세존이시여, 부처님께서 저를 일러서 무쟁삼매(無諍三昧)를 얻은 사람 중 제일 뛰어나고, 욕구를 떠난 아라한 중 제일이라 하셨습니다. 세존이시여, 저는 스스로 욕구를 떠난 아라한이라 생각하지 않습니다.

세존이시여, 제가 만일 생각하기를 「내가 아라한의 도를 얻었노라」한다면 세존께서는 「수보리는 아란나행(阿蘭那行)을 좋아하는 사람이라」고 하시지 않았을 것입니다. 제가 실로 그렇게 생각하지 않았기 때문에 세존께서는 수보리는 아란나행을 좋아하는 자라고 말씀하신 것입니다.』

제2절 해설

제9장 어떤 깨달음도 깨달음의 상이 없다

제9장을 시작하기 전에 먼저 소승과 대승, 그리고 견혹(見惑)과 사혹(思惑)에 대해서 간단하게 알아봅시다. 소승은 먼저 자신을 구제하는 데 목적이 있습니다. 먼저 세상을 벗어나려 합니다. 세속에 들어가는 것을 피합니다. 소승은 사과(四果), 즉 수다원, 사다함, 아나함, 아라한을 성취하는 데 목적을 두고 있습니다.

어떻게 하면 사과에 이를 수 있을까요? 반드시 견혹(見惑)과 사혹(思惑)을 없애야 합니다. 견혹은 다섯 가지가 있습니다. 견혹은 견해상의, 관념상의 문제입니다.

첫째 신견(身見)은 자기 몸이 있고, 이 육체가 자기라고 하는 견해라고 간단히 말할 수 있습니다.

둘째 변견(邊見)은 극단주의, 극단에 치우친 견해입니다. 그 예로 상주론(常住論)과 단멸론(斷滅論)을 들 수 있습니다.

셋째 견치견(見取見)은 잘못된 자기 의견이 맞다고 고집하는 것입니다.

넷째 사견(邪見)은 인과(因果)의 도리를 무시하는 옳지 못한 견해를 말합니다.

다섯째 계금취견(戒禁取見)은 종교상의 잘못된 소견을 진실이라고 믿고 행하는 것입니다.

종교인, 철학자, 학자는 견혹의 범위를 벗어나지 못합니다. 혹자는 신견에 떨어지기도 하고 혹자는 변견에 떨어지기도 합니다. 견해와 학문이

높을수록 오견은 더욱 심해집니다. 사견과 계금치견은 대부분 종교나 신앙의 측면과 관계가 있습니다. 종교적 계율을 정해놓고 이것을 어기면 큰 죄를 범하는 것과 같이 생각하는 것이 계금취견입니다.

어떤 종교에서는 어떤 것을 먹어야 한다, 어떤 것은 먹지 말아야 한다라고 정해놓는데 이것이 계금취견입니다. 제14대 달라이라마와 관련된 이야기가 있습니다. 달라이라마를 방문하는 사람들은 당연히 달라이라마가 채식(菜食)만 하는 것으로 알고 식당에 갔는데 달라이라마는 채식이든 육식이든 가리지 않고 먹는 것을 보고 깜짝 놀랐다고 합니다. 티베트 불교에는 채식이든 육식이든 가리지 않습니다.

견취견은 자신이 마음으로 얻은 견해, 경계가 옳다고 보는 것을 말합니다. 예를 들면 참선수행을 하다 경계가 나타나거나 빛을 보기도 하는데 이 빛이야 말로 진리라고 생각해 이 빛이 나타나지 않으면 진리를 얻지 못한 것이라 생각하는 것입니다. 이것이 바로 견치견에 빠진 것입니다. 이것은 모두 견해와 관념상의 문제입니다.

사혹(思惑)은 또 다른 표현으로 수혹(修惑)이라고도 합니다. 사물의 진상을 알지 못하므로 일어나는 번뇌를 말합니다. 정(情)·의(意)에 관한 것이어서 끊기 어렵습니다. 끊는 데는 오랜 시간이 걸립니다. 사혹에도 다섯 가지가 있습니다. 탐·진·치·만·의(貪瞋痴慢疑)입니다. 이것 역시 인간의 본성으로서 태어날 때부터 갖고 나옵니다.

참선을 해서 기맥이 통하고 눈에서 빛을 발하고 이런 것을 깨달음을 얻었다고 생각해서는 안 됩니다. 이것은 도가 아닙니다. 도는 마음에 있습니다. 이러한 사념(思念)속에 있는 것을 사혹(思惑)이라고 합니다. 견해나 관념속에 있는 것입니다. 이점을 떨쳐버리지 않으면 안 됩니다.

현대인은 컴퓨터 게임을 좋아합니다. 언제나 이 생각입니다. 컴퓨터 게임에 중독되는 것 역시 탐심(貪心)입니다. 컴퓨터 게임은 전자마약이라고도 합니다. 탐냄은 인생의 근본으로서 그 범위는 대단히 넓습니다.

다시 진(瞋)에 대해서 살펴봅시다. 화에 대해서는 틱낫한 스님의 《화(anger)》라는 책이 세계적인 베스트셀러가 될 정도로 일상생활에서 잘 컨트롤해야 할 필요성이 있는 것입니다. 화가 풀리면 인생도 풀린다는 말은 진리입니다. 화만 다스릴 주 알면 인생은 거의 성공입니다.

틱낫한 스님은 베트남의 승려이자 시인, 평화운동가입니다. 중부 베트남에서 태어나 열여섯 살에 수도승이 되었으며, 베트남 전쟁이 벌어지고 있을 때, 불교평화대표단 의장으로 파리 평화회의를 이끌면서 보여줬던 「평화를 위한 굳은 의지와 솔직한 표현들」 때문에 고국에 돌아가는 것이 금지되자, 프랑스 파리 근처에 「스위트 포테이토(고구마)」라는 이름의 작은 명상 공동체를 세웁니다.

하지만 「고구마」에 오기를 희망하는 사람들이 늘어나자, 프랑스 남서부 보르도의 버려진 농장을 개간, 제2의 보금자리 「플럼 빌리지」를 만들고, 세계 각국에서 몰려드는 방문객들과 구도자들을 맞이하였습니다.

틱낫한은 해마다 미국과 유럽을 정기적으로 여행하면서 깨어 있는 삶의 예술에 대한 강연을 하고, 우리가 살아 있는 지금 이 순간의 평화를 경험할 수 있는 「걷기 명상」 워크숍을 이끌고 있습니다. 여행을 하지 않을 때는 플럼빌리지의 한 오두막에서 명상을 하고, 글을 쓰고, 가르치고, 밭을 갈며, 생계를 위한 가내 수공업에 종사하고 있습니다.

틱낫한 스님의 《화(anger)》는 기존의 화에 대한 대처법을 다룬 책과는 다른 접근을 시도합니다. "화의 뿌리를 들여다 보고, 자아의 내면을 통찰하라" 는 것이 그것입니다. 그렇게 함으로써, 화를 참지 말고 발산하라는 주의와 무조건 눌러 참으라는 주의를 모두 포용하는 다스림의 논리에 접근하고 있습니다.

여러분은 성내는 마음이 자기에게는 없으리라 생각합니다. 화를 잘 내는 것은 당연히 진이요 다른 사람을 증오하거나 죽이거나 하늘을 원망하고 다른 사람에게 탓을 돌리는 것도 모두 진이며, 시비가 분명한 것도 역시 진입니다. 염불을 하건 참선을 하건 좋습니다. 염불을 아무리 잘해도 만약 이 사혹 즉 심리적 측면에서 조금의 변화도 없다면 불법을 배웠다고 말할 자격이 없습니다. 이것이 진정한 불법입니다.

치(痴)에 대해서는 더 말할 필요도 없습니다. 여러분은 어리석고도 어리석습니다. 불경에서는 보통 탐·진·치 세 가지를 삼독(三毒)이라고 말합니다. 바로 우리로 하여금 도를 깨치지 못하게 하고 초범입성(超凡入聖)의 경지에 이르지 못하도록 하는 세 가지 독입니다.

만(慢)은 자기를 숭배하는 것입니다. 자신을 높이는 것입니다. 우리 한 번 스스로 반성해 봅시다. 사람이 매일 항상 중요시 하는 것이 바로 자기 자신입니다. 자기 자신을 세상의 중심에 놓고 있습니다.

어떤 사람이 다른 사람과 싸우는 이유를 차분히 들어보면 싸운 이유 중의 하나가 '네가 나를 우습게 보고, 사람을 깔보고, 나를 무시하고' 라는 내용이 거의 빠짐없이 들어 있습니다. 이것은 자기가 스스로 설정한 자기 자신에 대한 하나의 이미지, 하나의 상(像), 하나의 기대 표준을 상정해 놓고 다른 사람이 그에 부응하는 기대 수준의 대접을 못해주었을 때 몹시 화내고 싸우게 된다는 것을 의미합니다.

그런데 앞에서 이야기 한 적이 있듯이 사람마다 인식, 관점이 다 다르기 때문에 자기가 스스로 설정한 자기 자신만의 헛된 이미지에 다른 사람들이 부응하기가 어렵다는 점입니다. 자기가 스스로 만든 허상에 다른 사람이 부응하지 않을 때, 자기의 에고에 큰 상처를 입었을 때, 화를 내고 싸우게 되는 메커니즘을 이해하고 아상(我相), 아만(我慢)을 없앤다면 깨달음에 상당히 근접한 것이 됩니다.

의(疑)는 더욱 어렵습니다. 사람은 근본적으로 다른 사람을 잘 믿지 않습니다. 아상이 있기 때문입니다. 자만이 있기 때문입니다. 그래서 일체 진리를 모두 믿지 않습니다. 탐·진·치·만·의 이 다섯 가지를 사혹이라고 합니다. 사고의 측면에서 근본적으로 길을 막아 해탈하지 못하게 합니다. 불법을 배우는 것은 해탈하기 위함입니다. 비록 하나라도 해탈할 수 있다면 이미 훌륭합니다. 다섯 가지를 모두 해탈할 수 있어야 비로소 사과나한을 증득할 수 있습니다.

불법을 배우면서 대승부터 말하려 해서는 안 됩니다. 대승은 소승이 기초가 됩니다. 소승도 이루지 못한다면 대승은 불가능합니다. 우리가 짧은 차원에서 보면 소승과 대승의 차이가 있지만 영겁의 차원에서 보면 대승과 소승의 구별은 없습니다. 대승은 소승이 자기 자신의 해탈만을 추구한다고 폄하하고 소승은 대승을 부처님의 가르침을 벗어났다 부처님의 가르침이 아니다 라고 이야기를 합니다. 그러나 소승은 소승대로 일리가 있고 대승은 대승대로 일리가 있습니다.

소승같이 단계적으로 부처님의 원전에, 본래 가르침에 충실하게 스텝바이스텝(step by step)으로 배우는 것도 일리가 있습니다. 이 소승의 탄탄한 기반이 있어야 다음 대승이 꽃피우는 것입니다. 대승은 자각각타(自覺覺他), 즉 자기 자신이 먼저 깨닫고 일체의 중생을 제도한다는 중생구제의 개념이 강합니다.

소승은 출가자 중심인데 반해 대승은 일반 재가자(在家者), 재가신도의 입장이 강합니다. 대승불교는 일체 중생을 제도한다는 커다란 원력(願力)이 있지만 차근차근 공부하고, 끊임없이 수행하지 않는다면 허황된 논리, 구름잡는 소리에 빠지기 쉽습니다.

사과나한(四果羅漢) 중 초과나한을 수다원이라고 하는데 그 뜻은 흐름에 참여하는 과입니다(入流). 수다원은 다섯 가지 견혹을 끊었으나 사혹은 아직 근본적으로 해탈하지 못했습니다. 남아있는 습기(習氣)를 아직 끊어버리지 못했기 때문입니다. 그러므로 일곱 번 인간생으로 다시 와야 합니다. 아직도 남아있는 감정은 일곱 번 인간으로 와야 비로소 끊을 수 있습니다.

수다원에 이른 사람은 죽어서 이 지구상에 오지 않고 천상으로 갑니다. 천상의 일생은 지구에 비해 아주 깁니다. 천상에서 생명이 다하면 다시 사람이 되는데 이런 사람을 다시 오는 사람이라고 합니다. 세상에서 와서 업보를 받습니다. 어떤 빚은 아직 갚지 못했기 때문입니다. 이렇게 일곱 번 인간으로 오면서 살았다 죽고 죽었다 삽니다.

수다원이 다시 인간으로 오는 것은 빚을 갚기 위해서지만 자신은 모릅니다. 만약 자신이 이것을 안다면 이미 초과나한이 아닙니다. 그 순간 초과나한을 초월해버립니다. 우리가 사채업자한테 돈을 빌린다면 그 돈을 갚지 않고는 못 배길 겁니다. 신체 일부라도 잘라주어야 할 것입니다. 우리가 생각으로, 행동으로, 말로 한 카르마(karma)가 남아 있다면 그 빚을 반드시 갚아야 합니다. 조금이라도 빚이 남아있다면 해탈하지 못합니다. 윤회(samsara)의 수레바퀴를 벗어나지 못합니다.

이과(二果) 사다함에 이르면 한번만 오면 됩니다. 일환(一還)과 입니다. 사혹(思惑)의 뿌리가 일부 뽑혀 죽은 뒤 다시 한번 세상에 와서 남은 빚을 갚으면 됩니다.

삼과(三果) 아나함은 불환(不還)과라고 합니다. 다시 인간세상으로 오지 않고 직접 천상으로부터 사과를 증득하여 열반에 듭니다. 불교공부를 하는 많은 사람이 말합니다. 인생이 이렇게 고통스러우니 이생에 수행에 성공해 다시는 오지 않으리라. 그렇게 용이한 일일까요? 다시 오지 않으려면 삼과나한에 이르러야만 가능합니다. 그때야 비로소 인간세간에 다시 오지 않을 수 있습니다.

사과(四果) 아라한(阿羅漢)의 과위에 이르러야만 이 세간(世間)에서 성취를 이루었다고 할 수 있습니다. 몇 년전 한국영화에 〈아라한 장풍 대작전〉 이라는 영화도 있었지만 아라한은 실제는 성취하기가 아주 어려우며 거의 부처님 수준에 근접하는 경지입니다. 아라한은 태어나지 않고 영원히 번뇌가 없으며 마(魔)의 장애가 없고 마음속의 적이 뿌리 뽑혀 영원히 청정하고 빛납니다. 이것이 아라한과입니다.

이 네 개의 나한과위는 삼계의 천인을 포괄합니다. 달라이라마는 다시 인간의 몸으로 태어나고 싶다고 합니다. 티베트에서 달라이라마는 관세음보살의 화신이라고 여겨집니다. 달라이 라마도 링 린포체와 같은 스승 이외에도 각 교과가 가장 뛰어난 스승을 모셔 반야, 중관, 논리학, 계율 등의 교과 과정을 수학하였고, 또 엄격한 시험을 치러내야 했습니다.

달라이 라마는 지도자로서가 아니라 한 사람의 수행자로서 살기를 원했고 또 그렇게 살았던 것은 여건이 성숙되어 있으면서도 제대로 수행하지 못하는 이 시대의 모든 수행자들에게 좋은 본보기임에 틀림없습니다.

티베트 불교는 티베트인들만의 것이 아닙니다. 인도 불교의 전통을 고스란히 간직하면서 독특하게 발전시킨 티베트 불교는 모든 불교인들의 것이고, 불교인의 의지처입니다. 달라이 라마는 티베트인들의 정신적 지도자일 뿐만 아니라, 이 시대를 살아가는 모든 사람의 스승입니다.

종교나 국가를 초월해서 정의와 사랑의 가르침을 통해 지구상의 모든 이들이 평화와 화해의 길로 갈 수 있도록 이끌어주는 스승입니다. 우리는 달라이 라마를 통해서 우리의 희망을 봅니다. 일체 모든 중생들이 이 고통의 세계에서 벗어나서 열반의 세계로 이끄는 보살의 희망을 보는 것입니다.

여기서 삼계(三界)에 대해서 간단히 설명하겠습니다. 삼계는 중생이 생사유전(生死流轉)하는 미망(迷忘)의 세계를 3단계로 나눈 것으로 욕계(欲界)·색계(色界)·무색계(無色界)의 삼계를 말합니다. 중생들이 윤회(samsara)하면서 존재하는 세계이므로 삼유(三有)라고도 하고, 괴로운 곳이기 때문에 고계(苦界)라고도 하며, 괴로움이 바다처럼 끝이 없기 때문에 고해(苦海)라고도 합니다.

첫째, 욕계(欲界)는 삼계 가운데 가장 아래에 있으며 성욕·식욕·수면욕 등의 3가지 욕망을 가진 생물들이 사는 곳입니다. 윤회 가운데 있는 6가지 존재 모습 중 지옥(地獄)·아귀(餓鬼)·축생(畜生)·아수라(阿修羅)·인간(人間) 등 5가지와 사왕천(四王天)·도리천(忉利天)·야마천(夜摩天)·도솔천(兜率天)·화락천(化樂天)·타화자재천(他化自在天) 등의 육욕천(六欲天)이 여기에 속합니다.

둘째, 색계(色界)는 욕계의 위에 있는 세계로서 천인(天人)이 거주하는 곳을 말합니다. 이 세계에 거주하는 중생들은 음욕을 떠나 더럽고 거친 색법에는 집착하지 않으나 청정하고 미세한 색법에 묶여 있으므로 색계라 합니다. 즉 물질적인 것은 있어도 감관의 욕망을 떠난 청정한 세계로 남녀의 구별이 없습니다. 사선천(四禪天)·사정려처(四定慮處)이라고도 합니다.

셋째, 무색계(無色界)는 물질세계를 초월한 세계로서 물질을 싫어하며 벗어나고자 하여 사무색정(四無色定)을 닦은 사람이 죽은 뒤에 태어나는 천계(天界)를 말합니다. 물질적 존재나 처소가 없기 때문에 공간적 개념을 초월합니다. 그러나 과보(果報)의 우열에 따라서 공무변처(空無邊處)·식무변처(識無邊處)·무소유처(無所有處)·비상비비상처(非想非非想處)의 4가지로 나뉩니다. 사무색천(四無色天)·사무색처(四無色處)이라고도 합니다.

중생들의 세계를 총칭하는 삼계는 여러 세계로 분류되고 각각의 세계에 따라 수명이나 고통의 정도가 다르나 모두 윤회의 과정에 있는 고해라는 점에서는 같다고 할 수 있습니다. 해탈은 삼계를 벗어나는 것입니다.

이과(二果)나한은 죽은 뒤 다시 오지 않지만 이것은 잠시 하늘로 올라간 것입니다. 올라간 하늘도 색계천(色界天)이 아니라 욕계천(欲界天)입니다. 우리는 예부터 33천을 말해왔지만 이것은 욕계천의 하나의 중심일 뿐입니다. 이 천(天)은 결코 해와 달 태양계 계통을 벗어나지 않습니다. 욕계란 것은 생명이 남녀의 결합을 통해 연속되는 것을 가리킵니다. 비단 사람만 그런 것이 아니라 어떤 생물도 암수의 관계를 통해서 태어납니다. 사랑이 있고 욕구가 있어 욕계라고 합니다.

욕계 속 천인의 지혜는 우리보다 높습니다. 예를 들어 민간에서는 신선이나 신을 모시는데 이렇게 받들어 모시는 신이나 신선이 모두 욕계천의 천신의 경계입니다. 초과나한이 사후에 왕생하는 것은 색계천이 아니라 욕계천일 뿐입니다. 그들은 단지 정의 일부분만을 끊고, 또 이 정(情)도 억눌려 있는 것이기 때문에 욕구의 뿌리까지 다 없애지 못했습니다. 그러므로 아직 욕계천에 머무는 것입니다.

삼과(三果)에 이르면 비로소 색계천에 오를 수 있습니다. 색계천의 제일 높은 곳은 대자재천입니다. 불경에서는 이것을 유정천(有頂天)이라고 합니다. 욕계천이 아직 이 은하계속에 있다면 색계천은 이미 은하계를 초월해 있는 셈입니다. 최상승은 무색계천입니다. 여기에 오르기는 어렵습니다. 아라한이 되어야 오를 수 있습니다.

아라한은 궁극의 깨달음을 얻어 존경받는 사람입니다. 산스크리트 아르하트(arhat)에서 온 말로 '존경을 받을 만한 자' 라는 뜻입니다. 본래는 불교가 흥했던 무렵의 고대 인도에서 뛰어난 종교적 수행자를 가리키는 호칭이었는데, 초기 불교에서는 부처님을 아라한이라 부르기도 했다고 합니다. 그러나 후세의 부파불교(部派佛教; 소승불교)에서는 부처님을 신격화·이상화하면서 아라한을 불제자(佛弟子; 聲聞)가 도달할 수 있는 최고의 지위를 가리키는 말로 사용함으로써 부처님과는 구별하여 쓰이게 되었습니다.

중생구제를 중시하는 대승불교에서는 소승(小乘)의 성자를 아라한이라 하는데, 아직 대승의 구도자(求道者 ; 보살)에는 이르지 못한 불도수행자를 가리킵니다. '나한(羅漢)' 은 아라한의 약칭이며 16나한·5백나한 등이 있는데, 부처님의 제자를 가리키는 말로 쓰입니다.

아라한은 앞에서도 이야기했지만 모든 번뇌가 이미 소진되어 다시는 번뇌가 생기지 않는 인물을 아라한이라 합니다. 아라한은 번뇌가 영원히 소멸되어 사물과 더불어 다투지 않습니다. 만일 다툼이 여전히 남아있다면 아라한이라고 할 수 없기 때문입니다.

색계의 천인은 단지 빛만 있을 뿐이며 무색계의 천인은 상조차도 없습니다. 우리 인간의 조상은 색계 광음천(光音天)의 천인이 내려온 것이라고 합니다. 이 말에 의하면 우리는 빛의 존재입니다. 이것은 상징적인 비유로 볼 수 있을 것입니다. 아담과 이브가 선악과를 먹은 이야기처럼 신화 속에 상징적인 의미가 담겨 있습니다.

우리는 마음속의 사혹(思惑), 탐·진·치·만·의를 깨끗이 씻어내고 평등하고 자유롭게 일체 세상 사람을 사랑해야 합니다. 수행을 통해 견혹과 사혹을 제거해야 합니다. 견혹과 사혹을 간단히 이야기 하면 견혹은 이성적으로 잘못된 견해를 가지는 것을 말하고, 사혹은 감정적으로 인간의 마음속에 뿌리깊게 박혀 있는 심리적인 장애입니다. 견혹보다 사혹을 끊기가 더 힘듭니다.

삼계의 견혹과 사혹은 정신적인 속박(束縛: shackles)입니다. 욕계 속에 가장 많은데 마치 수갑(手匣: handcuffs)처럼, 밧줄처럼 우리를 묶고 있는 것과 같습니다. 수행을 통해 이것을 풀어내야 합니다. 이것을 풀면 얼굴에서 빛이 날 것입니다. 몸까지 빛날 겁니다. 진정한 수행은 속박을 풀어내어 자신의 심리적 행위를 변화시키는 겁니다. 심리적 행위가 변화되면 한걸음 더 나아가 지혜를 개발할 수 있습니다. 사상이나 견해상의 편견을 끊어내는 것이야 말로 비로소 해탈이라 할 수 있습니다.

불법의 수행은 대승, 소승을 막론하고 모두 다섯 개의 과정, 즉 계(戒), 정(定), 혜(慧), 해탈(解脫), 해탈지견(解脫知見)입니다. 왜 지계가 필요할까요? 자기 정신적인 속박(견혹, 사혹)이 다시 외계와 연결되어 장애가 생기지 않도록 하기 위함입니다. 외부의 것이 들어오지 못하도록 하며 스스로도 나갈 생각을 하지 않는 것입니다. 하지만 지계(持戒)를 위해서는 정(定)을 통해서 얻은 힘이 필요합니다. 정을 닦아야 합니다.

참선은 정을 닦는 일종의 방법일 뿐입니다. 진정한 수정(修定)은 어느 때든 정에 머물러 있는 것입니다. 마음속 한 점에 연결되어 지선(至善)에 머무릅니다. 선(善)의 한 점에 고정되는 것입니다. 수행을 해서, 지혜가 개발되어야 이 정신적인 속박을 끊어나갈 수 있고, 속박이 끊어져야 비로소 사혹으로부터 해탈할 수 있습니다.

지견(知見)은 또 다릅니다. 견이라 보는 것인데 지혜를 보는 것입니다. 성공연기(性空緣起)의 진정한 공성의 일면을 보는 겁니다. 성공연기를 뒤집어보면 연기성공(緣起性空)입니다. 그러므로 불법의 온갖 종파(宗派), 즉 중관(中觀)을 닦아야만 옳다거나 유식(唯識)을 닦아야만 옳다거나 하는 것은 모두 오견속의 견치견입니다. 오직 이것이라야만 옳다고 주관적으로 생각한다면 이미 그것에 속박(束縛)된 것입니다. 그러므로 이런 일체로부터 해탈해야만 비로소 불법을 배운다고 할 수 있습니다.

『수보리여, 그대 생각은 어떠한가. 수다원(須陀洹)이 생각하기를, '내가 수다원의 과위(果)를 얻었다' 하겠느냐?』

수보리가 대답하였다.

『그렇지 않습니다. 세존이시여, 무슨 까닭인가 하면 수다원은 입류(入流)라 하지만 실로는 들어간 곳이 없으니 형체(色) · 소리(聲) · 냄새(香) · 맛(味) · 촉감(觸) · 법(法)에 들지 않은 것을 이름하여 수다원이라 하나이다.』

학문이 깊어지면 생각이 평온하다는 속담이 있습니다. 학문에 일가견을 이루면 생각이 온통 평화롭다는 것입니다. 하물며 과위(果位)를 얻은 나한이겠습니까?

왜냐하면 수다원을 입류(入流)라 하나 들어간 곳이 없기 때문입니다. 형체, 소리, 맛, 냄새, 촉감, 법에 들지 않는 것을 이름하여 수다원이라 합니다. 수다원은 바로 예류과(豫流果)입니다. 예류란 곧 입류입니다. 어떤 흐름으로 들어간다는 것일까요? 성인의 흐름으로 들어가는 것입니다. 이미 성인의 대오에 들어서 있습니다.

보통 사람은 좋은 것을 보기만 하면 정신적인 속박에 사로잡히고 맙니다. 초과나한은 좋은 경계에 사로잡히지 않습니다. 마음이 평온하고 담담하여 아무 일도 없습니다. 소리, 촉감, 냄새, 맛, 법이 들어오지 않습니다. 어떤 경계일까요? 바로 머무는 바가 없는 경계입니다. 진정 머무는 바가 없습니다.

인간 세상에 처세나 처사에서 사람에게 이익이 되게 하며 일체의 것에 머물지 않는 경지에 이른 겁니다. 마음속에 어떤 것도 남아 있지 않습니다. 무한한 공덕을 행하면서도 지나가면 곧 그만입니다. 언제든 이럴 수 있습니다. 참선을 하든 하지 않든 언제든 이 경계가 지속됩니다. 이렇게 되어야만 비로소 초과나한에 접근했다고 할 수 있습니다.

웬만큼 수행을 해도 습관의 잔재를 끊기가 쉽지 않습니다. 수행을 많이해도 남은 습관을 끊지 못하는데 평범한 일반 사람이야 오죽하겠습니까? 우리의 심층의식에 해당하는 제8의식 아뢰야식에는 미세한 습기가 남아있습니다. 이 습기조차 완전히 끊어야 비로소 해탈합니다.

나한에 이른 사람이라도 육근(六根)이나 육진(六塵)에 대해 마음이 전혀 움직이지 않는 것이 아닙니다. 단지 흐름에 들어섰을 뿐입니다. 아직 마음의 흐름은 공이 되지 못했습니다. 단지 억제하고 있을 뿐입니다. 초과나한에 이른 사람이 다시 인간으로 태어났을 경우 다시 태어나면서 기억을 잃어버립니다. 평범한 사람은 죽을 때 의식을 잃고, 또 입태(入胎)할 때도 의식을 잃습니다. 그러나 고도의 정력(定力)을 지닌 수행자는 의식을 잃지 않을 수가 있습니다. 이 이야기는 《티벳사자의 서》에 자세히 나옵니다.

『수보리여, 그대 생각은 어떠한가. 사다함(斯陀含)이 생각하기를 '내가 사다함의 과위를 얻었노라' 하겠느냐?』

수보리가 대답하였다.

『그렇지 않습니다. 세존이시여, 사다함을 이름하여 일왕래(一往來)라 하지만 실로는 왕래함이 없으므로 이름을 사다함이라 하나이다.』

부처가 다시 수보리에게 이과나한에 관해 똑같이 묻습니다. 왜냐하면 사다함을 이름하여 일왕래(一往來)라 하나 실은 왕래가 없기 때문입니다. 이를 일러 사다함이라 합니다. 사다함은 단지 한차례만 인간으로 옵니다. 명의상으로는 한차례 다시 온다고 하지만 오지 않는 것이나 마찬가지입니다. 많은 사람은 죽음에 이르러 과거의 빚이 청산됩니다. 보통 사다함은 천상(天上)에 한 번 갔다가 다시 인간으로 와서 최후에 아라한이 된다고 이야기 합니다.

『수보리여, 그대 생각은 어떠한가. 아나함(阿那含)이 생각하기를 '내가 아나함의 과위를 얻었노라' 하겠느냐?』

수보리가 대답하였다.

『그렇지 않습니다. 세존이시여, 무슨 까닭인가 하면 아나함은 불래(不來)라 하지만 실로 다시 오지 아니함이 없으므로 이름을 아나함이라 하나이다.』

아나함은 불환과(不還果)입니다. 이 생애로써 모든 것이 결산됩니다. 이것이 삼과(三果)입니다. 수보리가 말했다. 아닙니다, 세존. 왜냐하면 아나함을 이름하여 불래(不來)라 하나 실로 오지 않음이 없기 때문입니다. 그러므로 아나함입니다. 삼과나한은 그보다 높아 인간으로 오지 않는다고 말합니다. 그러나 역시 일정하지 않습니다. 다시 올 수도 있습니다. 그에겐 이미 생사가 없어 오는 것도 두려워하지 않습니다. 단지 나한은 음에 막혀 미혹되기 때문에 한번 투태(投胎)되면 미혹됩니다.

삼과(三果) 이상에 이르면 정력(定力)이 높은 사람은 미혹되지 않을 수도 있습니다. 우리의 전생을 다 기억하는 사람도 있습니다. 부처님의 제자 중에는 500번에 달하는 자기의 전생(前生)을 다 기억하는 제자도 있었습니다. 어디서 어떤 이름으로 어떻게 살았고 언제 죽었고 하는 세세한 것까지 다 기억하였다고 합니다.

우리 일반 사람들도 최면을 걸어 전생퇴행을 시켜보면, 보통 10개 이상의 전생을 기억한다고 합니다. 최면을 걸어 전생의 기억을 떠올려 보게 하면, 일반적으로 남자들도 전생에 최소한 한번 이상 여자였던 적이 있었고, 여자들도 전생에 최소한 한번 이상 남자였던 적이 있었다고 합니다.

어떤 사람은 입태(入胎)시에는 미혹하지 않으나, 태속에 머물면서 기억을 잃어버리기도 하고 어떤 사람은 입태시나 태속에 머물 때는 미혹하지 않으나 출생하는 순간에 미혹되기도 합니다. 이처럼 사람에 따라 상황은 다릅니다. 삼과나한의 정력의 차이에서 기인된 결과입니다.

이 장(章)에서는 아나함에 대해 이름하여 불래(不來), 불환과(不還果)라 하나 실제로 오지 않음이 없다고 말하고 있습니다. 삼과나한은 생사의 왕래가 비교적 자유롭기 때문입니다. 보살과 같이 중생을 제도하기 위해서 인간의 몸으로 다시 오기도 한다는 뜻입니다.

『수보리여, 그대 생각은 어떠한가. 아라한(阿羅漢)이 생각하기를 '내가 아라한의 도를 얻었노라' 하겠느냐?』

수보리가 대답하였다.

『그렇지 않습니다. 세존이시여, 무슨 까닭인가 하면 실로 아무 것도 아라한이라 할 법이 없기 때문입니다. 세존이시여, 만일 아라한이 생각하기를 '내가 아라한의 도를 얻었노라' 한다면 이는 곧 아상 · 인상 · 중생상 · 수자상에 집착하는 것입니다.』

삼과나한인 아나함은 인간세계인 이 욕계에 다시 오지 않는다고 하는데 실제로 오지 않을까요? 여전히 오려고 합니다. 바로 사과(四果) 아라한에 이르기 위해서 입니다. 절대 오지 않는 것은 아닙니다. 아라한을 살적(殺賊)이라고도 하는데 이것은 우리가 우리의 진정한 자성(自性)을 알지 못하고 5가지 감각기관과 제6식(감각기관과 의식: 합해서 6根이라 함)에 휘둘리는 것을 아라한의 경지에 오르면 6근을 초월하여(殺賊: 여기서 6근을 자성 인식을 방해하는 도둑으로 봄) 우리의 본 마음자리를 찾는다는 의미에서 살적이라고 합니다. 아라한이 되어 입정(入定)에 드는 것보다 중생구제를 위한 대승(大乘) 보살의 길로 나아가야 합니다.

진정한 사과(四果) 아라한에게는 실로 법이라 할 만한 것이 없기 때문입니다. 어떤 하나의 구체적인 법(法)도 그것이 공(空)이라 증득(證得)한 것이 없습니다. 아직도 공의 경계에 있다면 변견(邊見)에 떨어진 것입니다. 스스로 변견(邊見)이 없다고 말한다면 다시 견취견(見取見)에 떨어집니다. 이들은 모두 견지(見地)가 참되지 못한 것입니다. 진정한 공은, 공의 경계가 없어야 얻을 수 있습니다.

아라한의 경계에 도달했다 하더라도 그 사람에게는 아라한의 과위를 증득했다는 생각이 조금도 없으리라는 겁니다. 만약 이런 생각이 있다면 이 생각으로부터 온갖 생각이 파생되어 마침내 온갖 생각에 도리없이 말려들고 말 것입니다. 우리의 사상, 감정, 감각 등은 마치 비할 데 없이 큰 그물과 같아, 하나의 그물구멍이 움직여도 다른 구멍들이 모두 따라 움직입니다. 《화엄경》에 나오는 인드라망의 그물, '중중무진 법계연기(重重無盡 法界緣起)'와 일맥상통합니다.

한 생각이 움직임으로써 백 천 만억의 생각들이 모두 마음의 업력(業力)속으로 끌려 움직입니다. 유(有)라 말하면 일체가 유(有)요, 공(空)이라 말하면 일체가 공(空)입니다.

대아라한이 스스로 아라한의 경계를 증득(證得)했다고 느낀다면 그에게는 아상·인상·중생상·수자상의 사상(四相)이 있어 진정한 의미의 범부에 지나지 않는다는 겁니다. 근본적으로 도를 얻지 못한 것입니다.

『세존이시여, 부처님께서 저를 일러서 무쟁삼매(無諍三昧)를 얻은 사람 중 제일 뛰어나고, 욕구를 떠난 아라한 중 제일이라 하셨습니다.

세존이시여, 저는 스스로 욕구를 떠난 아라한이라 생각하지 않습니다.

세존이시여, 제가 만일 생각하기를 '내가 아라한의 도를 얻었노라' 한다면 세존께서는 '수보리는 아란나행(阿蘭那行)을 좋아하는 사람이라' 고 하시지 않았을 것입니다. 제가 실로 그렇게 생각하지 않았기 때문에 세존께서는 수보리는 아란나행을 좋아하는 자라고 말씀하신 것입니다.』

부처님은 수보리에게 너는 이미 다툼이 없는 삼매를 증득해 일체의 것을 다투지 않는다고 말했습니다. 우리가 경을 독송할 때 『옴 아라남 아라다』라고 다라니를 외우는데 아라남이 무쟁삼매입니다. 경을 읽을 때 마음이 고요하고 동요하지 않아야 하기 때문에 먼저 『옴 아라남 아라다』 진언을 외워 마음을 고요하게 만드는 것입니다.

수보리에게 욕을 하던 칭찬을 하던 큰소리로 부르든 전혀 개의치 않습니다. 듣지 못한 것이 아닙니다. 듣고도 마음이 움직이지 않습니다. 환희도 없고 슬픔도 없습니다. 옳고 그름이 하나로서 일체 다툼이 없습니다. 부처님은 수보리를 평가하면서 이미 그가 다툼이 없는 삼매를 얻었다고 했습니다.

그 다음 수보리에 대해서 부처님이 내린 평가는 제일의 이욕(離欲) 아라한입니다. 이것은 수보리가 살아있을 때 부처가 내린 평가입니다. 그러나 아직 욕계(欲界)만을 벗어날 수 있을 뿐입니다. 그래서 이욕 아라한 이라 했습니다. 완전히 삼계를 벗어날 수 있었는지는 확실하지 않습니다.

여기서 말하는 욕구는 넓은 의미의 것입니다. 남녀간의 애욕을 가리키는 것이 아니라 일체의 욕구를 가리킵니다. 심지어 수도하면서 참선에 탐닉하거나 청정에 탐닉하는 것 까지도 모두 욕구입니다. 수보리는 이미 일체의 욕구가 없어졌습니다. 그러므로 제일의 이욕 아라한이라 합니다.

아란나(aranya)는 적정처(寂靜處), 무쟁처(無諍處)라는 뜻으로 수행하기에 좋은 조용한 곳을 말합니다. 수보리는 스스로 도를 얻었다든지 하는 생각을 전혀 갖고 있지 않습니다. 만약 수보리가 마음속에 그런 생각이 조금이라도 있다면 부처님께서는 적정(寂靜)을 즐기는 행자라 말씀하지 않았을 겁니다. 적정이란 철저하게 청정한 것입니다. 산에서 살기를 좋아하면 자연 하나의 적정한 절이 생겨납니다. 절이 어디 있을까요? 절은 자신의 마음속에 있습니다.

한 생각이 가장 다스리기 어렵습니다. 불법을 배우고 수도하면서 이 일념을 평정할 수 있다면 온갖 법이 모두 공입니다. 그렇지만 제일 어려운 것이 일념의 평정입니다. 이 일념은 바로 지금의 일념으로서, 탐·진·치·만·의에 대한 집착으로부터 나옵니다. 불법은 삼계를 감옥과 같다고 합니다. 불타는 집〔火宅〕에 비유하기도 합니다.

어떤 방법으로 벗어날지는 염불을 하든, 예불을 하든, 주문을 외우든 또는 밀교(密教)든 현교(顯教)든 상관이 없습니다. 어떤 방법으로든 벗어나기만 하면 됩니다. 이것이 바로 부처님이 말하는 정해진 법이 없다는 이치입니다. 성불하는 데는 정해진 법이 없습니다. 아무것이나 어느 한 가지를 닦으면서 스스로 방법을 생각해내야 합니다.

제3절 용어해설

9. 일상무상분(一相無相分)

① 수다원(須陀洹):

수로타파나(Srotapana)의 음역. 수다원이란 열여섯 가지 마음을 가지고 88종의 견도혹(見道惑)이라는 번뇌를 끊고 처음으로 성인의 지위로 들어갔다는 뜻이다. 그러므로 한문으로 입류(入流)라고도 한다.

여기서 16가지의 마음이라는 것은, 욕계(欲界)·색계(色界)·무색계(無色界)에서의 고(苦)·집(集)·멸(滅)·도(道) 등 사제를 닦아나가기 위한 마음의 자세인데, 욕계에서 한 사제를 닦고 색계와 무색계를 합하여 한 사제를 닦아 여덟이 되고 사제의 각각의 제(諦)에는 인(忍)과 지(智)가 부가되어 있으므로 모두 16가지가 되는 것이다.

인(忍)이란 확인하고 추진한다는 뜻이며, 지(智)란 완전히 성취한다는 뜻이다. 욕계에서는 모든 제에다 법(法)자를 붙이고, 색계·무색계는 총괄하여서 상계(上界)라 하고 이 상계에서는 류(類)자를 붙이는데, 여기서 류(類)는 "유례한다" 또는 "준한다"는 뜻으로서 요컨대 상계는 욕계에서 유례하여 안다는 의미이다.

이러한 16심(心)을 끊어야 할 88종의 견도혹(見道惑)이란, 도(道) 즉 진리를 보지 못하게 막는 번뇌를 말한다. 이것의 주요 성분은 탐(貪= 탐욕)·진(瞋= 성냄)·치(癡= 어리석음)·만(慢= 교만)·의(疑= 망서림) 등 다섯 가지의 무서운 번뇌와 신견(身見= '나'가 있다는 생각)·변견(邊見= 한쪽에 치우친 생각)·사견(邪見= 인과를 무시하는 생각)·견취견(見取見= 위의 세 가지 생각들을 옳은 것이라고 믿는 잘못된 생각)·계금취견(戒禁取見= 사소한 계율이나 의식에 대한 집착 또는 잘못된 수행방법을 옳은 방법으로 아는 생각) 등 다섯 가지의 가벼운 번뇌이다. 전자를 오둔사(五鈍使)라 하고 후자를 오리사(五利使)라 하는데, 오둔사는 누구에게나 본능적으로 있는 번뇌이고 오리사는 수행하는 과정에서만 나타나는 번뇌이다.

아무튼 이렇게 16심(心)에 따른 88가지 번뇌가 삼계에 두루 퍼져 있어서 사성제를 닦지 못하게 막고 있는 것인데, 먼저 욕계의 경우를 살펴보면 고제(苦諦)

를 닦을 때 10가지 번뇌가 구족하고 집제와 멸제를 닦을 때에는 신견, 변견, 계금취견 등을 제외한 7가지 번뇌가 각각 구족하고, 도제를 닦을 때에는 신견, 변견을 제외한 8가지 번뇌가 구족하므로, 결국 이 모두를 합쳐 32가지의 번뇌가 욕계의 견도혹을 이루게 된다.

집제를 닦을 때 신견·계금취견을 제외하는 이유는 다음과 같다. 즉 집제는 괴로움의 원인을 규명하는 방법으로서 이미 고제를 닦았을 때 "이 몸은 괴로움 투성이다"라고 하는 것을 확실히 알았으므로 "이 몸이 있다"고 생각하는 신견과 "이 몸이 죽은 후에 과연 영혼은 있는가 없는가"라고 하는 어느 한 쪽에 치우친 변견과 "갖은 방법으로 잘못된 수행을 해서 괴로움을 면하려고" 하는 계금취견은 더 닦을 필요가 없기 때문이다. 그런데 도제의 경우 다시 계금취견을 넣는 것은, 도제란 도를 실천하는 과정으로서 이 때 가끔 잘못된 수행방법을 옳은 방법이라고 잘못 여길 수도 있기 때문이다.

한편 색계와 무색계의 경우를 살펴보면, 욕계의 구성성분 중 진(瞋)은 기본적으로 제외하는데, 그것은 이 세계에서는 모두가 즐거워서 성낼 일이 없어 성냄이란 번뇌가 있을 수 없기 때문이다. 따라서 고제의 경우에는 9가지의 번뇌가, 집제와 멸제의 경우에는 각각 6가지의 번뇌가, 도제의 경우에는 7가지의 번뇌가 구족하여 총합 28가지의 번뇌가 있게 된다.

이것은 색계와 무색계 양자에 동일하므로 결국 상계의 번뇌, 즉 견도혹은 56가지가 된다. 그러므로 총괄적으로 보면 위에서 말한 욕계의 견도혹 32가지와 상계의 견도혹 56가지를 합한 88가지가 16심(心)에서 나오는 것인데, 수다원은 바로 이 88가지 번뇌를 끊었다는 것이다.

② 사다함(斯多含):

산스크리트어(Sakrdagamin)의 음역. 한문으로 일왕래(一往來)로 번역되는 것으로서 "한번 다녀간다"는 뜻이다. 사다함은 성문(聲聞)의 네 지위 중 둘째 과위인데, 이 지위에 오르면 이 인간 세상에 한번만 더 왔다 감으로써 열반에 이르러 생사(生死)를 면하게 된다. 수다원은 16가지의 마음으로 삼계에 두루있는 88가지의 견도혹(見道惑)을 끊었지만, 사다함은 여기서 더 나아가 삼계에 널리 퍼져있는 수도혹(修道惑)을 끊는다.

수도혹이란 도를 닦는 과정에서 감정이나 의식의 미세한 작동이 일어나 도를 닦지 못하게 하는 번뇌이다. 앞서 말한 견도혹이 후천적인 악습(惡習)이라고 한다면, 수도혹은 선천적인 악습(惡習)이다. 수도혹은 욕계의 탐(貪)·진(瞋)·치(癡)·만(慢)과 색계, 무색계 각각의 탐(貪)·치(癡)·만(慢), 즉 총 10가지로 주성분을 이루고 있는데, 너무나 세밀하여 그대로는 끊기가 어려우므로 욕계에 속해 있는 네 가지 번뇌(四惑)를 일률적으로 아홉 등분하여 차츰 차츰 끊으니, 이를 욕계의 구품수혹(九品修惑) 또는 사혹(思惑)이라 한다. 사다함은 이 구품 중 육품까지를 6생(生)에 걸쳐 끊는다.

구품수혹이란, 상상품(上上品)·상중품(上中品)·상하품(上下品)·중상품(中上品)·중중품(中中品)·중하품(中下品)·하상품(下上品)·하중품(下中品)·하하품(下下品)을 말하는데, 먼저 상상품을 끊기 위해서는 이생(二生) 즉 두차례 태어나야 하고 다시 상중품, 상하품, 중상품을 끊기 위해서는 각각 일생(一生)씩이 요구되며, 중중품·중하품을 끊기 위해서는 이 둘을 합쳐서 일생(一生)이 요구되고, 나머지 하상품·하중품·하하품을 끊기 위해서도 역시 또 한 생(生)이 요구된다. 사다함은 6생(生)에 걸쳐 6품까지를 끊은 성문이므로 나머지 3품을 끊기 위해 한 생(生)만 걸치면 된다. 따라서 이로 인해 사다함을 일왕래(一往來), 즉 "한번 다녀간다" 고 하는 것이다.

③ 아나함(阿那含):

아나가민(Anagamin)의 음역. 아나함은 성문의 세 번째 지위로서 불래(不來)라 한역한다. 즉 인간 세상에 다시는 오지 않는다는 뜻이다. 욕계의 9품수 혹 중 6품을 끊고 사다함이 된 성문이 나머지 3품을 끊기 위해 다시 태어나 일생동안 다 끊어 아나함이 되고서는, 색계의 제4선천(第四禪天)의 일부인 오나함천(五那含天= 무번천, 무열천, 선현천, 선견천, 색구경천)에 가서 태어나게 된다.

④ 아라한(阿羅漢):

아르한(Arhan)의 음역. 아라한은 성문의 마지막 지위로서 수행이 최고의 극치에 이른 성인이다. 아라한은 무적(無賊)·불생(不生)·응공(應供)이라 번역하는데, 무적이라 함은 번뇌의 도적이 깨끗이 없어졌다는 뜻이고 불생이라 함은 다시는 인간 세상에 태어나지 않는다는 뜻이며, 응공이라 함은 인간세계와 하늘계에서 어떠한 공양이라도 받아도 타당하다는 뜻이다.

이러한 아라한이 끊어야 할 번뇌는 색계와 무색계의 수도혹으로서 탐(貪)·치(癡)·만(慢) 등 세 가지가 주구성 성분이 된다.

이미 아나함의 과위를 얻은 이가 오나함천에 태어나 살피니, 아직 상계의 수도혹이 남았음을 발견하게 된다. 그러나 그냥 끊기는 너무 미세하여 색계의 것을 넷으로, 무색계의 것도 넷으로 하여 총 여덟 가지로 나누고 이들 여덟 가지 몫을 다시 각각 아홉 등분으로 나누어 모두 72품으로 하는데, 이 중에서 71품까지를 끊으면 아라한향(雅羅漢向)이라 하고 72품을 다 끊어야 아라한이라 하는 것이다.

⑤ 무쟁삼매(無諍三昧):

무쟁은 원어 아라나(Arana)의 의역으로 "다툼이 없다"는 뜻이다. "다툼이 없다"는 것은 마음속에 갈등이 없다는, 즉 미혹이 없다는 것이다. 삼매는 원어 사마디(Samadhi)의 의역으로 산란한 마음을 한 곳에 모아 흩어지지 않게 하고, 또 마음을 바르게 하여 하나의 대상에만 마음을 집중시키는 일사불란한 정신통일의 경지를 말한다. 무쟁삼매는 몰입무아(沒入無我)상태로, 한마디로 마음속에 티끌만한 갈등도 없는 상태이다.

⑥ 아란나(阿蘭那):

아란야(阿蘭若) 또는 아련야(阿練若) 등으로도 음역한다. 적정처(寂靜處), 무쟁처(無諍處), 원리처(遠離處)라고 의역한다. 즉 소음이 없는 조용한 곳으로서 수행하기에 적당한 숲, 들, 모래밭 등을 말한다. 일반적으로는 마을에서 소의 울음소리가 겨우 들릴 정도로 떨어진 곳으로 정한다. 인가와 너무 먼 곳은 탁발(托鉢)에 불편하기 때문이다. 이런 곳에서 일체의 욕망과 번뇌를 끊어버리고 무쟁삼매의 수행을 하는 것이 아란나행(阿蘭那行)인 것이다.

제4절 한역(漢譯)

9. 일상무상분(一相無相分)

須菩提 於意云何 須陀洹 能作是念 我得須陀洹果不
수보리 어의운하 수다원 능작시념 아득수다원과부

須菩提言 不也 世尊
수보리언 불야 세존

何以故 須陀洹名爲入流 而無所入 不入色聲香味觸法
하이고 수다원명위입류 이무소입 불입색성향미촉법

是名須陀洹
시명수다원

須菩提 於意云何 斯陀含 能作是念 我得斯陀含果不
수보리 어의운하 사다함 능작시념 아득사다함과부

須菩提言 不也 世尊
수보리언 불야 세존

何以故 斯陀含 名一往來 而實無往來 是名斯陀含
하이고 사다함 명일왕래 이실무왕래 시명사다함

須菩提 於意云何 阿那含 能作是念 我得阿那含果不
수보리 어의운하 아나함 능작시념 아득아나함과부

須菩提言 不也 世尊
수보리언 불야 세존

何以故 阿那含 名爲不來 而實無不來 是故名阿那含
하이고 아나함 명위불래 이실무불래 시고명아나함

須菩提 於意云何 阿羅漢 能作是念 我得阿羅漢道不
수보리 어의운하 아라한 능작시념 아득아라한도부

須菩提言 不也 世尊 何以故 實無有法 名阿羅漢
수보리언 불야 세존 하이고 실무유법 명아라한

世尊 若阿羅漢作是念 我得阿羅漢道 卽爲着我人衆生壽者
세존 약아라한작시념 아득아라한도 즉위착아인중생수자

世尊 佛說我得無諍三昧 人中最爲第一 是第一離欲阿羅漢
세존 불설아득무쟁삼매 인중최위제일 시제일이욕아라한

世尊 我不作是念 我是離欲阿羅漢
세존 아부작시념 아시이욕아라한

世尊 我若作是念 我得阿羅漢道
세존 아약작시념 아득아라한도

世尊 卽不說須菩提 是樂阿蘭那行者
세존 즉불설수보리 시요아란나행자

以須菩提實無所行 而名須菩提 是樂阿蘭那行
이수보리실무소행 이명수보리 시요아란나행

제5절　영역(英譯) 1

NINE:

"Tell me, Subhuti. Do those who find the river think, 'I have attained the goal of finding the river' ?" Subhuti replied, "No, indeed, Bhagavan. Those who find the river do not think, 'I have attained the goal of finding the river. ' And why not? Bhagavan, they do not find any such dharma. Thus are they said to 'find the river.' They do not find a sight, nor do they find a sound, a smell, a tast e, a touch, or a dharma. Thus are they said to 'find the river.' Bhagavan, if those who found the river should thin k, 'I have attained the goal of finding the river, ' they would be attached to a self, they would be attached to a being, a life, and a soul."

The Buddha said, "Tell me, Subhuti. Do those who return once more think, 'I have attained the goal of returning once more' ?"

Subhuti replied, "No, indeed, Bhagavan. Those who return once more do not think, 'I have attained the goal of returning once more.' And why not? Bhagavan, they do not find any such dharma as 'returning once more.' Thus are they said to 'return once more.' "

The Buddha said, "Tell me, Subhuti. Do those who

return no more think, 'I have attained the goal of returning no more.' "

Subhuti replied, "No, indeed, Bhagavan. Those who return no more do not think 'I have attained the goal of returning no more.' And why not? Bhagavan, they do not find any such dharma as 'returning no more.' Thus are they said to 'return no more.' "

The Buddha said, "Tell me, Subhuti. Do those who are free from rebirth think, 'I have attained freedom from rebirth'? "

Subhuti replied, "No, indeed, Bhagavan. Those who are free from rebirth do not think, 'I have attained freedom from rebirth.' And why not? Bhagavan, there is no such dharma as 'freedom from rebirth.' Thus are they said to be 'free from rebirth.' If, Bhagavan, those who are free from rebirth should think, 'I have attained freedom from rebirt h,' they would be attached to a self, they would be attached to a being, a life, and a soul.

"And how so? Bhagavan, the Tathagata, the Arhan, the Fully-Enlightened One has declared that I am foremost among those who dwell free of passion. Bhagavan, although I am free from rebirth and without desires, I do not think, 'I am free from rebirth and without desires.' Bhagavan, if I thought, 'I have attained freedom from rebirth,' the Tathagata would not have singled me out by saying, ' Foremost among those who dwell free of passion is the noble son Subhuti. For he dwells nowhere at all. Thus is he called one who dwells free of passion who

"dwells free of passion." ' "

제6절 영역(英譯) 2

Section 9. Real Designation is Undesignate

Subhuti, what do you think? Does a disciple who has entered the Stream of the Holy Life say within himself: I obtain the fruit of a Stream-entrant?

Subhuti said: No, World-honoured One. Wherefore? Because "stream-entrant" is merely a name. There is no stream-entering. The disciple who pays no regard to form, sound, odour, taste, touch, or any quality, is called a Stream-entrant. Subhuti, what do you think? Does an adept who is subject to only one more rebirth say within himself: I obtain the fruit of a Once-to-be-reborn?

Subhuti said: No, World-honoured one. Wherefore? Because "Once-to-be-reborn" is merely a name. There is no passing away nor coming into existence. The adept who realizes this is called "Once-to-be-reborn."

Subhuti, what do you think? Does a venerable one who will never more be reborn as a mortal say within himself: I obtain the fruit of a Non-returner?

Subhuti said: No, World-honoured One. Wherefore? Because "Non-returner" is merely a name. There is no non-returning; hence the designation "Non-returner."

Subhuti, what do you think? Does a holy one say within

himself: I have obtained Perfective Enlightenment?

Subhuti said: No, World-honoured One. Wherefore? Because there is no such condition as that called

"Perfective Enlightenment"

World-honoured One, if a holy one of Perfective Enlightenment said to himself "such am I," he would necessarily partake of the idea of an ego-entity, a personality, a being, or a separated individuality. World-honoured One, when the Buddha declares that I excel amongst holy men in the Yoga of perfect quiescence, in dwelling in seclusion, and in freedom from passions, I do not say within myself: I am a holy one of Perfective Enlightenment, free from passions. World-honoured One, if I said within myself: Such am I; you would not declare: Subhuti finds happiness abiding in peace, in seclusion in the midst of the forest. This is because Subhuti abides no where: therefore he is called, "Subhuti,

Joyful-Abider-in-Peace, Dweller-in-Seclusion-in-the-Forest."

제10장 장엄한 정토

제1절 한글번역

부처님께서 말씀하셨다.

『수보리여, 그대 생각은 어떠한가. 여래가 옛적에 연등(然燈)부처님 계시던 곳에서 법에 대해 얻은 바가 있었겠는가?』

『아니옵니다. 세존이시여, 여래께서는 연등부처님 계시던 곳에서 법에 대해 실로 얻은 바가 없었습니다.』

『수보리여, 그대 생각은 어떠한가. 보살들이 불국토(佛國土)를 장엄하느냐?』

『그렇지 않습니다. 세존이시여, 무슨 까닭인가 하면 불국토를 장엄하는 것은 장엄이 아니며, 단지 그것을 이름하여 장엄이라 하기 때문입니다.』

『그러므로 수보리여, 보살마하살은 마땅히 이렇게 청정한 마음을 내어야 하나니, 색(色)에 머물러서 마음을 내지도 말고 성(聲)·향(香)·미(味)·촉(觸)·법(法)에 머물러서 마음을 내지도 말아야 하나니, 아무데도 머무는데 없이 마음을 내어야 하느니라.』

『수보리야, 가령 어떤 사람의 몸이 수미산(須彌山) 같다면 어떻게 생각하느냐. 그 몸이 크지 않겠느냐?』

『엄청나게 크옵니다. 세존이시여, 왜 그런가 하오면 부처님께서는 몸이 아닌 것을 이름하여 큰 몸이라 했기 때문이옵니다.』

제10장 장엄한 정토

진정으로 일념(一念)이 공(空)에 이를 수 있다면 불교공부의 귀결점입니다. 불교공부의 귀결점도 바로 이 일념이 공에 이르는 것으로 우리는 이것을 현재의 현실정토라 부릅니다. 이 때문에 부처님도 불경에서 이르기를,『마음이 깨끗하면 국토도 깨끗하다』고 했습니다.

도처가 모두 정토요, 도처가 모두 극락세계니, 마음이 깨끗하기만 하면 국토가 깨끗합니다. 우리의 인식은 모두 사량분별에 근거하고 있습니다. 우리가 이 분별심을 버리고 대원경지의 경계로, 맑고 밝게 비추는 거울과 같은 인식을 한다면 도처가 모두 극락세계입니다.

『수보리여, 그대 생각은 어떠한가. 여래가 옛적에 연등(然燈)부처님 계시던 곳에서 법에 대해 얻은 바가 있었겠는가?』

『아니옵니다. 세존이시여, 여래께서는 연등부처님 계시던 곳에서 법에 대해 실로 얻은 바가 없었습니다.』

이 이야기는 부처님의 바로 직전의 전생(前生)의 일이 아니라 아주 많은 생애(生涯) 이전의 일로서, 처음으로 부처의 깨달음을 인정해주신 스승이 바로 연등불(然燈佛: 燃燈佛로도 씀)입니다. 수기(受記)는 불교용어로 부처님께서 보살이 다음 세상에 성불하리라는 것을 예언하는 것을 말합니다.

연등불은 아주 오래전의 부처로서, 아직 지구가 생기기도 전의 부처입니다. 현대 과학에서는 지구가 약 46억 년 전에 생겼고 이 우주는 약

150억 년 전 탄생했다고 봅니다.

특이점으로부터 빅뱅으로 지금 현재의 우주가 생겼다고 보는 것입니다. 그러나 불교에서는 우주가 성주괴공(成住壞空), 즉 끊임없이 생겼다 소멸하기를 반복한다고 봅니다. 여기에 나오는 연등불은 지금의 우주가 생기기 전에 있었던 부처입니다.

『수보리여, 그대 생각은 어떠한가. 보살들이 불국토(佛國土)를 장엄하느냐?』

『그렇지 않습니다. 세존이시여, 무슨 까닭인가 하면 불국토를 장엄하는 것은 장엄이 아니며, 단지 그것을 이름하여 장엄이라 하기 때문입니다.』

수보리 어의운하 보살장엄불토부(須菩提 於意云何 菩薩莊嚴佛土不)을 해석할 때 주의해야 합니다. 우리가 일상적으로 장엄이라 하면 장엄하다(magnificent)라는 형용사의 의미로 많이 사용합니다. 그러나 불교용어로 장엄이란 영어로 말하면 장식하다(decorate)의 동사의 의미로 사용합니다.

장엄이란 훌륭하고 아름다운 것으로 불국토를 가꾸고 꾸미며, 또 훌륭한 공덕을 쌓아서 몸을 장식하고 꽃과 향을 부처님께 올려서 장식하는 것을 말합니다. 불국토는 부처님이 계시는 맑고 깨끗한 국토를 말합니다. 불토에는 세간불토(世間佛土)·신불토(身佛土)·심불토(心佛土)의 세 가지로 나누어 볼 수 있습니다.

세간불토는 절을 짓고 경을 간행하고 보시를 하고 공양하는 것을 말하며, 신불토는 모든 사람들을 두루 공경하는 것이고, 심불토는 마음이 청정한 것을 말합니다. 세간불토와 신불토의 두 장엄은 유상(有相)한 것이므로 물질적인 것이지만, 심불토는 무상(無相)한 것이므로 정신적인 것입니다.

위에 나오는 구절의 핵심을 간단히 이야기하자면 보살이 불국토를 장엄하는 것은 마음 밖에서 함이 아니라 단지 자기 마음을 청정하게 한다는 뜻입니다.

일반인이 생각하는 불국세계나 장엄불토는 사람마다 모두 다를 수 밖에 없는 것이, 《능엄경》에서 말하듯이 중생의 마음이 자신이 아는 바에 따라 응해 업에 따라 발현된 것이니 사람마다 마음속에 그리는 불국세계가 다 다를 수밖에 없습니다. 즉 극락도 자기의 아뢰야식에 함장된 종자에 따라서 발현된 것입니다.

세상 일체의 지식의 범위, 종교는 모두 자신의 마음이 만든 겁니다. 마음의 폭에 따라 마음의 깊이에 따라 극락이니 불토니 하는 것은 크기와 모습이 달라질 것이고 지식의 범위나 양에 따라서 극락의 범위가 또 달라질 것입니다. 업에 따라서도 다르게 나타납니다. 경주 불국사는 신라인이 생각하는 불국정토를 지상에 표현한 것입니다.

똑같이 불법을 배우고 좌선을 하면서도 각자가 본 부처의 모습은 다 다릅니다. 왜 그럴까요? 개인의 심경에 나타난 업력이 다 다르기 때문입니다. 어찌 일정함이 있겠습니까? 어떤 고정된 방향도 없고, 어떤 고정된 마음의 작용도 없습니다. 오직 절대적 유심(唯心)이요, 순수한 유심(唯心)일 뿐입니다.

《금강경》에서는 늘 이런 표현을 사용합니다. 즉비(卽非)와 시명(是名), 즉 '무엇 무엇이 아니고 단지 그 이름을 무엇 무엇이라고 하는 것이다'라는 의미입니다. 소위 말하는 장엄불토란 장엄이 아니라는 것입니다. 단지 그 이름을 장엄이라고 하는 것입니다.

앞에서도 이야기 했듯이 달마대사는 불립문자(不立文字), 즉 언어나 문자로써 도(道)를 표현할 수 없다고 했습니다. 언어나 문자는 실상(實相)과 일대일로 대응하는 것이 아닙니다. 우리 인간의 분별심속에서, 문법체계속에서 만들어낸 것입니다.

이것은 한계를 가지고 있을 수밖에 없으며 비트겐슈타인의 《논리철학 논고》에서도 언어의 한계성을 잘 분석하고 있습니다. 헤겔의 철학과 마찬가지로 정반합(正反合), 그리고 최후로 종합되는 이 구성은 우리에게 궁극적인 공을 말해주고 있습니다. 우리가 말하는 공, 상상속의 공은 이미 공이 아닙니다. 진정한 불토의 장엄은 스스로 증험(證驗)해 보아야 합니다.

『그러므로 수보리여, 보살마하살은 마땅히 이렇게 청정한 마음을 내어야 하나니, 색(色)에 머물러서 마음을 내지도 말고 성(聲)·향(香)·미(味)·촉(觸)·법(法)에 머물러서 마음을 내지도 말아야 하나니, 아무데도 머무는데 없이 마음을 내어야 하느니라.』

《금강경》은 우리에게 수행방법을 말해 줍니다. 머무는 바 없이 머무는 것입니다. 마땅히 머무는 바 없이 그 마음이 생긴다는 뜻입니다. 선종의 육조 혜능이 깨달음을 얻은 것도 바로 이 구절입니다. 마땅히 머무르지 않고 그 마음이 생기는 것, 이 구절에서 혜능은 깨달음을 얻었습니다. 색(色)에 머물러 마음이 생기지 않으며, 소리나 냄새, 맛이나 촉각, 법에 머물러 마음이 생기지 않아 머무름없이 마음이 생기는 것입니다.

머무는 바가 없다는 것을 모른다면 머무는 바가 없다는 것이 필경(畢竟) 공(空)이 되고 말 것입니다. 이런 공의 경계는 옳지 않은 것으로 공(空)에 머무는 것이 됩니다. 공에 머무는 것도 공이라는 하나의 법(法)에 머물러 마음이 생긴 것입니다. 말하자면 공(空)의 법에 머문 겁니다.

마땅히 어느 때 어느 곳에든 머무름이 없고 걸림이 없어야 하며 사물이 다가오면 응하고 지나가야 미련을 두지 말아야 합니다. 티베트에서는 많은 승려들이 힘들게 만다라를 만들지만 의식이 끝난 후에는 그 만다라를 다 지워버립니다. 집착(執着)을 가지지 말라는 뜻입니다.

『수보리야, 가령 어떤 사람의 몸이 수미산(須彌山) 같다면 어떻게 생각하느냐. 그 몸이 크지 않겠느냐?』

『엄청나게 크옵니다. 세존이시여, 왜 그런가 하오면 부처님께서는 몸이 아닌 것을 이름하여 큰 몸이라 했기 때문이옵니다.』

우리 육체의 신견(身見), 신견이란 우리 인간을 얽어매는 견혹, 수혹의 정신적 속박(束縛) 중에서도 제일 벗어나기 힘든 응어리인데, 이것을 벗어던질 수 있다면 불생불멸의 법신을 증득할 수 있습니다. 불생불멸의 법신이라는 것도 추상적인 말입니다.

불법은 오직 실제로 증득(證得)해야만 비로소 알 수 있습니다. 목마른 사람은 물을 먹어봐야 그 맛을 알 수 있고, 어떤 말로 그 맛을 표현하더라도 그것은 직접적인 것이 아니고 2차적인 것에 지나지 않습니다. 말로는 다 표현될 수 없는 것입니다. 도는 말로는 표현이 불가능합니다. 말로 표현한 것이 모두 다 옳은 것은 아닙니다. 이것이 바로 법신(法身)입니다.

선종에서 말하는 깨달음의 첫걸음도 바로 신견(身見)이 공(空)임을 증득(證得)하는데서 시작합니다. 그래야만 비로소 신견을 벗어날 수 있고 또 선을 배웠다고 할 수 있습니다. 요즘은 몸이나 외모에 대한 관심이 아주 큽니다. 성형수술을 해서 미모를 가꾸는 것, 물론 이것이 자신감을 키워준다는 의미에서 나쁘지만은 않습니다.

그러나 지나친 다이어트 열풍, 성형 열풍, 몸, 그리고 스타일에 대한 지나친 관심은 정신적인 공허감을 가져옵니다. 이런 몸에 대한 지나친 집착, 몸과 자기 자신을 동일시하는 것이 신견(身見)입니다.

그러나 우리 몸은 사대(四大)가 일시적으로 화합한 것으로 자성(自性)이 없으며, 또한 외부의 공기, 물, 음식이 없으면 몸을 지탱할 수가 없습니다. 즉 우리 몸은 영원히 변하지 않는 실체가 아니며, 여러 구성요소로 이루어져 있고, 그 존속에도 외부의 여러 물질에 의존하고 있다는 것입니다.

우리 몸이 상주불변의 실체가 아니고, 일시적인 인연에 의해 뭉쳐 있는 것에 지나지 않습니다. 몸은 실체가 아니고 상의상관(相依相關)하는 가립(假立)의 존재입니다. 인연에 따라서 생겨난 것은 인연이 다하면 흩어집니다.

제3절 용어해설

10. 장엄정토분(莊嚴淨土分)

① 연등불(燃燈佛):

원어는 Dipankara-Tathagata 과거세의 부처님으로 세존 이전에 나타났다고 전설적으로 전해지는 24명의 부처님 가운데 한 분이시다. 한자로 연등불(燃燈佛) 또는 연등불(然燈佛)로 표기하고 정광불(淨光佛; 錠光佛)이라고도 한다.

세존이 전생에 스미다라는 보살로서 보살도를 닦는 한 고행자였을 때, 개척중인 험한 길바닥에 누워 연등불로 하여금 자기 머리털을 밟고 지나가게 했다고 한다. 연등불은 세존에게 "너는 후에 석가족에 태어나 성자가 되리라" 하는 수기(授記)를 주었다고 한다.

《대비사바론》에 『묻기를, 이 사(四)바라밀다를 닦을 때 각각 겁아승지야(劫阿僧祇耶)에 있어서 몇 명의 부처님을 만났는가?

답하기를, 초겁아승기야(初劫阿僧祇耶)에 있어서 칠만 오천명의 부처님을 만났는데, 맨 처음을 석가모니라 부르고 맨 나중을 보수(寶髻)라 부른다.

제2겁 아승기야에서는 칠만 육천명의 부처님을 만나는데, 맨 처음을 보수라 부르고 맨 나중을 연등(燃燈)이라 한다.

제3겁 아승기야에서는 칠만 칠천명의 부처님을 만나는데, 최초는 연등이고 최후는 승관(勝觀)이라 부른다.

상이숙업(相異熟業)을 닦는 91겁 중에서 여섯 명의 부처님을 만나는데, 최초는 승관이고 최후는 가섭파(迦葉波)라고 부른다. 그러므로 마땅히 알아야 한다. 이것은 석가보살에 의해서 설해지는 것을.』라고 되어 있다.

만일 다른 보살이라면 부정(不定)이다.

이와 같이 석가보살은 가섭파보살시대에 있어서 사(四)바라밀다를 먼저 나누어서 충족시키고 이제 상이숙업을 잘 원만하게 하여, 이 섬부주에서 죽어 도사다천(睹史多天)에 태어나 천취(天趣)의 마지막 이숙(異熟)을 받는다.

② 불토를 장엄한다[莊嚴佛土]:

장엄이란 훌륭하고 아름다운 것으로 국토를 가꾸고 꾸미며, 또 훌륭한 공덕을 쌓아서 몸을 장식하고 꽃과 향을 부처님께 올려서 장식하는 것을 말한다. 불토는 부처님 계시는 맑고 깨끗한 국토를 말한다. 불토에는 세간불토(世間佛土)·신불토(身佛土)·심불토(心佛土)의 세 가지가 있다.

세간불토는 절을 짓고 경을 간행하고 보시를 하고 공양하는 것을 말한다.

신불토는 모든 사람들을 두루 공경하는 것이고,

심불토는 마음이 청정한 것을 말한다.

세간불토와 신불토의 두 장엄은 유상(有相)한 것이므로 물질적인 것이지만, 심불토는 무상(無相)한 것이므로 정신적인 것이다. 여기서는 부처님이 물질적인 장엄을 물으신데 대해 수보리존자가 정신적인 것으로써 답한 것이다.

③ 수미산왕(須彌山王):

원어 수메르 파르바타(Sumeru-parvata)의 음역. 수미루(修迷樓), 소미로(蘇迷盧)라 음역하기도 하고, 또 묘고(妙高), 묘광(妙光) 등으로 의역하기도 한다. 고대 인도의 신화적 우주관에서 전해 오는 아주 큰 산이다. 세계의 제일 밑에는 풍륜(風輪), 그 위에 수륜(水輪), 그 위에 금륜(金輪)이 있고, 또 그 위에 아홉개의 산[九山]과 여덟 개의 바다[八海]가 있다고 한다.

그 중심이 수미산이라는 큰 산이며, 우주에서 제일 높고 크고 또 중심이 되는 산이다. 높이는 8만 4000유순(1유순은 약 60리)이고, 해와 달이 이 산의 중턱에 돈다고 한다. 그 산의 정상에는 제석천(帝釋天)이 살고 있으며, 중턱에는 사천왕(四天王)이 살고 있다고 한다. 여기서 수미산왕이라고 한 것은 수미산이 모든 산 가운데 가장 높고 크기 때문이다.

제4절 한역(漢譯)

10. 장엄정토분(莊嚴淨土分)

佛告須菩提 於意云何 如來昔在然燈佛所 於法有所得不
불고수보리 어의운하 여래석재연등불소 어법유소득부

不也 世尊 如來在然燈佛所 於法實無所得
불야 세존 여래재연등불소 어법실무소득

須菩提 於意云何 菩薩莊嚴佛土不
수보리 어의운하 보살장엄불토부

不也 世尊 何以故 莊嚴佛土者 卽非莊嚴 是名莊嚴
불야 세존 하이고 장엄불토자 즉비장엄 시명장엄

是故 須菩提 諸菩薩摩訶薩 應如是生淸淨心
시고 수보리 제보살마하살 응여시생청정심

不應住色生心 不應住聲香味觸法生心 應無所住而生其心
불응주색생심 불응주성향미촉법생심 응무소주이생기심

須菩提 譬如有人 身如須彌山王 於意云何 是身爲大不
수보리 비여유인 신여수미산왕 어의운하 시신위대부

須菩提言 甚大 世尊 何以故 佛說非身 是名大身
수보리언 심대 세존 하이고 불설비신 시명대신

제5절 영역(英譯) 1

TEN:

The Buddha said, "Subhuti, what do you think? Did the Tathagata obtain any such dharma in the presence of Dipankara Tathagata, the Arhan, the Fully-Enlightened One?"

Subhuti replied, "No, indeed, Bhagavan. The Tathagata did not obtain any such dharma in the presence of Dipankara Tathagata, the Arhan, the Fully-Enlightened One."

The Buddha said, "Subhuti, if any bodhisattva should thus claim, 'I shall bring about the transformation of a world,' such a claim would be untrue. And how so? The transformation of a world, Subhuti, 'the transformation of a world' is said by the Tathagata to be no transformation. Thus is it called the 'transformation of a world.' Therefor e, Subhuti, fearless bodhisattvas should thus give birth to a thought that is not attached and not give birth to a thought attached to anything. They should not give birth to a though attached to a sight. Nor should they give birth to a thought attached to a sound, a smell, a taste, a touc h, or a dharma.

"Subhuti, imagine a person with an immense, perfect

body whose self-existence is like that of Mount Sumeru. What do you think, Subhuti? Would such self-existence be great?"

Subhuti replied, "Great, indeed, Bhagavan. Such self-existence would be great, Sugata. And why? Because self-existence, Bhagavan, 'self-existence' is said by the Tathagata to be no existence. Thus is it called 'self-existence.'

Because, Bhagavan, it is neither existence nor no existence. Thus is it called 'self-existence.' "

제6절 영역(英譯) 2

Section 10. Setting Forth Pure Lands

Buddha said: Subhuti, what do you think? In the remote past when the Tathagata was with Dipankara Buddha, did he have any degree of attainment in the Good Law?

No, World-honoured One. When the Tathagata was with Dipankara Buddha he had no degree of attainment in the Good Law.

Subhuti, what do you think? Does a Bodhisattva set forth any majestic Buddha-lands? No, World-honoured One. Wherefore? Because setting forth majestic Buddha-lands is not a majestic setting forth; this is merely name.

Then Buddha continued. Therefore, Subhuti, all Bodhisattvas, lesser and great, should develop a pure, lucid mind, not depending upon sound, flavour, touch, odour or any quality. A Bodhisattva should develop a mind which alights upon no thing whatsoever; and so should he establish it. Subhuti, this may be likened to a human frame as large as the mighty Mount Sumeru.

What do you think? Would such a body be great?

Subhuti replied: Great indeed, World-honoured One. This is because Buddha has explained that no body is called a great body.

제11장 무위의 복이 더 낫다

제1절 한글번역

『수보리여, 만약 갠지스강에 있는 모든 모래 수만큼이나 많은 갠지스강이 있다면, 어떻게 생각하느냐. 이렇게 많은 갠지스강에 있는 모든 모래의 수는 많지 않겠느냐?』

수보리가 대답하였다.

『대단히 많겠나이다. 세존이시여, 모든 갠지스강만 해도 무수히 많은데 , 하물며 그 모든 갠지스강에 있는 모래의 수는 얼마나 많겠습니까?』

『수보리여, 내가 지금 진실하게 말하노니, 만약 어떤 선남자 선여인이 갠지스강의 모래 수만큼이나 많은 삼천대천세계를 가득 채운 칠보로써 보시한다면 그 복덕이 많지 않겠느냐?』

수보리가 대답하였다.

『매우 많겠나이다. 세존이시여. 』

부처님께서 수보리에게 말씀하셨다.

『만약 어떤 선남자나 선여인이 이 경전 중에서 사구게만이라도 받아지니고 다른 사람에게 설명해주면 그 복덕은 앞에서 칠보로 보시한 복덕보다 더 수승(殊勝)하니라. 』

제2절 해설

제11장 무위의 복이 더 낫다

무위복은 청복(淸福)에 속합니다. 무위복승(無爲福勝)이란 청정한 복이 세간의 일체의 부귀와 공명보다 훨씬 더 낫다는 것입니다. 승(勝)이란 초과, 초월의 뜻입니다. 여기서 큰 몸 대신(大身)이란 일체 중생의 생명이나 육체 후면에 존재하는 형이상적인 육체의 근본을 가리키는 것으로 법신이라고 하는데 태어나지도 죽지도 않습니다. 사람은 자기 생명의 본래면목을 찾아야 하지만 태어나지도 죽지도 않는 법신을 얻기 위해서는 참으로 많은 복이 있어야 합니다.

『수보리여, 만약 갠지스 강에 있는 모든 모래수 만큼이나 많은 갠지스 강이 있다면, 어떻게 생각하느냐. 이렇게 많은 갠지스 강에 있는 모든 모래의 수는 많지 않겠느냐?』

수보리가 대답하였다.

『대단히 많겠나이다. 세존이시여, 모든 갠지스 강만 해도 무수히 많은데, 하물며 그 모든 갠지스 강에 있는 모래의 수는 얼마나 많겠습니까?』

갠지스 강은 인도의 중요한 강의 하나로서 중국의 황하와도 같은 그런 강입니다. 갠지스강 유역을 따라 부처님의 유적이 많이 있습니다. 인도 갠지스 강 유역의 부처님의 유적이 있는 도시 중 하나인 바라나시에 보면 인도인들은 갠지스 강을 신성한 강으로 여기고 바라나시에서 목욕을 하는 것은 이슬람인들이 메카를 성지순례하는 것과 같이 생각하고 있습니다.

그 바라나시에서는 생과 사가 같이 어우러져 있습니다. 한쪽에서는 시체를 화장해서 태운 재를 강물에 버리고 강 다른 쪽에서는 그 강물에서 목욕을 하고 생과 사가 바로 한 장 차이가 아니라 바로 같은 강물에서 이뤄지는 것입니다.

불교의 발상지인 인도 고타마 싯타르타가 탄생하는 그 순간부터 부처님의 발자취를 따라서 깨달음, 설법, 열반에 이르기까지 이 불교 성지 순례는 보통 뭄바이 → 아우랑가바드 → 아잔타 → 보팔 → 아그라 → 바라나시 → 보드가야 → 쿠시나가라 → 룸비니 → 델리의 코스를 포함합니다. 불교 8대 성지는 룸비니, 보드가야, 녹야원, 슈라바스티, 상카샤, 라지기르, 바이샬리, 쿠시나가라 입니다.

부처님이 말씀하신 삼천대천세계는 불교의 우주관입니다. 삼천대천세계는 세계가 3천개가 있다는 뜻이 아니라 천개의 세계로 이루어진 소천세계(小天世界), 이 소천세계 천개가 모여 이루어진 중천세계(中天世界), 이 중천세계 천개가 모여 이루어진 대천세계(大天世界)라는 의미입니다.

그러니까 굳이 수학적으로 표현해보면 $10^3 \times 10^3 \times 10^3 = 10^9$의 세계가 있다는 뜻입니다. 지금으로부터 약 2,500년 전에 이런 광활한 우주를 상정할 수 있다는 것은 깊은 선정에서 나온 우주에 대한 심오한 지혜입니다.

현대 천문학의 연구 성과에 의하면 은하계에는 별이 1000억개 내지 2000억개 정도가 있다고 합니다. 그런데 이 우주에는 이런 은하계가 약 1000억개 이상 있다고 합니다. 그러니까 이 온 우주의 별은 10^{23}(10의 23승; 10^{24}이라는 학설도 있음)개의 별이 있을 거라고 추정합니다. 천문학적인 숫자입니다.

매 하나의 우주에는 얼마나 많은 강이 있을까요? 불경에는 항상 이렇게 말합니다. 이것을 중생들에게 말해 줄 방법이 없다. 아무리 해도 이해가 되지 않으리라 생각되기 때문이다. 이전에는 이것이 공허한 말처럼 생각되었으나 지금은 그렇지 않습니다. 과학적으로 증명되어 부처님의 말이 공허한 말이 아님을 알게 되었습니다.

부처님은 수보리에게 말씀하십니다. 갠지스 강과 같은 강이 모두 얼마나 될지도 알 수 없을진대 하물며 그 많은 강의 모래 수야 오죽 많겠는가? 더욱 헤아리기 힘들 것이다.

『수보리여, 내가 지금 진실하게 말하노니, 만약 어떤 선남자 선여인이 갠지스 강의 모래 수만큼이나 많은 삼천대천세계를 가득 채운 칠보로써 보시한다면 그 복덕이 많지 않겠느냐?』

수보리가 대답하였다.

『매우 많겠나이다. 세존이시여.』

가령 지금 세상에 남녀를 불문하고 인간사회에서 가장 중요한 칠보로써 갠지스강의 모래 수만큼이나 많은 삼천대천세계를 가득 채울 그런 칠보로써 남김없이 보시하여 중생을 구제한다면 그대 생각은 이 사람은 복이 많겠는가? 많지 않겠는가? 그가 얻을 수 있는 선의 과보가 많겠는가? 많지 않겠는가? 수보리가 말합니다. 아주 많습니다, 세존이시여.

부처님께서 수보리에게 말씀하셨다.

『만약 어떤 선남자나 선여인이 이 경전 중에서 사구게만이라도 받아 지니고 다른 사람에게 설명해주면 그 복덕은 앞에서 칠보로 보시한 복덕보다 더 수승(殊勝)하니라.』

이 구절의 내용은 아주 중요합니다. 부처님은 말씀하십니다. 가령 이 세상에 어떤 선한 사람이 있어 《금강경》의 내용을 완전히 이해하고 더 나아가 수지할 수 있다면, 여기서 수지(受持)의 의미는 그 내용을 받아들일 뿐 아니라 거기에 의거해서 지속적으로 수행을 계속한다는 뜻입니다.

한걸음 더 나아가 《금강경》의 이치를 숙지하고 그것을 몸으로 증험(證驗)하는 단계에 이르렀을 때야만 받아들인 바가 있습니다. 이치상으로만 받아들이는 것은 소용없습니다. 불법을 진정으로 이해하고 몸과 마음으로 받아들여 변화가 생겼을 때에야 비로소 받아들였다고 할 수 있습니다. 그리고 단지 받아들이는 것만으로 불충분합니다. 영원히 그 경계를 유지해야 합니다. 이렇게 해야만 수지(受持)라 할 수 있습니다.

그리고 《금강경》의 전 내용을 수지할 필요는 없습니다. 중간의 사구게 만이라도 진정으로 깨우쳐 받아들이고 또 그 경계를 지속적으로 유지하면 됩니다. 그런 뒤에 다른 사람을 교화하고 다른 사람을 위해 해설한다면 이 사람의 복은 전 우주에 가득찬 재화로 보시하는 것보다 훨씬 크다는 것입니다.

모든 사정과 이치는 상대적입니다. 정(正)이 있으면 반(反)이 있고 부정불반(不正不反)이 있으면 즉정즉반(卽正卽反)이 있습니다. 바로 공(空), 유(有), 역공역유(亦空亦有), 비공비유(非空非有)의 사구입니다. 이렇게 본다면 사구를 벗어나고 온갖 그릇된 것을 끊어야만 비로소 진정으로 《금강경》의 핵심을 수지하는 것입니다. 사구게의 핵심도 바로 이것입니다.

열반(涅槃)이란 곧 무위(無爲)의 뜻입니다. 무위의 도가 최상승(最上勝)의 성취입니다. 사람들이 모두 유위(有爲) 중에 있으며, 무위에 도달하지 못하고 있습니다. 진정으로 무위에 도달할 수 있다면 바로 도를 이룬 경계입니다.

불법을 배우는 데는 두 가지가 중요합니다. 하나는 지혜(智慧)의 자량(資糧)이요 다른 하나는 복덕(福德)의 자량(資糧)입니다. 모든 악을 행하지 않고 선행을 받들어 행하는 것이며, 악(惡)이란 것은 아무리 작은 것이라도 행하지 않고, 선(善)이라는 것은 그것이 아무리 작은 것이라도 받들어 행하는 것입니다. 자량이란 본래 자재(資財)와 식량(食糧)을 뜻하는데, 열반에 이르기 위한 선근 공덕을 모아야 하는 것을 말하며, 요즘말로 사업을 하려면 자본(capital)이 필요하듯이, 성취를 이루기 위해서는 지혜와 복덕이 필요함을 의미합니다.

부처님이 말씀하신 이 사바세계의 사바(sabha)는 인계(忍界), 즉 인내를 해야하는 세계라는 뜻입니다. 이 세상은 또한 결함의 세계입니다. 그런데 이것을 알아야 합니다. 일체가 모두 만족스러운 것은 대단히 두려운 것입니다. 약간의 결함이 있기를 희망해야 합니다. 2%로 부족한 것이 오히려 좋은 것입니다.

결함의 세계에서는 복덕이 있는 사람은 지혜가 없고, 지혜가 있는 사람은 복덕이 없습니다. 책을 잘 읽는 사람은 대부분 복덕이 부족합니다. 운명이 비교적 좋은 사람은 대부분 지식에서 약간 뒤떨어집니다. 어느 한 면이 좋으면 다른 한 면은 부족하기 마련입니다.

모든 것을 다 갖추려면 오직 성불하는 수밖에 없습니다. 그렇지만 성불해서 구하는 것은 이런 복이 아니라 무위의 복입니다. 무위의 복은 아주 얻기 어렵습니다. 이 지혜가 바로 대 복덕입니다. 삼천대천세계를 가득 채운 칠보로써 보시했다하더라도 그것은 유루(有漏)의 복입니다.

하루에 모래 한 알이 샌다 치더라도 세월이 가면 언젠가는 다 새어버립니다. 물질로 보시하는 유루복도 복을 받기는 받습니다. 그러나 그 복을 다 받고나면 허무합니다. 무루복(無漏福)을 받기 위해서는 참된 수행자가 될 수밖에 없습니다. 완전무결한 진리와 복을 추구하고 가치를 깨달아 가야만 열반에 이를 수 있습니다. 끝없이 정진하고 수행하면서 더 넓고 더 깊은 세계로 들어가야 합니다.

제3절 용어해설

11. 무위복승분(無爲福勝分)

① 항하(恒河):

원어 강가(Ganga)의 음역. 인도의 설산(雪山)인 히말라야산맥에 근원을 두고 동남쪽으로 흘러 뱅골만으로 흘러들어가는 갠지스강(Ganges)강을 말한다. 갠지스강은 길이는 2511km로 인도에서 인더스강 다음으로 길고 큰 강이다. 하류쪽은 강폭이 16km나 되어 바다와 같이 넓으며, 그 유역의 땅들은 매우 비옥하여 옛날부터 인도의 제국들이 도읍을 이 강가에 정하기도 하였다.

따라서 수천년을 두고 인도문명의 중심이 되었고, 불교를 비롯한 여러 종교, 철학이 이곳에서 발생하기도 했다. 지금도 인도사람들은 이 강을 매우 신성시하고 있으며, 강의 이름으로 신의 이름으로 삼기도 했다. 세존의 비유 가운데 자주 등장하는 강 이름의 하나이다.

제4절 한역(漢譯)

11. 무위복승분(無爲福勝分)

須菩提 如恒河中所有沙數 如是沙等恒河 於意云何
수보리 여항하중소유사수 여시사등항하 어의운하

是諸恒河沙 寧爲多不
시제항하사 영위다부

須菩提言 甚多 世尊 但諸恒河 尙多無數 何況其沙
수보리언 심다 세존 단제항하 상다무수 하황기사

須菩提 我今實言告汝 若有善男子善女人
수보리 아금실언고여 약유선남자선녀인

以七寶滿爾所恒河沙數三千大千世界 以用布施 得福多不
이칠보만이소항하사수삼천대천세계 이용보시 득복다부

須菩提言 甚多 世尊
수보리언 심다 세존

佛告須菩提 若善男子善女人 於此經中 乃至受持四句偈等
불고수보리 약선남자선여인 어차경중 내지수지사구게등

爲他人說 而此福德 勝前福德
위타인설 이차복덕 승전복덕

제5절 영역(英譯) 1

ELEVEN:

The Buddha said, "Subhuti, what do you think? If there were as many rivers as there are grains of sand in the great river of the Ganges, would the number of grains of sand in all those rivers be great?"

Subhuti replied, "The number of rivers would be great, Bhagavan, how much more so their grains of sand."

The Buddha said, "I shall tell you, Subhuti, so you shall know. If a man or woman filled as many worlds as there are grains of sand in all those rivers with the seven jewels and gave them as a gift to the tathagatas, the arhan s, the fully-enlightened ones, what do you think, Subhuti, would the body of merit produced as a result by that man or woman be great?"

Subhuti replied, "It would be great, Bhagavan, great, indeed, Sugata. The body of merit produced as a result by that man or woman would be immeasurable and infinite."

The Buddha said, "Subhuti, if, then, a man or woman filled as many worlds as that with the seven jewels and gave them as a gift to the tathagatas, the arhans, the fully-enlightened ones, and a noble son or daughter grasped but one four-line gatha of this dharma teaching and made it known and explained it to others, the body of merit produced as a result would be immeasurably, infinitely greater."

제6절 영역(英譯) 2

Section 11. The Superiority of Unformulated Truth

Subhuti, if there were as many Ganges rivers as the sand-grains of the Ganges, would the sand-grains of them all be many?

Subhuti said: Many indeed, World-honoured One! Even the Ganges rivers would be innumerable; how much more so would be their sand-grains?

Subhuti, I will declare a truth to you. If a good man or good woman filled three thousand galaxies of worlds with the seven treasures for each sand-grain in all those Ganges rivers, and gave all away in gifts of alms, would he gain great merit?

Subhuti answered: Great indeed, World-honoured One!

Then Buddha declared: Nevertheless, Subhuti, if a good man or good woman studies this Discourse only so far as to receive and retain four lines, and teaches and explains them to others, the consequent merit would be far greater.

제12장 바른 가르침을 존중하다

제1절 한글번역

『또한 수보리야, 어느 곳이든 지간에 이 경전 내지는 사구게를 설명하면 그곳은 일체세간의 천 · 인 · 아수라가 공양하기를 부처님의 탑과 같이 하여야 한다. 하물며 어떤 사람이 있어 끝까지 다 읽거나 외울 때이겠는가.

수보리야, 이 사람은 가장 높고 제일 희유(稀有)한 법을 성취하게 되리니, 이 경전이 있는 곳은 곧 부처님이 계신 곳이고 존중받는 제자들이 있는 것과 같으니라.』

제2절 해설

제12장 바른 가르침을 존중하다

『또한 수보리야, 어느 곳이든 지간에 이 경전 내지는 사구게를 설명하면 그곳은 일체세간의 천 · 인 · 아수라가 공양하기를 부처님의 탑과 같이 하여야 한다. 하물며 어떤 사람이 있어 끝까지 다 읽거나 외울 때이겠는가. 수보리야, 이 사람은 가장 높고 제일 희유(稀有)한 법을 성취하게 되리니, 이 경전이 있는 곳은 곧 부처님이 계신 곳이고 존중받는 제자들이 있는 것과 같으니라.』

《금강경》 이 구절을 해석하면서 제가 먼저 한역을 보니,

若是經典所在之處 則爲有佛若尊重弟子
약시경전소재지처 즉위유불약존중제자

으로 되어 있었습니다.

이것에 대해 해석을 해보니 첫째 "이 경이 있는 데는, 곧 부처님이 계시고 거룩한 부처님 제자가 계신 데가 되느니라." 즉 있다〔有〕의 주어(主語)로 부처〔佛〕와 존경받는(존중을 be respected의 의미로 해석함) 제자〔尊重弟子〕의 두 가지가 주어로 되는 경우 한가지와,

"이 경이 있는 곳에는 따라서 부처님이 계시게 되어〔有佛〕 마치〔若: as if 나 the same as로 해석〕 제자들이 부처님을 존중하는 것과 같다" 는 해석

이 가능합니다. 그렇게 해석하면 존중(尊重: respect)이 타동사가 되어 부처님〔佛〕을 목적어로 합니다.

저는 이 두 가지 해석 중 영역(英譯) 2

the presence of Buddha and disciples worthy of honour.

를 참고해서,

"만약 이 경전이 있는 곳이라면 부처가 있고, 또 존경받는 제자들이 있는 것과 같다."로 해석했습니다.

이 경전내지 사구게가 여기에 놓여 있기만 해도 석가모니 부처님 자신이 있는 것과 같다고 합니다. 일체의 천·인·아수라가 최상의 경애를 표하지 않을 수 없습니다. 하물며 이 경전을 연구해 이해하고 수행을 계속한다면, 그래서 마음으로 받아들이고 부처의 경계를 유지해 나간다면 그 공덕은 헤아릴 수 없이 클 것입니다.

옛날에는 불교 경전을 손으로 직접 썼습니다. 필사를 한 것입니다. 경전을 일일이 손으로 쓰기 때문에 베껴 쓰는 공덕이 대단했습니다. 만약 《금강경》을 아끼고 연구하며 또 유통시킬 수 있는 사람이 있다면, 이 사람은 이미 성공한 사람이며, 세상의 제1류 인물로서, 제일 얻기 어려운 법〔稀有之法〕을 성취했다는 것입니다. 이런 사람은 아주 드문 사람으로서 최고의 법을 성취한 사람으로 아주 훌륭한 사람입니다.

이 경전이 있는 곳은 부처님이 계시는 것과 마찬가지입니다. 심지어 부처의 제자들 수보리, 사리불, 목련, 가섭 등을 대표하기도 하니 이 경전이 얼마나 소중합니까? 부처님은 경전이 있는 곳은 불탑과도 같다고 했습니다.

이 구절의 의미는 자기 마음으로 이 《금강경》을 읽고 자기 마음으로 이 경전에 계합하고 그 어디에도 집착하지 않고 형상을 떠난 이치를 체득하고서 항상 부처님 가르침대로 행하고 한 순간도 어기지 않으면 그 마음이 바로 부처라는 뜻입니다.

금강반야바라밀다가 바로 지혜의 성취라는 것을 진정으로 깨닫는다면 도를 깨달은 것입니다. 우리의 본래 마음자리가 곧 부처요 불탑입니다. 우리의 몸이 바로 절입니다. 그러니 일체의 천·인·아수라가 귀의해서 공양하지 않을 수 없습니다. 불교든 이슬람교든 기독교든 천주교든 어떤 종교라도 좋습니다. 진정으로 간절한 마음에서 아무 요구 없이 자기를 버리고서 절할 수 있다면, 일념(一念)으로 공경할 수 있다면 바로 도(道)의 경계입니다.

불교에서는 그 어떤 가르침보다 지혜를 강조합니다. 사량분별을 따지는 세속적인 지혜가 아니라, 본질적으로 판단 기준을 떠나 있고 텅 비어 광명이 두루 비추는 반야의 지혜를 말합니다.

제3절 용어해설

12. 존중정교분(尊重正教分)

① 천(天):

중생들이 각자 자기가 지은 업인(業因)에 따라서 윤회하는 길을 여섯으로 나누어 6도(六道)라 하는데, 지옥·아귀·축생·아수라(阿修羅)·인간·천(天)이 그것이다. 천(天)은 데바(Deva)로서 천상이라고도 하며, 천에 태어나는 것은 인간세상보다 더 좋은 과보를 받는 것이지만 그 곳에도 차별이 있어 욕계천·색계천·무색계천이 있다고 한다. 여기서 말하는 천(天)은 그러한 6도의 천이 아니라 천지만물을 주재하는 신을 가리킨다. 어떤 특정한 신이라기보다는 모든 신적인 존재를 총칭하는 표현이라 하겠다.

② 아수라(阿修羅):

원어 아수라(Asura)의 음역. 인도에서 가장 오래된 신의 하나이다. 인도 고전의 하나인 리그베다(Rig-veda)에서는 가장 수승(殊勝)한 성령(聖靈)이라는 뜻으로 사용되었지만, 중기 이후에 와서는 무서운 귀신으로 인식되었다. 성품이 사나와 성을 잘 내고 덕이 모자라서 싸우기를 좋아하는 악신(惡神)이라고 생각되어늘 무서운 형상으로 표현되고 있다. 아수라는 아소라(阿素羅), 아소락(阿素洛), 아수륜(阿須倫)이라 음역하기도 하고 비천(非天), 비류(非類), 부단정(不端正)이라 의역하기도 한다.

③ 탑묘(塔廟):

탑(塔)은 범어 Stupa의 음역이지만, 묘(廟)는 한자어이다. 그러므로 범어와 한자어의 합성어라 하겠다. 원어는 차이트야 부후다(Caitya-bhuta)이다. 차이트야는 묘소를 가리키는 말이다. 불교에서는 불타와 불제자들의 유골을 담은 거대한 무덤을 스트우파(Stupa), 즉 탑이라 부르고 유골을 묻지 않고 그 밖의 다른 성물인 발우, 경전 등을 넣어 보관하는 건물을 차이트야(Caitya)라 불러 구별해왔다. 그러나 후세에 와서 이 두 가지를 혼용하게 되었다. 즉 탑묘란 말의 탑은 부처님의 사리를 모신 곳인 사리탑을 말하는 것이고, 묘는 불상이나 경전 따위를 모신 곳 곧 절을 말하는 것으로 풀이되고 있다.

사리는 범어 사리라(Sarira)의 음역인데, 신골(身骨)·유신(遺身)·영골(靈骨) 등으로 의역한다. 사리는 전신사리(全身舍利)·쇄신사리(碎身舍利)·생신사리(生身舍利)·법신사리(法身舍利) 등 네 가지로 구별된다.

전신사리는 다보불(多寶佛)과 같이 온 몸이 그대로 사리인 것이고,

쇄신사리는 석가불의 사리와 같이 몸에서 나온 낱알로 된 것이고,

생신사리는 여래가 멸도한 뒤에 전신사리나 쇄신사리를 남겨 사람과 하늘이 공양하게 하는 것이며,

법신사리는 대승·소승의 경전으로서 부처님이 말씀하신 오묘한 교법을 가리킨다. 원래는 신골이나 주검을 모두 사리라고 했는데, 후세에 와서는 다비한 뒤에 나오는 작은 구슬 모양의 쇄신사리만을 말하게 되었다.

탑을 만드는 것은 퍽 오래된 일이지만, 석굴은 부처님의 10대 제자 중의 한 사람인 가섭불(迦葉佛)의 사리를 모시기 위하여 흙을 쌓아 만든 것이 최초라고 하는데, 2~3세기경에는 인도의 아소카왕이 8만 4000의 탑을 쌓았다고 전해진다. 부처님의 사리는 여덟 곳에 나누어져 탑 속에 봉안되어졌다고 하는데, 그 하나가 우리나라의 경남 양산 통도사에 봉안되어져 있다고 한다. 탑은 유골을 묻지 않고도 오직 특별한 영지임을 표시하기 위하여 또는 그 덕을 앙모하여 보은의 공양으로 세워지기도 했다.

당시의 탑은 반구형(半球形)으로 쌓아 그 꼭대기에 수직으로 구멍을 뚫어 지평에 이르게 하고 그 밑바닥에 사리나 또는 값진 보물들을 장치한 다음 주위에 예배할 수 있는 길을 만들고 바깥에는 돌로 난간을 둘렀다. 그래서 탑은 불교국가에서는 대단히 신성시되어 탑에 대한 예배는 불상에 대한 예배와 동일시되었다.

고대신라에서 탑돌이 같은 행사가 성행했던 것은 이것에 연유하는 것이다. 탑의 건축재료로는 돌·벽돌·금속·나무 등 여러 가지를 썼고, 특히 중국에서는 벽돌로 만든 전탑(塼塔), 일본에서는 목조탑(木造塔), 우리 나라에서는 석탑(石塔)이 발달되었다. 여기에서 말하는 "탑묘와도 같이"는

"최대의 존경과 예배를 받는 탑묘와 같이 존경을 받는"이라는 뜻이다.

④ 만약 이 경전이 있는 곳이라면, 곧 부처가 있고 존중받을만한 제자가 있는 곳[若是經典所在之處 卽爲有佛若尊重弟子]:

이 구절에 대해서는 옛날부터 다양한 해석이 존재하고 있다. 그 중에서 긴요한 것만 간추려 보면 다음과 같다.

당의 혜정(慧淨)이 지은 《금강경주소(金剛經註疏)》, 송의 장수(長水)가 지은 《간정기(刊定記)》, 명의 광신(廣伸)이 지은 《금강경총(金剛經叢)》, 명의 원과(圓果)가 지은 《금강경음석직해(金剛經音釋直解)》, 청의 서발전차(徐發詮次)가 지은 《금강경정설(金剛經呈說)》, 청의 설봉대사(雪峯大師)가 지은 《금강경주석(金剛經註釋)》, 청의 박완이 지은 《금강경심인소(金剛經心印疏)》, 세종조의 언해본 『이 경(經) 뎐(典) 잇 고 부텨와 존(尊)짜(重) 뎨(弟) 이슈미니라.』, 이운허(李耘虛)스님 역본(譯本) 『이 경이 있는 데는, 곧 부처님이 계시고 거룩한 부처님 제자가 계신 데가 되나니라.』, 신소천(申韶天)스님 역본 『만일 이 경전이 있는 바 곳이면, 즉 부처님 계심이 되어서 제자가 존중히 여김같으니라.』, 기산(奇山)스님이 엮은 《금강반야바라밀경》 『이 같은 경전이 있는 데는 곧 부처님과 제자가 존중히 여김같으니라.』

이와 같이 살펴본 바대로 여러 가지 설이 있으나 여기서 문제는 '존중'이라는 두 글자에 있다. 그것은 크게 하나는 제자가 부처님을 존중하는 것과 같다는 설과, 또 하나는 이 경이 있는 곳에는 문수, 보현 같은 대보살로부터 존중을 받을만한 승보도 있다는 설 두 가지로 나뉘어 있다. 그런데 위역본(魏譯本)에는 『若是經典所在之處 則爲有佛若尊重似佛』이라 하고 있는데, 이것은 다시 말하면 "이 경이 있는 곳에는 따라서 부처님이 계시게 되어 마치 제자들이 부처님을 존중하는 것과 같다"는 말이 된다.

제4절 한역(漢譯)

12. 존중정교분(尊重正敎分)

復次 須菩提 隨說是經 乃至四句偈等
부차 수보리 수설시경 내지사구게등

當知此處 一切世間天人阿修羅 皆應供養 如佛塔廟
당지차처 일체세간천인아수라 개응공양 여불탑묘

何況有人盡能受持讀誦
하황유인진능수지독송

須菩提 當知是人成就最上第一希有之法
수보리 당지시인성취최상제일희유지법

若是經典所在之處 則爲有佛若尊重弟子
약시경전소재지처 즉위유불약존중제자

제5절 영역(英譯) 1

TWELVE:

"Furthermore, Subhuti, wherever but one four-line gatha of this dharma teaching is spoken or explained, that place is like a stupa in the world of devas, humans, and asuras. How much more shall they be remarkably blessed, Subhut i, who memorize, recite, and master this entire teaching and explain it in detail to others. For in that place, Subhut i, dwells a teacher or one who represents the guru of wisdom."

제6절 영역(英譯) 2

Section 12. Veneration of the True Doctrine

Furthermore, Subhuti, you should know that wheresoever this Discourse is proclaimed, by even so little as four lines, that place should be venerated by the whole realms of Gods, Men and Titans, as though it were a Buddha-shrine. How much more is this so in the case of one who is able to receive and retain the whole and read and recite it throughout!

Subhuti, you should know that such an one attains the highest and most wonderful truth. Wheresoever this sacred discourse may be found there should you comport yourself as though in the presence of Buddha and disciples worthy of honour.

제13장 법대로 수지하다

제1절 한글번역

그때에 수보리가 부처님께 말했다.

『세존이시여, 이 경의 이름을 무엇이라 하며 우리들이 어떻게 받들어 지니오리까?』

부처님께서 대답하셨다.

『이 경전의 이름은 금강반야바라밀이니 이 이름으로 그대들은 받들어 지녀야 한다. 그 까닭이 무엇이겠느냐.

수보리여, 부처가 반야바라밀이라 말한 것은 곧 반야바라밀이 아니라 그 이름이 반야바라밀이기 때문이니라.』

『수보리여, 그대 생각은 어떠한가. 여래가 법을 말한 것이 있느냐?』

수보리가 대답하였다.

『세존이시여, 여래께서는 법을 말씀하신 바가 없습니다.』

『수보리여, 그대 생각은 어떠한가. 삼천대천세계에 있는 티끌이 많지 않은가?』

수보리가 대답하였다.

『엄청나게 많습니다. 세존이시여.』

『수보리야, 여래가 말한 티끌은 티끌이 아니므로 티끌이라 하며 여래가 말한 세계는 세계가 아니므로 세계라 이름하느니라.』

『수보리여, 그대 생각은 어떠한가. 32상(相)으로 여래를 볼 수 있겠느냐?』

『아니옵니다. 세존이시여, 32(相)으로 여래를 보지 못하리니, 무슨 까닭인가 하면 여래께서 말씀하신 32(相)은 곧 상(相)이 아니라 그것의 이름이 32(相)이기 때문입니다.』

『수보리야, 어떤 선남자 선여인이 갠지스강의 모래알 같이 많은 목숨을 바쳐 보시하고 또 어떤 사람이 있어 이 경전의 사구게만이라도 받아 지니고 다른 사람을 위해 말해준다면 이복이 훨씬 더 많으리라.』

제2절 해설

제13장 법대로 수지하다

『그때에 수보리가 부처님께 말했다. 세존이시여, 이 경의 이름을 무엇이라 하며 우리들이 어떻게 받들어 지니오리까?』

부처님께서 대답하셨다.

『이 경전의 이름은 금강반야바라밀이니 이 이름으로 그대들은 받들어 지녀야 한다. 그 까닭이 무엇이겠느냐.

수보리여, 부처가 반야바라밀이라 말한 것은 곧 반야바라밀이 아니라 그 이름이 반야바라밀이기 때문이니라.』

《금강경》은 무상(無上)의 지혜법문입니다. 부처님 자신이 말합니다. 이유가 무엇이겠는가? 수보리여, 그대는 알아야 한다. 진정한 불법은 정해진 법이 없다. 종교상의 계율은 이렇게 해서는 안 되고 저렇게 해서는 안 된다고 합니다. 이것은 모두 정해진 법으로써 불법이 아닙니다.

이런 설법들은 단지 가르치기 위한 하나의 방편이지 궁극적인 것이 아닙니다. 부처님은 여기서 우리에게 충분히 말해주고 있습니다. 하나의 법만이 불법이라 집착하지 말라. 이런 것들은 모두 잘못된 것입니다. 이들은 모두 부처님을 비방하는 겁니다. 부처에게는 정해진 법이 없습니다.

진정한 불법은 일체의 종교나 철학을 초월하며 일체의 형식을 벗어납니다. 바로 부처님이 말하듯 진정한 지혜의 성취는 반야바라밀이 아닙니다. 지혜가 최고의 단계에 이르면 지혜의 경계가 없어지며 그래야만 비로소 진정한 지혜라 할 수 있습니다.

부처님은 반야바라밀을 가르쳐 사람으로 하여금 지혜를 얻어 어리석은 생멸심(生滅心)을 제거하도록 했습니다. 생멸하는 미혹(迷惑)이 소진(消盡: disappear)되면 곧 피안(彼岸)에 이르게 됩니다. 그러나 만일 깨달음을 얻으려 한다면 결코 피안에 도달하지 못합니다. 마음을 그 무엇에도 머물게 하지 말아야 하고 입으로만 반야(般若)를 말하기보다 입으로 말한 진리를 자기 마음으로 계합(契合)해야만 피안에 이를 수 있습니다.

성불의 지혜를 바깥에서 구하려 해서는 안 됩니다. 지혜는 세간의 일체를 벗어나지 않습니다. 세상의 법이 곧 불법입니다. 어떤 학문이나 어떤 사상이라도 모두 불법입니다. 이점을 특히 잘 알아야 합니다. 반야바라밀이 어떤 특수한 지혜이며 이것으로부터 깨달음을 얻을 수 있다고 생각해서는 결코 안 됩니다. 이 세상 일체의 만물이 모두 법신이 현현(顯現)된 것입니다.

부처님은 말씀하십니다. 반야바라밀은 곧 반야바라밀이 아니요 단지 그것을 이름한 것이다. 세상 일체 학문이나 지혜, 사상, 일체의 세상사는 모두 깨달음을 얻게 할 수 있습니다. 반야(般若)가 어디 있을까요? 도처에 있는 것이 모두 반야입니다.

우리나라의 조계종도 《금강경》을 소의경전(所衣經典)으로 합니다. 이것으로 깨달음을 얻은 사람도 많이 있습니다. 그러나 《금강경》을 읽어야만 깨닫는 것은 결코 아닙니다. 많은 사람들이 도처에서 자기 나름의 방법으로 깨달음을 얻습니다. 《반야심경》으로 깨달음을 얻을 수도 있고 《화엄경》으로 깨달음을 얻을 수도 있고 《법화경》으로도 깨달음을 얻을 수 있습니다.

벚꽃이 희고, 개나리가 노랗고, 장미가 붉은 것, 이것을 보는 자를 볼 줄 안다면 그것이 바로 깨달음입니다. 꽃을 바라보면서 능히 깨달을 수 있고 풍경을 바라보면서도 능히 깨달아 성불할 수 있습니다. 이것이 바로 살아있는 공안(公案)입니다.

부처님의 가르침도 따로 감추어 둔 것이 없습니다. 비전(秘傳)이 없습니다. 부처님은 모든 것을 공개적으로 다 가르쳤습니다. 일체 세상의 법이 모두 불법이라고 해석할 수 있습니다. 불법을 배우기 위해서는 불법에 얽매여서는 안 됩니다. 그래야만 비로소 불법을 배울 수 있습니다.

『수보리여, 그대 생각은 어떠한가. 여래가 법을 말한 것이 있느냐?』
수보리가 대답하였다.
『세존이시여, 여래께서는 법을 말씀하신 바가 없습니다.』

석가모니 부처님은 35세에 도를 깨달아 45년간 설법을 했습니다. 그런데도 이제 부처님과 수보리 사이의 대화에서 설법한 적이 없다고 말합니다.

『수보리여, 그대 생각은 어떠한가. 삼천대천세계에 있는 티끌이 많지 않은가?』
수보리가 대답하였다.
『엄청나게 많습니다. 세존이시여.』
『수보리여, 여래가 말한 티끌은 티끌이 아니므로 티끌이라 하며 여래가 말한 세계는 세계가 아니므로 세계라 이름하느니라.』

미진(微塵)이란 불교용어입니다. 미진은 달리 외색진이라고도 합니다. 과거 불경에서 말한 외색진이란 지금 우리가 말하는 전자나 양자, 원자와 같은 종류를 말합니다. 외색진 외에도 내색진이라는 것이 있습니다. 이것은 불교공부를 하는 사람은 가령 염불을 하다가 마음이 조금도 흐트러지지 않는 경지에 이르면, 혹은 관상(觀想)을 닦는 사람이 관(觀)에 성공하면 심물일원(心物一元)에 이르러 자신의 전면에 또 다른 한사람으로 서있을 수 있습니다. 여러분도 볼 수 있으며 대화도 할 수 있고 같이 일도 할 수 있습니다. 일체유심이 만들어낸 겁니다.

알렉산드라 데이비드 닐이 쓴《티베트 마법의 서》 내용 중에는 위와 비슷한 내용이 나옵니다.

『짜롱이라는 마을에서 만났던 한 부인은 몇 년 전에 일주일 동안을 힘이 완전히 쭉 빠진 상태로 있었다. 그 부인은 자신의 새로운 몸(유체)이 가볍고 민첩할 뿐 아니라 엄청나게 빠른 속도로 움직이는 것을 보고 기분이 좋았으면서도 놀랬다고 말했다. 그녀는 자신이 어떤 장소에 있기를 원하기만 하면 즉시 거기에 가 있었다.

그녀는 물위를 걸어서 강을 건널 수 있었고, 벽을 통과 할 수도 있었다. 그 부인이 유일하게 불가능 했던 것은 소파에서 완벽할 정도로 잘 자고 있는 육체와 자기의 에테르체를 연결하고 있는 줄, 만져서는 거의 느껴지지 않는 줄을 끊어 버리는 일이었다.』

서양에서는 폴터가이스트, 엑토플라즘, 동양에서는 빙의 등의 심령현상을 이야기합니다. 폴터가이스트는 귀신이나 유령의 존재를 의심하는 서양의 심령학자들조차 「설명하기는 어렵지만 실재의 현상」으로 믿고 있습니다. 그 증거들도 뚜렷하기 때문에 「불가사의한 초자연의 현상」이라고 밖에는 달리 설명할 길이 없다는 것입니다.

폴터가이스트는 쉽게 말하면 「귀신들의 장난」입니다. 사물이 공중을 날거나 문이 저절로 열렸다 닫혔다 하는가 하면, 인적이 없는 곳에서 돌이 날아다니고, 해머로 벽을 두드리는 소리를 내기도 합니다. 858년 최초의 기록이 나타난 이후 폴터가이스트현상은 수천가지의 예가 보고돼 있습니다.

그 같은 현상의 과학적 근거를 입증하기 위해 직접 목격했다는 학자들도 많지만 물론 아직까지 꼬투리조차 찾아내지 못하고 있습니다. 인간의 에너지를 「심령(心靈)」과 결부시켜 폴터가이스트 현상을 만들어 낸다는 게 비교적「과학적」인 견해고, 상당수의 심령학자들은 「마술(魔術)」이라는 생각에서 별로 진전을 보지 못하고 있습니다.

엑토플라즘은 그 의미를 크게 해석하면 정신으로 물질을 만들어 낼 수 있다는 것입니다. 좁게 해석하면 심령연구에서 영매(靈媒)의 몸에서 흘러나와 물리적 심령현상을 일으킨다고 하는 일종의 물질입니다. 프랑스의 생리학자 C.R.리셰가 명명하였습니다. 프랑스의 영매인 에바 시를 대상으로 하여 독일의 신경과 의사이며 심리학자인 B. 슈렌크노칭과 프랑스의 의사 G. 젤레이 등이 연구하였습니다.

엑토플라즘은 영매의 체표, 특히 입·코·귀 등의 체공에서 나온다고 하며, 안개모양·유동체모양·고체모양 등으로 농도를 달리하여 나타나며, 교령회(交靈會)에서 일어나는 유령현상의 소재가 되거나, 테이블이나 의자가 공중에 떠오르는 현상에서의 지지물(支持物)이 된다고 합니다. 그러나 오늘날의 초심리학(超心理學)에서는 그 존재가 확인되지 않고 있습니다.

미국의 정신의학계에서는 오래 전부터 「빙의 현상」을 「포제션(possession)」이라 명명하고 있습니다. 우리말로는 원어를 그대로 번역한 「빙의」로 해석되는데 영혼이나 강력한 힘, 혹은 절대적인 신의 영향으로 전혀 다른 새로운 인격이 나타나 평소의 그 사람의 행동과는 판이하게 다른 행동을 하게 되는 질병을 일컫는 말입니다.

빙의(憑依)는 자기 몸 안의 정기(精氣)보다 강한 사기(邪氣)가 충만한 곳에 갔을 때, 이에 눌려 갑자기 어지러운 현기증을 느끼는 것입니다. 또는 이런 장소에 오래 머무르게 되어 정기를 빼앗기고 사기(邪氣)가 충만해져 자신도 모르는 사이에 정심(正心)이 탐심(貪心), 역심(逆心)으로 바뀌어 올바른 사고력과 판단력을 상실해 공명정대하지 못하게 되며, 그로 인해 항상 의(義)보다 이(利)를 먼저 생각하고 배신과 모반을 일삼는 비굴한 짓을 하고, 바르고 얌전했던 성품과 성정이 갑자기 포악무도해지거나 광기 어린 행동을 하는 것을 말합니다.

빙의의 또 다른 의미로는 육신을 잃은 혼백(영혼)이 고혼이 되어 갈 곳을 찾지 못하고 인연처를 찾아 우주법계를 떠돌다가 혼백이 머물기에 적당한 장소나 사람을 만나게 되면 미혹하고 싸늘한 영체를 그곳에 숨기게 됩니다. 그로 인해 영체(靈體)가 들어간 장소는 흉지(凶地), 흉가(凶家)가 되게 마련이고 그곳에 사는 사람 또한 귀신에 홀린 상태가 되어 평소와는 전혀 다른 사람으로 돌변하게 됩니다.

또한 사람의 몸에 직접 유착되면 유착된 사람은 발작을 일으키거나 난폭한 성격으로 변합니다. 그래서 외롭고 차갑고 고통스러운 영혼들이 오갈 데 없는 귀신이 되어 인연 따라 들러붙어 이상한 현상을 일으키는 것을 가리켜 주로 「빙의」라 말합니다.

빙의 현상에 걸리는 것은 자연적으로는 귀기(鬼氣)가 붙거나 사기(邪氣)나 살기가 유난히 강하게 작용하는 환경 속에 멋모르고 들어갔을 때 주로 걸리지만, 물질과 과학 만능 시대가 된 요즈음은 마약으로 인한 환각·환청 상태에 빠지는 일, 도박으로 인한 재산탕진, 장시간 컴퓨터를 접하는 데서 발생하는 만성 피로·정신 장애도 현대적 빙의 현상이라 볼 수 있습니다.

어떠한 경우라도 빙의에 걸리지 않을 수 있는 최선의 비방이 있다면 그것은 단 하나 '정신을 강하게 하는 것' 뿐입니다. 여러 가지 신(神) 중에서 귀신도 무서워 범접을 못하고 도망간다는 신이 있으니 그 신은 다름 아닌 산 사람의 강한 정신(精神)입니다. 평소 심신을 다스리는 데 게을리

하지 말고 강한 정신의 소유자가 된다면 그에게 빙의는 걱정할 필요가 없습니다.

빙의는 우리의 정신력이 약할 때 외부의 귀신이 우리의 마음을 일시적으로 점유한 것입니다. 그러나 이런 것에 별로 관심을 가질 필요는 없습니다. 진정한 부처님의 가르침인 사성제(四聖諦), 팔정도(八正道), 십이연기(十二緣起), 삼세인과 등의 불법(佛法)을 공부하면 귀신, 빙의는 실체가 없으므로 걱정할 필요가 없으며 부지런히 수행만 하면 됩니다.

정견이 중요합니다. 묵묵히 수행을 하고 보시를 행하는 것이 중요합니다. 망상이 실체가 없듯이 망상에 신경을 안 쓰고 자연적으로 내버려두면 그것은 고유의 힘이 없기 때문에 자연적으로 사라져 가듯이 이런 귀신이나 빙의 등의 심령현상은 실체가 없으므로 그냥 가만히 내버려 두면 사라집니다. 이런 것에 지나친 관심을 가질 필요가 전혀 없습니다.

이런 미진이나 내색진, 외색진은 과거에는 설명할 방법이 없었습니다. 현재에는 과학이 날로 발전하고 있어서 새로운 해석이 가능하게 되었습니다. 우리나라에서는 프리초프 카프라가 지은 《The Tao of Physics》라는 책이 《현대물리학과 동양사상》이라는 이름으로 번역되어 나온 것이 있습니다.

프리초프 카프라의 이 책은 전 세계 50여 개국에 번역되어 큰 반향을 일으키며 80년대 국내 동양철학계에도 논쟁거리를 던져준 화제의 책입니다. 이 책은 기계론적 세계관에 바탕을 두고 발전한 서양문명이 동양의 직관보다 우수하다는 편견을 바로잡습니다. 근세 과학관에서 한 단계 나아간 현대 과학은 직관과 관조를 통한 동양사상과의 만남을 이룹니다.

이 책은 새로운 물리학으로서 만물의 통일성을 언급하며 동서양의 대립의 세계를 넘어서 공(空)과 형상, 우주적 무도(舞跳), 쿼크 대칭들을 하나의 새로운 공안(公案)으로 보고 있습니다. 이것은 고대의 동양의 가르침이 현대물리학 특히 양자역학과 어떻게 일맥상통하는지 잘 이야기 해줍니다.

이 세계는 하나 하나의 먼지가, 하나의 분자와 분자가 조합되어 물리세계를 구성하는 겁니다. 지구 물리세계를 계속 분석한다고 해도 궁극에는 본래가 공(空)이니, 세계가 존재하지 않고 미진도 존재하지 않습니다. 일체가 원래 공입니다.

양자역학에 의하면 물질의 궁극적인 존재, 즉 소립자는 파동입니다. 파동이 입자요, 입자가 파동인 세계입니다. 입자와 파동의 이중성입니다. 이 파동은 바로 공(空)입니다. 이 물질세계의 공은 반야바라밀의 지혜, 최후의 공(空)과 만나게 되니 바로 심물일원, 마음과 물질이 하나입니다. 아인슈타인이 말한 물질과 에너지가 하나이듯이 말입니다.

아인슈타인의 $E = mc^2$ 이라는 그의 유명한 방정식(equation)은 질량(mass)과 에너지(energy)가 동등(equivalence)하다는 의미를 담고 있습니다. 질량과 에너지는 존재의 두 가지 형식으로 에너지는 물질을 해방시켜주고 물질은 준비된 상태로 기다리는 에너지라는 뜻입니다.

최후로 만나게 되는 진정한 공, 이공의 경계가 바로 부처님의 경계이며 이것이 바로 확철대오입니다. 이때 오도란 닦아서 실제로 얻은 것이지 이론이 아닙니다. 공부를 통해 증득(證得)한 것입니다. 이 경계를 어떻게 말로 표현할 수 있겠습니까?

이 때문에 부처님은 설법한 적이 없다고 했습니다. 수보리도 말합니다. 부처님께서 말씀하신 적이 없습니다. 사실 말할 방법이 없기 때문에 말이 되어 나올 수가 없습니다. 공(空)이라고 말해도 이미 그것이 아닙니다. 그것을 유(有)라고 해도 세상에 존재하는 유도 아닙니다. 세상에 존재하는 유는 결국 다시 공으로 돌아갑니다.

이 때문에 공과 유 어느 것으로도 말할 수 없습니다. 말하자면 즉공즉유(卽空卽有)요, 비공비유(非空非有)입니다.

《금강경》의 문장은 대단히 명쾌해 아주 이해하기가 쉽습니다. 이론상 이해하기가 어렵진 않지만 이것을 닦아서 증득(證得)하기란 참으로 어렵고도 어렵습니다. 이 증득의 경계에 이르러야만 비로소 진정으로 불법을 배웠다고 할 수 있습니다.

얼마 전에 쌍계사로 벚꽃구경을 갔습니다. 처음 가 보았는데 10리 벚꽃길 옆에는 녹차밭이 끝없이 펼쳐져 있는 것이 이채로웠습니다. 강과 어우러져 보기 좋았습니다. 벚꽃구경을 마친 후 밤늦게 돌아오는 관광버스 안에서 시끄럽게 노래를 틀어놓고 아줌마들이 막춤을 추는 것이었습니다. 저는 나쁘게 생각하지 않습니다. 이럴 때 스트레스를 푸는 것도 좋은 일이니까요.

우스개 소리로 한국에는 세 부류의 인종이 있다고 합니다. 남자, 여자, 그리고 아줌마라고요. 저는 그때 조용히 불교경전을 읽고 있었습니다. 바로 옆에서는 엄청나게 시끄러운 음으로 시끄러웠지만 책을 읽는 순간 거의 아무 소리도 들리지 않는 것 같았습니다.

많은 것이 마음먹기에 달려있습니다. 혼잡한 속세에 있어도 마음에 정(定)을 얻으면 조용한 것이요, 깊은 산 속에 있어도 마음이 흩어지면 산란(散亂)되는 게 또 마음입니다.

비트겐슈타인은 《논리철학논고》에서 언어의 한계성을 이야기 했습니다. 우리의 언어라는 것은 실제사물을 정확하게 반영하는 것이 아닙니다. 언어와 사물이 일대일로 대응하는 것이 아니며, 우리의 언어가 실체적인 진실을 다 담을 수는 없습니다.

그때 관광버스 안에서 달마대사가 말한 불립문자(不立文字)라는 구절이 생각났습니다. 달마대사가 말씀하신 불립문자 직지인심 견성성불의 세 구절이 생각났습니다. 불립문자, 즉 언어나 문자로써 도(道)나 사물의 실체를 다 담아낼 수는 없는 것입니다. 바로 직지인심, 바로 직접적으로(direct) 마음을 가리킵니다. 여기서 마음은 우리의 진여자성(眞如自性), 마음자리를 가리킵니다.

마음의 본래면목을 보면 바로 성불하는 것입니다. 이것을 보면 달마대사는 성격이 상당히 직선적이고 일체의 군더더기 없이 바로 본질을 찔러가는 스타일 같습니다. 양무제하고 대화하는 스타일을 봐도 그런 것 같습니다. 일체의 군더더기 없이 불립문자 직지인심 견성성불, 곧바로(direct) 마음자리를 가리켜 도를 깨닫게 합니다. 이것입니다.

『수보리여, 그대 생각은 어떠한가. 32상(相)으로 여래를 볼 수 있겠느냐?』

『아니옵니다. 세존이시여, 32상(相)으로 여래를 보지 못하리니, 무슨 까닭인가 하면 여래께서 말씀하신 32상(相)은 곧 상(相)이 아니라 그것의 이름이 32상(相)이기 때문입니다.』

불법을 배우면서 상에 집착해서는 안 됩니다. 이 때문에 부처님은 스스로 문제를 제기하여 수보리에게 묻습니다. 32상(相)과 80종호의 보기 좋은 모습으로 부처를 판단할 수 있느냐? 수보리는 불가능하다고 대답했습니다. 32상으로는 부처를 판단할 수 없다는 것입니다.

만약 여러분이 좌선한 상태에서 부처가 빛을 내는 것을 보았다면, 혹은 꿈에 나타났다면 부처가 어떤 말을 하던 꿈을 꾼 것입니다. 여러분이 명심할 것은 32상으로 여래를 판단할 수 없다는 것입니다. 이 꿈속에서 보았다는 것은 과연 진실일까요 아니면 헛된 현실일까요.

꿈속에서 본 것이라 할지라도 역시 진실은 진실입니다. 그것은 아뢰야식 속에 함장(含藏)되어있는 종자(種子)가 변한 것으로 헛된 것은 아닙니다. 그러나 거기에 집착해서는 안 된다는 것입니다. 여래께서 말씀하신 32상은 상이 아니라 그것의 이름이 32상이기 때문입니다.

확실히 말할 수 있는 것은 부처님은 모든 사람이 성불(成佛)해서 공덕이 원만해지면 모두 32상을 갖게 된다고 말한 겁니다. 그렇지만 이것은 법신(法身)의 상이 아닙니다. 법신은 상이 없습니다.

만일 티끌로 세계(世界)를 본다면 티끌처럼 많은 대상이 눈에 가득할 것이지만 티끌이 있지 않은 것으로 세계를 본다면 텅 빈 하나의 허공(虛空) 가운데 진공(眞空)만이 밝게 빛날 것입니다. 소위 적멸(寂滅)하고 신령(神靈)스러운 가운데 삼라만상(森羅萬象)이 현현하고 설령 종횡으로 온갖 경계가 허공의 꽃[空華]처럼 일어나더라도 하나의 본성(本性)으로 융합(融合)할 것입니다.

그러므로 "푸르고 푸른 대나무가 모두 진여(眞如)이고 울창한 노란 개나리꽃이 반야(般若)가 아님이 없다" 고 이야기 하는 것입니다. 산, 강, 그리고 대지 전체가 그대로 법신(法身)의 드러난 바이기 때문입니다.

상에 관한 문제도 바로 그렇습니다. 집착하다보면 마침내 외면에 부처님의 모습이 있는 것처럼 생각해 부처가 다가오는 것을 보기도 합니다. 좌선시라도 좋고 입정에 들어서도 좋으며 꿈속에서라도 좋습니다. 부처가 몸을 드러낸 것을 보았다면 바로 상에 집착한 것으로 그것은 불법이 아닙니다. 32상이 상이 아니라는 것은 바로 이런 이치입니다.

세상에서 최고의 것은 절대 물질이 아니라 마음입니다. 그렇지만 이 마음은 심물일원(心物一元)의 마음입니다. 유물론의 상대개념인 유심론이 아닙니다. 심물일원의 마음은 보이지도 않고 상에 집착하지 않으며 상에 집착할 수도 없습니다. 진정한 불법은 미신을 타파합니다. 상에 집착하지 않고 바른 믿음을 일으킵니다. 법신은 상이 없습니다. 이것이 바로 깨달음입니다.

『수보리여, 어떤 선남자 선여인이 갠지스 강의 모래 같이 많은 목숨을 바쳐 보시하고 또 어떤 사람이 있어 이 경전의 사구게만이라도 받아 지니고 다른 사람을 위해 말해준다면 이복이 훨씬 더 많으리라.』

이 세계는 원자가 누적되어 만들어진 것입니다. 원자가 형성되기 이전은 공이며, 형성된 이후 변화되어 마침내 물질적 존재가 없어지면 다시 공으로 되돌아갑니다. 하물며 우연히 잠시 존재하는 중생의 생명이겠습니까. 단지 물위에 떠있는 물거품에 불과합니다.

공(空)이 유(有)를 만드니 유 또한 환상이요 환상의 유가 다시 사라져 공으로 돌아갑니다. 연기(緣起)는 환상이요 성(性)은 본래 진공이니 공에서 생기는 환상이 사라지면 연기 또한 덧없습니다. 이것을 증득한다면 유 또한 거짓이 아니요 공 역시 참이 아님을 알 것입니다. 이렇게 되면 마음이 안주하여 큰 자재로움을 얻습니다.

향기로운 붉은 꽃이 반야(般若)가 아님이 없습니다. 본래 평범한 것에서 일체의 것이 드러남을 알 수가 있습니다. 원래 반야바라밀은 도처에 드러나 있으며, 시시각각 드러내어 완성합니다. 이것을 알면 곧 피안입니다. 부처가 곧 중생이며 중생이 곧 부처입니다. 번뇌(煩惱)가 곧 보리(菩提)며 보리가 곧 번뇌입니다.

윌리암 블레이크(William Blake 1757~1827)의 《한 알 모래의 이치를 알면 온 우주의 이치를 안다》는 시(詩)와 일맥상통합니다.

제3절 용어해설

13. 여법수지분(如法受持分)

① 반야(般若):

산스크리트의 프라지냐(prajna), 팔리어의 판냐(panna)의 음사(音寫). 불교에서 팔정도(八正道)·사제(四諦)·육바라밀(六波羅蜜) 등을 수행함으로써 현현(顯現)하는 진실한 지혜를 말한다. 처음에는 분석적 판단능력에서 출발하나 다음 단계에서 이를 뛰어넘어 모든 존재를 전체적으로 한순간에 파악하는 직관지(直觀知)이며 깨달음의 지혜라고 한다.

이 말은 초기 대승불교경전인 《반야경》에 나오며 거기에서는 반야의 지혜에 의해 부처의 경지를 얻으므로 「불모(佛母)」라고 불린다. 그것은 존재를 실체로 보고 집착하려는 것으로부터 벗어남으로써 얻을 수 있는 근원적 이성(理性)이다.

제4절 한역(漢譯)

13. 여법수지분(如法受持分)

爾時 須菩提白佛言 世尊 當何名此經 我等云何奉持
이시 수보리백불언 세존 당하명차경 아등운하봉지

佛告須菩提 是經名爲金剛般若波羅蜜 以是名字汝當奉持
불고수보리 시경명위금강반야바라밀 이시명자여당봉지

所以者何 須菩提
소이자하 수보리

佛說般若波羅蜜 卽非般若波羅蜜 是名般若波羅蜜
불설반야바라밀 즉비반야바라밀 시명반야바라밀

須菩提 於意云何 如來有所說法不
수보리 어의운하 여래유소설법부

須菩提 白佛言 世尊 如來無所說
수보리 백불언 세존 여래무소설

須菩提 於意云何 三千大千世界所有微塵 是爲多不
수보리 어의운하 삼천대천세계소유미진 시위다부

須菩提言 甚多 世尊
수보리언 심다 세존

須菩提 諸微塵 如來說非微塵 是名微塵
수보리 제미진 여래설비미진 시명미진

如來說世界 非世界 是名世界
여래설세계 비세계 시명세계

須菩提 於意云何 可以三十二相見如來不
수보리 어의운하 가이삼십이상견여래부

不也 世尊 不可以三十二相 得見如來 何以故
불야 세존 불가이삼십이상 득견여래 하이고

如來說三十二相 卽是非相 是名三十二相
여래설삼십이상 즉시비상 시명삼십이상

須菩提 若有善男子善女人 以恒河沙等身命布施
수보리 약유선남자선녀인 이항하사등신명보시

若復有人 於此經中 乃至受持四句偈等 爲他人說 其福甚多
약부유인 어차경중 내지수지사구게등 위타인설 기복심다

제5절 영역(英譯) 1

THIRTEEN:

This having been said, the venerable Subhuti asked,

"Bhagavan, what is the name of this dharma teaching, and how should we remember it?"

The Buddha told the venerable Subhuti, "The name of this dharma teaching, Subhuti, is the Perfection of Wisdom. Thus should you remember it. And how so? Subhuti, what the Tathagata says is the perfection of wisdom, the Tathagata says is no perfection. Thus is it called the ' perfection of wisdom.'

"Subhuti, what do you think? Is there any such dharma spoken by the Tathagata?"

Subhuti said, "No, indeed, Bhagavan. There is no such dharma spoken by the Tathagata."

The Buddha said, "Subhuti, what do you think? Are all the specks of dust in the billion-world-system of a universe many?"

Subhuti said, "Many, Bhagavan. The specks of dust are many, Sugata. And how so? Because, Bhagavan, what the Tathagata says is a speck of dust, Bhagavan, the Tathagata says is no speck. Thus is it called a 'speck of dust.' And what the Tathagata says is a world-system, the Tathagata says is no system. Thus is it called a 'world-system.' "

The Buddha said, "Subhuti, what do you think? Can the Tathagata, the Arhan, the Fully-Enlightened One be seen by means of the thirty-two attributes of a perfect person?"

Subhuti said, "No, indeed, Bhagavan. The Tathagata, the Arhan, the Full-Enlightened One cannot be seen by means of the thirty-two attributes of a perfect person. And why not? Because, Bhagavan, what the Tathagata says are the thirty-two attributes of a perfect person, Bhagavan, the Tathagata says are no attributes. Thus are they called the 'thirty-two attributes of a perfect person.' "

The Buddha said, "Furthermore, Subhuti, if a man or woman renounced their self-existence every day as many times as there are grains of sand in the Ganges and renounced their self-existence in this manner for as many kalpas as there are grains of sand in the Ganges, and someone grasped but one four-line gatha of this dharma teaching and made it known and explained it to others, the body of merit produced as a result would be immeasurably, infinitely greater."

제6절 영역(英譯) 2

Section 13. How This Teaching should be Received and Retained

At that time Subhuti addressed Buddha, saying. World-honoured One, by what name should this Discourse be known, and how should we receive and retain it?

Buddha answered: Subhuti, this Discourse should be known as "The Diamond of the Perfection of Transcendental Wisdom" - thus should you receive and retain it. Subhuti, what is the reason herein? According to the Buddha-teaching the Perfection of Transcendental Wisdom is not really such. "Perfection of Transcendental wisdom" is just the name given to it. Subhuti, what do you think? Has the Tathagata a teaching to enunciate?

Subhuti replied to Buddha: World-honoured One, the Tathagata has nothing to teach.

Subhuti, what do you think? Would there be many molecules in the composition of three thousand galaxies of worlds?

Subhuti said: Many, indeed, World-honoured One!

Subhuti, the Tathagata declares that all these molecules are not really such; they are called "molecules." Furthermore, the Tathagata declares that a world is not really a world; it is called "a world."

Subhuti, what do you think? May the Tathagata be perceived by the thirty-two physical peculiarities of an outstanding sage?

No, World-honoured One, the Tathagata may not be perceived by these thirty-two marks. Wherefore? Because the Tathagata has explained that the thirty-two marks are not really such; they are called "the thirty-two marks."

Subhuti, if on the one hand a good man or a good woman sacrifices as many lives as the sand-grains of the Ganges, and on the other hand anyone receives and retains even only four lines of this Discourse, and teaches and explains them to others, the merit of the latter will be the greater.

제14장 상을 떠난 적멸

제1절 한글번역

그 때에 수보리가 이 경전을 듣고 그 뜻을 깊이 깨닫고는 눈물을 흘리면서 부처님께 말했다.

『희유하시옵니다. 세존이시여, 부처님께서 이렇게 뜻 깊은 경전을 말씀하시는 것은 제가 지혜의 눈[慧眼]을 뜬 이후로 아직까지 일찍이 듣지 못하던 바이옵니다.』

『세존이시여, 만일 어떤 사람이 이 경을 듣고 믿음이 청정하면 즉시 실상(實相)을 깨달으리니, 이 사람은 제일 희유한 공덕을 성취한 사람이옵니다. 세존이시여, 이 실상은 상(相)이 아니므로 여래께서 실상이라 말씀하셨습니다.』

『세존이시여, 제가 지금 이 경을 듣고 믿고 이해하고 수지하는데 어려움이 없습니다. 그러나 만약 다음 세상 마지막 5백세에 어떤 중생이 있어 이 경을 듣고 믿고 이해하고 수지한다면, 이 사람이야말로 제일 희유하리니, 왜냐하면 이 사람은 아상·인상·중생상·수자상이 없기 때문이옵니다. 어째서 그런가 하면 아상이 곧 상(相)이 아니요 인상·중생상·수자상도 곧 상이 아니니, 일체의 상을 떠난 것을 부처라 하기 때문입니다.』

부처님께서 수보리에게 말씀하셨다.

『그러하니라. 그러하니라.』

『만일 어떤 사람이 이 경을 듣고 놀라지 않으며 겁내지 않으며 두려워하지 않으면, 이 사람은 참으로 희유한 사람인 줄을 알지니라. 왜냐하면 수보리여, 여래가 말하는 제1바라밀은 제1바라밀이 아니며 단지 그것의 이름이 제1바라밀이기 때문이니라.』

『수보리여, 인욕바라밀(忍辱波羅蜜)은 여래가 인욕바라밀이 아니라 말하니, 그것의 이름이 인욕바라밀이다. 무슨 까닭이겠는가. 수보리야, 내가 옛날에 가리왕에게 몸을 갈기갈기 찢길 적에 아상도 없고 인상도 없고 중생상도 없고 수자상도 없었느니라.

그 까닭이 무엇인가 하면, 내가 옛날에 몸을 찢길 적에 아상·인상·중생상·수자상이 있었더라면 응당 성내고 원망하는 마음이 생겼을 것이다. 수보리여, 또 과거 5백 생애 동안 인욕선인(忍辱仙人)이었던 일을 생각하면 그때에도 아상·인상·중생상·수자상이 없었느니라.』

『그러므로 수보리야, 보살은 마땅히 일체의 상을 떠나 아뇩다라삼먁삼보리의 마음을 낼지니, 형체에 머물러서 마음을 내지도 말며 소리와 냄새와 맛과 접촉과 법에 머물러서 마음을 내지도 말아야 하나니 마땅히 머무름 없는 마음을 낼지니라.

만일 마음에 머무는 데가 있으면 이것은 머무름이 아니니, 그러므로 여래는 말하기를, 「보살은 마음을 형체에 머물지 않고 보시하여야 한다.」 하였느니라.

수보리여, 보살들은 일체 중생을 이롭게 하기 위하여 마땅히 이렇게 보시하여야 하나니, 여래는 일체의 상이 상이 아니며 또 일체의 중생이 중생이 아니라고 말하느니라.』

『수보리여, 여래는 참된 말만 하는 자(者)며, 실다운 말만 하는 자(者)이며 여실한 말만 하는 자(者)이며, 속이지 않는 말만 하는 자(者)이며, 다르지 않은 말만 하는 자(者)이니라.

수보리야, 여래가 얻은 법은 아무것도 얻은 것이 없지만 공허한 것은 아니니라.』

『수보리야, 어떤 보살이 마음을 법에 머물러 보시하는 것은 마치 사람이 어두운 데로 들어가 아무 것도 볼 수 없는 것과 같고 만약 보살의 마음이 법에 머물지 않고 보시를 행한다면, 사람이 눈이 있어 밝은 햇빛 아래 온갖 형체를 보는 것과 같으니라.』

『수보리야, 오는 세상에 선남자나 선여인들이 이 경을 받아 지니고, 읽고 외우면 여래가 부처의 지혜로써 이 사람을 다 아시고 다 보시나니 모두가 한량없고 끝없는 공덕을 받으리라.』

제2절 해설

제14장 상을 떠난 적멸

『그 때에 수보리가 이 경전을 듣고 그 뜻을 깊이 깨닫고는 눈물을 흘리면서 부처님께 말했다.』

『희유하시옵니다. 세존이시여, 부처님께서 이렇게 뜻 깊은 경전을 말씀하시는 것은 제가 지혜의 눈[慧眼]을 뜬 이후로 아직까지 일찍이 듣지 못하던 바이옵니다. 세존이시여, 만일 어떤 사람이 이 경을 듣고 믿음이 청정하면 즉시 실상(實相)을 깨달으리니, 이 사람은 제일 희유한 공덕을 성취한 사람이옵니다.』

심해의취(深解義取)란 깊고도 깊은 이해에 도달했다는 것입니다. 심해의취에 이르렀다는 것은 부처님 가르침의 근본 핵심을 이해했다고 하는 것입니다. 부처님께서 근본자리를 토로하여 수보리의 잘못된 생각을 하나하나 무너뜨리자 수보리가 가지고 있던 온갖 의심이 한꺼번에 풀리고 이전에는 결코 들어보지 못한 희유(稀有)한 가르침을 듣고 간난 아이가 어머니를 만난 듯, 감격의 눈물을 흘립니다. 기쁨의 눈물입니다.

해공제일이라는 수보리도 의심을 다 풀지 못하고 있다가 부처님께서 근본자리를 토로하여 수보리의 의심을 한꺼번에 풀어주자 큰 깨달음을 얻은 수보리는 감격의 눈물을 흘립니다. 수행하면서 그동안의 풀지 못했던 모든 의혹을 일소하고 본성(本性), 즉 본래면목이 드러나면서 큰 환희가 절로 생겨 환희의 눈물을 흘린 것입니다.

참으로 위대하고 훌륭한 부처님이시여, 참으로 세상에 드물고 만나기 힘든 세존이시여, 찬탄하는 말입니다. 부처님께서 이처럼 높고도 깊은 이치를 말씀하셨습니다. 바로 반야로서 지혜의 해탈, 지혜의 성취입니다.

수보리는 부처님 제자 중에서도 공(空)을 논함에 있어서 제1인자로 이름나 있습니다. 이런 그가 아직까지 이처럼 심각하고 궁극적인 이치를 말하는 경전을 들어본 적이 없다는 것입니다. 심해의취, 즉 이치를 철저히 이해한 뒤에야 비로소 진정으로 불법을 배운다고 할 수 있습니다.

불교를 배우는 사람은 맹목적으로 믿고 배울 것이 아니라 옳은지 그른지 철저하게 궁구하고 나서 믿어야 진정한 믿음입니다. 부처님이 《금강경》에서 수보리에게 적용하는 교육방법도 옳지 못한 견해를 하나하나 제거해 나가면서 나중에는 어떤 의혹에도 흔들리지 않을 바른 믿음을 확고하게 세우게끔 하는 교육방법입니다.

불법의 이론을 심해의취로 철저히 이해한 후, 이것에 입각해 수지해야 합니다. 따라서 진정으로 불법을 배우는 사람이라면 반드시 먼저 심해의취해야 하며, 이렇게 해야만 그 믿음이 비로소 절대적으로 바른 믿음이 될 수 있습니다. 바로 이 법문이 진정한 불법이며 이렇게 해야만 일체 중생이 스스로 해탈하여 성불에 이를 수 있습니다.

소위 바른 믿음이란 무엇을 믿는다는 것일까요? 우리 이 마음을 믿는 것이며, 일체 중생이 모두 부처라는 것을 믿는 겁니다. 마음은 곧 부처인데, 우리는 마음을 가지고 있으므로 일체 중생이 모두 부처인 겁니다. 단지 우리가 자기를 찾지 못하고 우리 자신의 마음에 밝지 못하며, 스스로 자신의 본성을 보아낼 수 없기 때문에 미혹(迷惑)에 가로막혀 몽매한 범부가 되고 맙니다. 범부와 부처는 아주 가깝습니다. 종이 한 장 차이도 되지 않습니다. 단지 자신의 심성(心性)을 드러낼 수만 있다면, 뚜렷이 볼 수만 있다면 바로 이 마음이 비할 바 없는 청정함입니다.

부처님의 일체 경전, 계정혜의 일체수행법, 현교(顯教)의 지관, 참선, 염불이나 밀교(密教)의 관상(觀想: 사물을 마음에 떠오르게 하여 관찰하는 것), 주문(呪文: 다라니)등의 각종 수행법이 모두 궁극적으로 청정한 마음에 도달하기 위한 겁니다. 청정한 마음에도 정도의 차이가 있습니다.

이 때문에 보살에도 각기 다른 단계와 지혜가 있으며 수학(修學)의 정도에도 깊고 얕음의 차이가 있는 것입니다. 바로 자신의 마음을 파악해 내는 정도의 차이라 할 수 있습니다.

자신의 마음을 믿는 것이라 한다면 우리는 모두 그런 적이 있다고 할 수 있을지 모르겠습니다. 그러나 우리의 마음이 괴로워 죽을 정도라면, 이 신심의 번뇌(煩惱)는 바로 범부(凡夫)의 것입니다. 번뇌가 없고 망상이 없는 것이 바로 신심의 청정으로서, 이렇게 되면 자연 궁극의 청정에 이르며, 그 순간 형이상의 본성, 즉 실상(實相)이 생겨납니다.

실상반야는 곧 도요, 명심견성이라는 것도 바로 이것을 보는 겁니다. 따라서 명심견성을 얻기 위해서는 반드시 먼저 심신의 청정에 이르러 실상을 드러낼 수 있어야 합니다. 즉 자신이 스스로 명백히 이해할 수 있었기에 이 이치를 말할 수 있으며 또 다른 사람 또는 후세인들도 심신이 청정해야만 실상이 드러날 수 있다는 부처님의 말씀에 귀 기울여야 한다는 겁니다.

『세존이시여, 이 실상은 상(相)이 아니므로 여래께서 실상이라 말씀하셨습니다.』

『만약 모든 상이 상이 아님을 본다면 여래를 본다』라는 구절을 기억하고 있어야 합니다. 일체의 상에 집착하지 않는 것, 무아상・무인상・무중생상・무수자상 등이 모두 상에 집착하지 않는 겁니다. 부처의 상에 집착해서도 안 되고 부처의 상을 부정하는 데에 집착해서도 안 되며, 어떤 상에도 집착해서는 안 됩니다. 심지어 상에 집착해서는 안 된다는 사실에 집착해서도 안 됩니다. 만약 모든 상이 상이 아님을 본다면, 여래를 보게 됩니다. 수보리는 자기가 마음으로 얻은 것을 이렇게 말했습니다. 소위 실상이란 일체의 상이 없는 것입니다. 아무런 상도 없는 이 성취(成就)에 억지로 이름을 붙여 실상이라고 했다는 것입니다.

『세존이시여, 저는 이제 이 경전을 얻어들어 믿고 이해하고 수지하는 데 어려움이 없습니다.』

신해수지(信解受持)는 불법의 이치를 깊게 이해하고 믿어 큰 깨달음에 이르며 그것을 계속 실천하는 것을 keep, continue, maintain 하는 것입니다. 입으로만 진리를 말할 뿐 마음으로 계합하지 못하면 어긋나게 되고, 입으로 말한 그 진리에 마음으로 계합하면 그 가르침과 하나가 됩니다. 또 마음에 주관과 객관의 대립이 남아 있으면 진리와 어긋나게 되고, 진리에 계합하기 위해서는 마음에 주관과 객관의 대립이 끊어져야 합니다.

『세존이시여, 제가 지금 이 경을 듣고 믿고 이해하고 수지하는 데 어려움이 없습니다. 그러나 만약 다음 세상 마지막 오백세에 어떤 중생이 있어 이 경을 듣고 믿고 이해하고 수지한다면, 이 사람이야말로 제일 희유하리니 왜냐하면 이 사람은 아상 · 인상 · 중생상 · 수자상이 없기 때문이옵니다. 어째서 그런가 하면 아상이 곧 상(相)이 아니요 인상 · 중생상 · 수자상도 곧 상이 아니니, 일체의 상을 떠난 것을 부처라 하기 때문입니다.』

부처님이 열반하고 나서 지금 2500여년이 흘렀습니다. 지금 21세기에 이 《금강경》을 믿고 이해하고 수지한다면 그것은 더욱 희유(稀有)할 것입니다. 부처님이 세상에 있던 시기를 정법시대(正法時代), 그 이후 500년을 상법시대(像法時代), 상법시대 이후를 말법시대(末法時代)라고 구분하기도 합니다.

말법시대란 부처님이 세상을 떠난 지 오래되어 교법이 쇠퇴된 시기를 말합니다. 하지만 《화엄경》에서만 하더라도 부처님은 불법이 없어지지 않으리라 이야기 하고 있습니다. 무엇 때문일까요?

불법은 진리이기 때문이며, 진리란 영원하기 때문입니다. 진리는 단지 하나밖에 없어 변할 수도 없고 새로 생겨나지도 없어지지도 않으며 증가하거나 감소되지도 않기 때문입니다. 이 진리는 부처님이 만드신 것이 아니고 부처님이 깨달은 것입니다. 그렇지 않다면 이미 2500년이 훨씬 지났건만 어찌 더 번성하고 있겠습니까?

티베트를 1950년대에 중국이 침략하여 티베트의 600만 인구 중 100만명 가까운 사람을 학살했습니다. 이것을 계기로 달마이라마가 인도 북부 다람살라에 망명정부를 세우고 티베트 불교가 전 세계에 퍼졌습니다. 티베트 국민으로서는 엄청난 고통, 고난, 괴로움이었겠지만 보다 세계적인 차원에서 보면 이로 인해서 티베트 불교의 가르침이 세계에 많이 퍼지게 된 것입니다.

물론 그 이전에도 중국불교나 일본불교가 퍼지기는 했지만 이 티베트 불교같이 큰 영향력을 가지고 커지지는 않았습니다. 저는 이것이 우주의 섭리가 아닌가 생각해봅니다. 요즘은 공산주의 국가인 중국에서도 문화혁명 때 파괴된 절을 복구하고 있으며, 중국에서만도 불교 신도가 3억 명이 넘는다고 합니다.

서양의 민주주의가 수백 년에 걸친 민권투쟁을 통해서, 피의 바다를 건너서, 쟁취되었듯이 중국의 티베트 침략이라는 아픔을 겪고서 불교가 전 세계로 다시 한번 퍼지게 된 계기가 되었습니다. 티베트은 불교전파에 있어서 냉장고에 비유할 수 있습니다. 티베트은 불교 교리, 경전, 밀교, 불교의식 등을 거의 원형 그대로 잘 보존하고 있다가, 중국의 침략이라는 아픔을 겪고서, 민들레가 씨를 퍼뜨리듯, 불교를 전 세계로 다시 한번 퍼뜨리게 한 것입니다.

유럽지역의 불교는 대체로 인텔리불교라 할 수 있습니다. 프랑스에는 상당히 많은 불교 신자가 있습니다. 《승려와 철학자》라는 책을 쓴 마티유 리카르에 대해서 조금 이야기 하고자 합니다.

마티유 리카르는 1946년 프랑스에서 태어났으며, 세포 유전학 분야의 과학자로 일하다가 모든 것을 버리고 떠나 히말라야에 정착했습니다. 30년 전부터 위대한 티베트 스승들 밑에서 불교 신자로 살아가고 있으며, 달라이라마의 프랑스어 통역으로 활동했습니다. 《승려와 철학자》, 《티베트의 정신》, 《춤추는 티베트 승려》 등 수많은 티베트 도서들을 출간했습니다. 얼마 전 TV에서 보니까 영화배우처럼 아주 잘 생겼습니다.

《승려와 철학자》 내용을 보면 세포 유전학 박사로 일하던 아들이 어느 날 모든 것을 버리고 히말라야로 사라져 버렸습니다. 아들은 그곳에 정착해 「위대한 스승들」 밑에서 가르침을 받습니다. 그의 아버지는 현대 프랑스 유명 철학자 5인 중 한사람으로 꼽히는 장 프랑수아 르벨입니다. 이 둘은 히말라야 산중에서 만나 열흘간의 토론을 했습니다.

「왜 출가했으며 왜 불교인가」는 물음에 대해 불가지론자인 아버지는 불교에서 말하는 궁극적 깨달음에 끝없는 회의를 표하지만, 아들은 풍부한 비유로 설명을 시작합니다.

도리어 아들은 아버지에게, 『생물학과 물리학이 생명의 기원과 우주의 형성에 관하여 놀랄 만한 지식을 낳은 것은 사실이지만, 그것들이 행복과 고통의 근본적인 매커니즘을 구원할 수 있는가』 되묻습니다.

이 질문은 「왜 과학의 탐구를 버리고 마음의 탐구로 들어섰는가」 「궁극적 깨달음은 무엇인가」 라는 질문에 대해서도 유효한 「되물음」 이기도 합니다.

이 토론의 끝에 아들은 『진정한 내면의 평화를 가져오는 불교야말로 자신의 모든 것을 걸 새로운 삶의 방편으로 손색이 없다』 는 결론을 내렸습니다. 그렇다고 이 책이 불교 편향적인 책이라는 뜻은 아닙니다.

불교에서 찾아낼 수 있는 『삶이란 무엇인가』에 대한 근본적인 답이 이 책에서 제시하고 있는 주제입니다. 종교와 과학의 편견없는 대화, 서양철학과 동양정신의 불꽃 튀는 맞대결, 그것은 인류지성사에 대한 성찰이기도 했습니다.

영국의 여성으로서 텐진 빠모는 『텐진 빠모의 마음공부』 를 썼습니다. 붓다를 사랑하고 붓다처럼 되고 싶은 텐진 빠모는 1943년 영국 런던에서 태어났습니다. 1963년 인도로 건너가 스승 캄트룰 린포체를 만났습니다. 1964년 서양 여성으로는 최초로 티베트 불교의 여승으로 계를 받았습니다. 12년간 인도에 머물며 수행을 하던 중 인도 북부 히말라야 라훌로 자리를 옮겨 그곳 동굴에서 또다시 12년간 홀로 수행했습니다.

어느 날 세상으로 나아갈 인연을 만나 24년간의 인도 수행을 접고 이탈리아 아시시를 시작으로 하여 세계 곳곳을 돌며 불교를 전파하고 있습니다. 1999년 티베트 최초의 여성 수도원 「동규 갓찰링」 을 설립하여 여성 수행자들의 수행을 돕고 있습니다. 얼마 전 우리나라에도 방문하여 충청도 어느 절에서 여승들을 대상으로 법문을 강의하기도 했습니다.

《텐진 빠모의 마음공부》 는 텐진 빠모 스님이 1987년부터 1998년까지 미국과 오스트레일리아에서 강연한 내용을 재구성하여 정리한 것입니다. 재가 불자들을 만난 자리에서는 평소에 그들이 궁금해 했던 불교의 원리나 생활 속에서의 수행에 관한 질문들이 많이 나왔습니다.

믿음과 수행에 관한 살아 있는 생생한 질문과 그에 대한 스님의 답변을 수록하였습니다. 일반인이 이해하기 힘든 선문답식 깨달음에 관한 글이 아니라, 생활의 현장에서 부대끼는 사람들이 쉽게 이해하고 또 바로 수행할 수 있는 길을 이야기 해주는 책입니다.

그런데 이렇게 말하는 사람도 있습니다. 불교는 너무 소극적이고, 현실도피적, 방어적이지 않느냐? 그 말도 일리가 없지는 않다고 생각합니다. 앞으로 불교를 사회복지, 과학과 접목시켜 보다 창의적이고 적극적으로, 사회 현실에 참여하고 기여하는 방향으로 새롭게 발전시켜 나가야 한다고 생각합니다.

서양의 물질문명이 생활의 윤택을 가져온 것은 사실이지만, 그것들이 과연 사람들에게 행복을 가져다 주었을까요? 진정한 내면의 평화를 가져오는 불교야말로 현대 물질문명의 홍수 속에서 새로운 해결책, 새로운 대안이 될 수 있습니다.

그런 점에서 공(空)에 대한 해석도 새롭게 해석해 나갈 필요가 있습니다. 공의 의미가 결코 허무하다, 아무것도 없다 이런 의미를 넘어서서 모든 것을 창조할 수 있는 잠재력을 가진 것의 의미로서의 공(空)입니다. 유(有)를 그 속에 포함한 공(空)입니다.

양자역학에 있어서도 아무것도 없는 진공 속에서 끊임없이 입자가 생성되고 소멸되는 것을 알 수가 있습니다. 이와 마찬가지로 여기서 공이란 것은 허무의 의미가 아니라 비어있기에 모든 것을 창조할 수 있는, 즉 동양화에 있어서 여백의 의미와 같은 뜻으로 새롭게 해석해야 합니다.

불교에서 말하는 나(我)라는 것과 무아(無我)라는 것은 다음과 같습니다. 우리에게 분명히 내가 있고 신체가 있습니다. 불교에서는 이 신체를 사대(四大)가 화합한 것이라 봅니다. 인연에 따라 일시적으로 결합해 있다는 뜻입니다. 살과 뼈나 피와 근육 등이 한군데로 합쳐져 구성된 잠시의 나입니다.

태어난 이튿날에는 전날의 내가 아니며 한 달이 지나면 태어난 첫날과는 완전히 다릅니다. 마찬가지로 10살 때와 11살 때는 완전히 다릅니다. 원자차원에서 보더라도 지금 나를 구성하고 있는 원자는 12년 후가 되면 전부 바뀌어 버립니다. 전신, 뼈 속까지도 모두 바뀌어 버립니다. 이렇게 본다면 이 육체는 내가 아니라 가아(假我)입니다. 하나의 도구로서 잠시 빌려서 사용하는 겁니다. 따라서 이 몸은 진짜 내가 아니요 비상(非相)이요 가상(假相)입니다. 이 가짜를 진짜로 착각해서는 안 됩니다.

신체적 내가 진짜 내가 아니라면 우리의 의식이나 생각은 어떨까요? 진짜 나일까요? 역시 아닙니다. 몇 초 몇 분간에도 생각이나 의식은 계속 바뀌고 모두 변해 버리기 때문입니다. 더욱이 나이가 많아지면 과거 지나간 몇 십년 일이나 심지어 얼마 전에 있었던 일조차 까마득히 잊어버리고 맙니다. 따라서 사유(思惟)나 의식 또는 생각이 모두 내가 아니라 할 수 있습니다.

이런 것들은 모두 내가 아닙니다. 나라고 하는 것도 내가 아닌데 다시 어디에 너, 그, 그들 하는 것들이 있겠습니까? 그런 것들은 모두 내가 아니며 일체의 것은 상(相)이 없습니다.

온갖 상들은 인연에 의해 일시적으로 결합된 것으로 인연이 다하면 흩어져 버리고 맙니다. 우리가 아끼는 것이 허망한 상(相)이지 진실이 아닙니다. 그렇지만 허망한 것이라 해서 존재하지 않는 것은 아닙니다. 단지 우연하게 잠시 존재하는 겁니다.

따라서 아상(我相)은 상이 아니다 라고 할 수 있습니다. 확대시키면 인상, 중생상, 수자상 역시 상이 아닙니다. 《금강경》은 우리에게 말합니다. 인연에 따라 나타난 물질세계에 자신의 지혜나 진정한 본성이 현혹되어서는 안 됩니다. 정감(情感) 역시 허망한 상입니다.

그렇지만 만약 부처가 정감이 없었다면 대비의 마음도 드러낼 수 없었을 것입니다. 대비의 마음은 곧 정감입니다. 그렇지만 부처의 정감은 미혹된 것이 아닙니다. 일체의 상은 상이요 진정한 비심은 비심의 흔적이 없습니다. 당연히 행하여 할 바에 따라 행해진 것입니다.

이 지구가 약 46억 년 전에 생성되어서 생물체는 36억 년 전에 최초의 단세포 생물이 등장했습니다. 우리 인간이 앞에서 이야기 한 바가 있지만 남조류가 만드는 산소, 물 그리고 음식이 없다면 우리의 육체가 존재할 수 있겠습니까? 우리의 육체는 이런 모든 것에 의존하고 있습니다. 그리고 일체가 상호의존(interdependent)하고 있습니다.

그리고 우리가 신고 있는 신발, 입고 있는 옷, 우리가 사용하고 있는 휴대폰, 텔레비전 이런 것을 우리는 하나도 만들 줄 모릅니다. 우리는 모든 것을 또 다른 사람에게 의존하고 있는 것입니다. 다시 말하지만 우리가 사는 아파트, 우리가 입는 옷, 우리가 먹는 쌀, 우리가 타고 다니는 자동차, 우리가 사용하는 가구 이런 것을 모두 다른 사람들에 의존하고 있는 것입니다.

그리고 우리의 신체는 사대(四大)로 구성되어 있는데 사대 즉 지수화풍(이것이 꼭 땅, 물, 불, 바람 이런 의미는 아닙니다. 이런 원소들로 상징되고 있는 성질이라는 의미로 해석할 수 있습니다)은 과학적으로 본다면 우리가 탄소, 수소, 산소, 질소 이런 원자로 구성되어 있는 것과 일맥상통합니다.

우리 신체는 사대로 구성되어있고, 인간은 5온의 집합체라고 불경에서 이야기 합니다. 색·수·상·형·식·색이란 것은 우리의 육체라고 간단히 말할 수 있고 수라는 것은 우리의 감각기관, 그리고 상이란 것은 우리의 어떤 생각이나 언어에 의한 개념형성작용이라 볼 수 있습니다. 행은 의지라고 볼 수가 있습니다. 식은 우리의 인식작용, 이 다섯 가지가 모여서 나라는 것을 구상하고 있습니다. 그런데 이 어느 것을 보아도 나라는 것은 없습니다.

서양철학에서는 자기 정체성(self-identity)를 강조합니다. 어린아이가 태어나면 자기정체성이 없습니다. 한살 두살 넘어가면서 외부환경과 반응해가면서 자아개념을 형성해 나갑니다. 그런데 이세상의 모든 번뇌는 역설적으로 자아개념으로부터 비롯됩니다. 나와 타자(他者) 즉 다른 사람을 구분함으로써 다른 사람과 대립, 갈등, 투쟁이 발생하기 때문입니다.

그런데 복잡한 현대사회에서 생존하기 위해서는 타인과 대립, 경쟁이 없을 수는 없습니다. 그러나 이 《금강경》의 깨달음을 얻고 아상(我相)이 없어진다면 훨씬 원만하고 평화로운 세상이 될 수 있을 겁니다. 그리고 지나친 에고의식으로 인한 갈등, 불행으로부터 벗어날 수 있습니다.

부처를 배우고자 한다면 어디로 가야 부처를 만날 수 있을까요? 일체의 상을 모두 떠나버리면 바로 부처입니다. 이것이 진정한 부처입니다. 이렇게 말하면 절에 가서 대웅전에 있는 부처님에게 절할 필요가 없지 않겠느냐 생각할지 모르겠습니다. 그러나 절을 해야 합니다.

가짜이면서 진짜이기 때문입니다. 중국의 조사들이 도를 깨치고 나서 나무로 된 부처를 도끼로 패서 불을 땐다고 하는 내용이 《벽암록》에 나옵니다. 그러나 《능엄경》을 읽어보면 이런 행동은 큰 잘못입니다. 왜냐면 불상은 가짜이면서 진짜이기 때문입니다.

《금강경》에 여러 번 나오듯이 정반합의 변증법인 초월의 이치를 증험해야 합니다. 상이란 허망한 것입니다. 그렇지만 이 허망한 상에 예배를 하면서도 스스로의 마음속에 진정한 성실함과 경건함이 있어 이 진실한 성의와 경건함이 드러나면 그것이 바로 청정한 신심입니다.

그것을 통해서 실상이 생겨날 수 있기 때문입니다. 이 실상의 경계가 바로 일체의 상을 떠난 것이요 일체의 상에 집착하지 않는 것입니다. 어떤 사람은 상에 집착하지 않고서도 예불을 드리는데 이것은 일념의 순간입니다. 일념의 순간에 이미 시방삼세의 모든 부처님께 절을 한 겁니다.

부처님께서 수보리에게 말씀하셨다.

『그러하니라. 그러하니라. 만일 어떤 사람이 이 경을 듣고 놀라지 않으며 겁내지 않으며 두려워하지 않으면, 이 사람은 참으로 희유한 사람인 줄을 알지니라.』

만일 어느 누가 《금강경》의 이 가르침을 듣고 자기 마음을 믿어 이처럼 청정하게 된다면 실상(實相)이 그 앞에 나타나 온갖 허망함이 일거에 소멸될 것입니다. 그는 세상에 희유한 인물이 될 것입니다. 왜 그럴까요. 형상을 떠난 진리는 참으로 믿기 어렵고 제대로 이해하기 쉽지 않기 때문입니다.

『왜냐하면 수보리여, 여래가 말하는 제1바라밀은 제1바라밀이 아니며 단지 그것의 이름이 제1바라밀이기 때문이니라.』

《금강경》의 특징은 우리로 하여금 무주(無住), 무상(無相), 무원(無願)을 알게 하는데 있습니다. 바로 대승의 힘입니다. 이 마음은 수시로 머물지 않고 수시로 상에 처하지 않으며 어느 때 어느 곳에든 염원이 없어야 합니다. 여기서 무원(無願)에 대해 설명을 하겠습니다.

아미타불은 세자재왕불(世子在王佛)이 출현했을 때 법장(法藏)이라는 보살이었으나 무상의 깨달음을 얻어야겠다고 결심하고, 전 인류를 구원하기 위한 본원(本願)으로서 48대원(四十八大願)을 세우고 5겁(五劫) 동안 수행을 거듭한 결과 서원과 수행을 성취하여, 지금으로부터 10겁이라고 하는 오랜 옛날에 부처가 되어 서방정토에서 설법을 펼치고 있다고 합니다.

이와 같이 여기서 무원(無願)이라고 하는 것은 일체 중생을 위해 아미타불의 48대원(大願)처럼 큰 원력을 일으켜 자비를 펼치되 일단 자비를 베풀고 나서는 자비를 베풀었다는 생각도, 자비행에 대한 일체의 집착도 없어야 한다는 말입니다. 처음부터 자비행을 베풀지 않았다는 뜻이 아님을 알아야 합니다. 자비를 베풀고서도 거기에 집착하지 않고, 자비에 대한 상(相)을 갖지 않는다는 점이 중요합니다.

제일바라밀은 곧 제일바라밀이 아니요 그것의 이름이 제일바라밀이라고 하는 것입니다. 제일바라밀은 바로 반야요 대지혜입니다. 그리고 반야 속의 실상반야는 도의 본체가 드러난 것으로 명심견성(明心見性)입니다.

『수보리여, 인욕바라밀(忍辱波羅蜜)은 여래가 인욕바라밀이 아니라 말하니, 그것의 이름이 인욕바라밀이다. 무슨 까닭이겠는가. 수보리야, 내가 옛날에 가리왕에게 몸을 갈기갈기 찢길 적에 아상도 없고 인상도 없고 중생상도 없고 수자상도 없었느니라. 그 까닭이 무엇인가 하면, 내가 옛날에 몸을 찢길 적에 아상 · 인상 · 중생상 · 수자상이 있었더라면 응당 성내고 원망하는 마음이 생겼을 것이다. 수보리여, 또 과거 오백생애 동안 인욕선인(忍辱仙人)이었던 일을 생각하면 그때에도 아상 · 인상 · 중생상 · 수자상이 없었느니라.』

육바라밀은 보시(布施), 지계(持戒), 인욕(忍辱), 정진(精進), 선정(禪定), 지혜(智慧)바라밀입니다. 이것은 불법을 배우는 하나의 순서라 할 수 있습니다. 불법을 배우려면 먼저 보시를 배워야 합니다. 보시란 단지 주머니 속의 돈을 남한테 주는 것을 의미하지는 않습니다. 일체의 습기(習氣)를 모두 버리고 변화시키며 없애버려 인생 전반을 바꾸는 것입니다. 진정으로 보시를 행한 후 마음이 청정해 져야 비로소 지계가 가능합니다. 마음이 청정한 상태에 이르면 한 생각 한 생각이 청정해져 구태여 지계를 행할 필요도 없습니다.

누구는 자신의 마음이 청정하고 계율도 잘 지키고 있다고 말할지 모르지만 그것은 다른 사람으로부터 모욕을 받지 않았을 때입니다. 일단 모욕을 받으면 울화가 치밀어 올라 청정하든 청정하지 않던 바로 화난 감정이 폭발합니다. 이 때문에 인욕은 아주 어려우며 따라서 육바라밀의 중심입니다.

인욕바라밀을 행하고자 하면 무엇보다 먼저 다른 사람의 허물이나 나쁜 점을 보지 말고 원한 맺은 사람이나 친한 사람을 가리지 않고 평등하게 대하며 옳고 그름을 분별하지 않아 다른 사람이 때리거나 해치더라도 기쁜 마음으로 그를 받아들여 더 한층 공경해야 합니다. 이와 같이 행한다면 인욕바라밀을 성취합니다.

불교에서 말하는 인욕의 의미를 살펴봅시다. 욕(辱)자를 보면 우리는 남으로 받는 모욕을 생각합니다. 예를 들면 다른 사람이 욕하거나 때리거나 혹은 각종 바람직하지 않은 자극을 가하는 것을 욕이라 할 수 있습니다. 사바세계는 참으로 감내하기 어렵습니다. 사바세계라는 것이 본래 인내를 해야만 된다는 의미입니다.

원만한 것이란 하나도 없습니다. 그러나 이 세상의 일체중생들은 이것을 감내하고 받아들입니다. 그래서 이 세계를 사바세계라고 합니다. 인내의 세계입니다. 인내를 해야만 하는 세계입니다. 그렇지만 이 때문에 사바세계의 중생만이 가장 쉽게 성불할 수 있습니다.

극락에 태어나면 고통도 없고 자극도 없습니다. 날마다 행복을 누리니 중생이 수도할 생각을 하지 않습니다. 지옥에 태어나면 고통을 이기지 못해 수도를 할 여유가 없습니다. 우리가 사는 이 사바세계만 고통도 있고 즐거움도 있고 선도 있고 악도 있어 해탈의 지혜에 대한 자극을 받을 수 있어 바로 성불에 있어 가장 좋은 환경입니다. 젊어서 고생은 사서도 한다는 말이 있습니다. 참으로 옳은 말입니다.

최근에 서양에서 성공한 사람들에 대한 연구를 해 본 결과 아무런 어려움없이 성공한 사람들은 성취감을 느끼지 못하고 큰 행복을 느끼지 못한다는 연구조사가 있습니다. 그러니까 사업을 하더라도 순탄하게 승승장구하고 돈을 많이 번 사람이 우리 일반사람들의 예상과는 달리 그렇게 큰 기쁨을 느끼지 못한다고 합니다. 오히려 중간에 부도가 나거나 엄청난 고통, 역경을 겪고 나서 성공한 사람이 더 큰 기쁨을 느낀다고 합니다.

젊어서 고생은 사서도 한다, 아픈 만큼 성숙해진다, 눈물에 젖은 빵을 먹어보지 않은 사람과는 인생을 논하지 말라는 말은 깊은 인생 경험에서 나온 옳은 이야기입니다.

고통을 단지 고통으로만 느낄 것이 아니라 인생에 있어서 보약으로 그리고 쇠가 담금질을 통해서 더욱 좋은 쇠로 연마가 되듯이 그렇게 단순히 고통으로 끝내지 말고 고통을 통해서 한 단계 진화, 레벨 업(level up)시키는 것이 필요합니다. 아픔을 겪어본 사람만이 다른 사람의 아픔에도 공감을 할 수 있습니다.

가리왕(King Kali)은 과거에 인도에 이름있는 유명한 왕이었지만 인도인들은 역사를 그다지 중시하지 않는 까닭에 이런 역사적인 자료들이 불경속에만 남아있습니다. 가리왕은 대단히 잔혹하고 포악했습니다.

수도인(修道人)이 자기의 궁녀와 같이 있는 것을 보고 오해한 가리왕이,

『네가 수도인이지만 내가 너를 죽여도 과연 아무 원한을 갖지 않을 수 있을 것인가?』

수도인(석가모니의 전생중의 한사람)은 대답했습니다.

『이 마음은 절대 청정하다. 가령 내가 한순간이라도 노여워하는 마음

이 일어난다면 그대가 내 사지를 절단한 후 나는 다시 복원되지 못할 것이다.』

가리왕은 석가모니의 몸을 절단했습니다. 이렇게 한 뒤 가리왕이 증명해 볼 것을 요구하자 석가모니가 말했습니다. 만약 보살의 자비심이 진짜라면 내 몸이 복원될 것이다. 결과적으로 그는 다시 복원되어 다시 살아 일어났습니다.

이와 관련된 이야기가 있습니다. 중국이 1950년대 티베트를 침략한 후 티베트의 많은 승려들을 붙잡아 고문하고 죽이고 했습니다. 그때 스승의 소재를 자백하지 않아 모진 고문을 당하고 30년간이나 감옥 생활을 한 티베트 승려가 이런 글을 썼습니다.

『내가 두려워하는 것은 중국인들의 고문이 아니다. 중국인들의 고문으로 인하여 내가 중국인들에 대한 자비심을 잃게 되는 것을 두려워한다.』

《가둘 수 없는 영혼》을 쓴 팔덴 갸초의 이야기입니다. 팔덴 갸초는 스승을 인도스파이로 고발하지 않았다는 이유로 30여 년 동안 중국 지하 감옥에서 구금을 당해야만 했습니다. 28살에 체포되어 예순이 되기까지, 끊임없이 이어진 고문과 굶주림, 강제노역, 사상교육 등 갖은 고난을 겪으며 스승과 영혼의 가르침을 포기하지 않고 정신력을 지켜나갔습니다. 이 책은 또한 중국의 침략으로 파괴되고 고통받는 티베트의 실상을 있는 그대로 전하고 있습니다.

예수가 십자가에 매달렸을 때도 비슷한 이야기를 합니다. 예수는,

『저 사람들은 지금 자기가 무슨 일을 하는지 모릅니다. 하느님 아버지, 저 사람들을 용서해 주십시오.』라고 했습니다.

인욕이라는 것은 인간 세상의 일체 고통과 번뇌를 포괄하는 것이나, 참는다는 생각조차도 없는, 아무것도 참을 것이 없는 그런 단계에 이르러

야만 비로소 인욕바라밀에 이르렀다고 할 수 있습니다.

그는 이 생명이 나에게 속한다는 생각이 없었습니다. 우리의 신체는 인연에 따라 일시적으로 우리에게 속한 것입니다. 잠시 나에게 속한 것이지 결코 영원히 소유할 수 없습니다. 이 몸은 본래 내가 아니기 때문입니다. 그렇다고 해서 이 몸을 경시하라는 뜻은 아닙니다. 우리의 색신 즉 우리의 육신도 여래장, 법신이 화현(化顯)한 것이므로 소중한 것입니다. 그렇지만 신체에 지나치게 집착하지는 말라는 뜻입니다.

이런 이치를 뚜렷이 자기가 몸으로 증득해야만 합니다. 이것을 실제로 증득할 때야만 비로소 신심이 청정해지며 반야실상을 증득할 가능성이 있습니다. 이것이 진정한 법보입니다. 지혜가 투철하지 못하면 큰 깨달음을 얻을 수 없습니다. 깨달음은 깨끗하고 맑은 것으로 지혜로써 일체의 어두움의 그림자를 걷어내는 경계입니다.

이것은 등불의 비유를 들 수가 있습니다. 아무리 어둠이 짙더라도 등(燈)에 불을 켜면 어둠은 물러갑니다. 그런데 그 등불은 주위를 비출뿐 아니라 자기가 자신을 비추기도 합니다. 우리의 의식도 마찬가지 입니다. 우리의 마음을 참선을 통해 마음을 마음으로써 관찰하는 것입니다.

인과(因果)가 얼마나 무서운가를 이야기 하겠습니다. 하늘의 그물망은 엉성한 것 같지만, 그 누구도 그 그물망(網)을 빠져나가지 못한다고 합니다. 사람을 죽이면 다음 생애에 자기 목숨으로 보상해야하고 빚을 지면 죽어서도 빚을 갚아야 합니다. 살생을 해서는 안 됩니다. 그런데 동기(動機: motive)가 중요합니다.

예를 들면 먹고 살기 위해서 짐승의 고기를 먹는 것은 어느 정도 업은 있지만 넘어갑니다. 그런데 다른 중생을 괴롭힐 목적으로 상처를 주거나 죽이면 그 과보는 심각합니다. 즉 행동의 근저에 깔린 동기(動機)가 중요하다는 말입니다. 그리고 인연이 다하면 그 누가 붙잡더라도 흩어지고 사람이 가야할 때가 되면 갈 수밖에 없는 것입니다. 불법의 기초는 삼세인과와 육도윤회입니다.

삼국사기에 이차돈의 목을 자르니 우유같은 것이 뿜어져 나왔다는 이야기가 있습니다. 이것은 물론 상징적인 의미로 해석할 수 있습니다. 이것과 관련 귀족들의 심한 반대를 물리치고 왕권을 강화하기위한 것이었다고 말하기도 합니다. 목을 자르니 우유같은 액체가 뿜어져 나온 것은 수행을 하면 육체가 변화되어 그런 현상이 가능하다고 합니다.

인간은 오온으로 이루어졌습니다. 오온 즉 색(色)·수(受)·상(想)·행(行)·식(識) 이 중에 수는 감각기관, 상은 어떤 개념이나 이미지 이런 것을 만들어내는 정신작용을 말합니다. 인욕은 수온과 상온으로부터 벗어났다는 뜻입니다. 다른 사람의 태도가 좋지 않거나 혹은 귀에 거슬리는 소리를 듣고서 이를 염두에 두거나 마음에 담아두거나 원망하는 마음이 생겨난다면 지금까지 인욕공부가 아직 부족하다는 뜻입니다.

인욕이라는 것은 세속에 뛰어들어 다른 사람이 참아낼 수 없는 것을 참아내고 다른 사람이 행할 수 없는 것을 행해야 비로소 인욕이라 할 수 있습니다. 이것이 보살의 기본정신입니다.

보살은 적극적입니다. 자신을 돌보지 않고 다른 사람의 이익을 위해 일합니다. 그렇지만 세속에 뛰어들어 다른 사람의 이익을 위해 일하기란 지극히 고통스럽고 엄청난 번뇌를 수반합니다. 도처에서 자신을 희생하기 위해서는 반드시 아상·인상·중생상·수자상이 없는 경지에 이르러야 합니다. 사람이 참을 수 없는 것을 참아야 하고 다른 사람이 행할 수 없는 것을 행해야 합니다. 이것이야말로 진정한 대승의 인욕정신입니다.

노블레스 오블리주(Noblesse oblige)라는 말이 있습니다. 이는 사회지도층이 가져야할 도덕성, 책임감 같은 것을 의미합니다. 사람들은 그가 속한 사회의 지배층 인사들에게는 일반인들보다 높은 도덕성을 요구하게 마련입니다. 이러한 기대가 충족될 때 우리는 상류계층 사람들을 존경의 눈으로 바라보게 됩니다.

그러나 최근 우리나라에는 철학과 도덕성을 갖춘 진정한 상류층이 존재하지 않는다는 주장이 곳곳에서 제기되면서, 소위 「노블레스 오블리주」라는 말이 곧잘 인용됩니다. 이 말은 본래 「귀족은 귀족다워야 한다」는 프랑스어 속담 Noblesse oblige에서 유래한 것으로, 지금은 사회의 지도적인 지위에 있거나 여론을 주도하는 위치에 있는 사람들이 마땅히 지녀야 할 도덕적·정신적 의무를 뜻하는 말로 사용되고 있습니다.

빌 게이츠는 재산이 오백억 $ 정도 된다고 합니다. 이 재산 중 0.02%인 천만 $만 자식에게 물려주고 나머지는 사회에 환원한다고 합니다. 대학이나 질병 퇴치에 돈을 기부하는 기부문화가 바람직하며, 현대에 있어서 기업을 해서 많은 돈을 벌어 그 돈을 좋은 데에 사용하는 것, 사회에 소외된 사람들을 도와주고, 다른 사람의 이익을 위해 기부하는 것도 현대판 보살이 아닐까 생각합니다.

일본이 제2차 세계대전을 일으키고 히로시마와 나가사키에 원자폭탄이 투하된 뒤 항복을 하면서 1945년 8월15일 항복방송을 했습니다. 그 당시 일본의 히로히도 천황은 전쟁 패배를 자인하면서 「참을 수 없는 것을 참고」의 표현을 했습니다. 일본이 제2차 세계대전 중에 동남아, 한국, 중국, 싱가포르 등에서 저지른 많은 잘못된 일을 사과하지 않고 일본자신의 피해만 언급한 것은 아주 편협한 시각입니다.

이것은 진정한 대승의 인욕정신이 아닙니다. 참을 수 없는 것을 참아내고 다른 사람이 행할 수 없는 것을 행하는 것인 대승의 인욕정신에서 한참 멉니다. 독일은 제2차 세계대전 때 유태인을 학살한 것에 대해 법률까지 제정해서 이스라엘에 대한 보상을 체계적으로 하고, 국가 차원에서 사죄를 하고, 그리고 독일이 잘못했다는 것을 교과서에까지 명백하게 밝혔습니다.

이에 반해서 일본은 한국이나 중국 그리고 동남아시아에서 행한 잘못에 대해서 진정한 사과, 그리고 법률제정에 의한 국가차원에서의 보상, 교과서에 명백한 잘못인정 등이 아주 부족합니다. 이것이 일본과 독일의 차이점입니다.

불법을 배우면서 일체의 현상에 기만되거나 미혹되어서는 안 됩니다. 절이나 건물이나 재산이나 명예나 하는 것은 모두 상(相)입니다. 이 마음은 절[寺]이나 건물, 재산, 명예같은 데 현혹되어서는 안 됩니다. 일체의 상을 떠난 것, 그것을 이름하여 부처라 합니다. 대승보살은 대승의 길을 걸으며 마땅히 일체의 상에서 벗어나 중생구제를 위한 자비심을 보여야 합니다.

『그러므로 수보리야, 보살은 마땅히 일체의 상을 떠나 아뇩다라삼먁삼보리의 마음을 낼지니, 형체에 머물러서 마음을 내지도 말며 소리와 냄새와 맛과 접촉과 법에 머물러서 마음을 내지도 말아야 하나니 마땅히 머무름 없는 마음을 낼지니라. 만일 마음에 머무는 데가 있으면 이것은 머무름이 아니니 그러므로 여래는 말하기를 '보살은 마음을 형체에 머물지 않고보시하여야 한다' 하였느니라.

수보리여, 보살들은 일체 중생을 이롭게 하기 위하여 마땅히 이렇게 보시하여야 하나니, 여래는 일체의 상이 상이 아니며 또 일체의 중생이 중생이 아니라고 말하느니라.』

사물에 마음을 빼앗겨서는 안 됩니다. 일체의 경계와 일체의 현상은 모두 후천적인 심리적, 생리적, 정신적 환상에 불과합니다. 향기·맛·촉각·법에 머물러 마음이 생겨서는 안 됩니다.

불법을 배우는 사람은 일체의 상을 떠나야 합니다. 아무데도 머물지 않는 마음이 생겨나야 합니다. 수시로 자신을 관찰하고 마음을 살펴 이 마음이 머무름이 없도록 해야 합니다. 만약 마음이 오직 한 가지 것에만 머물러 있다든지 혹은 어떤 습기(習氣)에 머물러 시종 해탈할 수 없으면 안 됩니다. 만약 마음에 머무름이 있다면 그것은 머무름이 아니니 이에 대해서는 관심법문(觀心法門)을 배우는 사람들이 특히 주의해야합니다.

관심공부를 하는 사람은 신심이 청정해야 된다고 생각해 마음이 청정에 머뭅니다. 그러나 이미 그것은 청정이 아닙니다. 설사 청정하더라도 그 청정은 아주 협소합니다. 어떤 사람은 공(空)을 느끼기도 하지만 그 공은 아주 작은 스케일의 것입니다.

이런 것들은 모두 의식상에 나타나는 하나의 경계이지 진정한 공이 아닙니다. 바로 마음이 상에 머문 것입니다. 공의 상에 집착하여 마음에 머무름이 있습니다. 그것은 잘못된 공관(空觀)이요 잘못된 관심법문입니다. 만약 마음에 머무름이 있다면 훈련을 통해 마음을 한군데 집착시켜 고요한 상태에 있다 하더라도 이것은 상에 불과합니다.

형체에 머물러 보시하지 않는다는 것은 상에 집착해서는 안 된다는 것입니다. 색이나 법에 머문 보시는 유형의 것으로 상에 집착한 것입니다. 물리적 환경적 영향을 받는 일체의 것들을 모두 떨쳐 버리고, 온갖 인연을 놓아버리는 것이 바로 색에 머물지 않는 보시입니다.

대승보살의 정신은 일체 중생의 이익을 위해 행하는 것으로, 하나하나의 모든 행위가 빠짐없이 자신을 희생시켜 남을 성취하게 하는 것입니다. 마땅히 이렇게 보시하고, 마땅히 온갖 인연을 떨쳐 버리며, 다른 사람의 몸과 마음을 이롭게 해야 합니다. 그런데 사람들은 왜 떨쳐버리지 못할까요? 진정한 보시를 못하기 때문입니다. 또 중생은 상에 집착하기 때문입니다.

불법을 공부하는 사람은 오온(五蘊)·색(色)·수(受)·상(想)·행(行)·식(識)이 모두 공(空)인 것을 잘 알지만, 자기와 마주치는 것은 첩첩이 쌓인 어리석음과 미혹입니다. 이것은 행위가 따라가지 못하기 때문입니다. 행위가 미치지 못하는 것은 아직 수행이 부족한 것입니다. 수행이란 것은 행위, 즉 행동으로 실천해야 되는 것입니다. 다른 사람을 제도하기 위해서는 먼저 자기 자신을 제도해야 합니다.

영겁의 차원에서 보면 중생은 자기 스스로 제도할 수 있습니다. 일체중생은 중생이 아닙니다. 일체중생이 모두 부처입니다. 부처에게 가서 무슨 제도를 하겠다는 겁니까. 매 중생은 모두 자성(自性)으로서 스스로 제도(濟度)합니다. 혼미할 때는 스승이 제도하지만 깨닫고 난 뒤에는 스스로 제도합니다. 중생은 자성으로 모두 스스로 제도합니다. 자성으로 중생이 제도되기를 기원하며 자성으로 번뇌가 단절되기를 기원합니다. 모두가 자성으로 스스로 제도합니다.

『수보리여, 여래는 참된 말만 하는 이 이며, 실다운 말만 하는 이 이며 여실한 말만 하는 이 이며, 속이지 않는 말만 하는 이 이며, 다르지 않은 말만 하는 이 이니라. 수보리야, 여래가 얻은 법은 아무것도 얻은 것이 없지만 공허한 것은 아니니라.』

부처님의 설법은 진실합니다. 거짓말을 하지 않습니다. 말하는 것이 솔직합니다. 있는 그대로를 꾸미지 않고 말합니다. 여어란 무엇을 말하는 것일까요? 여는 실상반야와 같습니다. 생명의 본래면목은 필경 청정한 것인데 청정은 어떤 언어로도 설명할 수 없습니다. 바로 여어 입니다. 그래서 부처님은 여어를 말합니다. 부처님은 가르침을 따로 숨긴 것이 없다고 하셨습니다. 모든 것을 숨김없이 공개해서 가르쳤다는 뜻입니다.

부처님은 철저한 소식을 우리에게 일러주고 있습니다. 어떤 것이라도 하나 얻을 수 있을까요? 얻은 것이 어떤 것일까요? 앞에서도 이야기 한 적이 있지만 도는 어떤 것 하나도 얻을 것이 없습니다.

이런 말이 있습니다 우리가 불법을 공부한다는 것은 머릿속에 차근차근 지식을 쌓는 것이 아니라 마음에서 하나하나 들어내는 것이라고 말입니다. 진리라는 것은 어떤 것 하나도 얻을 것이 없습니다. 아무 것도 얻은 것이 없고, 그렇다고 헛된 것도 아닙니다. 이 이치를 잘 알아야 합니다. 형이상학의 이치나 진정한 불법은 진실로 얻을 것이 있는 것도 아니요, 그렇다고 헛된 것도 아닙니다.

육바라밀은 보시(布施)로부터 지계(持戒), 인욕(忍辱)을 거쳐 반야의 성체에 이르기까지 진정한 불법의 수지(受持), 부주(不住), 불착상(不着相), 부집착(不執着) 온갖 인연을 놓아버린 것을 말합니다. 이러한 경지는 얻은 것이 없지만 공허한 것도 아닌 경지에 도달하는 것으로 자기스스로 증득(證得)해야 합니다.

우리의 인식이라는 것은 인식주체와 인식대상을 분리시켜 이원적인 대립구조 하에서 인식을 하는 것입니다. 인식을 하는 내가 있고 인식의 대상인 사물이 있고 이런 이원적인 대립구조 하에서 인식이 이루어지는 것입니다. 그러나 이러한 인식을 초월하여 사량분별 없이 순수직관으로 인식하는 것, 무상계에 나오는 산하대지현진광(山河大地現眞光)의 경지에서 사물을 인식하는 것입니다.

진정한 불법은 아무것도 얻은 것이 없지만 공허한 것은 아닙니다. 부처님의 이 말은 너무나 중요합니다. 부처님은 한평생 허황된 말을 한 적이 없고 부처님이 말한 것은 모두 솔직한 것입니다. 중생들은 모두 이것을 믿어야 합니다. 이 법은 아무것도 얻은 것이 없지만 결코 공허한 것이 아닙니다.

『수보리여, 어떤 보살이 마음을 법에 머물러 보시하는 것은 마치 사람이 어두운 데로 들어가 아무 것도 볼 수 없는 것과 같고 만약 보살의 마음이 법에 머물지 않고 보시를 행한다면, 사람이 눈이 있어 밝은 햇빛 아래 온갖 형체를 보는 것과 같으니라.』

일체법에 집착하면 3계(三界)가 근본적으로 공(空)함을 이해하지 못해 마치 맹인이 어둠 속에 있듯 밝게 보지 못합니다. 만일 보살이 그 어디에도 집착하지 않고 형상을 초월한 반야바라밀을 행하면 비유컨대, 눈 밝은 사람이 밝은 대낮에 있는 것 같으니 온갖 형체를 자세히 볼 수 있는 것과 같습니다.

『수보리야, 오는 세상에 선남자나 선여인들이 이 경을 받아 지니고, 읽고 외우면 여래가 부처의 지혜로써 이 사람을 다 아시고 다 보시나니 모두가 한량없고 끝없는 공덕을 받으리라.』

《금강경》에서 말하는 반야의 핵심을 받아들이고 이를 좇아 수행하고, 깊이 그 의미를 깨달아 독송할 수 있다면, 즉 《금강경》의 이치를 모두 이해하고 이것으로 수행하는 사람은 부처와 다를 바 없다는 것입니다. 부처님의 지혜로 이런 사람을 완전히 알 수 있습니다. 그가 《금강경》의 반야지혜에 이처럼 투철하다는 것을 완전히 알 수 있습니다. 이런 사람들이라면 모두 무량무변의 공덕을 성취합니다.

여래가 세상을 떠나신 뒤 말세의 혼탁한 시대에 삿된 이론이 파도처럼 다투어 일어나 그 시대에는 올바른 가르침〔正法〕이 제대로 드러나지 못합니다. 이처럼 혼란스러운 시기임에도 불구하고 어떤 선남자 선여인이 《금강경》의 가르침을 받고 온 마음으로 독송하여 한순간도 잊지 않고 경전의 말씀대로 수행하여 부처님의 지혜를 얻으면 최상의 올바른 가르침을 성취할 것입니다. 이와 같은 그의 행동을 부처님은 빠짐없이 지켜본다는 것입니다. 이 사람은 무량무변의 공덕을 성취합니다.

우주적인 관점에서 인류의 역사를 본다면 인간의 수천년 수만년의 시간이라도 단지 한순간의 찰나에 불과합니다. 우리 사람들이 80년을 산다고 해도 돌이켜 보면 한바탕 꿈입니다. 알찬 것도 공허한 것도 아니고 진실도 거짓도 아니고 공이기도 하고 유이기도 하다는 것을 절감할 겁니다. 불법을 수지한다고 얻는 것이 있을까요? 있습니다. 그렇지만 상에 집착해서는 안 됩니다. 알찬 것도 공허한 것도 아닙니다.

이물질 세계에서 현재의 나는 이전의 내가 아닙니다. 전생의 나도 아니요, 내생의 나도 아닙니다. 이 나는 진정한 자기가 아닙니다. 우리가 윤회를 한다고 해서 지나치게 전생을 알고 싶어하고 집착할 필요는 없습니다. 지금 이 순간을 잘사는 것이 중요합니다.

물론 현생에 있어서 어떤 정신적인 장애가 있는 경우 전생퇴행을 통해서 그 원인을 밝혀내서 정신적 치료의 효과를 거둘 수도 있습니다. 그렇지만 그것은 예외적인 현상입니다. 지금의 나는 예전의 내가 아닙니다. 내 생명 본래의 바로 그 생명이 아닙니다. 이 현재의 나를 벗어날 때만 비로소 항상 즐겁고 깨끗한 진정한 자기에 이를 수 있습니다.

대승의 정신은 속세로 들어갑니다. 그래야만 성공할 수 있습니다. 높은 산, 깨끗하고 조용한 산속의 절에서 사는 것보다 민중 속으로 들어가는 것 그것이 대승의 정신입니다.

제3절 용어해설

14. 이상적멸분(離相寂滅分)

① 혜안(慧眼):

오안(五眼) 중의 하나. 우주 사물의 진리를 있는 그대로 보는 눈을 말한다. 오안이란 육안(肉眼)・천안(天眼)・혜안(慧眼)・법안(法眼)・불안(佛眼)을 말한다. 이들 중 혜안은 만유(萬有)의 현상은 모두 공(空)한 것이며, 본래 생기지도 않고〔不生〕 없어지지도 않음〔不滅〕을 깨달아 모든 집착을 여의고 차별적인 현상세계를 보지 않는 지혜의 눈인데, 이것은 성문과 연각 등 이승(二乘)의 지혜만을 얻은 까닭에 중생을 제도하지는 못한다고 한다.

성문(聲聞)이란 부처님의 음성을 직접 듣거나 교법을 공부하는 사람이고, 연각(緣覺)이란 스승없이 주위의 사물을 보고 인연현상을 파악하여 스스로 진리를 깨닫는 사람으로서 전생에 많은 공부가 있었던 사람을 말한다. 육안은 우리들의 감각적인 눈으로서 차별적인 현상계의 것만 보는 눈이고, 천안은 아무리 먼 곳의 것이라도 막힘없이 보는 눈이며, 법안은 세속제의 법만을 두루 보는 눈이며, 불안은 모든 사물에 차별을 두지 않고 평등하게 보는 눈이다.

② 신심이 맑고 깨끗하다[信心淸淨]:

악행으로 인해 생긴 허물이나 번뇌의 더러움에서 벗어난 깨끗함을 청정이라 한다. 믿음이 불순하면 진실한 믿음이라 할 수 없다. 진실한 믿음이란 맑고 깨끗한 마음에서 우러나오는 것이다. 이러한 맑고 깨끗한 믿음의 마음을 가지고 있는 사람은 실상(實相)을 보게 된다. 이렇게 거짓이 없고 참되기 때문에 최상의 깨달음을 얻을 수 있는 것이다. 청정에는 자성청정(自性淸淨)과 이구청정(離垢淸淨)의 두 가지가 있다.

③ 제일바라밀(第一波羅蜜):

바라밀이라는 말은 원어 파라미타(Paramita)의 음역인데, 그 뜻을 도피안(到

彼岸)이라고 풀이하고 있다. 도피안(到彼岸)이란 불교에서 이상의 경지에 이르고자 하는 보살수행의 길을 통틀어 말한다. 여기에서 말하는 제일바라밀은 육바라밀(六波羅蜜) 중의 첫째인 보시바라밀(布施波羅蜜)을 가리키는 것이다. 제일바라밀을 으뜸가는 바라밀 또는 최고완성이라고 풀이하는 이도 있다.

④ 인욕바라밀(忍辱波羅蜜):

원어 크산티파라미타(Ksantiparamita)의 음역. 인욕은 크산티(Ksanti)의 의역. 육바라밀 중의 셋째 바라밀로서 온갖 모욕과 번뇌를 참고 견디고 원한을 일으키지 않는 수행을 하여 열반의 피안에 도달하는 도의 하나이다.

⑤ 가리왕(歌利王):

막스 뮐러본에는 Kalinga-raja, 티베트본에는 Ka-lin-gahi rgyal-po라고 되어 있지만, 코오탄본과 길기트본에도 Kali-raja라고 되어 있다. 카링가는 나라이름이라고 하지만 어느 사이에 카리와 혼동된 것인지도 모른다. 구마라집역본과 유지역본은 가리(歌利), 현장본은 갈리, 급다본은 악왕(惡王)이라 번역하고 진제본은 가능가(迦陵伽)라고 하고 있다.

《대비바사론》에는,

『일찌기 듣기를, 과거 현겁(賢劫) 중에 왕이 있었는데 갈리라고 이름한다. 어느 때에 인욕이라 불리는 선인이 삼림숲에서 고행을 성실히 닦고 있을 때, 갈리왕은 숲속에서 유희하고 제멋대로 즐기고 있었다. 시간이 지남에 갈리왕은 피곤하여 잠이 들고, 궁 안의 모든 여자들은 화과(花果)에 빠져 수풀 속에서 놀다가 멀리서 선인이 몸을 단정히 하고 고요히 사색함을 보고, 그 곳으로 나아가 선인에게 예배하고 주위를 돌며 그 옆에 앉았다.

선인은 욕망의 과오에 대해 설했다. 왕은 잠에서 깨어 궁녀들이 보이지 않으므로 살펴본즉, 모든 궁녀들이 선인의 주위에 둘러앉아 있음을 보고 크게 성내는 마음을 내어, 이것은 바로 어떤 대귀(大鬼)가 나의 궁녀들을 유혹하고 있는 것이라 생각하고 앞으로 나아가 물었다.

"그대는 누구인가?"

선인은 대답하기를,

"나는 선인이다."

또 묻기를,

"여기에서 무엇을 하고 있는가?"

대답하기를,

"인욕도(忍辱道)를 수행하고 있다."

왕은 이렇게 생각했다.

'이 사람은 내가 성내는 것을 보았기 때문에 인욕을 수행한다고 말하는구나. 그렇다면 이제 시험을 해봐야겠다.'

그리하여 또 묻기를,

"그대는 비상비비상처(非想非非想處)를 얻었는가?"

답하기를,

"성취하지 못했다."

왕은 더욱 성이 나서 말하기를,

"그대는 아직 속인이거늘 어찌 정(情)을 제멋대로 하여 나의 궁녀들과 즐기는가? 또 그대는 인욕을 닦는 사람이라고 말한즉 한 팔을 내놓아야만 한다. 능히 참겠는가, 못 참겠는가?"

그 때 선인은 곧 한 팔을 내밀고, 왕은 칼을 치켜들어 내리치자 한 팔이 땅에 뚝 떨어졌다. 왕은 또 다시 물었다.

"그대는 누구인가?"

선인은 답하기를,

"나는 인욕을 수행하는 사람이다."

그러자 왕은 또 다시 팔을 잘라버리고 앞에서와 같이 묻자, 선인은 또 앞에서와 같이 '나는 인욕을 닦는 사람이다'라고 대답했다.

이와 같이 계속하여 양발을 자르고, 양귀를 자르고, 또 코를 자르기를 계속했다. 선인의 몸을 삼분의 이 가량 베어 땅에 떨어뜨려, 상처투성이를 만들고 나서야 왕의 마음은 가라앉았다.

선인은 말하기를,

"왕은 지금 무엇 때문에 스스로 피염(疲厭)을 내는가? 예컨대 내 몸을 모두 절단하여 겨자씨 내지는 먼지와 같이 만든다 하더라도 나는 한 생각도 분노하는 마음을 내지 않는다. 말하는 바의 인욕에 결코 두 가지가 있을 수 없다. 그리고 또 나는 이러한 원을 말한다.

'그대는 지금 나를 무참하게, 내 몸을 일곱 마디로 잘라내어 상처투성이로 만들었다. 그러나 내가 미래세에 아뇩다라삼먁삼보리를 성취할 때에, 대비심(大悲心)을 내어 그대가 청하기를 기다리지 않고, 최초로 그대에게 칠종도(七種道)를 수행하게 하여 칠수면(七隨眠)을 단멸하게 하겠다.' 라고"

그러므로 마땅히 알아야 한다. 그 때의 인욕선인이 지금의 세존 석가모니이고, 갈리왕은 지금의 구수고진나(具壽橋陳那)임을』 라고 되어 있다.

《대당서역기》 내용 중에 오장나국(烏丈那國)에서는, 막킬리성의 동쪽 45리에 졸저파(卒堵波)가 있다. 매우 영서(靈瑞)하다. 이곳은 부처님이 옛적에 인욕선인이었을 때, 여기에서 갈리왕 때문에 지체(肢體)를 할재(割截)당한 곳이다라고 전하고 있다.

⑥ 공덕(功德):

보시, 불공, 독경 등을 통해서 얻어지는 선업을 말하는 것으로 내세에 더 나은 삶을 보장한다. 공덕을 쌓는 것은 재가불자들의 정신적 노력에 있어 중요하다

제4절 한역(漢譯)

14. 이상적멸분(離相寂滅分)

爾時 須菩提 聞說是經 深解義趣 涕淚悲泣 而白佛言
이시 수보리 문설시경 심해의취 체루비읍 이백불언

希有世尊 佛說如是甚深經典 我從昔來所得慧眼
희유세존 불설여시심심경전 아종석래소득혜안

未曾得聞如是之經
미증득문여시지경

世尊 若復有人 得聞是經 信心淸淨 則生實相
세존 약부유인 득문시경 신심청정 즉생실상

當知是人 成就第一希有功德
당지시인 성취제일희유공덕

世尊 是實相者 則是非相 是故 如來說名實相
세존 시실상자 즉시비상 시고 여래설명실상

世尊 我今得聞如是經典 信解受持 不足爲難
세존 아금득문여시경전 신해수지 부족위난

若當來世 後五百歲 其有衆生 得聞是經 信解受持
약당래세 후오백세 기유중생 득문시경 신해수지

是人則爲第一希有
시인즉위제일희유

何以故 此人無我相 無人相 無衆生相 無壽者相
하이고 차인무아상 무인상 무중생상 무수자상

所以者何 我相卽是非相 人相衆生相壽者相卽是非相
소이자하 아상즉시비상 인상중생상수자상즉시비상

何以故 離一切諸相 則名諸佛
하이고 이일체제상 즉명제불

佛告須菩提 如是如是 若復有人 得聞是經 不驚不怖不畏
불고수보리 여시여시 약부유인 득문시경 불경불포불외

當知是人 甚爲希有
당지시인 심위희유

何以故 須菩提
하이고 수보리

如來說第一波羅蜜 卽非第一波羅蜜 是名第一波羅蜜
여래설제일바라밀 즉비제일바라밀 시명제일바라밀

須菩提 忍辱波羅蜜 如來說非忍辱波羅蜜 是名忍辱波羅蜜
수보리 인욕바라밀 여래설비인욕바라밀 시명인욕바라밀

何以故 須菩提 如我昔爲歌利王割截身體 我於爾時
하이고 수보리 여아석위가리왕할절신체 아어이시

無我相 無人相 無衆生相 無壽者相
무아상 무인상 무중생상 무수자상

何以故 我於往昔節節支解時 若有我相人相衆生相壽者相
하이고 아어왕석절절지해시 약유아상인상중생상수자상

應生瞋恨
응생진한

須菩提 又念過去於五百世 作忍辱仙人 於爾所世
수보리 우념과거어오백세 작인욕선인 어이소세

無我相 無人相 無衆生相 無壽者相
무아상 무인상 무중생상 무수자상

是故 須菩提 菩薩應離一切相 發阿耨多羅三藐三菩提心
시고 수보리 보살응리일체상 발아뇩다라삼먁삼보리심

不應住色生心 不應住聲香味觸法生心 應生無所住心
불응주색생심 불응주성향미촉법생심 응생무소주심

若心有住 則爲非住
약심유주 즉위비주

是故 佛說菩薩心 不應住色布施
시고 불설보살심 불응주색보시

須菩提 菩薩爲利益一切衆生 應如是布施
수보리 보살위이익일체중생 응여시보시

如來說一切諸相 卽是非相 又說一切衆生 卽非衆生
여래설일체제상 즉시비상 우설일체중생 즉비중생

須菩提 如來是眞語者 實語者 如語者 不誑語者 不異語者
수보리 여래시진어자 실어자 여어자 불광어자 불이어자

須菩提 如來所得法 此法無實無虛
수보리 여래소득법 차법무실무허

須菩提 若菩薩 心住於法 而行布施 如人入闇 則無所見
수보리 약보살 심주어법 이행보시 여인입암 즉무소견

若菩薩 心不住法 而行布施 如人有目 日光明照 見種種色
약보살 심부주법 이행보시 여인유목 일광명조 견종종색

須菩提 當來之世 若有善男子善女人 能於此經 受持讀誦
수보리 당래지세 약유선남자선여인 능어차경 수지독송

卽爲如來 以佛智慧 悉知是人 悉見是人 皆得成就無量無邊功德
즉위여래 이불지혜 실지시인 실견시인 개득성취무량무변공덕

제5절 영역(英譯) 1

FOURTEEN:

By the force of this dharma, the venerable Subhuti was moved to tears. Wiping his eyes, he said to the Buddha, " How remarkable, Bhagavan, how most remarkable, Sugata, is this dharma teaching that the Bhagavan speaks for the benefit of those beings who seek the foremost of paths, for the benefit of those who seek the best of paths, and from which my own awareness is born. Bhagavan, I have never heard such a teaching as this! They shall be the most remarkably blessed of bodhisattvas, Bhagavan, who hear what is said in this sutra and give birth to a perception of its truth. And how so? Bhagavan, a perception of its truth is no perception of its truth. Thus does the Tathagata speak of a perception of its truth as a 'perception of its truth.'

"Hearing such a dharma teaching as this, Bhagavan, it is not remakable that I should trust and believe it.

But in the future, Bhagavan, in the final epoch, in the final period, in the final five hundred years of the dharma-ending age, Bhagavan, those beings who grasp this dharma teaching and memorize it, recite it, master it, and explain it in detail to others, they shall be most remarkably blessed. Moreover, Bhagavan, they shall not create the perception of a self, nor shall they create the perception of a being, the perception of a life, or the perception of a soul. They shall create neither a perception nor no perception. And why not? Bhagavan, the perception of a self is no perception, and the perception of a being, a life, or a soul is also no perception. And why not? Because buddhas and bhagavans are free of all perceptions."

This having been said, this Buddha told the venerable Subhuti, "So it is, Subhuti. So it is. Those beings shall be most remakably blessed, Subhuti, who are not alarmed, not frightened, and not distressed by what is said in this sutra. And how so? Subhuti, what the Tathagata proclaims as the best of perfections is, in truth, no perfection. Moreover, Subhuti, what the Tathagata proclaims as the best of perfections is also proclaimed by countless buddhas and bhagavans. Thus is it called the 'best of perfections.'

"So, too, Subhuti, is the Tathagata's perfection of forbearance no perfection. And how so? Subhuti, when King Kali cut off my limbs, my ears and nose, and my flesh, at that moment I had no perception of a self, a being, a life, or a soul. I had neither a perception nor no perception. And why not? At that moment, Subhuti, if I had had the perception of a self, at that moment I would have also had the perception of anger. Or if I had had the perception of a being, the perception of a life, or the perception of a soul, at that moment I would have had the perception of anger.

And how so? Subhuti, I recall the five hundred lifetimes I was the mendicant Kshanti, and during that time I had no perception of a self. Nor did I have the perception of a bein g, the perception of a life, or the perception of a soul.

"Therefore, Subhuti, fearless bodhisattvas should get rid of all perceptions in giving birth to the thought of unexcelle d, perfect enlightenment. They should not give birth to a thought attached to a sight, nor should they give birth to a thought attached to a sound, a smell, a taste, a touch, or a dharma. They should not give birth to a thought attached to a dharma, nor should they give birth to a thought attached to no dharma. They should not give birth to a thought attached to anything. And why not? Every attachment is no attachment. Thus the Tathagata says that bodhisattvas should give gifts without being attached. They should give gifts without being attached to a sight, a soun d, a small, a taste, a touch, or a dharma.

"Moreover, Subhuti, bodhisattvas should practice charity in this manner for the benefit of all beings. And how so? Subhuti, the perception of a being is no perception. Likewis e, all the beings of whom the Tathagata speaks are thus no beings. And how so? Subhuti, what the Tathagata says is real. What the Tathagata says is true and is as he says it is and is not other than as he says it is. What the Tathagata says is not false. Moreover, Subhuti, in the dharma realized, taught, and reflected on by the Tathagata, there is nothing true and nothing false.

"Subhuti, imagine a person who enters a dark place and who can't see a thing. He is like a bodhisattva ruled by objects, like someone practicing charity ruled by objects. Now, Subhuti, imagine a person with eyesight at the end of the night when the sun shines forth who can see all manner of things. He is like a bodhisattva not ruled by objects, like someone practicing charity not ruled by objects.

"Furthermore, Subhuti, if a noble son or daughter should grasp this dharma teaching and menorize it, recite i t, master it, and explain it in detail to others, the Tathagata will know them, Subhuti, by means of his buddha knowledge. And the Tathagata will see them, Subhuti, by means of his buddha vision. The Tathagata will be aware of them, Subhuti, for all such beings produce and obtain an immeasurable, infinite body of merit."

제6절 영역(英譯) 2

Section 14. Perfect Peace Lies in Freedom from Characteristic Distinctions

Upon the occasion of hearing this Discourse Subhuti had an interior realization of its meaning and was moved to tears. Whereupon he addressed Buddha thus: It is a most precious thing, World-honoured One, that you should deliver this supremely profound Discourse. Never have I heard such an exposition since of old my eye of wisdom first opened. World-honoured One, if anyone listens to this Discourse in faith with a pure, lucid mind, he will thereupon conceive an idea of Fundamental Reality. We should know that such an one establishes the most remarkable virtue. World-honoured One, such an idea of Fundamental Reality is not, in fact, a distinctive idea; therefore the Tathagata teaches: "Idea of Fundamental Reality" is merely a name.

World-honoured One, having listened to this Discourse, I receive and retain it with faith and understanding. This is not difficult for me, but in ages to come-in the last five hundred years, if there be men coming to hear this Discourse who receive and retain it with faith and understanding, they will be persons of most remarkable achievement. Wherefore? Because they will be free from the idea of an ego-entity, free from the idea of a personality, free from the idea of a being, and free from the idea of a separated individuality. And why? Because the distinguishing of an ego-entity is erroneous. Likewise the distinguishing of a personality, or a being, or a separated individuality is erroneous. Consequently those who have left behind every phenomenal distinction are called Buddhas all.

Buddha said to Subhuti: Just as you say! If anyone listens to this Discourse and is neither filled with alarm nor dread, be it known that such an one is of remarkable achievement. Wherefore? Because, Subhuti, the Tathagata teaches that the First Perfection(the Perfection of Charity) is not, in fact, the First Perfection: such is merely a name. Subhuti, the Tathagata teaches likewise that the perfection of Patience is not the perfection of Patience: such is merely a name. Why so? It is shown thus, Subhuti: When the Rajah of Kalinga mutilated my body, I was at that time free from the idea of an ego-entity, a personality, a being, and a separated individuality. Wherefore? Because then when my limbs were cut away piece by piece, had I been bound by the distinctions aforesaid, feelings of anger and hatred would have been aroused within me. Subhuti, I remember that long ago, sometime during my last past five hundred mortal lives, I was an ascetic practising patience. Even then was I free from those distinctions of separated selfhood. Therefore, Subhuti, Bodhisattvas should leave behind all phenomenal distinctions and awaken the thought of the Consummation of Incomparable Enlightenment by not allowing the mind to depend upon notions evoked by the sensible world, by not allowing the mind to depend upon notions evoked by sounds, odours, flavours, touch-contacts or any qualities. The mind should be kept independent of any thoughts which arise within it. If the mind depends upon anything it has no sure haven. This is why Buddha teaches that the mind of a Bodhisattva should not accept the appearances of things as a basis when exercising charity. Subhuti, as Bodhisattvas practise charity for the welfare of all living beings they should do it in this manner. Just as the Tathagata declares that characteristics are not characteristics, so He declares that all living beings are not, in fact, living beings. Subhuti, the Tathagata is He who declares that which is true; He who declares that which is fundamental; He who declares that which is ultimate. He does not declare that which is deceitful, nor that which is monstrous. Subhuti, that Truth to which the Tathagata has attained is neither real nor unreal.

Subhuti, if a bodhisattva practises charity with mind attached to formal notions he is like unto a man groping sightless in the gloom; but a Bodhisattva who practises charity with mind detached from any formal notions is like unto a man with open eyes in the radiant glory of the morning, to whom all kinds of objects are clearly visible.

Subhuti, if there be good men and good women in future ages, able to receive, read and recite this Discourse in its entirety, the Tathagata will clearly perceive and recognize them by means of His Buddha-knowledge; and each one of them will bring immeasurable and incalculable merit to fruition.

제15장 경전을 지니는 공덕

제1절 한글번역

『수보리야, 어떤 선남자나 선여인이 아침에 갠지스강 모래만큼이나 많은 수효의 몸으로 보시하고, 낮에 다시 갠지스강 모래만큼 많은 몸으로 보시하고, 저녁에도 갠지스강 모래만큼 많은 몸으로 보시하여 이렇게 한량없는 백천만겁(劫) 동안 보시하더라도, 다른 어떤 사람이 있어 이 경전을 듣고 신심을 거스르지 않는다면 이 복이 저 몸으로 보시한 복보다 더 클 것이다.

하물며 이 경을 쓰고 받아 지니고 읽고 외우고 다른 사람을 위해 해설하는 복덕의 크기에 비교할 수 있을 것인가. 수보리야, 중요한 뜻을 들어서 말하건대 이 경에는 불가사의하고 헤아릴 수 없는 무한한 공덕이 있나니, 여래는 대승의 마음을 낸 이를 위하여 이 경을 말했으며 가장 높은 마음을 낸 이를 위하여 이 경을 말했느니라.

만일 어떤 사람이 있어 이 경전을 능히 수지독송하여 널리 여러 사람들을 위해 일러 주면 여래가 이 사람을 다 알고 보나니, 이런 사람들 모두가 한량없고 말할 수 없고 끝없고 생각할 수 없는 공덕을 성취할 것이다. 이런 사람은 여래의 아뇩다라삼먁삼보리를 감당할 것이니라.

왜 그런가? 수보리여, 만약 작은 법을 좋아하는 이는 아견 · 인견 · 중생견 · 수자견에 집착해, 이 경전을 듣고 독송하여 다른 사람들을 위해 해설할 수 없을 것이기 때문이다.

수보리여, 어느 곳이든 이 경전이 있으면 일체세간의 천·인·아수라가 응당 공양을 올리리니, 이 경전이 있는 곳은 곧 부처님의 탑과 같으므로 모두가 공경하고 예배하고 돌면서 꽃과 향을 그 곳에 뿌리리라.』

제15장 경을 지니는 공덕

『수보리야, 어떤 선남자나 선여인이 아침에 갠지스 강 모래만큼이나 많은 수효의 몸으로 보시하고, 낮에 다시 갠지스 강 모래만큼 많은 몸으로 보시하고, 저녁에도 갠지스 강 모래만큼 많은 몸으로 보시하여 이렇게 한량없는 백천만겁(劫) 동안 보시하더라도, 다른 어떤 사람이 있어 이 경전을 듣고 신심을 거스르지 않는다면 이 복이 저 몸으로 보시한 복보다 더 클 것이다. 하물며 이 경을 쓰고 받아 지니고 읽고 외우고 다른 사람을 위해 해설하는 복덕의 크기에 비교할 수 있을 것인가.』

인도에서는 역사를 그다지 중시하지 않았습니다. 시간관념도 그렇게 중시하지 않았습니다. 과거는 이미 지나가 버린 것이고, 미래는 아직 오지 않았다고 생각하기 때문입니다. 그러니 자세히 기록을 하지 않았습니다. 일본 민족은 기록을 참 좋아하는 민족입니다. 아주 조그마한 것, 사소한 것도 꼼꼼히 기록해 놓습니다.

일본 민족은 조선시대 때 조선통신사들이 일본을 여행하면서 붓글씨로 몇 글자 적어준 것을 싸고 또 싸고 포장해서 집안의 가보로 대대로 보존해옵니다. 일본사람들은 기록에 철저하고 또 무엇을 보존하는데 뛰어난 자질을 보입니다. 반면 인도사람들은 철학적인 면에 아주 뛰어납니다. 인류 최초의 철학인 우파니샤드 철학도 인도에서 나왔습니다.

진정한 보시는 자기를 미련없이 던지는 것으로 일종의 자기 희생입니다. 보통 사람이 참지 못하는 것을 참아내고 다른 사람이 차마 행하지 못하는 것을 행하는 겁니다. 이것이 보시입니다. 몸으로 하는 보시에는 교통사고 등으로 뇌사상태에 빠졌을 경우 시신이나 장기를 다른 환자에게 주는 것입니다. 이것이 몸으로 하는 보시의 하나라 볼 수 있습니다. 얼마 전에 부산에서 고3 아들이 자기 아버지에게 간을 이식해줬는데 자기 아버지가 자살해 버린 안타까운 일도 있었습니다. 참으로 안타까운 일입니다.

중국 사람들은 돈이나 재물에 관심이 많습니다. 돈을 모으는 것을 일생의 최대목표라고 떳떳이 밝힙니다. 그러기 때문에 돈이나 재물로 보시하기가 쉽지가 않습니다. 어떻게 보면 제일 어려울지 모르겠습니다. 그렇지만 목숨이 위급한 상황이라면 돈이든 재물이든 미련없이 내놓을 것입니다. 오직 목숨만 구할 수 있다면 말입니다.

가령 어떤 사람이 있어 갠지스 강의 모래수 만큼의 많은 몸으로 보시한다는 것은 무슨 말일까요? 우리 한 몸을 희생하는 것이 한 몸으로 보시하는 것이라면 자신이 죽은 후 다시 보시하고 이렇게 계속 끊임없이 생을 거듭하면서 사회와 중생을 위해 보시하는 것입니다. 이것이 바로 갠지스 강 모래만큼 많은 몸으로 보시한다는 겁니다.

그 수많은 세세생생 이어가면서 몸으로 보시하는 것을 말합니다. 단 한차례의 몸 보시에 그치지 않고 갠지스 강의 모래 수만큼 그렇게 수없이 몸을 바쳐 희생하는 것, 이것이 바로 생명의 보시입니다. 자신을 희생시켜 다른 사람을 돕고 구할 때만 비로소 진정한 보시라고 할 수 있습니다. 진정한 보시란 이처럼 어렵습니다.

어떤 사람은 돈을 좀 보시해놓고는 이름을 남기고자 합니다. 예수님도 말했습니다. 오른손이 한일을 왼손이 모르게 하라. 불법을 배우는 사람은 보시가 얼마나 어려운지 알아야 합니다. 진정한 보시는 진정한 내던짐입니다. 여기서는 보시를 말하면서도 돈이나 재화에 대해 언급하지 않고 단지 몸으로 하는 보시만을 말합니다.

이런 사람이라면 수억 겁 이래 줄곧 몸으로 보시를 행한 사람이라면 그 공도 당연히 클 것입니다. 다시 어떤 사람이 있어 이 경전을 듣고 신심을 거스르지 않는다면 그 복덕은 더 클 것입니다. 하물며 경전을 베끼고 수지독송하여 다른 사람을 위해 해설해주는 것이랴? 이 사람의 복덕은 앞에서 말한 몸으로 보시하는 복덕을 초과합니다.

갠지스 강 모래알만큼이나 많이 자기 생명을 보시하면 그 공덕이 크다고 할 수 있겠지만, 올바른 믿음으로 《금강경》을 믿고 따르며 믿는 마음을 거스르지 않는 사람의 공덕이 더 크다고 합니다. 이 사람이야말로 부처님의 지혜에 계합(coincide with)한다고 할 수 있습니다. 더 나아가 《금강경》을 직접 사경하고 곁에 지녀 독송하고 더구나 다른 사람을 위해 해설해주는 경우야 두말할 나위도 없다고 부처님은 말씀하십니다.

『수보리여, 중요한 뜻을 들어서 말하건대 이 경에는 불가사의하고 헤아릴 수 없는 무한한 공덕이 있나니, 여래는 대승의 마음을 낸 이를 위하여 이 경을 말했으며 가장 높은 마음을 낸 이를 위하여 이 경을 말했느니라. 만일 어떤 사람이 있어 이 경전을 능히 수지독송하여 널리 여러 사람들을 위해 일러 주면 여래가 이 사람을 다 알고 보나니, 이런 사람들 모두가 한량없고 말할 수 없고 끝없고 생각할 수 없는 공덕을 성취할 것이다.』

한마디로 《금강경》의 공덕은 무량무변(immeasurable) 합니다. 이 경전은 대승의 마음을 지닌 사람을 위한 것이요, 최상승의 진리를 구하는 사람을 위한 것이기 때문입니다. 이 경전의 함의는 진정으로 대승의 마음을 지닌, 대보살의 길에 오른 사람을 위한 겁니다. 이 《금강경》은 최상승(最上勝: the highest level)의 진리를 닦는 구도자를 위해서 부처님이 말씀하신 것입니다.

『이런 사람은 여래의 아뇩다라삼먁삼보리를 감당할 것이니라. 왜 그런가? 수보리여, 만약 작은 법을 좋아하는 이는 아견·인견·중생견·수자견에 집착해, 이 경전을 듣고 독송하여 다른 사람들을 위해 해설할 수 없을 것이기 때문이다.』

부처님은 말씀하십니다. 이런 사람은 부처와도 같아 스스로 책임감을 느껴 불법의 짐을 짊어지려 한다는 겁니다. 그러기에 그는 이렇게 큰 지혜와 복덕을 갖습니다. 큰마음을 지니고 큰 짐을 짊어지려고 한다면 큰 공덕과 지혜를 갖게 됩니다. 어떤 짐일까요? 바로 아뇩다라삼먁삼보리의 짐입니다. 무상(無上)의 정등정각(正等正覺)으로 큰 깨달음입니다.

이 《금강경》 해설을 쓴 이유 중의 하나는 우리나라에서 1년에 대략 36만쌍 정도가 결혼을 하고 12만쌍 정도가 이혼을 한다고 합니다. 행복한 가정을 위해서 《금강경》의 가르침이 많은 도움이 됩니다.

흔히들 사랑의 유효기간이 2년이라고들 하는데 거기에는 과학적 근거가 있습니다. 과학적인 연구결과는 이 같은 사실을 뒷받침해 줍니다. 남녀간의 애정이 얼마나 지속되는가를 알아보기 위해 2년에 걸쳐 다양한 문화집단에 속한 남녀 5천명을 대상으로 인터뷰를 실시한 연구팀은 남녀간에 가슴뛰는 사랑은 18~30개월이면 사라진다고 밝혔습니다.

남녀가 만난 지 2년을 전후해 대뇌에 항체가 생겨 사랑의 화학물질이 더 이상 생성되지 않고 오히려 사라지기 때문에 사랑의 감정이 변하는 것도 자연스럽다고 합니다.

사랑의 감정에 관여하는 대뇌에서 나오는 이런 화학물질들은 어떤 작용을 하는 것일까요. 도파민은 상대방에게 호감을 느끼는 시기에 분비됩니다. 대뇌의 변연계에서 화학적 작용이 시작되면서 신경전달물질인 도파

민이 만들어집니다. 이때는 상대방의 얼굴을 보는 것만으로도 행복감을 느낍니다.

사랑에 빠졌을 때는 역시 신경전달물질인 페닐에틸아민이 만들어집니다. 이것은 중추신경을 자극하는 천연각성제 구실을 합니다. 이때는 이성으로 제어하기 힘든 열정이 분출되고 행복감에 빠집니다. 이때쯤 되면 사랑하는 사람을 껴 앉고 싶은 충동이 일어나면서 뇌하수체에서는 옥시토신이라는 호르몬이 분비됩니다.

이어 엔돌핀이 분비되는 시기는 안정을 되찾아 서로를 소중히 여기게 됩니다. 엔돌핀은 일종의 마약과 같은 물질로 통증을 없애주고 즐거움과 기쁨을 안겨주는 작용을 하는 호르몬입니다. 사랑의 기쁨이 몸과 마음에 충만한 상태를 경험합니다.

인간의 페로몬도 다른 동물들처럼 스테로이드계통의 성분으로 방향성과 휘발성이 있는 것으로 추정됩니다. 우리가 잘 의식하지는 못하지만 상대에게 매력을 풍기는 향기를 발산하는 것입니다.

사랑은 적당한 때가 되면 냄새로부터 시작돼 체내에서 분비되는 호르몬들에 의해 조절된다고 말할 수 있습니다. 그러나 세월이 지나면서 가장 먼저 시각적 아름다움이, 그 다음 후각적 매력이 사라지게 되므로 정(情)으로, 인간미로, 독서와 생활에서 다듬어진 지성, 교양, 원숙한 인간미를 가꿔나가는 것이 사랑을 오래 유지하는데 도움이 될 것입니다.

위의 내용을 간단히 요약하면, 우리 뇌 속에 분비되는 호르몬 중에 사랑의 호르몬이라고 부르는 것은 우리가 이성을 처음 보는 순간 마음에 드는 상대가 있을 때 약 18개월 정도 사랑의 호르몬이 분비됩니다. 그러나 그 기간이 지나면 환상에서 벗어나게 됩니다. 우리가 소위 눈에 콩깍지가 씌었다고 하는 기간일 것입니다.

우리 인간은 장점도 있고 단점도 있고 완벽하지가 못합니다. 이런 부족한 사람끼리 만나서 가정을 이뤘을 때 만일 이혼을 한다면 특히 자녀가 있을 경우에는 자녀에게 많은 정신적 충격을 줍니다. 미국같이 이혼을 서너 번씩 하는 경우에도 자녀들에게 상당한 충격을 준다고 합니다. 미국같이 자유분방한 사회에서도 그 충격이 적지않다고 합니다.

그러면 마음공부를 함으로써, 이 《금강경》을 공부함으로써 우리가 좋아하고 미워하고 이런 감정들이 마음이 만들어낸 허상이며 실체가 없다는 사실을 알게 되고, 우리가 화목한 가정을 이루기 위해서는 이런 마음의 본질을 이해하고 마음수양을 하는 것이 상당히 도움이 됩니다. 가정에 자녀가 있을 경우 자녀를 매개로 해서 정(情)으로 살아가게 됩니다.

미국에서 SAT만점을 맞은 학생들을 조사해보니 90%이상이 정상적인 가정 즉 건전한 가정의 출신이었습니다. 즉 결손가정에서 문제아가 나옵니다. 가정이 건실해야 그 사회도 건실한 것입니다. 이런 의미에서 부처님의 가르침은 가정이 화목해지는데 아주 큰 도움이 됩니다.

한편 불교의 가르침을 너무 소극적으로 은둔적으로 방어적으로 해석할 필요는 없습니다. 현대 시대에 맞게, 보살의 이타행을 실천하기 위한 방편(方便)으로, 불교도 적극적인 사회복지 활동에 참여하고, 한편 최신 과학 이론을 접목해서, 긍정적이며 적극적이고 창조적으로 가르침을 새롭게 해석해 나갈 필요가 있습니다. 보살의 정신 즉 빌게이츠와 같이 비즈니스를 해서 많은 돈을 벌어 사회에 많은 기부금을 내는 것도 현대적인 의미의 보살정신입니다.

부처님의 가르침을 이 시대에 맞게, 현재 첨단과학의 성과를 받아들여서 긍정적으로 적극적으로 그리고 창조적으로 불교의 가르침에 접목하며, 사회 복지를 위한 적극적 현실 참여와 소외된 사람들에게 도움의 손길을 내미는 것도 보살의 정신입니다.

『왜냐하면 수보리여, 만약 작은 법을 즐기는 자라면 아견 · 인견 · 중생견 · 수자견에 집착해 이 경전을 듣고 독송하여 다른 사람을 위해 해설할 수 없을 것이기 때문이다.』

사람마다 근기(根機)의 차이가 있습니다. 소승법을 즐긴다는 말은 성문과 연각이 자그마한 과보를 즐겨 광대하게 마음을 내지 않는다는 뜻입니다. 광대하게 발심하지 않는 까닭에 여래의 오묘한 법을 능히 곁에 지니지 못하고 독송하지도 못하고 더욱이 다른 사람에게 전하지도 못하게 되는 것입니다.

그러니 대승의 법문, 견성성불이나 아침에 도를 들으면 저녁에 죽어도 좋다는 도에 대해서는 근본적으로 이해를 기대할 수 없습니다. 그러므로 부처님은 말씀하십니다. 이처럼 작은 복을 좋아하는 사람은 《금강경》의 진정한 의미를 받아들일 방법이 없으며 독송할 방법도 없고, 더욱이 이것을 널리 펴고 다른 사람을 위해서 해설을 한다는 것이 어렵다는 것입니다.

『수보리여, 어느 곳이든 이 경전이 있으면 일체세간의 천 · 인 · 아수라가 응당 공양을 올리리니, 이 경전이 있는 곳은 곧 부처님의 탑과 같으므로 모두가 공경하고 예배하고 돌면서 꽃과 향을 그 곳에 뿌리리라.』

어떤 곳이든 《금강경》이 놓여있기만 한다면 세상 사람은 말할 것도 없고 천상의 신이든 아수라든 마왕이든 할 것 없이 마땅히 이 경전을 공양해야 합니다. 이 경전이 놓인 곳은 불탑이 있는 곳과 같으므로 마땅히 공양하고 예배하며 향기로운 꽃으로 모셔야 합니다.

불탑은 스투파(stupa)를 음역한 솔도파(窣堵婆) · 탑파(塔婆)에서 온 말입니다. 스투파는 석가의 묘소를 뜻하며, 인도에서는 BC 3세기까지 거슬러 올라갑니다. 석가입멸 때 그 유덕을 기려 불사리 등을 10군데에 분골(分

骨)했다고 하며, 당시의 지배자 아소카왕은 그것을 모아 재분배하고, 각지에 스투파를 건설하였습니다.

우리나라에서 부처님의 진신사리를 봉안한 모든 곳을 적멸도량이라 하였는데, 이는 부처님이 항상 진리의 법을 설하고 계심을 상징하는 것이며, 진신사리를 부처님과 동일체로 생각하여 극진히 공경하는 것입니다. 이렇듯 적멸보궁은 진신사리를 모신 탑에 예경하기 위한 목적으로 건립하게 되었기 때문에, 불상을 따로 모시지 않았습니다.

우리나라에는 진신사리를 모신 절이 많은데, 이중 자장율사가 당나라에서 모셔온 진신사리와 정골(頂骨)을 나누어 봉안한 다섯 곳을 특별히 「5대 적멸보궁」이라 합니다. 경남 양산 통도사, 강원도 평창 오대산 중대 상원사, 강원도 인제 설악산 봉정암, 강원도 영월 사자산 법흥사, 강원도 정선 태백산 정암사의 적멸보궁이 바로 5대 적멸보궁입니다.

제3절 용어해설

15. 지경공덕분(持經功德分)

① 초일분(初日分):

불교에서는 하루 중 자는 시간을 뺀 새벽부터 초저녁까지를 셋으로 나누는데, 새벽 3시〔寅時〕부터 아침 9시〔辰時〕까지를 초일분(初日分)이라 한다.

② 중일분(中日分):

오전 9시〔巳時〕부터 오후 3시〔未時〕까지를 말한다.

③ 후일분(後日分):

오후 3시〔申時〕부터 저녁 9시〔戌時〕까지를 말한다.

④ 백천만억겁(百千萬億劫):

겁(劫)은 칼파(Kalpa)의 번역어로서 인도에서는 일겁(一劫)은 범천(梵天)의 하루가 되고, 인간세계의 4억 3200만년에 해당한다고 한다. 그러므로 일겁은 헤아릴 수 없는 아득한 긴 시간, 즉 무한히 긴 시간을 표시하는 말이다. 상상할 수 없는 무한한 시간을 뜻하는 말이라 하겠다.

불교에서 겁이란 말에 대해서는 개자겁(芥子劫), 반석겁(磐石劫)이라고 하는 것이 있다. 일개자겁(一芥子劫)은, 그 둘레가 40리가 되는 성안에 겨자씨를 가득 채워놓고 장수천인(長壽天人)이 3년마다 한 알씩 가지고 가서 죄다 없어질 때까지의 시간을 말한다. 일반석겁(一磐石劫)이란, 둘레가 40리나 되는 바위를 천인이 무게가 3수(銖)되는 천의(天衣)로써 3년마다 한번씩 스쳐 그 바위가 다 닳아 없어질 때까지의 시간을 말한다.

겁은 우주가 생성되어서 파괴되기까지의 기간이라고 해석되기도 하며, 이런 의미로 20소겁을 1중겁이라고 하고 80중겁을 1대겁이라고 한다. 우주의 성겁(成劫), 주겁(住劫), 괴겁(壞劫), 공겁(空劫)이 각각 20중겁이며 이것을 다 합한

80중겁이 일대겁이 되는 셈이다.

⑤ 대승(大乘)・최상승(最上乘):

대승은 마하야나(Mahayana)의 한역. 마하연나(摩訶衍那)라고 음역한다. 승(乘)이란 '타다', '태우다' 또는 '싣고 운반하다'의 뜻이다. 중생을 태워서 나고 죽고 하는 괴로움의 바다를 건너게 한다는 뜻에서 대승이니 소승이니 하는 말을 쓰는 것이다.

대승은 불도를 깨달아서 제 한 몸을 건지는데 그치지 않고 나아가서 일체 중생까지도 건지기를 바라는 교리인데, 이런 교리를 가지는 불교를 대승불교라 한다. 이와는 대조적으로 법을 수행함에 있어서 상(相)에 집착하여 닦는 것이 소승이다. 대승은 상을 떠나서 도를 닦고 지옥과 극락이 둘이 아님을 깨닫고 닦는데 비해, 지옥을 싫어하고 극락을 좋아하여 도를 닦는 것이 소승이다.

이 대승 가운데서도 가장 도가 높은 것이 최상승이다. 최상승에 대해, 《금강경오가해》에서 육조 혜능은,

『때 묻은 법, 싫어해야 할 속된 법을 보지 않는 것이며, 구해야 할 거룩한 법을 보지 않는 것이고, 구해야 할 중생을 보지 않는 것이다. 또한 열반이 있어서 증득한 것을 보지 않고, 중생을 제도했다는 마음을 내지 않으며, 또한 중생을 제도하지 않았다는 마음도 두지 않는 것이니, 이를 최상승이라 한다.』고 풀이하고 있다. 일본의 불교학자 나카무라(中村元)는,

『대승이라는 것은 중생들을 태우고 생사의 고해를 건너 불교의 이상경(理想境)인 피안(彼岸)에 이르게 하는 교법 가운데서 그 교리나 교설이 크고 깊어서 이것을 받아들이는 그릇도 큰 그릇이어야 한다는 의미에서 대승이라 하는 것이다.』라고 풀이하고 있다.

대승에는 권대승(權大乘)과 실대승(實大乘) 두 가지가 있다. 권대승은 권교대승(權敎大乘)이란 말로서, 여래의 진실한 교법을 그대로 받아들이지 못하는 중생을 진실한 교법으로 끌어들이려는 방편수단이다. 법상(法相)・삼론(三論) 등의 교의를 설하는 대승교법을 의미하고, 이상경인 피안에 이르게 하는 교법 중에서 교(敎)・리(理)・행(行)・과(果)들이 모두 깊고 넓고 커서 이를 수행하는 승려나 중생들이나 구도자가 대기이근(大器利根)인 기류(機類)를 요하는 것을 말한다. 실대승교는 대승교 중에서 방편을 겸하지 아니한 교의를 말한 교이다. 천태종(天台

宗)·화엄종(華嚴宗)·선종(禪宗) 등이 이에 속한다.

대승과 반대되는 것이 소승인데, 소승에는 성문승(聲聞乘)과 연각승(緣覺乘)이 있다. 성문승은 사제(四諦)의 이치를 깨달아 사과(四果)를 증득하여 열반에 이르는 것을 교리로 하고, 연각승은 12인연을 깨달아 벽지불과(僻支佛果)에 이르는 것을 교체로 하고 있다. 인도의 상좌부, 대중부 등 20분파와 동토(東土)의 구사종(救士宗), 성실종(成實宗), 율종(律宗) 등이 있다.

⑥ 작은 법을 즐기는 자[樂小法者]:

소법(작은법)이란 소승(Hinayana)을 말하는 것이다. 소승을 즐기는 자란, 자기 한 몸의 열반과 극락세계에 태어나겠다는 생각만 하며, 도를 구하는 생각이 좁고 작은 사람을 말한다. 이런 사람은 아상(我相)·인상(人相)·중생상(衆生相)·수자상(壽者相)과 같은 4상의 주견을 버리지 못하고 상에 집착하여 상이 있는 작은 과(果)만 생각할 뿐 과가 보이지 않는 불과(佛果)를 얻을 생각은 하지 못하기 때문에, 이 경이 귀에 들어가지 않아서 이것을 받아 지니고 읽고 외우고 또 남에게 설하지도 못 한다는 것이다.

⑦ 둘러싸고 돌며[作禮圍繞]:

작례(作禮)는 예배드린다는 말이고, 위요(圍繞; 圍遶로 쓰기도 함)는 둘레를 빙빙 도는 것을 말한다. 따라서 그 둘레를 빙빙 돌면서 합장하고 예배한다는 뜻이다. 인도에서는 오체투지(五體投地)라 하여 두 팔, 두 다리와 머리의 오체를 땅에 던지고 절하는 풍습이 있고, 또 어떤 존경의 대상을 중심으로 하여 둘레를 돌면서 절하는 예법이 있는데, 이것은 귀의(歸依)의 뜻을 표하는 것이다. 또 이밖에도 귀인에게 존경의 뜻을 표할 때에는 오른쪽 옆구리를 귀인쪽으로 향하여 그 주위를 세 번 도는 예법이 있다.

또 군대가 개선해서 돌아왔을 때에도 귀국하는 즉시 성벽의 주위를 세 번 오른쪽으로부터 돌고 성안으로 들어가는 예법도 있다고 한다. 보리수(菩提樹) 등을 향해 예배할 때에도 같은 방식으로 한다. 아시아 각국의 불교에서는 이 규정을 지켜 탑이나 본존불을 중심으로 오른쪽 어깨를 향한 채 도는 행사를 행하는 풍습을 볼 수 있다. 그러므로 우리나라에서 탑을 중심으로 돌면서 예배하는 탑돌이 행사도 여기에 연유한다고 볼 수 있다.

제4절 한역(漢譯)

15. 지경공덕분(持經功德分)

須菩提 若有善男子善女人 初日分 以恒河沙等身布施
수보리 약유선남자선여인 초일분 이항하사등신보시

中日分 復以恒河沙等身布施 後日分 亦以恒河沙等身布施
중일분 부이항하사등신보시 후일분 역이항하사등신보시

如是無量百千萬億劫 以身布施
여시무량백천만억겁 이신보시

若復有人 聞此經典 信心不逆 其福勝彼
약부유인 문차경전 신심불역 기복승피

何況書寫 受持讀誦 爲人解說
하황서사 수지독송 위인해설

須菩提 以要言之 是經有不可思議不可稱量無邊功德
수보리 이요언지 시경유불가사의불가칭량무변공덕

如來爲發大乘者說 爲發最上乘者說
여래위발대승자설 위발최상승자설

若有人能受持讀誦廣爲人說 如來悉知是人 悉見是人
약유인능수지독송광위인설 여래실지시인 실견시인

皆得成就不可量不可稱無有邊不可思議功德
개득성취불가량불가칭무유변불가사의공덕

如是人等 則爲荷擔如來阿耨多羅三藐三菩提
여시인등 즉위하담여래아뇩다라삼먁삼보리

何以故 須菩提 若樂小法者 着我見人見衆生見壽者見
하이고 수보리 약요소법자 착아견인견중생견수자견

則於此經 不能聽受讀誦 爲人解說
즉어차경 불능청수독송 위인해설

須菩提 在在處處 若有此經 一切世間天人阿修羅所應供養
수보리 재재처처 약유차경 일체세간천인아수라소응공양

當知此處 卽爲是塔 皆應恭敬 作禮圍繞 以諸華香 而散其處
당지차처 즉위시탑 개응공경 작례위요 이제화향 이산기처

제5절 영역(英譯) 1

FIFTEEN:

"Furthermore, Subhuti, if a man or woman renounced their self-existence during the morning as many times as there are grains of sand in the Ganges, and likewise renounced their self-existence during midday as many times as there are grains of sand in the Ganges, and renounced their self-existence during the afternoon as many times as there are grains of sand in the Ganges, and renounced their self-existence in this manner for many hundreds and thousands of millions and trillions of kalpas, and someone heard this dharma teaching and did not reject it, the body of merit produced as a result would be immeasurably, infinitely greater. How much more so if they not only wrote it down but grasped it, memorized it, recited it, mastered i t, and explained it in detail to others.

"Furthermore, Subhuti, inconceivable and incomparable is this dharma teaching, this dharma teaching spoken by the Tathagata, Subhuti, for the benefit of those beings who set forth on the foremost of paths, for the benefit of those beings who set forth on the best of paths. For if someone grasps, memorizes, recites, and masters this dharma teaching and explains it in detail to others, the Tathagata will know them, Subhuti, by means of his buddha knowledge. And the Tathagata will see them, Subhuti, by means of his buddha vision. The Tathagata will be aware of them, Subhuti, for all such beings produce a body of merit that has no limits, a body of merit that is inconceivable, incomparable, immeasurable, and boundless. For all such beings as these, Subhuti, likewise wear enlightenment upon their shoulders. And how so? Subhuti, this dharma teaching cannot be heard by beings of lesser aspiration: not by those who mistakenly perceive a self, nor by those who mistakenly perceive a being, a life, or a soul. For beings who lack the bodhisattva's aspiration cannot hear, grasp, memorize, recite, or master this dharma teaching.

"Moreover, Subhuti, wherever this sutra is explained, that place shall be honored. Whether in the realm of devas, humans, or asuras, that place shall be honored with prostrations and circumambulations. That place shall be like a stupa."

Section 15. The Incomparable Value of This Teaching

Subhuti, if on the one hand, a good man or a good woman performs in the morning as many charitable acts of self-denial as the sand-grains of the Ganges, and performs as many again in the noonday and as many again in the evening, and continues so doing throughout numberless ages, and, on the other hand, anyone listens to this Discourse with heart of faith and without contention, the latter would be the more blessed. But how can any comparison be made with one who writes it down, receives it, retains it, and explains it to others!

Subhuti, we can summarise the matter by saying that the full value of this Discourse can neither be conceived nor estimated, nor can any limit be set to it. The Tathagata has declared this teaching for the benefit of initiates of the Great Way; he has declared it for the benefit of initiates of the Supreme Way. Whosoever can receive and retain this teaching, study it, recite it and spread it abroad will be clearly perceived and recognized by the Tathagata and will achieve a perfection of merit beyond measurement or calculation, a perfection of merit unlimited and inconceivable. In every case such an one will examplify the

Tathagata-Consummation of the Incomparable Enlightenment. Wherefore? Because, Subhuti, those who find consolation in limited doctrines involving the conception of an ego-entity, a personality, a being, or a separated individuality, are unable to accept, receive, study, recite and openly explain this Discourse.

Subhuti, in every place where this Discourse is to be found the whole realms of Gods, Men and Titans should offer worship; for you must know that such a place is sanctified like a shrine, and should properly be venerated by all with ceremonial obeisance and circumambulation and with offerings of flowers and incense.

제16장 업장을 깨끗이 할 수 있다

제1절 한글번역

『다음으로 수보리여, 선남자나 선여인이 이 경을 받아 지니고 읽고 외우면서도 만약 다른 사람들에게 업신여김을 당한다면, 이 사람은 전생에 지은 죄업으로 마땅히 악도(惡道)에 떨어질 것이거늘 현생에 다른 사람들에게 업신여김을 받는 탓으로 전생의 죄업이 모두 소멸되어 반드시 아뇩다라삼먁삼보리를 얻으리라.』

『수보리여, 내가 과거 헤아릴 수 없는 아승지겁(阿僧祇劫) 동안 연등불 이전 팔백사천만억 나유타(那由他) 수의 부처님을 만나서 모두 공양하고 받들어 섬기며 그냥 지나친 적이 없음을 기억하거니와, 만약 어떤 사람이 있어 이후 말세에 이 경전을 수지독송할 수 있다면 이 사람이 얻는 공덕은 내가 부처님께 공양한 공덕으로는 백분의 일도 미치지 못하며 천만 억분의 일에도 미치지 못하며 어떤 산술적 비유로도 미치지 못할 것이다.』

『수보리여, 만약 선남자 선여인이 이후 말세에 이 경을 수지독송하여 얻는 공덕을 내가 만약 구체적으로 말한다면 혹 어떤 사람은 듣고 마음에 광란을 일으켜 의심하고 믿지 않을 것이다. 수보리여, 마땅히 알아야 한다. 이 경전의 뜻은 불가사의하며, 과보 역시 불가사의 하느니라.』

제2절 해설

제16장 업장을 깨끗이 할 수 있다

『다음으로 수보리여, 선남자나 선여인이 이 경을 받아 지니고 읽고 외우면서도 만약 다른 사람들에게 업신여김을 당한다면, 이 사람은 전생에 지은 죄업으로 마땅히 악도(惡道)에 떨어질 것이거늘 현생에 다른 사람들에게 업신여김을 받는 탓으로 전생의 죄업이 모두 소멸되어 반드시 아뇩다라삼먁삼보리를 얻으리라.』

《금강경》을 수지독송하며 공부하는 사람이 모든 하늘과 사람의 공경과 공양을 받아야 하지만 지난 여러 전생의 업장이 두터운 까닭에 지금 생에 비록 부처님의 깊은 경전의 가르침을 얻기는 했으나 만약 다른 사람들에게 업신여김을 당한다면 이 사람은 무량겁 이전부터 지금 생에 이르기까지 쌓인 두터운 업장이 단숨에 소멸된다고 합니다.

이것은 왜 그런가 하면 《금강경》을 곁에 지녀 자기와 사람 등에 대한 집착이 일어나지 않아 원수와 친구를 가림 없이 항상 공경하며 마음에 아무런 감정의 흔들림이 없고 마음이 확연해 추호의 분별도 없이 항상 반야바라밀을 행하여 물러나지 않기 때문에 이러한 수행을 통하여 무량겁 이전부터 지금 생에 이르기까지 쌓인 두터운 업장이 단숨에 소멸된다고 합니다.

우리 주위에서 보면 어떤 사람은 한평생 착하게 살았는데도 가난하고 온갖 불행한 일이 닥치고, 어떤 사람은 악하게 살아도 잘사는 경우를 볼 수가 있습니다. 역사서 사기를 쓴 사마천도 바로 이 문제로 고심했다고 합니다. 착한 사람이 아무리 좋은 일을 해봐야 도리어 불행해지고, 나쁜 사람이 하는 일마다 잘된다면 이 세상에 인과응보(因果應報)라는 것이 도대체 어디서 찾을 수 있느냐고 반문할 수 있을 것입니다. 인과응보(① reward in accordance with a deed ② the law of cause and effect ③ retributive justice in the universe)

이에 대한 대답을 결론부터 먼저 말씀드리면, 씨〔因〕가 발아하여 싹이 나고 나무가 되어 열매〔果〕를 맺기까지는 때가 무르익어야 합니다. 인과응보가 실현되는 데는 시간이 걸리고 시차(time-lag)가 존재합니다.

우리가 이해해야 할 것은 불법의 기초가 삼세인과(三世因果)와 육도윤회(六道輪廻)상에 세워졌다는 겁니다. 불법에서 말하는 인과응보의 기간은 삼세(三世: 전생, 현생, 후생)를 통털어 봐야 하는 것으로, 현재 이 일생만이 아니라 전생, 현생, 후생〔來生〕 삼세(三世)를 다 살펴봐야 하는 것입니다.

부처님은 다른 경전에서 이 문제에 대해서 대답을 하고 있습니다. 어떤 사람이 부처에게 물었습니다. 왜 세상에 많은 사람들은 좋은 일을 하는데도 결과가 그렇게 비참하냐고요. 부처님은 그의 과거 악업이 아직 다 사라지지 않았기 때문에 먼저 그 악업에 대한 응보를 받아야한다고 대답했습니다.

그가 현재 선량한 사람으로 좋은 일을 많이 했다면 장래 또는 내생에 보답받으리라는 것입니다. 씨〔因〕가 발아하여 싹이 나고 나무가 되어 열매〔果〕를 맺기까지는 때가 무르익어야 합니다. 인과응보가 실현되는 데는 시간이 걸리고 시차(time-lag)가 존재한다는 말입니다.

삼세인과를 말하면 여러분은 쉽게 믿으려 하지 않을 겁니다. 지금 자기 자신을 잘 살펴보십시오. 자기 자신이 지금 어떤 대우를 받고 있는가? 자기 자신이 지금 어떤 대우를 받고 있는가는 전생에서 자기가 어떻게 행동했느냐의 결과입니다. 그리고 후생에는 어떻게 살 것인가를 알려면 지금 자기가 어떻게 행동하고 있는가를 찬찬히 살펴보십시오.

여러분은 단지 자신의 일생을 돌이켜만 봐도 깨우칠 수 있습니다. 우리가 중년에 겪게 되는 여러 환경도 어릴 때 이미 잠복되어있던 인(因)입니다. 만년(晩年)에 얻게 되는 과(果)는 어릴 때 또는 중년기에 자신이 행했던 여러 행위의 결과입니다.

우리나라 실정에 맞게 인생을 3단계로 나눠본다면 25세 이전이 전생에 해당되며, 25세에서 50세까지가 현생, 50세부터 80세까지가 후생에 해당될 것입니다. 전생의 일을 알고자 한다면 금생에서 받는 것이 바로 그것이요 후생의 일을 알고자 한다면 금생에서 행동하고 있는 것이 바로 그것입니다.

어떤 사람이 이 《금강경》을 읽고 다른 사람에게 업신여김을 당하거나 조롱을 당하는 경우 그 사람의 인과응보로써 말하자면 이 사람이 전생에 죄업을 지어서 악도로 떨어져야 하지만 이번 생애에서 다른 사람으로부터 업신여김을 당함으로써 과거의 업보를 경감시키고 소멸시키며 또 하나의 과보를 얻게 된 겁니다.

이 과보란 대단히 어려운 것으로 아뇩다라삼먁삼보리 즉 큰 깨달음을 얻어 성불하는 것입니다. 과거와 현재의 업보가 깨끗이 정리되고 난 뒤에야 비로소 깨달음을 성취할 수 있습니다. 앞에서 이야기 한 바 있지만 카르마란 어떤 것을 형성하는 힘을 가진 것입니다. 우리가 빚을 졌다면 반드시 갚아야 됩니다. 이것은 살아서나 죽어서나 마찬가지입니다.

업장을 다하고 나면 본래가 공이지만 다하지 못하면 묵은 빚을 갚아야 합니다. 우리 세속적 인생의 일체 인과와 만남은 반드시 필연적 원인이 있어야 비로소 필연적 결과가 생깁니다. 먼저 자신의 업보를 없애는 수행을 해야 합니다. 과거 생애의 업보가 소멸되어야 그 다음 지혜가 계발됩니다.

『수보리여, 내가 과거 헤아릴 수 없는 아승지겁(阿僧祇劫) 동안 연등불 이전 8백 4천 만억 나유타(那由他) 수의 부처님을 만나서 모두 공양하고 받들어 섬기며 그냥 지나친 적이 없음을 기억하거니와, 만약 어떤 사람이 있어 이후 말세에 이 경전을 수지독송할 수 있다면 이 사람이 얻는 공덕은 내가 부처님께 공양한 공덕으로는 백분의 일도 미치지 못하며 천만억 분의 일에도 미치지 못하며 어떤 산술적 비유로도 미치지 못할 것이다.』

갠지스 강 모래알만큼이나 많은 부처님을 공양하고, 삼천대천세계를 가득 채울 수 있을 만큼의 보배로 보시하고, 무한한 세월동안 세세생생 몸으로 보시한 공덕이라 할지라도 《금강경》을 곁에 지니고 독송하는 공덕에는 미치지 못한다고 합니다.

《금강경》을 곁에 지니고 수행하면 형상을 벗어난 도리를 깨달아 무언가 바라는 마음이 끊어지고 중생의 뒤바뀐 생각[顚倒夢想: 전도몽상]에서 멀리 벗어나게 되어 큰 깨달음을 얻게 됩니다. 그리하여 삼계의 괴로움에서 영원히 벗어나 무여열반(無餘涅槃)을 증득(證得: learn from experience)하기 때문입니다.

석가모니불은 자신이 수행해 왔던 과정을 말합니다. 과거 헤아릴 수 없이 많은 겁(劫) 이전, 나유타 제불(諸佛)과 더불어 수지했던 것을 회상합니다. 나유타란 헤아릴 수 없이 많은 수입니다. 석가모니불이 처음으로 깨달음을 얻었던 것은 연등불을 스승으로 모셨을 때입니다.

연등불을 모시면서 발심하여 불법을 배웠지만 그 전생에도 여러 생애를 거쳐 팔백사천만억 나유타 수의 엄청나게 많은(incalculable) 부처님을 모셨습니다. 그는 이 많은 부처에게 모두 나아가 배웠으며 또 공양했습니다.

부처님은 《화엄경》에 나오는 선재동자처럼 선지식을 만나면 가르침을 청해 배웠습니다. 부처님은 수많은 생애를 통해 부지런히 노력하는 정진의 자세를 몸소 보여주신 것입니다.

선재동자(善財童子)는 《화엄경》〈입법계품(入法界品)〉에 나오는 구도자 입니다. 그는 53명의 선지식(善知識: 불법의 스승)을 찾아 온 세상을 다니다가, 마지막으로 보현보살(普賢菩薩)을 만나서 그의 십대원(十大願)을 듣습니다. 그 공덕으로 아미타불의 국토에 왕생하여 입법계(入法界)의 큰 뜻을 이루었다고 합니다.

53명의 스승(선지식) 중에는 뱃사공도 있고 창녀도 있었습니다. 막달라 마리아가 창녀라고 잘못 알려졌는데 이것은 초기 기독교의 남녀평등, 여성의 신성(神聖), 여성의 권리를 존중하는 정신을 일소하고 남성 위주의 종교권력을 제도화하기 위하여 아무런 근거도 없이 막달라 마리아를 폄하(貶下)하기 위한 왜곡(歪曲)에 지나지 않는다고 합니다.

예수의 발에 값비싼 향유를 붓고 머리털로 예수의 발을 닦으며 예수를 경배한 죄지은 여인은 막달라 마리아가 아닙니다. 후대의 종교 권력이 이 여인과 막달라 마리아를 아무런 근거도 없이 동일인으로 몰아 폄하한 것입니다. 그만큼 초기 교회에서 막달라 마리아의 위상이 높았다는 반증입니다.

초기 기독교 복음서가 30개 정도가 되는데(도마복음서, 마리아복음서, 유다복음서 등) 나그하마디가 발견되기 전까지 그중 4개(마태, 마가, 누가, 요한)만 종교권력이 인정해 살아남았습니다. 초기 복음서에 의하면 예수가 제자들 앞에서 막달라 마리아에게 자주 키스를 하여 다른 제자들이 시샘했다는 이야기도 나옵니다.

역사는 승자의 기록입니다. 승자가 권력을 잡고 나서 자기에게 유리하게 역사를 서술하고 자기의 권력유지에 도움이 되지 않는 기존의 다른 역사자료는 없애는 것과 비슷합니다.

공자님도 말(馬)에 관한 것은 마부한테 물어보라고 했습니다. 불치하문(不恥下問) 즉 모르는 것을 물어보는 데는 부끄럼이 없습니다. 많이 물어보아야 많이 압니다. 배움의 길에는 끝이 없습니다.

후세 말법의 시대에 어떤 사람이 있어 이 경전을 곁에 지니고 읽고 쓰고 그 가르침대로 생활에서 실천하면 그 공덕은 부처님이 자신이 팔백사천만억 나유타 부처를 공양했던 공덕보다 훨씬 크다는 것입니다.

『수보리여, 만약 선남자 선여인이 이후 말세에 이 경을 수지독송하여 얻는 공덕을 내가 만약 구체적으로 말한다면 혹 어떤 사람은 듣고 마음에 광란을 일으켜 의심하고 믿지 않을 것이다. 수보리여, 마땅히 알아야 한다. 이 경전의 뜻은 불가사의하며, 과보 역시 불가사의 하느니라.』

이《금강경》의 함의(含意)는 불가사의 하다는 겁니다. 여러분이《금강경》의 문장을 이해했다고 해서 《금강경》을 진정으로 이해했다고 생각해서는 안 됩니다. 한층 한층 더 깊은 수많은 이치가 내재 되어있습니다.

앞에서 이야기 했듯이 사람은 아는 만큼 보인다고 했습니다. 우리가 이탈리아 로마를 여행한다고 해도 우리가 로마의 역사를 모른다면 유적들이 단순히 돌덩이에 지나지 않을 겁니다.

그러나 우리가 시오노 나나미가 쓴《로마인 이야기》를 읽어보았다면 그 하나 하나의 돌이 깊은 역사적 의미를 가지고 다가올 것입니다. 시오노 나나미는《로마인 이야기》를 쓰면서 줄자를 가지고 다니면서 전투현장, 건물, 유적지를 일일이 줄자로 재고 그 자리에 앉아 그 당시의 전투장면, 그 당시의 상황을 상상해가면서《로마인 이야기》를 썼다고 합니다.

우리는 아는 만큼 보입니다. 저도 《반야심경》을 읽고 처음엔 이해를 했다고 생각을 했습니다. 그런데 지하실 밑에 또 지하실이 있듯이 이번에는 이해를 했다 생각했지만 다음에 다른 여러 불경책을 읽고 나서 다시 읽어보면 더 깊은 의미가 있고 새롭게 해석되는 것이었습니다. 그리고 과학이론, 양자역학이라든지, 천체물리학, 상대성이론을 읽고 나서 다시 《반야심경》을 읽어보니 또 다른 깊은 뜻이 있었습니다.

이와 같이 자기가 알면 알수록 더 깊은 이치가 내재되어 있습니다. 한층 한층 더 깊은 수많은 의미가 내재되어 있는 것 같습니다. 어쩌면 진리 탐구에는 끝이 없을지도 모릅니다.

여기서 의란 이치를 말합니다. 이 이치는 불가사의해서 우리의 지식 범위로는 상상할 수 없습니다. 이 때문에 이 경전의 과보 공덕의 과보 역시 불가사의 합니다.

여기에서 유식불교의 이야기를 다시 잠깐 하겠습니다. 불교에서는 우리 생명의 연속을 업식의 작용이라고 말합니다. 업식이란 서양심리학으로는 잠재의식학이라고도 표현할 수 있습니다. 물론 조금 차이는 있습니다. 업식은 우리가 일상적으로 경험하고 의식하는 제6의식 이외에 자아의식인 제7의식 말나식 그리고 제8아뢰야식이 있습니다.

먼저 업의 개념을 잘 알아야 합니다. 업이란 결코 죄가 아니라 어떤 습관의 힘입니다. 이 힘은 선악을 모두 포괄하고 있습니다. 선한 것일 때는 선업, 악한 것일 때는 악업이 됩니다. 불경에서 말하는 업보입니다. 예를 들면 우리에게는 사소한 버릇들이 있는데 어떤 사람은 기쁠 때 큰 소리를 지르기도 하고, 깡충깡충 뛰기도 하고, 다른 사람을 얼싸안기도 합니다. 이 동작들은 의도적인 것이 아니라 무의식 상태에서 자연스럽게 나온 것으로 바로 습관의 힘입니다.

무의식이란 또 어떤 것일까요? 현대 심리학에서 말하는 잠재의식, 심층의식입니다. 불교적 관점에서 말하면 제6식의 배후에 있는 의식입니다. 제6식을 초월한 의식이 있는데 이것이 바로 우리의 업식입니다. 우리가 살아있는 것은 이 업식의 작용입니다. 이 업식은 제6식의 후면에 제7식과 제8식이 있습니다. 사람의 수명이 길고 짧음이나 신체의 좋고 나쁨 심지어 어떤 병이 생겨날 수밖에 없고 어떤 환경에 처할 수밖에 없는 것은 모두 이 업식의 작용입니다.

우리가 이성적인 판단을 내리는 제6의식이 판단을 내리기전에 우리가 어떤 상황에 처하거나, 우리가 어떤 사람을 만났을 때 첫인상을 결정하는 것은 우리의 제6의식이 아니고 제7의식과 제8의식입니다. 이것은 현대과학의 연구로도 밝혀졌는데 우리의 이성적인 의식이 판단하기 전에 이미 잠재의식에서 먼저 판단이 이루어진다는 것입니다. 우리의 제6의식은 그것을 이성적으로 정형화하고 언어로 표출시키는 작용을 하는 것입니다.

우리의 생명을 유지시키는 것은 제8식인 아뢰야식입니다. 지금 여기 살아있는 사람은 신체내에 아뢰야식이 작동하기 때문에 살아있는 것입니다. 전신의 세포 하나하나는 업식의 작용으로 인해 존재하며 또 살아있습니다. 왜 좌선을 할 때 마음이 고요해지지 않을까요?

우리 신체내에 혈액이 계속 흐르고 있고 몸의 감각도 활동하고 있기 때문입니다. 말하자면 업식이 고요해질 수 없기 때문입니다. 만약 지혜의 힘이나 심리적 작용으로써 이 업식을 극복하고 신체의 모든 감각을 놓아버릴 수 있다면 당연히 큰 깨달음을 얻습니다.

어떤 사람은 조용히 앉아 좌선을 하면서 불법을 닦고 있으면 해묵은 업식의 빚들이 하나씩 하나씩 떠오르는데 이것은 반드시 갚아야 합니다. 깨끗이 정리하고 그것으로부터 벗어날 때 비로소 해탈이 가능하고 큰 깨달음이 가능합니다.

이 생명 중에는 어제, 오늘, 내일의 단기적인 흐름과 작년, 금년, 내년의 중기적인 흐름 그리고 소년, 중년, 노년의 장기적인 업식의 인과가 끊임없이 이어지고 있습니다. 불법을 배우는 사람은 「고개를 돌리면 그곳이 곧 피안(彼岸)」이라는 말을 종종 하는데 피안은 어디에 있을까요?

《금강경》의 내용 속에 이 법은 아무것도 얻는 것이 없지만 결코 공허한 것은 아니다라는 구절이 있습니다. 이것을 공(空)이라고 해서도 안 되며 그렇다고 해서 유(有)라고 해석해서도 안 됩니다. 이런 경계에 이르렀다면 바로 피안에 도달한 겁니다.

우리가 극락이나 지옥이 따로 어떤 공간을 점유하고 있다고 생각하면 그것은 잘못입니다. 사실은 머리를 돌리는 것 자체가 바로 피안입니다.

우리 중생은 당연히 저 자신도 포함하여 인생이라는 망망한 고해(苦海)의 바다에서 표류하고 있습니다. 어떻게 해야만 진정 해탈할 수 있을까요? 어떻게 해야 진정 득도할 수 있을까요? 우리가 외부적으로 돈, 지위, 명예, 인기, 재산을 얻는다고 하더라도 이것이 결코 우리를 행복하게 해주는 것은 아닙니다. 우리를 일시적으로 만족하게 할 뿐입니다.

우리의 제7식인 말라식은 제8식인 아뢰야식의 견분(見分)을 자기 자신으로 간주하여 이것을 아트만, 즉 영원히 연속되는 생명체로 생각하고 싶어합니다. 그러나 제7식 말나식은 이것이 잘못된 것임을 또한 스스로 알고 있습니다. 그러기 때문에 우리가 사회적인 성취를 이루고 나서도 허탈해 하는 것입니다.

우리가 보통 새집을 사면 6개월 정도 만족을 느낀다고 합니다. 그러나 그 기간이 지나면 또다시 만족감은 줄어듭니다. 경제학에서 한계효용체감의 법칙 즉 우리가 어떤 새로운 재화를 얻었을 때 그것이 주는 만족감은 그 재화의 양이 늘어날수록 그 만족감은 조금씩 줄어듭니다.

우리가 미분 적분을 배울 때 변화율, 즉 총량은 늘어나고 있지만 증가하는 비율이 조금씩 줄어들면 오히려 도함수는 마이너스로 바뀌는 것을 배운 적이 있을 겁니다. 이것과 마찬가지입니다. 행복에 있어서도 경제학에서 말하는 한계효용체감의 법칙이 적용됩니다.

제3절 용어해설

16. 능정업장분(能淨業障分)

① 전생에 지은 죄업[先世罪業]:

선세(先世)는 현세에 태어나기 전의 세상, 즉 전세(前世)를 가리키는 말이다. 전생(前生)·숙세(宿世)라고도 한다. 선세의 죄업이란 선세에 말·행동·생각 등에서 지은 모든 죄악이다. 죄업에는 경죄(輕罪)와 중죄(重罪)의 2종이 있으며, 전생에서 죄를 짓거나 선을 베풀거나 하면 금생(今生)에서 그 선업 혹은 악업에 따라 반드시 과보를 받는다는 뜻으로 선악의 결과 생기는 것이 업 또는 업보이다. 업(業)은 원어 카르마(Karma)의 번역어로서 갈마(羯磨)라 음역한다. 업은 선업(善業)과 악업(惡業)으로 나뉘고, 선업을 열 가지로 나누어서 10선업(十善業)이 있다. 그러나 악업만을 단순히 업이라 할 때가 많다.

② 마땅히 악도에 떨어질 것이다[應墮惡道]:

악도는 악취(惡趣)라고도 하며, 나쁜 일을 한 죄의 응보로 장차 태어날 곳을 뜻하는 것이다. 악도에는 삼악도(三惡道), 사악도(四惡道), 오악도(五惡道) 등이 있는데, 삼악도는 지옥·아귀·축생을 말하고 사악도는 삼악도에다 아수라를 더하고, 오악도는 삼악도에다 인간계(人間界)·천상계(天上界)를 더한 다섯 미계(迷界)를 말한다. 인간세상과 천상세상은 선악의 잡업(雜業)에 따라 간다고 한다. 지옥·아귀·축생은 순전히 악업으로만 가는 곳이며, 모두가 갈피를 잡지 못하고 삼독에 기인한 헤매임의 인연으로 가서 태어나는 곳이므로 악도라고 한다.

③ 아승기(阿僧祇):

범어 아삼크히야(Asamkhya)의 음역어이다. 아승기야(阿僧企耶), 아승기야(阿僧祇耶)라고 음역하기도 한다. 또 승기(僧祇), 무수(無數), 무앙수(無央數)라고도 번역한다. 산수로서는 표현할 수가 없는 가장 많은 수를 가리키는 인도어이다. 아승기겁은 겁의 수가 아승기란 말이다.

④ 팔백사천만억 나유타(八百四千萬億那由他):

나유타(Nayuta)는 니유타(Niyuta)라고도 하는데, 나유타로 음역한다. 불교에서는 가장 많은 수를 나타낼 때에는 반드시 어떤 수 앞에다 84를 붙이고 있다. 1나유타는 천만억을 가리키는 수라고 하니 8백 4천 만억 나유타라고 하면 가히 생각할 수도 없는 수이다. 10억을 1낙차라고 하고, 10낙차를 1구지, 10구지를 1나유타라고 한다. 이렇게 계산하면 1나유타는 천만억을 가리킨다.

⑤ 과보(果報):

인과응보(因果應報)를 생략한 말로, 동류인(同類因)으로 생기는 결과를 과(果), 이숙인(異熟因)으로 생기는 결과를 보(報)라고 한다.

제4절 한역(漢譯)

16. 능정업장분(能淨業障分)

復次 須菩提 善男子 善女人 受持讀誦此經
부차 수보리 선남자 선여인 수지독송차경

若爲人輕賤 是人先世罪業 應墮惡道 以今世人輕賤故 先世罪業
약위인경천 시인선세죄업 응타악도 이금세인경천고 선세죄업

卽爲消滅 當得阿耨多羅三藐三菩提
즉위소멸 당득아뇩다라삼먁삼보리

須菩提 我念過去無量阿僧祇劫 於然燈佛前
수보리 아념과거무량아승지겁 어연등불전

得値八百四千萬億那由他諸佛 悉皆供養承事 無空過者
득치팔백사천만억나유타제불 실개공양승사 무공과자

若復有人於後末世 能受持讀誦此經 所得功德
약부유인어후말세 능수지독송차경 소득공덕

於我所供養諸佛功德
어아소공양제불공덕

百分不及一 千萬億分乃至算數譬喩所不能及
백분불급일 천만억분내지산수비유소불능급

須菩提 若善男子善女人 於後末世 有受持讀誦此經 所得功德
수보리 약선남자선여인 어후말세 유수지독송차경 소득공덕

我若具說者 或有人聞 心則狂亂 狐疑不信
아약구설자 혹유인문 심즉광란 호의불신

須菩提 當知是經 義不可思議 果報亦不可思議
수보리 당지시경 의불가사의 과보역불가사의

제5절 영역(英譯) 1

SIXTEEN:

"Nevertheless, Subhuti, the noble son or daughter who grasps, memorizes, recites, and masters such a sutra as this and contemplates it thoroughly and explains it in detail to others will suffer their contempt, their utter contempt. And how could this be? Subhuti, the bad karma created by these beings in their past lives should result in an unfortunate rebirth. But now, by suffering such contempt, they put an end to the bad karma of their past lives and attain the enlightenment of buddhas.

"Subhuti, I recall in the past, during the countless, infinite kalpas before Dipankara Tathagata, the Arhan, the Fully-Enlightened One, I served eighty-four hundred, thousand, million, trillion other buddhas and served them without fail. Nevertheless, Subhuti, although I served those buddhas and bhagavans and served them without fail, in the future, in the final epoch, in the final period, in the final five hundred years of the dharma-ending age, the body of merit of the persons who grasps, memorizes, recites, and masters such a sutra as this and explains it in detail to others will exceed my former body of merit not by a hundredfold or a thousandfold or a hundred thousandfold or a millionfold or a hundred millionfold or a thousand millionfold or a hundred-thousand millionfold, but by an amount that cannot be measured, calculated, illustrated, characterized, or even imagined. Subhuti, if I were to describe this noble son or daughter's body of merit, the full extent of the body of merit this noble son or daughter would thereby produce and obtain, it would bewilder or disturb people's minds. Furthermore, Subhuti, inconceivable and incomparable is this dharma teaching spoken by the Tathagata, and inconceivable is the result you should expect."

제6절 영역(英譯) 2

Section 16. Purgation through Suffering the Retribution for Past Sins

Furthermore, Subhuti, if it be that good men and good women, who receive and retain this Discourse, are downtrodden, their evil destiny is the inevitable retributive result of sins committed in their past mortal lives. By virtue of their present misfortunes the reacting effects of their past will be thereby worked out, and they will be in a position to attain the Consummation of Incomparable Enlightenment.

Subhuti, I remember the infinitely remote past before Dipankara Buddha. There were 84,000 myriads of multi-millions of Buddhas and to all these I made offerings; yes, all these I served without the least trace of fault. Nevertheless, if anyone is able to receive, retain, study and recite this Discourse at the end of the last 500-year period he will gain such a merit that mine in the service of all the Buddhas could not be reckoned as one-hundredth part of it, not even one-thousandth part of it, not even one thousand myriad multi-millionth part of it-indeed, no such comparison is possible.

Subhuti, if I fully detailed the merit gained by good men and good women coming to receive, retain, study and recite this Discourse in the last period, my hearers would be filled with doubt and might become disordered in mind, suspicious and unbelieving. You should know, Subhuti, that the significance of this Discourse is beyond conception; likewise the fruit of its rewards is beyond conception.

제17장 궁극의 경지엔 내가 없다

제1절 한글번역

그때 수보리가 부처님께 말했다.

『세존이시여, 선남자· 선여인이 아뇩다라삼먁삼보리의 마음을 내고는 어떻게 머물러야 되며 어떻게 그 마음을 항복시키오리까?』

부처님께서 수보리에게 말씀하셨다.

『선남자 ·선여인이 아뇩다라삼먁삼보리의 마음을 내었거든 의당 이러한 마음을 낼지니, '내가 일체 중생을 열반에 이르도록 제도하리라.' 하라. 일체 중생을 제도하면 그만 일뿐, 실제로 어떤 중생도 제도한 자가 없으리라 왜 그런가 하면 만약 보살이 아상 · 인상 · 중생상 · 수자상이 있으면 보살이 아니기 때문이니라. 그 까닭이 무엇이겠는가? 수보리여, 실로 아뇩다라삼먁삼보리의 마음을 낼 어떤 법도 없기 때문이니라.』

『수보리여, 어떻게 생각하느냐. 여래가 연등불(然燈佛) 계시던 곳에서 어떤 법이 있어 아뇩다라삼먁삼보리의 마음을 얻었겠는가?』

『그렇지 않나이다. 세존이시여, 제가 부처님의 말씀을 이해한 바로는 부처님이 연등불 계시던 곳에서 어떤 정해진 법이 없이 아뇩다라삼먁삼보리의 마음을 얻으셨습니다.』

부처님께서 말씀하셨다.

『그렇다. 바로 그렇다. 수보리여, 실로 어떤 정해진 법이 없이 여래는 아뇩다라삼먁삼보리를 얻었다. 수보리여, 만약 어떤 법이 있어 여래가 아뇩다라삼먁삼보리를 얻었다면, 연등불께서 나에게 수기(授記)하시기를, 「그대가 오는 세상에 부처가 되어 이름을 석가모니라 하리라.」하지 않았을 것이다. 실로 어떤 정해진 법이 없이 아뇩다라삼먁삼보리를 얻었기 때문에 연등불께서 내게 수기하시기를 「그대가 오는 세상에 부처가 되어 이름을 석가모니라 하리라.」하셨느니라.』

『어찌하여 그러한가. 여래란 것은 일체의 법과 같다는 뜻이기 때문이니라. 만약 어떤 사람이 말하기를, '여래가 아뇩다라삼먁삼보리를 얻었다.' 말하더라도 실로 어떤 정해진 법이 없이 부처는 아뇩다라삼먁삼보리를 얻은 것이니라.

수보리여, 여래가 얻은 아뇩다라삼먁삼보리는 얻은 것이 없지만 공허한 것은 아니다. 그러므로 여래는 말하기를 「일체의 법이 모두 불법이라.」 하노라.

수보리여, 일체의 법이란 것은 곧 일체의 법이 아니므로 단지 이름하여 일체의 법이라 하느니라.

수보리여, 비유하건대 어떤 사람의 몸이 아주 크다는 것과 같으니라.』

수보리가 여쭈었다.

『세존이시여, 여래께서 말씀하시기를 「어떤 사람의 몸이 아주 크다.」하신 것은 큰 몸이 아니며 단지 그것의 이름이 큰 몸일 따름입니다.』

『수보리여, 보살들도 역시 그러하여 만약 말하기를 「내가 한량없는 중생을 제도하리라.」하면 보살이라고 불릴 수 없다. 왜냐하면 수보리여, 진실로 보살이라고 이름할 만한 것이 없기 때문이니라. 그러므로 여래가 말하기를「일체 법에 아·인·중생·수자가 없다」고 말하느니라.

수보리여, 만약 보살이 말하기를 「내가 불국토를 장엄하리라.」 하면, 보살이라 이름하지 못할지니 무슨 까닭이냐. 여래가 말하는 불국토의 장엄은 장엄이 아니고 단지 이름을 장엄이라 하는 것이니라. 수보리여, 만일 보살이 '나'와 '법'이 없음을 통달하면 여래는 그를 진정으로 보살이라 이름하느니라.』

제2절 해설

제17장 궁극의 경지엔 내가 없다

『그때 수보리가 부처님께 말했다. 세존이시여, 선남자·선여인이 아뇩다라삼먁삼보리의 마음을 내고는 어떻게 머물러야 되며 어떻게 그 마음을 항복시키오리까?』

불법을 배우는 사람이 이제 막 대승심을 일으켜 성불하고자 하는데, 즉 명심견성하여 도를 깨닫고자 하는데 그 마음이 정(定)에 이르지 못하니 어떻게 하면 머물게 할 수 있을까요? 또 어디에 머물러야 할까요? 온갖 생각과 번뇌가 끊이지 않으니 어떻게 그것을 항복시킬 수 있을까요? 이것입니다. 수보리는 부처님이 지금까지 줄곧 설명해 왔는데 또 묻습니다.

『부처님께서 수보리에게 말씀하셨다. 선남자·선여인이 아뇩다라삼먁삼보리의 마음을 내었거든 의당 이러한 마음을 낼지니, '내가 일체 중생을 열반에 이르도록 제도하리라' 하라. 일체 중생을 제도하면 그만일뿐, 실제로 어떤 중생도 제도한 자가 없으리라. 왜 그런가 하면 만약 보살이 아상·인상·중생상·수자상이 있으면 보살이 아니기 때문이니라. 그 까닭이 무엇이겠는가? 수보리여, 실로 아뇩다라삼먁삼보리의 마음을 낼 어떤 법도 없기 때문이니라.』

불법을 배우려는 사람, 아뇩다라삼먁삼보리의 마음을 발하려는 사람은, 세상의 일체중생, 고뇌에 시달리는 일체 중생을 모두 구해 멸도시키겠다는 발원(發願)을 하게 됩니다. 우리가 불법을 배우게 되면 처음에는 자기 자신의 개인적인 번뇌를 고민합니다. 그러나 한 차원 눈을 높여 일체 중생을 보면 모든 중생들이 저마다의 고민을 안고 살아가고 있다는 것을 알게 됩니다. 잘사는 사람은 잘사는 대로, 못사는 사람은 못사는 대로, 잘난 사람은 잘난 사람대로, 못난 사람은 못난 사람대로 다 제 나름대로의 번뇌를 안고 살아갑니다.

이렇게 일체중생이 모두 번뇌에 빠져있다는 사실을 알게 될 때 우리는 일체 중생에 대한 연민(憐愍)의 감정이 솟아나오고 일체 중생을 제도하리라는 마음이 생깁니다. 여기서 자비(慈悲)의 마음이 생깁니다. 일체 중생은 불행을 피하고 행복을 추구하기 위해 존재하기 때문입니다.

멸도란 무엇일까요? 고통에서 벗어나 즐거움을 얻게 하여 열반에 들게 하는 것입니다. 멸도란 열반을 번역한 것으로 어떤 상태 즉 적멸의 청정한 상태로 진입해 들어간 것을 묘사한 겁니다. 열반(涅槃: nirvana)이란 원래의 의미는 불이 꺼질 때라는 의미로 번뇌의 불이 꺼질 때를 비유적으로 상징합니다. 그래서 열반이란 모든 번뇌의 속박에서 해탈하고, 진리를 궁구하여 미혹(迷惑)한 생사를 초월해서 불생불멸의 경지를 체득한 경지를 말하는 것으로 그 의미가 발전돼 왔습니다.

어린아이가 태어날 때 주먹을 꽉 쥐고 나옵니다. 누구든 모두 꽉 쥐려고 합니다. 평생을 그렇게 쥐려고 하지만 죽음이 코앞에 닥치면 별 수가 없습니다. 손을 놓아버릴 수밖에 없습니다. 보통사람의 인생이란 이런 경계입니다. 평생 동안 사업을 하고 자녀를 키워도 최후에는 실로 얻었다고 할 만한 것이라고는 하나도 없습니다. 마찬가지로 가지고 갈 수 있는 것도 하나도 없습니다.

우리의 아뢰야식 속에 덕을 쌓았으면 선업의 종자를, 악을 쌓았으면 악업의 종자를 쌓아가는 것입니다. 이런 무수한 종자를 함장(含藏)한 아뢰야식은 자기의 인연에 맞는 태(胎)에 들어가 다시 환생하게 됩니다. 그리고 일정한 연(외부환경)을 만나면 그 종자가 현현(發顯)하게 되는 것입니다.

불법을 배우려는 사람은 일체 중생을 제도하겠다는 발심을 해야합니다. 이 세상의 일체 중생을 구해야 합니다. 그렇지만 마음속에는 아무것도 남는 것이 없어야 합니다. 당연히 할일을 한 것입니다. 이것이 보살의 발심입니다. 만약 오늘 다른 사람을 도와주고 그것을 마음속에 새겨 그 사람의 감사를 바란다면 그것은 안 됩니다.

앞에서도 말했지만 예수님도 오른손이 한일을 왼손이 모르게 하라고 했습니다. 불법을 배우고 보살도를 닦으려는 사람이 조금이라도 스스로 숭고하다거나 위대하다거나 훌륭하다거나 하는 생각이 든다면 그는 아상·인상·중생상·수자상에 집착한 것입니다.

일반 사람들은 모두 명심견성, 큰 깨달음을 바라지만 어떤 법도 도(道)라고 부를 것이 없습니다. 큰 깨달음이란 곧 어떤 것도 없다는 것을 깨닫는 겁니다. 배울만한 법이 있고 얻을만한 도가 있다고 생각한다면 잘못된 겁니다.

육조(六祖) 혜능대사는 깨달음을 얻고 나서는 이렇게 말했습니다.

『보리엔 본래 나무가 없고 맑은 거울 역시 틀이 없다. 본래 아무 것도 없으니 어디서 먼지〔塵〕인들 일어나리.』라는 게송을 읊었습니다.

신수(神秀)가 읊은 게송과는 차원이 다른 것입니다.

『수보리여, 어떻게 생각하느냐. 여래가 연등불(然燈佛) 계시던 곳에서 어떤 법이 있어 아뇩다라삼먁삼보리의 마음을 얻었겠는가?』

『그렇지 않나이다. 세존이시여, 제가 부처님의 말씀을 이해한 바로는 부처님이 연등불 계시던 곳에서 어떤 정해진 법이 없이 아뇩다라삼먁삼보리의 마음을 얻으셨습니다.』

부처님께서 말씀하셨다.

『그렇다. 바로 그렇다. 수보리여, 실로 어떤 정해진 법이 없이 여래는 아뇩다라삼먁삼보리를 얻었다.』

진정한 불법은 결코 어떤 고정된 것(stereotype)이 아닙니다. 만약 여러분이 어떤 고정된 것을 얻었다면 그것은 잘못된 것입니다. 실제로 아무것도 없습니다. 신체 또한 없으며 감각조차도 없습니다. 오온(五蘊)이 모두 공이므로 빛도 없고 색깔도 없으며 일체가 모두 얻을 수 없습니다.

『부처님께서 말씀하셨다. 그렇다. 바로 그렇다. 수보리여, 실로 어떤 정해진 법이 없이 여래는 아뇩다라삼먁삼보리를 얻었다. 수보리여, 만약 어떤 법이 있어 여래가 아뇩다라삼먁삼보리를 얻었다면, 연등불께서 나에게 수기(授記)하시기를, 「그대가 오는 세상에 부처가 되어 이름을 석가모니라 하리라」 하지 않았을 것이다. 실로 어떤 정해진 법이 없이 아뇩다라삼먁삼보리를 얻었기 때문에 연등불께서 내게 수기하시기를,

「그대가 오는 세상에 부처가 되어 이름을 석가모니라 하리라」 하셨느니라. 어찌하여 그러한가. 여래란 것은 일체의 법과 같다는 뜻이기 때문이니라.』

부처님이 말씀하십니다. 가령 불법이 최고의 도에 이르러 어떤 법을 얻을 수 있었다면, 다시 말해 내가 도를 깨쳤을 때 어떤 것을 얻을 수 있었다면 내 스승이었던 연등불께서 내가 장래의 세상에서 성불할 것이라 말하며 그 자리에서 수기를 내리지 않았을 것이다.

수기(授記)는 불교용어입니다. 깨달음을 얻은 옛 부처들은 제자가 깨달으면 그 앞에 서서 정수리를 어루만지며 소위 관정(灌頂)이라고 하는데 수기를 내립니다.

기독교에서도 메시아는 기름부음을 받은 자라는 의미인데 불교에서 미륵불(마이트레이야)과 어원이 같습니다. 메시아(messiah)는 「기름 부음을 받은 자」라는 뜻으로, 헤브라이어의 마샤하(Masah ; 기름을 붓다)에서 파생된 말입니다. 그리스어로는 크리스토스(Christos ; 그리스도)로 번역되었고, 그 뒤 「구세주」를 나타내는 말로써 쓰이게 되었습니다.

예로부터 동방에서는 왕이나 사제가 즉위할 때 머리에 기름을 바르는 의식이 행해지고 있었는데, 고대 이스라엘 왕조 시대에도 이 관습을 받아들였습니다. 이는 신에게 특별히 선택받아 민중의 지도자 및 지배자로 임명되는 것을 뜻합니다.

세계 각지, 각 시대의 여러 종교 중에는 구세주를 대망하거나, 기적을 베풀고 예언을 하는 카리스마적 지도자가 구세주로 추앙받는 예가 적지 않습니다. 그러므로 메시아는 개개인이나 특정한 공동체를 그 곤경에서 해방시키고 평화와 번영을 약속하는 구세주 또는 신적 권위를 지닌 구원자로 해석됩니다.

미륵불(彌勒佛)은 미래의 부처입니다. 미륵불(maitreya)은 석가모니 부처가 열반에 든 뒤 56억 7천만 년이 지나면 이 사바세계에 출현하는 부처입니다. 그때의 세계는 땅은 유리와 같이 평평하고 깨끗하며 꽃과 향이 뒤덮여 있다고 합니다.

우리나라에서도 나라가 몹시 어려울 때, 민중이 도탄에 빠졌을 때, 민중의 마지막 희망으로서 미륵신앙이 널리 퍼지는 경우가 많음을 역사적으로 찾아볼 수 있습니다.

수기란 예언을 하는 겁니다. 얼마만큼의 세월이 흐른 후 그대는 어떤 세계에서 성불할 것이다 이렇게 밝히는 것입니다. 이것이 바로 수기입니다. 《법화경》을 보면 우리 일체 중생은 영겁의 시간차원에서 보면 모두 성불을 한다고 합니다. 연등불이 왜 수기를 했을까요? 실로 어떤 법도 없이 아녹다라삼막삼보리를 얻었기 때문에 연등불께서 부처님에게 수기를 내리면서 그대는 내세에 마땅히 부처가 되어 석가모니라 불릴 것이다 라고 말씀하신 것입니다.

여러분이 불법을 배우려고 할 때는 무언가를 얻으려는 마음을 갖고 아무것도 얻을 것이 없는 열매를 구하고자 합니다. 이것은 잘못된 것입니다. 부처님은 말합니다. 당신은 아무것도 없는 경계를 얻었기에 아무것도 얻은 것이 없었고 그래서 연등불께서 나에게 수기를 내리신 것이다. 왜냐하면 여래란 곧 모든 법과 같기 때문이다. 이것이 핵심입니다.

불법을 세우는 사람은 반드시 명심해야합니다. 우리 불법을 배우는 사람은 모두 불상 앞에서 절을 합니다. 부처를 여래라고 하는데 매일 절을 하면서 여래가 우리를 돌봐주기를 원합니다. 복을 주기를 빕니다. 산스크리트어(梵語 범어) Tathagata를 여래라고 번역했는데 여래란 올 것 같다는 것입니다.

여(如)는 무엇 무엇과 같다는 뜻이고 래(來)는 온다는 뜻이니 여래는 올 것 같기도 하다는 뜻입니다. 마치 와 있는 것 같습니다. 그렇다면 여래는 어디 있을까요? 부처님은 어디에 있을까요? 부처님은 바로 여기에 있습니다. 부처님을 다른데서 찾을 필요가 없습니다. 바로 우리의 마음속에, 우리의 몸과 마음 안과 밖에 부처가 있습니다.

여래 또한 볼 수 있습니다. 여래란 곧 모든 법과 같다. 이 구절이 아주 중요합니다. 불법을 배우는 사람은 반드시 마음에 새겨두어야 합니다. 부처가 어디에 있습니까? 부처는 절에 계십니다. 부처가 어디 있습니까? 부처는 서방정토에 있습니다. 이것은 잘못 알고 있는 것입니다.

부처는 여러분 있는데 있습니다. 세상의 일체 법은 모두 불법으로서 불법이 아닌 것이 없습니다. 이것이 바로 여래로서, 어느 때 어느 곳이든 어떤 티끌속이든 깨끗한 곳이든 더러운 곳이든 도처에 부처는 모습을 드러내고 있습니다. 이것이 바로 여래입니다.

『만약 어떤 사람이 말하기를 '여래가 아뇩다라삼먁삼보리를 얻었다' 말하더라도 실로 어떤 정해진 법이 없이 부처는 아뇩다라삼먁삼보리를 얻은 것이니라. 수보리여, 여래가 얻은 아뇩다라삼먁삼보리는 얻은 것이 없지만 공허한 것은 아니다.』

일체의 법은 모두 불법입니다. 어떤 것도 불법이 아닌 것이 없습니다. 여러분이 불법을 배우고 삼보에 귀의하는 것은 훌륭한 것입니다. 그렇지만 여러분 자신이 살아있는 보물입니다. 이것은 농담이 아닙니다. 우리가 깊은 깨달음을 얻고 보면 우리 인간이 얼마나 소중한 보물인지 깨달을 수 있습니다.

《법화경》에도 이런 이야기가 있습니다. 어떤 사람이 가슴속에 진귀한 보석을 품고 있으면서도 자기한테 보석이 있는 줄 모르고 계속 고생을 하고 있다는 이야기가 나옵니다. 여러분 모두의 가슴속에는 모두 엄청난 보석을 가지고 있습니다.

진정한 불법은 세속적인 것이든 탈속적인 것이든 모든 것을 공경하는 것입니다. 이것이 부처님의 정신입니다. 부처님은 사람을 업신여기지 않았습니다. 단지 바르게 배워야 한다는 것만을 가르쳤습니다. 부처님은 경전에서 말합니다. 일체의 현인과 성인은 모두 무위로서 법을 삼으나 약간의 차별이 있다. 그리고 여기서는 이렇게 말합니다. 일체의 법이 모두 불법이다. 바로 부처님이 하신 말씀입니다.

이 종교, 저 종교, 이 종파, 저 종파를 따지는 편협한 마음으로는 불법을 배울 수가 없습니다. 기독교이든 이슬람교든 불교든 마찬가지로 공경해야 합니다. 불법을 배우는 사람은 먼저 가슴이 넓어야 합니다. 불법을 배우는 사람은 서산 마애석불처럼 항시 미소를 띠며 말하는 것을 배워야 합니다. 포용력을 키워서 무엇이든 다 좋고 무엇이든 다 옳습니다. 일체의 법이 모두 불법입니다. 먼저 부처님의 가슴부터 배워야 합니다. 어떤 사람을 대해서든 항시 자비로운 미소를 잃지 않아야 합니다. 이것이 불법입니다.

얼마 전 한국계 NFL(미 프로풋볼리그) 스타 하인스 워드(30, 피츠버그 스틸러스)가 미식축구의 영웅이 되어 한국을 방문했습니다. 하인스는 미국에 돌아간 뒤 이렇게 말했습니다.

"한국에서 혼혈인이 스포츠 선수가 되어 활동하면 팀 동료들이 '때(dirt)'처럼 하찮게 여깁니다."

하인스 워드는, "한국은 예쁜(pretty) 나라지만, 혼혈인이 군대도 갈 수 없고, 운동을 해도 동료들로부터 배척당하는 곳"이라고 언론과의 인터뷰에서 말했다고 합니다.

하인스 워드는 한국에 다녀온 뒤 자신의 뿌리를 찾겠다는 차원을 넘어서 한국 내 혼혈 아동들을 위해 헌신하겠다는 각오를 밝히는 등 확 달라졌다고 합니다.

하인즈가 이야기 했듯이 사랑에는 색깔이 없습니다. 흑인이든 백인이든 황인종이든 차이가 없습니다. 한국 사람은 핏줄관념이 유난히 강해서 혼혈인들을 많이 차별 대우합니다. 학교에서는 왕따를 시켜서 학교를 다니지 못하게 하는 경우도 종종 있습니다.

우리나라가 단일 민족을 강조하는데 실제로 많은 외침(外侵)으로 단일 민족으로 보기 어려우며, 국토도 좁고 자원도 적어 대외 무역 의존도가 높은 우리나라로서는 세계화 시대에 단일민족 관념은 맞지가 않습니다. 앞으로 우리나라의 교육도 단일민족을 강조하는 것이 아니라 더불어 살아가는 세계인 의식을 심어 주어야 합니다.

『수보리여, 일체의 법이란 것은 곧 일체의 법이 아니므로 단지 이름하여 일체의 법이라 하느니라. 수보리여, 비유하건대 어떤 사람의 몸이 아주 크다는 것과 같으니라.』

수보리가 여쭈었다.

『세존이시여, 여래께서 말씀하시기를 「어떤 사람의 몸이 아주 크다」하신 것은 큰 몸이 아니며 단지 그것의 이름이 큰 몸일 따름입니다.』

『수보리여, 보살들도 역시 그러하여 만약 말하기를 '내가 한량없는 중생을 제도하리라' 하면 보살이라고 불릴 수 없다.

왜냐하면 수보리여, 진실로 보살이라고 이름할 만한 것이 없기 때문이니라. 그러므로 여래가 말하기를「일체 법에 아·인·중생·수자가 없다」고 말하느니라.』

진정으로 보살도를 행하고 중생을 구제하고 다른 사람을 돕는 사람은 마음속으로 다른 사람을 제도한다는 생각조차 없습니다. 만약 그런 사람이 있다면 계를 범(犯: violate)했습니다. 보시의 계를 범한 겁니다. 이런 생각을 가져서는 안 됩니다. 그러므로 일체의 중생을 구하는 사람에게는 마음속에 조금도 사사로운 생각이 없으며 조금도 자기가 숭고(崇高)하다는 생각이 없습니다.

진정한 대보살은 부처와 마찬가지로 결코 어떤 것도 얻는 것이 없습니다. 그에게 법보(法寶)가 있다고 말하는 것은 세속적인 생각이며 공리주의적인 관점입니다. 그를 왜 보살이라고 합니까? 그는 모든 것을 포용하며 일체의 것에 집착하지 않고 일체의 것에 머물지 않기 때문입니다. 진정한 보살은 아상·인상·중생상·수자상이 없습니다.

『수보리여, 만약 보살이 말하기를 '내가 불국토를 장엄하리라' 하면, 보살이라 이름하지 못할지니 무슨 까닭이냐. 여래가 말하는 불국토의 장엄은 장엄이 아니고 단지 이름을 장엄이라 하는 것이니라.』

이것은 어떤 사람도 성불하면 모두 그의 불국토를 갖는다는 것을 말합니다. 소위 장엄불토란 물질적인 장엄이 아니라 마음이 장엄한 것입니다. 마음이 선하고 공덕이 원만하며 생각이 청정해야만 비로소 진정한 장엄이라 할 수 있습니다. 그러므로 어떤 장엄한 것에 대한 생각이 있다면 이것은 이미 보살심이 아닙니다.

불교경전을 보면 장엄이라는 말이 종종 나옵니다. 여기서 장엄이란 것은 영어로 말하면 decorate 즉 장식하다 꾸미다의 의미로 많이 쓰입니다. 우리가 일반적인 의미로는 장엄하다 아주 훌륭하다를 영어로 말하면 magnificent입니다. 여래가 말하는 장엄한 불토는 장엄한 것이 아니라 이름이 장엄입니다.

『수보리여, 만일 보살이 「나」와 「법」이 없음을 통달하면 여래는 그를 진정으로 보살이라 이름하느니라.』

무아를 통달해야 합니다. 어떤 것이 무아일까요? 먼저 신견(身見)을 버려야 합니다. 일반인들은 불법을 배우러 좌선을 하면서도 정(定)을 얻지 못합니다. 바로 신견 때문입니다. 신체에 감각이 있고 신체에 대한 생각이 있으며 온갖 것에 정신이 쏠립니다. 이것이 신견입니다.

현대는 특히 몸을 강조하는 다이어트라든지 외모를 중시하는 풍조가 많이 있습니다. 요즘 웰빙이 유행입니다. 신체를 건강하게 하는 것은 수행을 하는 데 필요한 체력을 제공한다는 측면에서 나쁘지 않습니다. 다만 몸, 외모, 건강에 대한 지나친 집착만을 경계할 뿐입니다.

이 신체는 오래 살던 단명을 하던 결국 한줌의 흙으로 변해 아무것도 남지 않습니다. 그러므로 불법을 배우는 첫걸음은 신견을 버리는 겁니다. 신견을 버린다고 무아가 되는 건 아닙니다. 단지 신견이 없어질 뿐입니다. 진정으로 몸과 그 속에 내재된 마음이 모두 없어져야, 즉 무아에 이르러야 비로소 바른 겁니다. 이래야 비로소 정을 얻을 수 있습니다. 그러나 단지 정을 얻어 무아가 되었다고 해서 그것이 불법의 궁극적인 단계는 아닙니다.

아견(我見)이 사라지더라도 단지 인무아(人無我)의 경계에 도달한 것에 불과합니다. 이 무아는 소승의 과위입니다. 이 무아에 이르렀다고 하더라도 아직 법(法)이 있지 않습니까? 최후에는 법무아(法無我)에 이르러야 합니다. 이것이 바로 부처가 말하는 아뇩다라삼먁삼보리입니다. 인법이무아(人法二無我), 아공법공(我空法空)입니다. 최후에는 공(空)조차도 공이 되어 공 또한 존재하지 않습니다.

앞에서도 이야기 했듯이 공에 너무 집착해서도 안 됩니다. 그 또한 하나의 상에 머무는 것입니다. 공관(空觀)에 빠지면 마땅한 치료약이 없습니다. 우리가 좌선을 하려고 해도 우리가 신체를 가지고 있기에 정에 들기가 쉽지 않습니다. 바로 이 신체라는 것에 사로 잡혀 있기 때문입니다. 이 공이 뭉쳐서 덩어리가 되니 이 덩어리는 헛된 것입니다.

이 물질덩어리, 이 신체는 일시적으로 인연이 맞아서 존재하는 것입니다. 인연이 다하면 흩어져 사라지는 것입니다. 덩어리가 흩어져 공이 되면 공 역시 먼지가 됩니다. 물질을 떨쳐버린 후 이 공의 경계는 어떨까요? 만약 여러분이 공의 경계에 머물러 있고자 한다면 이 공 역시 장애가 됩니다. 또 하나의 집착이 되는 것입니다.

우리의 물질세계는 법신이 투영된 세계입니다. 물질세계는 정신세계의 투영입니다. 우리의 이 몸뚱이는 투영(投影: projection)입니다. 본래의 면목을 회복해야 합니다. 명심견성의 경지에서 이것을 보아야 합니다. 일체는 모두 허망한 것이지만 허망한 것 역시 진실입니다. 그러므로 부처님은 내 법은 진실한 것도 허망한 것도 아니라고 말합니다. 바로 이 이치입니다. 그러니까 우리가 육체를 너무 소중히 여기지도 말고 그렇다고 육체를 학대하거나 하찮게 여기지도 말라는 뜻입니다.

부처님은 극단적인 고행(苦行)과 극단적인 쾌락(快樂)의 양 극단(邊見)을 초월한 중도(中道)의 가르침을 폅니다. 그리고 육체라는 것도 법신이 투영된 것입니다. 그러니까 육체가 허망한 것이긴 하지만 역시 진실입니다. 그렇지만 거기에 머물러 집착하지 말라는 것입니다. 이것이 이치입니다.

제3절 용어해설

17. 구경무아분(究竟無我分)

① 어떻게 그 마음을 바로 머물게 하여야 하며, 어떻게 그 마음을 굴복시켜야 하오리까[云何應住 云何降伏其心]:

이 대목은 얼핏 보기에는, 3. 대승정종분(大乘正宗分)의 말씀과 같으나, 내용은 다르다. 앞에서는 단순히 어떻게 머무르고, 어떻게 수행하오리까? 하였지만, 여기의 뜻은 "어떤 사람이 아뇩다라삼먁삼보리의 마음을 내었다면 진정 '나'가 없어야 하는데, '나'가 없다면 무엇이 머무르고 무엇이 그 마음을 항복시키오리까?" 라는 의미이다.

② 수기(授記):

원어 비야카라나(Vyakarana)의 한역. 수기(授記, 受記), 수결(受決), 수별(受別)이라고도 번역한다. 부처님이 어떤 사람에게, "장래에 깨달은 사람이 될 것이다" 라고 미리 예언하는 것. 세존은 연등불에게서 '석가모니불' 이 되리라는 수기를 받으셨다.

③ 석가모니(釋迦牟尼):

원어는 사카무니(Sakyamuni). 우리나라에서는 석가모니 혹은 서가모니 등으로 부르고 있으나, 일반적으로는 석가모니라고 하고 있다. 존경의 뜻으로 세존(世尊) 또는 석존(釋尊)이라고도 한다. 사카(Sakya)는 종족이름이고 무니(Muni)는 성자라는 뜻이다.

석가모니는 중인도 가비라(迦毘羅 Kapila)성주인 정반왕(淨飯王 Suddhodana)의 태자로 B.C. 623년 4월 8일에 룸비니 동산 무우수(無憂樹) 아래에서 마야부인을 어머니로 탄생하였다. 탄생 즉시 사방으로 7보를 걸으면서 "천상천하 유아독존(天上天下 唯我獨尊)" 이라고 외쳤다고 한다. 태어난 지 7일 만에 어머니인 마야부인을 잃고 이모인 파사파제를 양모로 하여 성장했다.

어릴 때의 이름은 교답마 혹은 실달타라 했으며, 점차 자라면서 학문과 무예에 능하고 탁월하여 많은 사람들의 존경을 받았다. 선강왕의 딸 야수다라(Yasodhara)와 결혼하여 아들 라후라(Rahula)를 낳았다. 석가모니는 항상 생로병사를 두고 고민의 나날을 보내다가 29세 때 드디어 출가할 뜻을 내어 성을 탈출하여 동방의 람마성(藍摩城) 밖 숲속에서 속세의 옷을 벗어버리고 출가했다.

그 다음 남방으로 비야리, 마갈타를 지나다니면서 발가바(跋伽婆), 아람가람(阿藍伽藍), 울다라(鬱陀羅) 등의 선인(仙人)을 만나 6년 동안 고행을 한 끝에 금욕만으로는 아무 이익이 없음을 알고, 불타가야(佛陀伽耶 Buddhagaya)의 보리수 밑에 단정히 앉아 사유하여 마침내 크게 깨달아 부처가 되었다. 그 때 그의 나이가 35세였다.

이로부터 스스로 깨달은 교법을 널리 퍼뜨리고자 먼저 녹야원(鹿野苑)에 가서 아야교진여(阿若憍陳如) 등 다섯 사람을 교화하고, 그 다음에 가섭, 사리불, 목건련 등을 제도하여 교단을 조직하고, 깨달은 뒤 3년 만에 가비라성 벌솔도에 돌아가서 부왕을 뵙고 친족들을 제도했다. 한편 여러 나라로 다니면서 빔비사라, 아사세, 바사닉 등 여러 왕들을 교화하여 불교에 귀의하게 하였다.

그 뒤 오늘날 불교의 교조가 되어 중생제도에 일생을 바치고 북방의 구시나라가 성(城) 밖 발데하(跋提河) 언덕 사라쌍수 아래 누워 최후의 교계(敎戒)를 하고 난 후 기원전 544년 2월 15일에 80세로 열반하셨다.

④ 불토를 장엄케 하리라[當莊嚴佛土]:

불국토를 장엄하는 일이 제10 장엄정토분에서 제3항의 의문으로도 말씀됐고 여기서도 말씀해서 중복되는 감이 있지만, 앞에서는 부처님이 그런 일을 어떻게 하셨는가를 말씀하신 것이고 여기서는 보리의 법을 얻을 수 없다면 누가 이런 보살행을 하겠는가 하는 내용이니, 앞에서는 얻을 것이 있으리란 집착에서 연유된 법문이고 여기서는 불국토를 장엄할 사람 즉 보살이 있어야 되겠다는 집착에서 연유된 법문이라 할 수 있다.

⑤ 무아법에 통달한 사람[通達無我法者]:

무아는 원어 아나트만(Anatman)의 번역어. 흔히 범부들은 우리의 몸과 마음이 상일주재(常一主宰)하도록 작용하는 영구불변의 주체를 아(我)라고 믿고 있다.

그러나 불교에서는 이런 아(我)라는 것을 부정하여 '나'라는 실재를 인정하지 않는다. 우리의 몸과 마음은 오온(五蘊)이 가정적으로 화합하여 이루어진 것으로서 '나'라는 존재는 없는 것이라 하며 실아(實我)를 인정하지 않는다. 이것을 인무아(人無我)라고 한다.

또 흔히 범부들은 모든 법에 대해서 실아(實我)가 있고 실법(實法)이 있다고 생각하나, 실은 인연화합으로 생긴 가법(假法)이므로 따로 법이라 할 것이 없다. 이것을 법무아(法無我)라 한다. 무아법(無我法)은 내가 없다고 하는 법이니, 법 또한 없는 것이다. 따라서 만상은 법아(法我)가 있다고 하는 생각은 그릇된 생각이므로 모든 법은 전부 무아라 했다. 부처님은 무아법에 통달한 자가 참보살이라고 설하시는 것이다.

제4절 한역(漢譯)

17. 구경무아분(究竟無我分)

爾時 須菩提白佛言
이시 수보리백불언

世尊 善男子善女人 發阿耨多羅三藐三菩提心
세존 선남자선여인 발아뇩다라삼먁삼보리심

云何應住 云何降伏其心
운하응주 운하항복기심

佛告須菩提 若善男子善女人 發阿耨多羅三藐三菩提心者
불고수보리 약선남자선여인 발아뇩다라삼먁삼보리심자

當生如是心
당생여지심

我應滅度一切衆生 滅度一切衆生已 而無有一衆生實滅度者
아응멸도일체중생 멸도일체중생이 이무유일중생실멸도자

何以故 須菩提 若菩薩有我相人相衆生相壽者相 卽非菩薩
하이고 수보리 약보살유아상인상중생상수자상 즉비보살

所以者何 須菩提 實無有法 發阿耨多羅三藐三菩提心者
소이자하 수보리 실무유법 발아뇩다라삼먁삼보리심자

須菩提 於意云何 如來於然燈佛所有法得阿耨多羅三藐三菩提不
수보리 어의운하 여래어연등불소유법득아뇩다라삼먁삼보리부

不也 世尊 如我解佛所說義 佛於然燈佛所
불야 세존 여아해불소설의 불어연등불소

無有法得阿耨多羅三藐三菩提
무유법득아뇩다라삼먁삼보리

佛言 如是如是
불언 여시여시

須菩提 實無有法 如來得阿耨多羅三藐三菩提
수보리 실무유법 여래득아뇩다라삼먁삼보리

須菩提 若有法 如來得阿耨多羅三藐三菩提者
수보리 약유법 여래득아뇩다라삼먁삼보리자

然燈佛卽不與我授記 汝於來世 當得作佛 號釋迦牟尼
연등불즉불여아수기 여어내세 당득작불 호석가모니

以實無有法 得阿耨多羅三藐三菩提 是故然燈佛 與我授記
이실무유법 득아뇩다라삼먁삼보리 시고연등불 여아수기

作是言 汝於來世 當得作佛 號釋迦牟尼
작시언 여어내세 당득작불 호석가모니

何以故 如來者 卽諸法如義
하이고 여래자 즉제법여의

若有人言 如來得阿耨多羅三藐三菩提
약유인언 여래득아뇩다라삼먁삼보리

須菩提 實無有法 佛得阿耨多羅三藐三菩提
수보리 실무유법 불득아뇩다라삼먁삼보리

須菩提 如來所得阿耨多羅三藐三菩提 於是中無實無虛
수보리 여래소득아뇩다라삼먁삼보리 어시중무실무허

是故如來說一切法 皆是佛法
시고여래설일체법 개시불법

須菩提 所言一切法者 卽非一切法 是故名一切法
수보리 소언일체법자 즉비일체법 시고명일체법

須菩提 譬如人身長大 須菩提言
수보리 비여인신장대 수보리언

世尊 如來說人身長大 卽爲非大身 是名大身
세존 여래설인신장대 즉위비대신 시명대신

須菩提 菩薩亦如是 若作是言 我當滅度無量衆生 卽不名菩薩
수보리 보살역여시 약작시언 아당멸도무량중생 즉불명보살

何以故 須菩提 實無有法名爲菩薩
하이고 수보리 실무유법명위보살

是故佛說一切法 無我無人無衆生無壽者
시고불설일체법 무아무인무중생무수자

須菩提 若菩薩作是言 我當莊嚴佛土 是不名菩薩
수보리 약보살작시언 아당장엄불토 시불명보살

何以故 如來說莊嚴佛土者 卽非莊嚴 是名莊嚴
하이고 여래설장엄불토자 즉비장엄 시명장엄

須菩提 若菩薩通達無我法者 如來說名眞是菩薩
수보리 약보살통달무아법자 여래설명진시보살

제5절 영역(英譯) 1

SEVENTEEN:

Again the venerable Subhuti asked the Buddha,

"Bhagavan, if someone sets forth on the bodhisattva path, how should they stand? How should they walk? And how should they control their thoughts?" The Buddha said,

"Subhuti, someone who sets forth on the bodhisattva path should give birth to the thought: 'In the realm of complete nirvana, I shall liberate all beings. And while I thus liberate beings, not a single being is liberated.' And why not? Subhuti, a bodhisattva who creates the perception of a being cannot be called a 'bodhisattva.' Neither can someone who creates the perception of a life or even the perception of a soul be called a 'bodhisattva.' And why not? Subhuti, there is no such dharma as setting forth on the bodhisattva path.

"What do you think, Subhuti? When the Tathagata was with Dipankara Tathagata, did he realize any such dharma as unexcelled, perfect enlightenment?"

To this the venerable Subhuti answered, "Bhagavan, as I understand the meaning of what the Tathagata has taught, when the Tathagata was with Dipankara Tathagata, the Arhan, the Fully-Enlightened One, he did not realize any such dharma as unexcelled, perfect enlightenment."

And to this the Buddha replied, "So it is, Subhuti. So it is. When the Tathagata was with Dipankara Tathagata, the Arhan, the Fully-Enlightened One, he did not realize any such dharma as unexcelled, perfect enlightenment. Subhut i, if the Tathagata had realized any dharma, Dipankara Tahtagata would not have prophesied, 'Young man, in the future you shall become the tathagata, the arhan, the fully-enlightened one named Shakyamuni.' Subhuti, it was because the Tathagata, the Arhan, the Fully-Enlightened One did not realize any such dharma as unexcelled, perfect enlightenment, that Dipankara Tathagata prophesied, ' Young man, in the future you shall become the tathagata, the arhan, the fully-enlightened one named Shakyamuni.'

"And how so? 'Tathagata, ' Subhuti, is another name for what is truly real. 'Tathagata, ' Subhuti, is another name for the dharma with no beginning. 'Tathagata, ' Subhuti, is another name for the end of dharmas.

'Tathagata, ' Subhuti, is another name for what never begins. And how so? No beginning, Subhuti, is the highest truth. Subhuti, if anyone should claim, 'The Tathagata, the Arhan, the Fully-Enlightened One realized unexcelled, perfect enlightenment, ' such a claim would be untrue. Subhuti, they would be making a false statement about me. And how so? Subhuti, the Tathagata did not realize any such dharma as unexcelled, perfect enlightenment.

Furthermore, Subhuti, in the dharma realized or taught by the Tathagata, there is nothing true and nothing false. Thus, the Tathagata says 'all dharmas are buddha dharmas.' And how so? 'All dharmas, ' Subhuti, are said by the Tathagata to be no dharmas. Thus are all dharmas called 'buddha dharmas.' "Subhuti, imagine a perfect person with an immense, perfect body."

The venerable Subhuti said, "Bhagavan, this perfect person whom the Tathagata says has an 'immense, perfect body, ' Bhagavan, the Tathagata says has no body. Thus is it called an 'immense, perfect body.' "

The Buddha said, "So it is, Subhuti. And if a bodhisattva says, 'I shall liberate other beings, ' that person is not called a 'bodhisattva.' And why not? Subhuti, is there any such dharma as a bodhisattva?"

The venerable Subhuti replied, "No, indeed, Bhagavan. There is no such dharmas as a bodhisattva."

The Buddha said, "And beings, Subhuti, 'beings' are said by the Tathagata to be no beings. Thus are they called 'beings' And thus does the Tathagata say 'all dharmas have no self, all dharmas have no life, no individuality, and no soul.'

"Subhuti, if a bodhisattva should thus claim, 'I shall bring about the transformation of a world, ' such a claim would be untrue. And how so? The transformation of a world, Subhuti, the 'transformation of a world' is said by the Tathagata to be no transformation. Thus is it called the 'transformation of a world.'

"Subhuti, when a bodhissattva resolves on selfless dharmas as 'selfless dharmas,' the Tathagata, the Arhan, the Fully-Enlightened One pronounces that person a fearless bodhisattva."

제6절 영역(英譯) 2

Section 17. No One Attains Transcendental Wisdom

At that time Subhuti addressed Buddha, saying: World-honoured One, if good men and good women seek the Consummation of Incomparable Enlightenment, by what criteria should they abide and how should they control their thoughts?

Buddha replied to Subhuti: Good men and good women seeking the Consummation of Incomparable Enlightenment must create this resolved attitude of mind: I must liberate all living beings, yet when all have been liberated, verily not any one is liberated. Wherefore? If a Bodhisattva cherishes the idea of an ego-entity, a personality, a being, or a separated individuality, he is consequently not a Bodhisattva, Subhuti. This is because in reality there is no formula which gives rise to the Consummation of Incomparable Enlightenment.

Subhuti, what do you think? When the Tathagata was with Dipankara Buddha, was there any formula for the attainment of the Consummation of Incomparable Enlightenment?

No, World-honoured One, as I understand Buddha`s meaning, there was no formula by which the Tathagata attained the Consummation of Incomparable Enlightenment.

Buddha said: You are right, Subhuti! Verily there was no formula by which the Tathagata attained the Consummation of Incomparable Enlightenment.

Subhuti, had there been any such formula, Dipankara Buddha would not have predicted concerning me: "In the ages of the future you will come to be a Buddha called Shakyamuni" ; but Dipankara Buddha made that prediction concerning me because there is actually no formula for the attainment of the Consummation of Incomparable Enlightenment. The reason herein is that Tathagata is a signification implying all formulas. In case anyone says that the Tathagata attained the Consummation of Incomparable Enlightenment, I tell you truly, Subhuti, that there is no Formula by which the Buddha attained it. Subhuti, the basis of Tathagata`s attainment of the Consummation of Incomparable Enlightenment is wholly beyond; it is neither real nor unreal. Hence I say that the whole realm of formulations is not really such, therefore it is called "Realm of formulations."

Subhuti, a comparison may be made with the idea of a gigantic human frame.

Then Subhuti said: The World-honoured One has declared that such is not a great body; "a great body" is just the name given to it.

Subhuti, it is the same concerning Bodhisattvas. If a

Bodhisattva announces: I will liberate all living creatures, he is not rightly called a Bodhisattva. Wherefore? Because, Subhuti, there is really no such condition as that called Bodhisattvaship, because Buddha teaches that all things are devoid of selfhood, devoid of personality, devoid of entity, and devoid of separate individuality. Subhuti, if a Bodhisattva announces: I will set forth majestic Buddha-lands one does not call him a Bodhisattva, because the Tathagata has declared that the setting forth of majestic Buddha-lands is not really such: "a majestic setting forth" is just the name given to it.

Subhuti, Bodhisattvas who are wholly devoid of any conception of separate selfhood are truthfully called Bodhisattvas.

제18장 일체를 똑같이 보다

제1절 한글번역

『수보리여, 그대 생각은 어떠한가. 여래가 육안(肉眼)을 가졌느냐?』

『그러하옵니다. 세존이시여, 여래가 육안을 가지셨나이다.』

『수보리여, 그대 생각은 어떠한가. 여래가 천안(天眼)을 가졌느냐?』

『그러하옵니다. 세존이시여, 여래가 천안을 가지셨나이다.』

『수보리야, 그대 생각은 어떠한가. 여래가 혜안(慧眼)을 가졌느냐?』

『그러하옵니다. 세존이시여, 여래가 혜안을 가지셨나이다.』

『수보리여, 그대 생각은 어떠한가. 여래가 법안(法眼)을 가졌느냐?』

『그러하옵니다. 세존이시여, 여래가 법안을 가지셨나이다.』

『수보리야, 그대 생각은 어떠한가. 여래가 불안(佛眼)을 가졌느냐?』

『그러하옵니다. 세존이시여, 여래가 불안을 가지셨나이다.』

『수보리야, 그대 생각은 어떠한가. 갠지스강에 있는 모래를 부처가 모래라 말하느냐?』

『그러하나이다. 세존이시여, 여래께서 모래라고 말씀하셨나이다.』

『수보리여, 그대 생각은 어떠한가? 갠지스강의 모든 모래 수만큼의 갠지스강이 있고, 이 모든 갠지스강의 모래 수만큼 부처의 세계가 있다면 이런 세계는 많지 않겠느냐?』

『엄청나게 많나이다. 세존이시여.』

부처님께서 수보리에게 말씀하셨다.

『그렇게 많은 세계에 있는 중생들의 갖가지 마음을 여래가 다 아노니 무슨 까닭이겠는가? 여래가 말한 모든 마음은 모두가 마음이 아니라 이름이 마음이기 때문이니라. 그 까닭이 무엇이겠는가? 수보리여, 과거의 마음은 얻을 수 없고 현재의 마음도 얻을 수 없으며 미래의 마음도 얻을 수 없기 때문이니라.』

제2절 해설

제18장 일체를 똑같이 보다

『수보리여, 그대 생각은 어떠한가. 여래가 육안(肉眼)을 가졌느냐?』
『그러하옵니다. 세존이시여, 여래가 육안을 가지셨나이다.』
『수보리여, 그대 생각은 어떠한가. 여래가 천안(天眼)을 가졌느냐?』
『그러하옵니다. 세존이시여, 여래가 천안을 가지셨나이다.』
『수보리야, 그대 생각은 어떠한가. 여래가 혜안(慧眼)을 가졌느냐?』
『그러하옵니다. 세존이시여, 여래가 혜안을 가지셨나이다.』
『수보리여, 그대 생각은 어떠한가. 여래가 법안(法眼)을 가졌느냐?』
『그러하옵니다. 세존이시여, 여래가 법안을 가지셨나이다.』
『수보리야, 그대 생각은 어떠한가. 여래가 불안(佛眼)을 가졌느냐?』
『그러하옵니다. 세존이시여, 여래가 불안을 가지셨나이다.』

일반 사람들 누구나 이 5가지 눈을 가지고 있지만 미혹에 휩싸여 제대로 드러나지 못하고 있을 따름입니다. 따라서 미혹을 제거하기만 한다면 곧 5가지 눈이 밝게 드러나고 매 순간마다 반야바라밀을 행하게 된다고 부처님은 말씀하십니다.

처음 미혹을 제거함을 육신의 눈 '육안(肉眼)'이라 이름하고, 모든 중생에게 불성이 있음을 보아 가련한 마음을 내면 이를 하늘의 눈 '천안(天眼)'이라 일컫고, 어리석은 생각을 내지 않으면 이를 지혜의 눈 '혜안(慧眼)'이라 말하고, 진리에 집착하지 않으면 진리의 눈 '법안(法眼)'이라 이름하고, 미세한 번뇌가 영원히 끊어져 원융한 밝음이 두루 비추면 부처의 눈 '불안(佛眼)' 이라 일컫는 것입니다.

여래(如來)라는 말은 형이상학적 도(道)의 본체를 가리킵니다. 일체 중생도 여느 부처나 보살처럼 심성(心性)의 본체를 지니는데, 이것은 생명의 근원이기도 합니다.

천안의 능력은 물질세계를 초월합니다. 예를 들면 귀신이나 영혼을 보거나 천신을 보거나 더 나아가 다른 세계를 보거나 하는 능력입니다. 천안에는 두 종류가 있습니다. 하나는 업보로서 얻는 것입니다. 많은 생애를 통해 수지(受持)와 정(定)을 통해 이 생애(生涯)에서 얻게 되는 천안입니다. 이것은 원래 타고난 것으로 선행의 응보로서 갖게 된 자연스런 능력입니다. 다른 하나는 닦아서 얻는 것입니다. 이 생애에서 수련을 통해 계정혜를 성취하여 얻은 겁니다.

천안(天眼)을 영어로는 clairvoyance 라고 합니다. 러시아의 어느 소녀가 사람을 투시할 수 있는 능력이 있다고 소문이 났습니다. 그 소녀는 사람의 오장육부 속을 들여다 볼 수 있었기에 사람마다 어떤 병이 있는지 바로 알아낼 수 있었습니다. 미국 과학자들이 이 소녀를 실험하여 그 능력을 부인(否認)하는 쪽으로 결론을 내려고 하는 것을 TV에서 본 적이 있습니다.

천안은 부모로부터 받은 눈이며 반드시 수지를 통해 정력을 얻은 후에 가능한 것으로 시방세계의 일체의 것을 볼 수가 있습니다. 천안은 정력(定力)으로부터 나온 것으로 정중에 얻게 되는 신통력입니다. 일체의 물리적 장애를 뚫고 볼 수 있습니다.

우리는 보통 기적(miracle)을 행하는 것을 대단하게 생각합니다. 그러나 불교에서는 육신통(六神通), 즉 육안으로 볼 수 없는 것을 보는 천안통(天眼通), 보통 귀로는 듣지 못할 음성을 듣는 천이통(天耳通), 다른 사람의 의사를 자재하게 아는 타심통(他心通), 전생의 일을 자재하게 아는 숙명통

(宿命通), 불가사의하게 경계를 변하여 나타나기도 하고 마음대로 날아다니기도 하는 신족통(神足通), 자재하게 번뇌를 끊는 누진통(漏盡通) 중에서 번뇌를 끊는 누진통(漏盡通)을 가장 높게 평가합니다.

천안에서 한 걸음 더 나아간 것이 혜안(慧眼)입니다. 혜안이란 곧 지안(智眼)으로서, 계정혜의 공력이 드러난 것입니다. 정을 닦아 지혜가 드러났습니다. 이것은 보통의 지혜가 아니라 지혜가 힘으로[慧力] 변한 것으로, 이렇게 혜력으로 되어야만 비로소 지안이라 할 수 있습니다.

법안(法眼)이란 또 어떤 것일까요? 혜안으로 공(空)을 보는 것입니다. 진정으로 자성의 공을 인식하고 공성(空性)의 본체를 인식하는 겁니다. 이것이 바로 법안입니다. 법안은 일체 중생이 평등하며, 공도 유도 아닌 것으로 봅니다. 진정으로 공속에 있는 묘유, 진공묘유(眞空妙有)를 볼 수 있을 때에야만 비로소 가능합니다.

다섯 번째가 불안(佛眼)입니다. 불안은 평등뿐 아니라 일체의 중생을 오직 자비로써 바라보는 겁니다.

자비에 대해서 알아보겠습니다. 자비(慈悲)의 자(慈)는 산스크리트어의 마이트리(maitrī 우정)에 해당하는 말로 깊은 자애심을 가리키고, 비(悲)는 카루나(karunā 동정)에 해당하는 말로 깊은 동정심, 즉 불쌍히 여기는 마음을 가리킵니다.

불전(佛典)에서는 살아 있는 모든 것에게 행복을 가져다주는 것[與樂 여락]이 자(慈)이고, 불행을 없애주는 것[拔苦 발고]을 비(悲)라고 말하지만, 자와 비는 거의 같은 심정을 나타내며 마이트리 또는 카루나라는 하나만으로도 '자비' 라고 뜻을 다 가집니다. 부처님과 보살의 자비를 나타낼 때는 대자대비(大慈大悲)라고 합니다.

부처님의 자비는 모든 살아 있는 자의 괴로움을 자기의 괴로움이라고 여기므로 '동체(同體)의 대비' 라고 말하며, 위를 덮을 만한 것이 없는 넓고 큰 것이기 때문에 '무개(無蓋)의 대비' 라고도 합니다.

불교경론(經論)을 보면, 자비에는 첫째 무릇 살아 있는 모든 것에 대해서 일어나는 자비〔衆生緣 중생연〕, 둘째 모든 존재는 실체가 없다는 것을 깨닫고 집착을 버린 상태에서 일어나는 자비〔法緣 법연〕, 셋째 아무런 대상도 없이 일어나는 자비〔無緣 무연〕 등 3종이 있는데〔三緣 삼연〕, 이 가운데서 무연의 자비가 무조건 절대평등의 자비로서, 이것은 다만 공(空)을 깨달은 부처님에게만 있다고 합니다.

앞에서도 이야기했지만 오안은 사람마다 본래 구비하고 있는 능력입니다. 단지 우리가 수행을 하지 못했기 때문에 드러나지 못하고 있는 것입니다. 진정한 큰 깨달음을 얻으면 오안의 능력이 드러난다고 합니다.

『수보리야, 그대 생각은 어떠한가. 갠지스 강에 있는 모래를 부처가 모래라 말하느냐?』

『그러하나이다. 세존이시여, 여래께서 모래라고 말씀하셨나이다.』

『수보리여, 그대 생각은 어떠한가? 갠지스 강의 모든 모래 수 만큼의 갠지스 강이 있고, 이 모든 갠지스 강의 모래 수만큼 부처의 세계가 있다면 이런 세계는 많지 않겠느냐?』

『엄청나게 많나이다. 세존이시여.』

부처님께서 수보리에게 말씀하셨다.

『그렇게 많은 세계에 있는 중생들의 갖가지 마음을 여래가 다 아노니 무슨 까닭이겠는가? 여래가 말한 모든 마음은 모두가 마음이 아니라 이름이 마음이기 때문이니라. 그 까닭이 무엇이겠는가?

수보리여, 과거의 마음은 얻을 수 없고 현재의 마음도 얻을 수 없으며 미래의 마음도 얻을 수 없기 때문이니라.』

《금강경》을 금강능단반야바라밀다라고 합니다. 이것은 일체의 망념을 모두 끊어 버린다는 겁니다. 진정한 불법은 평상적인것이요, 이것이 바로 도입니다. 부처님의 육신으로 보았을 때 우리와 마찬가지로 추위와 더위 배고픔을 느낄 겁니다. 바로 이점을 주의해야 합니다. 성인도 모두 사람이 그렇게 된 것입니다. 부처역시 중생이 수행에 성공해서 된 겁니다.

갠지스 강의 모래 수만큼이나 많은 갠지스 강이 있습니다. 그리고 이 모든 갠지스 강에 있는 수많은 모래 하나 하나가하나의 세계입니다. 모래 한 알 한 알이 하나의 세계를 대표하는데 일체 세계는 얼마나 많겠습니까? 그 수는 이루다 말할 수도 표현할 수도 없을 것입니다.

불법에서는 일체 중생이 평범합니다. 일체 부처 역시 평범합니다. 모든 하나 하나의 부처가 한 세계를 교화합니다. 허공중 헤아릴 수 없이 많은 세계가 있으니, 부처도 헤아릴 수 없이 많습니다. 많지 않은가? 아주 많습니다.

많은 사람들이 인생을 아주 쉬운 것으로 보기도 하지만 많은 잘못을 저지르기도 합니다. 세상에 간단한 일이란 없습니다. 불법은 인생을 살아가면서 답을 찾아내야 합니다. 도처가 공안(公案)입니다. 이 답은 이해되고 생각될 수 있는 것이 아니라, 정(定)의 지혜 속에서 진정한 수행의 체험을 통해 얻을 수 있습니다. 불법은 허황된 것이 아니라 정진(devotion)해야만 얻는 실제적인 것입니다.

마음이 아니며 마음이 아니기 때문에 마음이라 부릅니다. 《금강경》은 일체의 중생이 아집(我執)을 갖고 있다고 말합니다. 이것이 '나' 이며 내가 존재한다고 생각합니다. 그리고 이 나라는 현상에 너무도 집착합니다. 또 나에겐 마음이 있다고 생각합니다. 자신의 모든 망상(妄想)과 분별의 식, 번뇌, 실재하지 않는 이런 것들을 진실한 것으로 생각합니다.

일체 중생은 마음에 대해 잘못된 생각에 사로잡혀 있습니다. 일체의 생각이나 심리, 의식의 변화는 모두 진정한 마음으로부터 일어나는 일종의 변화 현상일 뿐입니다. 진정한 마음이 아닙니다. 그러나 일체 중생은 이 변화에 사로잡혀 이것을 마음이라 생각합니다.

시간은 어제, 오늘, 내일로 나눠지지 않고 과거, 현재, 미래로도 나눠지지 않습니다. 지구가 한 바퀴 돌면(自轉) 하루이고 우리는 이것을 24시간으로 나누지만, 영원히 하나의 허공일 뿐입니다. 하루를 과거 중국(中國)에서와 같이 자·축·인·묘·진·사·오·미·신·유·술·해로 12시각으로 나누든지, 서양과 같이 24시간으로 나누든지, 천문과 역법 분야에 있어서는 비상하게 발달한 마야문명과 같이 아주 긴 시간으로 나누든지 이것은 인간의 편의에 따라 나눈 것이며 허공에다가 줄긋기와 같습니다. 지구는, 천체는, 우주는 무심히 회전을 계속할 뿐입니다.

일체의 작용은 허망하며 허공의 본체는 증가하지도 감소하지도 않습니다. 그러므로 일체중생은 이 변화무쌍한 현상에 속아서는 안 됩니다. 부처님은 이 이치를 알지만 중생은 모릅니다. 부처는 이것을 이름하여 마음이라 한다고 말하지만 중생은 모두 이 허망하고 실재하지 않는 느낌과 작용에 집착하여 그것을 마음이라 여깁니다.

한량없는 국토의 중생 하나하나는 갖가지로 차별된 서로 다른 마음이 있습니다. 마음의 움직임은 다양하기는 해도 모두 허망한 마음에 불과합니다. 허망한 마음이 우리의 마음자리가 아닌 줄 알면 이를 본래의 마음이라 일컫습니다. 이 마음이야말로 참마음이며 결코 변하지 않는 마음(常心)이며 반야바라밀의 마음이며 청정한 깨달음이며 부처님의 마음이며 열반입니다.

중생의 일체 마음은 모두 변화 중에 있으며 시간이나 물리세계와 마찬가지로 영원히 멈추지 않고 영원히 파악되지 않고 영원히 현재뿐입니다. 우리의 생각은 무간멸의(無間滅意), 즉 아뢰야식에 함장된 무수히 많은 종자(種子)가 전의식(前意識: 표층의식으로 되기전의 의식) 단계로 올라왔다가 다시 표층의식(表層意識)으로 드러나 우리 생각으로 떠오릅니다.

이렇게 떠오른 생각에 따라 우리는 어떤 생각을 하거나 말을 하거나 행동을 합니다. 이렇게 표출된 의식이 또다시 아뢰야식의 종자에 영향을 줍니다(薰習: 훈습). 이렇게 끊임없이 생성되고 소멸되는 과정이 우리의 의식인 것입니다.

이것은 영원히 멈추지 않고 영원히 파악되지 않으며 영원히 현재입니다. 그러므로 과거의 마음을 얻을 수 없고, 현재의 마음도 얻을 수 없으며, 미래의 마음도 얻을 수 없다고 했습니다. 우리가 미래라고 말하자마자 그것은 현재가 됩니다. 마찬가지로 현재라고 말하자마자 곧 과거가 됩니다.

이 현상은 붙들 수 없는 것으로 일체의 감각, 지각이 다 그러합니다. 그렇지만 일체중생은 이 이치를 이해하지 못해 한사코 얻을 수도 없는 과거, 현재, 미래에 머물고자 하며 붙들어두고자 합니다. 운명도 얻을 수 없고 번뇌도 얻을 수 없으며 얻을 수 없는 것도 얻을 수 없습니다. 얻을 수 없는 것 그것이 바로 얻는 것입니다.

세계상의 일체의 것이 모두 유위법(有爲法)이라고 말합니다. 유위법은 모두 실재(實在)하지 않습니다. 유위법의 본체는 무위(無爲)이며 유위는 그 작용입니다. 이처럼 유위는 본체인 무위를 반영한 것이기에 유위법 중에서 무위의 도(道)를 구해야 합니다. 일체의 수지(受持)는 모두 작용이 없는 것이기 때문입니다. 결코 유위법을 단절시킨 후에야 도를 증득할 수 있다고 생각해서는 안 됩니다.

유위법은 본래 무위(無爲)의 가운데 있는 것이므로 무위의 도는 유위의 현상 중에서 관찰해야 합니다. 이렇게 뚜렷이 관찰할 수 있어야 비로소 도를 볼 수 있습니다. 유위법은 끊임없이 생겨나므로 유위에는 한계가 있을 수 없으며, 생멸 또한 없어지지 않습니다. 소위 말하는 연기성공(緣起性空), 성공연기(性空緣起)가 바로 여기에 있습니다.

부처님은 과거의 마음은 얻을 수 없으며, 현재의 마음도 얻을 수 없고, 미래의 마음도 얻을 수 없다고 했습니다. 이것은 현상계속에서 무상(無上)의 아뇩다라삼먁삼보리, 즉 무상의 도심을 구해서는 안 된다는 것입니다. 현상계에서의 마음은 모두 변화하는 것이기 때문입니다.

공(空)이면서도 유(有)인 즉공즉유(卽空卽有)가 바로 하나의 진정한 드러남 입니다. 유(有)에 임(臨)해서는 유(有)가 되고, 공(空)에 임(臨)해서는 공(空)이 되니 대단히 평범합니다.

공은 아무것도 없는 것이 아닙니다. 공이란 하나의 방편(方便)적 설법입니다. 하나의 명사일 뿐입니다. 공견(空見)에 빠지면 유물론, 단멸견에 빠지는 것만큼이나 위험합니다. 공견이라는 변견(邊見)에 빠지면 비관적, 소극적, 허무주의가 되기 쉽습니다. 일체 중생을 구제하려는 대승의 정신은 적극적인 정진(精進: devotion)에 있습니다.

우주는 자성(自性)의 마음에 일어난 작용에 불과합니다. 우리의 사상·정서·감각은 모두 자성이라는 거대한 바다에 바람이 불면 생겼다 사라지는 파도의 연속일 뿐입니다. 이들의 생멸변화(生滅變化)가 그치지 않는 것은 스스로의 마음이 일어났다 없어졌다 하기 때문입니다. 일체의 법은 작용하면 유(有)가 되고, 작용하지 않으면 공(空)이 됩니다. 머무름없이 그 마음이 생깁니다. 본래 머무는 바가 없습니다.

혜가가 달마조사를 찾아 물었습니다. 이 마음이 안정을 이루지 못하니 청(請)컨대 사부께서 저를 대신해서 마음을 안정시켜 주십시오. 달마조사가 말했습니다. 네가 마음을 내놓으면 안정시켜 주겠다. 혜가가 말했습니다. 아무리 마음을 찾아도 찾을 수가 없습니다. 달마조사가 말했습니다.

그럼 됐다. 이제 내가 너의 마음을 안정시켰다.

과거의 마음을 얻을 수 없다는 말은 이전의 허망한 마음이 문득 지나가서 아무리 찾아보아도 어디에도 있지 않다는 뜻입니다. 현재의 마음을 찾을 수 없다 함은 참마음은 형상을 벗어나 있으니 어떻게 볼 수 있겠느냐는 것입니다. 미래의 마음을 구할 수 없다는 것은 아직 오지 않아서 본래 있지 않다는 의미입니다. 지난날의 습기(習氣)가 이미 녹아 다시는 습기가 생기지 않아 이 3가지 마음의 얻을 수 없음을 아는 것이 바로 큰 깨달음입니다.

제3절 용어해설

18. 일체동관분(一體同觀分)

① 오안(五眼):

오안(五眼)이란 육안 · 천안 · 혜안 · 법안 · 불안을 합한 것을 말한다.

육안(肉眼)은 중생의 육신에 갖추어져 있는 감각적 눈을 말한다. 육안은 사물의 형태나 빛깔을 구별하고 그것들을 어떤 한계안에서만 볼 수 있으며, 가까운 것을 보면 먼 것을 못 보고, 앞을 보면 뒤를 못 보고, 밖을 보면 안을 못 보고, 밝은 것을 볼 수 있으되 어두운 데의 것을 볼 수 없는, 즉 종이 한장만 가려도 사물을 올바로 보지 못 하는 부자유스러운 눈이다.

천안(天眼)은 천상세계(天趣)에 태어나거나 또는 이 세상에서 선정(禪定)을 닦아 얻는 눈으로서, 육안으로는 볼 수 없는 미세한 사물이나 먼 곳에 있는 것까지도 널리 살펴볼 수 있는 눈이며, 중생들이 미래에 태어나고 죽는 모습까지도 미리 내다볼 수 있다. 천안을 얻는 데에는 두 가지가 있다. 하나는 인간세계에서 선정을 닦아 얻는 것으로 이것을 수득천안(修得天眼)이라 하며, 또 하나는 천상에 태어남으로써 얻는 것으로 이것을 생득천안(生得天眼)이라 한다.

혜안(慧眼): 우주 사물의 진리를 인식하는 눈이다. 곧 만유의 모든 현상이 공(空) · 무상(無相) · 무작(無作) · 무생(無生) · 무멸(無滅)임을 깨달아 모든 집착을 버리고 차별적인 현상세계를 초월하는 지혜의 눈이다. 이것은 성문(聲聞)과 연각(緣覺) 등 이승(二乘)의 지혜로 얻는 까닭에 중생을 제도하지는 못 한다고 한다.

법안(法眼): 일체법을 하나로 분명하게 비추어 보는 눈이다. 보살은 이 눈으로 모든 법의 실상을 잘 알고 중생들을 제도한다고 한다.

불안(佛眼): 모든 법의 진실된 참모습〔實相〕을 투명하게 보는 부처님의 지혜의 눈을 말한다. 곧 우주만유(宇宙萬有)의 시방(十方)세계를 두루 자상하게 밝혀 볼 수 있는 눈이다.

이상과 같은 오안에 대해서 《대지도론》에서는 『보살 마하살이 오안을 얻고자 한다면 마땅히 반야바라밀을 배워야 한다.』를 해석하여 다음과 같이 말하고 있다. 즉 『무엇인가 다섯 가지가 있는데, 육안과 천안과 혜안과 법안과 불안이다. 육안은 가까운 것은 보고 먼 것은 보지 못하며, 앞은 보고 뒤는 보지 못하며, 밖은 보고 안은 보지 못하며, 낮에는 보고 밤에는 보지 못하며, 위는 보고 아래는 보지 못한다. 이러한 장애 때문에 천안을 구한다.

천안을 얻으면 멀고 가까운 것을 모두 보며, 전후・내외・주야・상하를 남김없이 본다. 이 천안은 화합인연생(和合因緣生)의 가명의 물(物)은 보지만 실상은 보지 못한다. 즉 공(空)・무상(無相)・무작(無作)・무생(無生)・무멸(無滅) 등을 보지 못한다. 앞에서처럼 뒤도 또 그러하다. 그리하여 실상을 보지 못 하기 때문에 혜안을 구한다.

혜안을 얻으면 중생을 보지 못하고, 일이(一異)의 상을 멸하고, 모든 집착을 사리(捨離)하여 일체법을 얻지 못하는 바가 없으며 지혜가 안으로 멸한다. 이것을 혜안이라 이름한다. 단 혜안은 중생을 제도할 수 없다. 왜냐하면 분별하는 바가 없기 때문이다. 이로 인하여 법안을 구한다.

법안은 이러한 사람에게는 이러한 법을 행하여 이러한 도를 얻게 하는 즉, 일체중생 각각의 방편문을 알아 도증(道證)을 얻게 한다. 그러나 법안은 두루 중생을 제도하는 방편도를 알 수 없다. 이 때문에 불안을 구한다.

불안은 사(事)로써 알지 못하는 것이 없고, 가려진 장애가 은밀하다 하더라도 견지(見知)하지 못하는 바가 없다. 다른 사람에게 있어서는 아주 먼 것도 부처님에게는 아주 가까우며, 다른 사람에게는 유암(幽闇)인 것도 부처님에게는 현명하며, 다른 사람에게는 의심스러운 것도 부처님에게는 결정적이며, 다른 사람에게는 미세한 것도 부처님에게는 미세하지 않으며, 다른 사람에게는 심심(甚深)한 것도 부처님에게는 심천(甚淺)하다.

이 불안은 사(事)로써 듣지 못하는 바가 없으며, 사로써 보지 못하는 바가 없으며, 사로써 알지 못하는 바가 없으며, 사로써 어려운 것이 없다. 사유하는 바가 없지만, 일체법 가운데서 항상 불안은 밝게 빛난다. 후품(後品)의 오안에 관한 의미 중에서 마땅히 널리 설해야 한다.』라고 해설하고 있는 것이다.

② 여래는 모든 마음을 다 마음이 아니라고 말하고, 다만 이를 이름하여 마음이라 하기 때문이니라[如來說諸心皆爲非心 是名爲心]:

마음이란 색(色)・성(聲)・향(香)・미(味)・촉(觸)・법(法) 등 육진(六塵)의 작

용이다. 그러므로 그것은 다 허망한 것이라 할 수 있다. 세존은 과거의 마음은 포착할 수가 없고, 현재의 마음도 역시 포착할 수가 없으므로, 모든 마음을 다 『마음이 아니다〔非心〕』라고 하고 다만 그것을 『이름하여 마음이라 할 수 있는 것』뿐이라고 하신 것이다.

이 부분을 《금강경오가해》에서 육조대사는 다음과 같이 풀이하고 있다. 즉 『모든 사람이 다 오안을 가지고 있는데, 마음이 미(謎)하여 가려져 있기 때문에 사물의 실상을 볼 수 없을 따름이다. 부처님께서는 이 미(謎)한 마음을 제거하면 곧 오안이 두루 밝아지므로, 육바라밀을 닦아 실천하라고 설하셨던 것이다.

미혹한 마음을 천 번 벗기는 것은 육안이요,

모든 일체 중생이 다 불성이 있음을 보고 가련한 마음을 내는 것은 천안이고,

어리석은 마음을 내지 않는 것이 혜안이고,

법에 집착하는 마음을 없애는 것이 법안이며,

아주 미세한 업장, 미혹까지 완전히 다 없어져서 밝게 두루 비추게 되는 것을 불안이라 한다.

또 육신 가운데서 법신이 있음을 볼 수 있는 것이 육안이고,

일체 중생이 반야성품(般若性品)을 가지고 있는 것을 보는 것이 천안이고,

반야바라밀이 능히 삼세(三世)의 일체법에 뛰어났음을 보는 것이 혜안이며,

일체의 불법이 스스로 다 구비했음을 보는 것이 법안이고,

모든 법의 진성(眞性)을 밝게 비춰보아 주관·객관이 영원히 제거됨을 보는 것이 불안이다.』

제4절 한역(漢譯)

18. 일체동관분(一體同觀分)

須菩提 於意云何 如來有肉眼不 如是 世尊 如來有肉眼
수보리 어의운하 여래유육안부 여시 세존 여래유육안

須菩提 於意云何 如來有天眼不 如是 世尊 如來有天眼
수보리 어의운하 여래유천안부 여시 세존 여래유천안

須菩提 於意云何 如來有慧眼不 如是 世尊 如來有慧眼
수보리 어의운하 여래유혜안부 여시 세존 여래유혜안

須菩提 於意云何 如來有法眼不 如是 世尊 如來有法眼
수보리 어의운하 여래유법안부 여시 세존 여래유법안

須菩提 於意云何 如來有佛眼不 如是 世尊 如來有佛眼
수보리 어의운하 여래유불안부 여시 세존 여래유불안

須菩提 於意云何 如恒河中所有沙 佛說是沙不
수보리 어의운하 여항하중소유사 불설시사부

如是 世尊 如來說是沙
여시 세존 여래설시사

須菩提 於意云何 如一恒河中所有沙 有如是沙等恒河
수보리 어의운하 여일항하중소유사 유여시사등항하

是諸恒河所有沙數佛世界如是 寧爲多不 甚多 世尊
시제항하소유사수불세계여시 영위다부 심다 세존

佛告須菩提 爾所國土中 所有衆生 若干種心 如來悉知
불고수보리 이소국토중 소유중생 약간종심 여래실지

何以故 如來說諸心 皆爲非心 是名爲心
하이고 여래설제심 개위비심 시명위심

所以者何 須菩提 過去心不可得 現在心不可得 未來心不可得
소이자하 수보리 과거심불가득 현재심불가득 미래심불가득

제5절 영역(英譯) 1

EIGHTEEN:

The Buddha said, "Subhuti, what do you think? Does the Tathagata possess a physical eye?"

Subhuti replied, "So he does, Bhagavan. The Tathagata possesses a physical eye."

The Buddha said, "Subhuti, what do you think? Does the Tathagata possess a divine eye?"

Subhuti replied, "So he does, Bhagavan. The Tathagata possesses a divine eye."

The Buddha said, "Subhuti, what do you think? Does the Tathagata possess a prajna eye?"

Subhuti replied, "So he does, Bhagavan. The Tathagata possesses a prajna eye."

The Buddha said, "Subhuti, what do you think? Does the Tathagata possess a dharma eye?"

Subhuti replied, "So he does, Bhagavan. The Tathagata possesses a dharma eye."

The Buddha said, "Subhuti, what do you think? Does the Tathagata possess a buddha eye?"

Subhuti replied, "So he does, Bhagavan. The Tathagata possesses a buddha eye."

The Buddha said, "Subhuti, what do you think? As

many grains of sand as there are in the great river of the Ganges, does the Tathagata not speak of them as grains of sand?"

Subhuti replied, "So he does, Bhagavan. So he does, Sugata. The Tathagata speaks of them as grains of sand."

The Buddha said, "What do you think, Subhuti? If there were as many rivers as all the grains of sand in the great river of the Ganges and as many worlds as there are grains of sand in all these rivers, would there be many worlds?"

Subhuti replied, "So there would, Bhagavan. So there would, Sugata. There would be many worlds."

The Buddha said, "And as many beings as there might be in those worlds, Subhuti, I would know their myriad streams of thought. And how so? Streams of thought, Subhuti, what the Tathagata speaks of as 'streams of thought' are no streams. Thus are they called 'streams of thought.' And how so? Subhuti, a past thought cannot be found. A future thought cannot be found. Nor can a present thought be found."

제6절　영역(英譯) 2

Section 18. All Modes of mind are Really Only Mind

Subhuti,what do you think? Does the Tathagata possess the human eye?

Yes, World-honoured One,He does.

Well, do you think the Tathagata possesses the divine eye?

Yes, World-honoured One, He does.

And do you think the Tathagata possesses the gnostic eye?

Yes, World-honoured One,He does.

And do you think the Tathagata possesses the eye of transcendent wisdom ?

Yes, World-honoured One,He does.

And do you think the Tathagata possesses the Buddha-eye of omniscience?

Yes, World-honoured One,He does.

Subhuti, what do you think? Concerning the sand-grains of the Ganges, has the Buddha taught about them?

Yes, World-honoured One, the Tathagata has taught concerning these grains.

Well, Subhuti, if there were as many Ganges rivers as the sand-grains of the Ganges and there was a Buddha-land for each sand-grain in all those Ganges rivers, would those Buddha-lands be many?

[Subhuti replied] : Many indeed,World-honoured One!

Then Buddha said: Subhuti, however many living beings there are in all those Buddha lands, though they have manifold modes of mind, the Tathagata understands them all. Wherefore? Because the Tathagata teaches that all these are not Mind; they are merely called "mind". Subhuti, it is impossible to retain past mind, impossible to hold on to present mind, and impossible to grasp future mind.

제19장 법계를 두루 교화하다

제1절 한글번역

19. 법계를 두루 교화하다

『수보리여, 어떻게 생각하느냐. 만약 어떤 사람이 삼천대천세계를 가득 채울 수 있는 칠보로써 보시한다면 이 사람이 이 인연으로 받는 복이 많지 않겠느냐?』

『그러하나이다. 세존이시여, 이 사람이 이 인연으로 받는 복이 매우 많겠나이다.』

『수보리여, 만일 복덕이 실체가 있는 것이라면 여래가 복덕이 많다고 말하지 않을 것이다. 복덕이 실체가 없는 것이므로 여래가 복덕이 많다고 말하느니라.』

제2절 해설

제19장 법계를 두루 교화하다.

『수보리여, 어떻게 생각하느냐. 만약 어떤 사람이 삼천대천세계를 가득 채울 수 있는 칠보로써 보시한다면 이 사람이 이 인연으로 받는 복이 많지 않겠느냐?』

일체 중생이 성불(成佛)하기 위해서는 지혜자량(智慧資糧)과 복덕자량(福德資糧)이 있어야 합니다. 성불을 위해 먼길을 떠나려면 지도(지혜)와 쌀(資糧: 양식)이 필요합니다. 기업을 하려면 기술(know-how)과 자본(capital)이 필요한 것과 같습니다. 진정한 복덕이 있어야만 비로소 진정한 지혜를 얻을 수 있습니다.

『그러하나이다. 세존이시여, 이 사람이 이 인연으로 받는 복이 매우 많겠나이다.』

『수보리여, 만일 복덕이 실체가 있는 것이라면 여래가 복덕이 많다고 말하지 않을 것이다. 복덕이 실체가 없는 것이므로 여래가 복덕이 많다고 말하느니라.』

세간의 복은 건강, 돈, 출세, 명예, 사회적 지위 등입니다. 그렇지만 과거의 마음은 얻을 수 없고, 현재의 마음도 얻을 수 없으며, 미래의 마음도 얻을 수 없습니다. 인생이란 모두 구름잡는 것입니다. 얻을 수 없다는 것을 너무도 잘 알면서도 한사코 얻고자 합니다.

여기서 시지프스의 신화 이야기를 잠깐 하겠습니다. 시지프스는 인간 중에서 가장 현명하고 신중한 사람이었지만, 신들을 우습게 여긴다는 점 때문에 신들에게는 진작부터 미움을 받고 있었습니다. 시지프스는 아폴로의 소를 훔친 헤르메스와, 아소포스의 딸을 납치한 제우스의 범행을 밝혀냈었는데, 이로 인해 제우스의 미움을 사게 되었습니다.

제우스는 계속해서 지옥의 신 하데스에게 시지프스를 잡아오게 하였는데, 그때마다 시지프스가 기지를 발휘해 위험에서 벗어났으나 인간이 신을 이길 수는 없었습니다. 결국 시지프스는 계속해서 굴러 떨어지는 바위를 끊임없이 밀어 올려야 하는 형벌에 처해지게 되었습니다. 밀어 올리면 굴러 떨어지고 또 밀어 올리면 굴러 떨어지고 영겁의 시간동안 끝없이 바위를 밀어 올려야 하는 끔찍한 형벌입니다.

시지프스는 까뮈의 《시지프스의 신화》의 모티브가 된 것으로 유명한데, 까뮈는 아무리 밀어 올려도 끊임없이 떨어지는 바위를 계속 밀어 올려야 하는 시지프스의 처지를 통해 역시 부조리한 삶 속에서 무의미하게 세상에 내던져져 무의미한 일상을 반복하는 인간의 처지를 이야기한 것입니다.

그러나 우리는 시지프스를 통해 인간 존재의 실존적 의미를 다시 한번 확인 할 수 있을 것인데, 시지프스의 이야기는 무의미한 일상을 반복하는 부조리한 상황에 처한 인간의 실존적 현실을 보여줄 뿐 아니라, 그러한 삶을 극복할 수 있는 방안 그리고 무엇보다도 굴러 떨어질 것을 알면서도 바위를 밀어 올리기 위해 내려가는 시지프스의 굳은 의지에서 인간 존재의 실존적 의미를 찾을 수 있을 것입니다.

세간의 복보(福報)는 다함이 있습니다. 사람의 영화(榮華)는 한 순간입니다. 세간의 복보는 자성(自性)이 없습니다. 복덕은 공허합니다. 그래서 부처님은 말합니다. 세간의 복덕이 아무리 많다 해도, 그것은 손가락 한

번 퉁기는 사이에 사라져 버릴 허망한 꽃[空華 공화]에 지나지 않는다.

진정한 복보는 무엇일까요? 청정무위(淸淨無爲)입니다. 마음속에 이미 번뇌(煩惱)도 없고 슬픔도 없으며 얻을 것도 없고 잃을 것도 없으며 명예(名譽)도 없고 모욕(侮辱)도 없습니다. 상반된 두 가지 것들이 모두 없어 영원토록 지극히 평정합니다. 이것이 바로 청복(淸福)입니다. 앞에서 법정스님의 글에 대해서 간단히 소개한 바 있습니다.

세상에 있는 일체 사람들의 심리를 부처님은 모두 압니다. 일체의 사람들은 실제로 존재하지도 않는 것을 존재하는 것처럼 생각하기에 진정한 청정이 다가와도 향수(享受)할 줄 모릅니다. 불법을 공부하여 공성(空性), 즉 자성(自性)의 청정무위를 증득하고 대지혜를 성취하는 것, 이것이야말로 진정한 복보라고 할 수 있습니다.

진정한 복보는 이처럼 얻기 어려운 것일까요? 아주 쉽습니다. 그렇지만 사람들은 이런 복보가 다가오면 반대로 외면하고 스스로 번뇌를 찾으려 합니다. 세상사람들은 한가로움이 오더라도 한가로움을 향수하지 못합니다. 몸이 건강하면 어디가서 소모하려 하고 진정으로 고요하고 한가로운 상황이 되면 반대로 어쩔 줄 몰라 합니다. 그래서 전도(顚倒)된 중생이라고 하는 겁니다. 전도된 중생 이것 역시 어찌할 도리가 없습니다.

과거의 마음은 이전의 허망한 마음이 문득 지나가 버렸기에 아무리 찾아보아도 어디에도 있지 않습니다. 현재의 마음을 찾을 수 없다 함은 현재라 말하자마자 바로 과거가 되어 버리니 역시 과거와 마찬가지입니다. 미래의 마음을 구할 수 없다는 것은 미래는 아직 오지 않아서 본래 있지 않은 것을 미래란 관념상으로만 존재하는 것이라는 뜻입니다.

세상 일체의 복보 심지어 요즈음 재벌 회장의 큰 복보라 하더라도 변화함이 일장춘몽이고, 남가일몽처럼 한바탕 긴 낮꿈입니다. 우리의 지나간 인생을 생각해 보십시오. 하루 하루는 정신없이 번뇌에 휩싸여 살아가고 있지만 지나간 10년 전, 20년 전을 생각해보면 아득히 한바탕 꿈과 같습니다. 일체가 꿈입니다.

진정한 큰 복보란 무엇일까요?

부처님은 말씀하십니다. 큰 복보는 큰 깨달음을 얻어 성불하는 것입니다. 깨달음을 얻어 성불하려면 나쁜 일을 하지 않고 선을 받들어 행하는 일체의 복덕으로써 지혜를 배양(培養)해야 합니다. 지혜란 단지 책만 읽어서 되는 것이 아니요, 좌선(坐禪)만 한다해서 나오는 것도 아닙니다.

불법은 진정한 지혜, 이 지혜를 배양하는 복덕, 일체 선행의 공덕으로써 완성되는 것입니다. 불법이 지혜의 학문이라고 해서 선행(善行)에 관심이 없으면 안 됩니다. 진정한 지혜가 있다면 자연히 선행(善行)을 합니다. 지혜와 선행은 둘이 아니라 하나입니다.

제3절　용어해설

19. 법계통화분(法界通化分)

① 남가일몽(출전: 남가태수전 南柯太守傳):

중국 당(唐)나라 때의 전기소설(傳奇小說). 이공좌(李公佐)의 작품인데 순우분이라고 하는 주인공이 술에 취해서 선잠을 자는 사이, 괴안국(槐安國)이라는 나라의 사자(使者)에게 불려가서 회화나무의 동굴을 지나, 그 나라로 가서 영달(榮達)을 이룩하는 꿈을 꾼다. 꿈에서 깨어난 그는, 뜰에 있는 회화나무의 동굴을 뚫고 살펴보았더니, 꿈에서 본 그대로인 개미의 나라가 나타났다고 하는 이야기이다. 작자 이공좌의 전기는 전하지 않지만, 785~859년에 살았던 사람으로 보인다. 후세의 희곡 《남가기(南柯記)》와 꿈과 같이 헛된 한때의 부귀영화를 뜻하는 남가일몽(南柯一夢)이란 말은 여기에 바탕을 두고 있다.

제4절 한역(漢譯)

19. 법계통화분(法界通化分)

須菩提 於意云何 若有人滿三千大千世界七寶 以用布施
수보리 어의운하 약유인만삼천대천세계칠보 이용보시

是人以是因緣 得福多不
시인이시인연 득복다부

如是 世尊 此人以是因緣 得福甚多
여시 세존 차인이시인연 득복심다

須菩提 若福德有實 如來不說得福德多
수보리 약복덕유실 여래불설득복덕다

以福德無故 如來說得福德多
이복덕무고 여래설득복덕다

제5절 영역(英譯) 1

NINETEEN:

"Subhuti, what do you think? If some noble son or daughter filled the billion worlds of this universe with the seven jewels and gave them all as a gift to the tathagatas, the arhans, the fully-enlightened ones, would the body of merit produced as a result by that noble son or daughter be great?"

Subhuti replied, "Great, indeed, Bhagavan. It would be great, Sugata."

The Buddha said, "So it would, Subhuti. So it would. The body of merit produced as a result by that noble son or daughter would be immeasurably, infinitely great. And how so? A body of merit, Subhuti, a 'body of merit' is spoken of by the Tathagata as no body. Thus is it called a 'body of merit.' Subhuti, if there were a body of merit, the Tathagata would not have spoken of a body of merit as a 'body of merit.' "

제6절 영역(英譯) 2

Section 19. Absolute Reality is the Only Foundation

Subhuti, what do you think? If anyone filled three thousand galaxies of worlds with the seven treasures and gave all away in gifts of alms, would he gain great merit?

Yes, indeed, World-honoured One, he would gain great merit! Subhuti, if such merit was Real, the Tathagata would not have declared it to be great, but because it is without a foundation the Tathagata characterised it as

"great" .

제20장 형체를 떠나고 상을 떠나다

제1절 한글번역

『수보리여, 그대 생각은 어떠한가. 부처를 색신(色身)을 모두 갖춘 존재라 볼 수 있겠느냐?』

『그렇지 않습니다. 세존이시여, 여래를 색신(色身)을 모두 갖춘 존재라 볼 수 없사오니, 무슨 까닭인가 하오면 여래께서 말씀하신 색신(色身)을 모두 갖추었다고 하시는 것은 색신(色身)을 다 갖춘 것이 아니라 단지 그것을 이름하여 색신(色身)을 다 갖추었다고 말씀하신 것이기 때문입니다.』

『수보리여, 그대 생각은 어떠한가. 여래를 모든 상을 다 갖춘 존재로 볼 수 있겠는가?』

『못하옵니다. 세존이시여, 여래를 모든 상을 다 갖춘 존재로 보아서는 안 됩니다. 왜냐하면 여래께서 모든 상을 다 갖추었다고 말씀하신 것은 모든 상을 다 갖춘 것이 아니라 단지 그것을 이름하여 모든 상을 다 갖추었다고 하신 것이기 때문입니다.』

제2절 해설

제20장 형체를 떠나고 상을 떠나다

『수보리여, 그대 생각은 어떠한가. 부처를 색신(色身)을 모두 갖춘 존재라 볼 수 있겠느냐?』

『그렇지 않습니다. 세존이시여, 여래를 색신(色身)을 모두 갖춘 존재라 볼 수 없사오니, 무슨 까닭인가 하오면 여래께서 말씀하신 색신(色身)을 모두 갖추었다고 하시는 것은 색신(色身)을 다 갖춘 것이 아니라 단지 그것을 이름하여 색신(色身)을 다 갖추었다고 말씀하신 것이기 때문입니다.』

앞에서도 이미 말했지만 32상(相)이 여래가 아니며 만약 모든 상이 상이 아니라는 것을 보면 여래를 볼 수 있다고 했습니다. 이 장(章)에서는 다시 이것을 설명합니다. 여기서 부처는 보신(sambhogakaya), 즉 육신을 나타냅니다. 32상 80종의 뛰어난 점이 있었습니다. 물론 32상을 갖췄을 뿐 아니라 그것에 수반되는 80종의 보기좋은 점을 갖췄는데 이것은 보통 사람에게는 없는 특징이었습니다. 이것을 「색신(色身:rupakaya, physical body)을 두루 갖추었다.」고 이야기 합니다.

앞에서도 이야기 했지만 좌선을 했을 때 부처가 나타난다고 해도, 상(相)에 사로잡혀서는 안 됩니다. 유형적 관점에서 부처를 보고자 해서는 안 된다는 의미입니다. 부처님의 가르침, 부처님의 가르침이 중요합니다.

불경에서는 대장부(大丈夫) 상(相)이 나타난다고 하는데 아주 특별한 상으로서 이것을 구족색신(具足色身)이라고 합니다. 색이란 육체의 사대(四

大), 즉 지수화풍(地水火風)입니다. 진정한 이치는 구족(具足)한 것이 아니라, 즉비구족(卽非具足) 이라는 것입니다. 그러니 상에 집착해서는 안 됩니다. 형태나 모양을 가진 것은 아닙니다. 진정으로 성불한 사람을 구족색신으로 보려 해서는 안 됩니다.

신체상에서 도를 찾아보려하면 도무지 찾을 수 없습니다. 당연한 일이지만 득도한 사람에게는 반드시 기질의 변화가 나타납니다. 육신의 변화가 반드시 생깁니다. 절로 도의 기운이 갖춰져 모양이 아주 장엄합니다. 그렇지만 구족색신이 아닙니다. 상에 집착해서는 안 됩니다. 이 육체는 여전히 생멸합니다. 이 때문에 이름이 구족색신입니다. 주의할 것은 이 구족색신이 육체의 몸이라는 겁니다.

『수보리여, 그대 생각은 어떠한가. 여래를 모든 상을 다 갖춘 존재로 볼 수 있겠는가?』

『못하옵니다. 세존이시여, 여래를 모든 상을 다 갖춘 존재로 보아서는 안 됩니다. 왜냐하면 여래께서 모든 상을 다 갖추었다고 말씀하신 것은 모든 상을 다 갖춘 것이 아니라 단지 그것을 이름하여 모든 상을 다 갖추었다고 하신 것이기 때문입니다.』

진정한 부처는 법신(法身)으로서, 이것을 보아야만 진정한 부처를 보았다고 할 수 있습니다. 법신이란 무엇일까요? 법신(法身: Dharmakaya)에 대해서는 뒤에 용어설명에 나오지만 먼저 간단히 설명하겠습니다. 법신이라는 궁극적 실재는 토대의 전환, 빛을 발하는 성질, 비이원성, 영원성, 불가해로 특징 지워집니다.(the ultimate reality characterized by the conversion of support, by radient qualities, by non-duality, by eternity, and by inconceivability)

법신은 진리를 인격화한 불신(佛身)입니다. 부처님의 자비(慈悲:

loving-kindness)의 속성(屬性)을 관세음보살로 상징(象徵: symbolize)하듯이 말입니다. 초기 불교에서는 부처라고 하면 석가모니 한 사람을 의미하였으나, 석가모니가 입적한 뒤에 부처에 대한 신격화가 이루어졌습니다.

부처가 된 석가모니는 일시적으로 인간의 모습을 하고 이 세상에 출현한 것이며, 사실은 영원한 과거에 있어서 이미 성불(成佛)을 완성하고 무수한 시간에 걸쳐 인간들을 교화해온 구원실성(久遠實性)의 부처가 있었다는 믿음이 시간이 지남에 따라 깊이 뿌리내리게 된 것입니다. 이 부처를 구원의 법신불이라 부르는데, 이것은 불교가 법(法)을 신앙하는 것이고, 법을 깨달은 진리와 일체요 영원불멸하는 법신이라고 본 것입니다.

한국에서는 법신을 설명함에 《대승기신론(大乘起信論)》의 설을 인용하는데 신라의 원효(元曉)는 법신에 대해 큰 지혜요 광명이며, 세상의 모든 대상(對象)을 두루 남김없이 비추어 모든 것을 다 알게 되는 것이며, 있는 그대로를 참되게 하는 힘을 간직하고 있으며, 맑고 깨끗한 마음을 본성으로 하고 있으며, 영원하고 지복하고 자유자재하고 번뇌가 없으며, 인과(因果)의 법칙에 의해 변동하는 것이 아니라 스스로 존재하는 것으로서, 중생의 마음을 통해서만 증득(證得)될 수 있는 것이라 하였습니다. 한편 우리나라에서는 법신불이라 하면 통상 비로자나불을 뜻합니다.

제3절 용어해설

20. 이색이상분(離色離相分)

① 색신을 다 갖추고 있다[具足色身], 모든 상을 다 갖추고 있다[具足諸相]:

"색신을 다 갖추고 있다" 고 함은 부처님의 체질에서 보통 사람보다 더욱 잘 생긴 부분 80가지를 골라서 이르는 말이고, "모든 상을 다 갖추고 있다" 고 함은 부처님의 체질에서 특수하게 뛰어난 부분 32가지를 골라서 이르는 말이니, 이 색신과 상을 합쳐 상호(相好)라 한다.

제4절 한역(漢譯)

20. 이색이상분(離色離相分)

須菩提 於意云何 佛可以具足色身見不
수보리 어의운하 불가이구족색신견부

不也 世尊 如來不應以具足色身見 何以故
불야 세존 여래불응이구족색신견 하이고

如來說具足色身 卽非具足色身 是名具足色身
여래설구족색신 즉비구족색신 시명구족색신

須菩提 於意云何 如來可以具足諸相見不
수보리 어의운하 여래가이구족제상견부

不也 世尊 如來不應以具足諸相見
불야 세존 여래불응이구족제상견

何以故 如來說諸相具足 卽非具足 是名諸相具足
하이고 여래설제상구족 즉비구족 시명제상구족

제5절　영역(英譯) 1

TWENTY:

"Subhuti, what do you think? Can the Tathagata be seen by means of the perfect develoment of the physical body?"

Subhuti replied, "No, indeed, Bhagavan. The Tathagata cannot be seen by means of the perfect development of the physical body. And why not? The perfect development of the physical body, Bhagavan, the 'perfect development of the physical body' is spoken of by the Tathagata as no development. Thus is it called a 'the perfect development of the physical body.' "

The Buddha said, "Subhuti, what do you think? Can the Tathagata be seen by means of the possession of attributes?"

Subhuti replied, "No, indeed, Bhagavan. The Tathagata cannot be seen by means of the possession of attributes. And why not? Bhagavan, what the Tathagata speaks of as the possession of attributes is spoken of by the Tathagata as no possession of attributes. Thus is it called the

'possession of attributes.' "

제6절 영역(英譯) 2

Section 20. The Unreality of Phenomenal Distinctions

Subhuti, what do you think? Can the Buddha be perceived by His perfectly-formed body?

No, World-honoured One, the Tathagata cannot be perceived by His perfectly-formed body, because the Tathagata teaches that a perfectly-formed body is not really such; it is merely called "a perfectly formed body".

Subhuti, what do you think? Can the Tathagata be perceived by means of any phenomenal characteristic?

No, World-honoured One, the Tathagata may not be perceived by any phenomenal characteristic, because the Tathagata teaches that phenomenal characteristics are not really such; they are merely termed "phenomenal characteristics".

제21장 어떤 법도 말로써 설명할 수 없다

제1절 한글번역

『수보리여, 여래가 생각하기를, 「내가 설법한 것이 있다.」 하리라고 그대는 생각지 말라. 그런 생각을 말지니 무슨 까닭이겠는가? 어떤 사람이 말하기를, 「여래께서 말씀하신 법이 있다.」 한다면 이는 곧 부처님을 비방하는 것이니, 나의 말뜻을 이해하지 못한 것이기 때문이니라. 수보리여, 설법이란 어떤 법도 말할 수 없는 것이다. 이것을 이름하여 설법이라 하느니라.』

그때 혜명(慧命)수보리가 부처님께 여쭈었다..

『세존이시여, 미래의 어떤 중생이 이런 법문을 듣고 믿음을 낼 이가 있겠나이까?』

부처님께서 대답하셨다.

『수보리여, 저들은 중생도 아니오, 중생 아님도 아니니 무슨 까닭이겠는가? 수보리여, 중생이라 하는 것은 여래가 말하기를 중생이 아니므로 이름하여 중생이라 하느니라.』

제2절 해설

제21장 어떤 법도 말로써 설명할 수 없다

『수보리여, 여래가 생각하기를 「내가 설법한 것이 있다」 하리라고 그대는 생각지 말라. 그런 생각을 말지니 무슨 까닭이겠는가? 어떤 사람이 말하기를, 「여래께서 말씀하신 법이 있다」 한다면 이는 곧 부처님을 비방하는 것이니, 나의 말뜻을 이해하지 못한 것이기 때문이니라.』

부처님은 35세에 설법을 시작해 80세에 열반에 들었으니 45년간을 설법했습니다. 어떤 책에는 31세에 설법을 시작해서 80세에 열반에 들었으니 49년간 설법을 했다고 한 책도 있습니다. 그런데 이 모두를 부인합니다. 부처님은 우리에게 염불을 하고 지관(止觀)을 닦고 계・정・혜(戒定慧)를 닦으라고 했습니다.

이 밖에도 소위 37도품, 법상, 유식 등의 가르침도 있습니다. 그런데도 이젠 이렇게 말합니다. 만약 어떤 사람이 내가 설법을 했다고 한다면 바로 나를 비방한 것이다. 무슨 이유일까요?

여러분이 여러 사람을 상대로 교육을 시켜본 적이 있다면 그 까닭을 이해할 것입니다. 똑같은 강의를 듣는다고 해도 교육생마다 반응이나 이해가 모두 각각 다릅니다. 어떤 때는 분명히 A를 가르쳤는데도 몇몇 사람은 A에 대해 전혀 안 배웠다고 합니다. B를 배웠다고 단호하게 주장하는 교육생도 있습니다.

이런 이유를 살펴보겠습니다. 일체 중생에게는 최대 장애가 하나 있습니다. 바로 언어와 문자입니다. 언어와 문자는 사람의 생각을 표현하기에 부족합니다. 똑같은 말을 하더라도 그것을 받아들이는 사람의 인식 수준에 따라 그 이해 정도는 이처럼 다릅니다.

사람과 사람사이의 의사소통은 이처럼 어렵습니다. 커뮤니케이션(communication)이란 쉽지 않은 것입니다. 어떤 사람하고 이야기하다보면 차라리 벽(壁)보고 이야기 하는 게 차라리 낫겠다 싶은 경우도 종종 있음을 누구나 공감하실 것입니다. 어떤 때는 말하지 않는 것이 차라리 낫습니다. 한마디 했다가 도리어 열 가지 오해(誤解)를 불러일으킬 수도 있습니다.

부처님은 말씀하십니다. 자신이 설법한 본의(本意)는 일체 중생이 상에 집착하지 않도록 하기 위해서이며, 그가 말한 것에 집착하지 않도록 하기 위해서라는 겁니다. 오도(悟道), 성불(成佛)은 아뇩다라삼먁삼보리를 증득(證得)하는 것으로 부처님이 말한 법(法: 다르마)은 뗏목(raft)에 비유(譬喩)할 수 있습니다. 강을 건너는 배와 같습니다.

강을 건너고 나면 배를 등에다 지고 갈 필요가 없습니다. 달리 말하면 강을 건너고 나서는 배가 필요 없습니다. 진정한 설법은 이 이치를 이해시키기 위한 겁니다. 설법은 방편(方便)입니다. 설법은 하나의 교육 방법론입니다.

부처님의 법을 전혀 알아듣지도 못하고, 명심견성(明心見性)하거나 도(道)를 깨닫지도 못하면서 도리어 부처님이 말한 법에 집착하여 그것이 진실이라 생각한다면, 이것은 참으로 어렵습니다. 그래서 부처님은 그것을 부정한 것입니다. 이런 사람들은 부처님이 설법한 뜻을 이해할 수 없다는 뜻입니다.

『수보리여, 설법이란 어떤 법도 말할 수 없는 것이다. 이것을 이름하여 설법이라 하느니라.』

진정한 불법은 불가사의입니다. 석가모니불이 하루는 영산의 모임에서 설법을 하는데 제자들이 부처님이 말하기를 기다려도 한참동안 말을 꺼내지 않았습니다. 그러다 갑자기 부처님이 꽃 한 송이를 집어 올렸습니다. 사람들은 그것이 무슨 뜻인지 알지 못했습니다. 어느 누구도 그것을 이해하지 못했습니다. 단지 부처의 대제자인 가섭존자만이 빙그레 미소를 지었습니다.

가섭존자는 석가모니 10제자 중의 한 사람입니다. 북인도 마가다국의 수도 왕사성(王舍城) 부근에서 출생했고, 이름은 Mahā-Kassapa입니다. maha(영어로 great의 의미)를 붙여 대가섭(大迦葉)이라고도 부릅니다. 브라만 집안에서 태어나 결혼했으나, 부부가 함께 출가했습니다. 그 후 석가모니를 만나 그의 초기 제자가 되었고, 1주일 뒤 깨달음을 얻어 아라한(阿羅漢)이 되었습니다.

이때 자신의 새 가사(袈裟)를 석가모니에게 바치고 그의 낡은 가사를 받아 늘 착용하였습니다. 그는 두타행(頭陀行 ; 집착 없는 생활)을 계속 지켰으므로 '두타제일' 이라는 칭찬을 받았습니다. 석가모니의 대리 역할을 했고, 그가 사망한 후에는 후계자로 교단을 통괄, 석가모니의 가르침을 정리 통합한 제1차 결집(경전편찬)의 수장(首長) 역할을 했습니다.

여기서 부처님 10대 제자를 간단히 이야기 하겠습니다. 이들 수제자를 보통 상수(上首)제자라 불렀는데, 10대 상수제자는 아난(多聞第一: 다문제일; 기억이 뛰어남), 가섭(頭陀第一: 두타제일; 고행이 뛰어남), 목련(神通第一: 신통제일; 기적을 잘 일으킴), 사리불(智慧第一: 지혜제일; 지혜가 뛰어남), 수보리(無諍第一: 무쟁제일; 성찰력이 뛰어남 《금강경》에서 부처님께 가르침을 청함), 부루나(說法第一: 설법제일; 법문을 잘함), 가전연(論議第一: 논의제일; 논리 탁월), 아나율(天眼第一: 천안제일; 천안을 가짐), 우바리(持戒第一: 지계제일; 계율을 잘 지킴), 나후라(密行第一: 밀행제일; 선행이 뛰어남 산스크리트어 이름은 Rahula라훌라) 입니다.

부처님의 법은 가섭(2祖)과 아난(3祖)을 거쳐 달마(28祖)로 이어졌으며, 중국 선종의 6조(6祖) 혜능을 거쳐 우리나라의 조계종에까지 이르고 있습니다.

이것을 보고 부처님이 말씀하셨습니다. 나에게는 정법안장(正法眼藏), 열반묘심(涅槃妙心)이 있으나 상(相)이 없는 실상(實相)이며 미묘한 법문으로 문자로 표현할 수 없어 별도로 전해야 하니, 이제 이것을 마하가섭에게 맡기노라. 가섭이 그것을 이해했기 때문입니다. 이것이 선종의 시작입니다.

부처님은 영산회상에서 꽃 한 송이를 들고 이렇게 바라봅니다. 이게 도대체 무슨 의미일까요? 바로 설법을 하는 사람이 말로 표현할 방법이 없는, 즉 그것을 표현할 어떤 고정된 형태가 없다는 것을 표시합니다. 이것을 염화시중(拈華示衆) 이라고 합니다.

부처님이 영취산에서 연꽃 한 송이를 대중에게 보이자, 가섭만 그 뜻을 깨닫고 미소하므로 그에게 불교의 진리를 주었는데 마음에서 마음으로 전(傳)한 것〔以心傳心〕 입니다. 불법은 최후의 경지에 이르러서는 진정 말로 표현할 수가 없습니다. 무상의 묘법은 원래 말로 표현할 수가 없습니다.

그러므로 부처가 보리수 아래에서 깨닫고는 곧 열반에 들려고 하셨습니다. 본래 부처님은《화엄경》이나《금강경》 등을 설법할 생각이 없었습니다. 경전의 기록에 의하면 이때 제석천(帝釋天)이 내려와 부처님께 무릎을 꿇고 설법을 해주도록 간곡히 부탁했다고 합니다. 이것을 권청(勸請)이라고 합니다.

부처님은 삼계(욕계 · 색계 · 무색계)의 스승이니 제석천이 실제 권청했다는 이야기와, 부처님 마음속의 심리적 갈등을 상징적으로 표현했다는 학설이 있습니다. 부처님은 수많은 생애를 통해 대발원(大發願)을 하면서 무상정등정각을 증득한 후 중생을 구제하겠다고 했는데, 이제 부처님이 큰 깨달음을 얻으셨는데 다른 중생을 돌아보지 않고 가려고 하니 그래서는 안 됩니다.

이때 부처님이 하신 말씀이 『내 법은 미묘해 생각하기 어렵다.』라고 했습니다. 부처님이 깨달은 바는 지극히 미묘해 이해하기 어렵고, 설법을 하면 미혹에 빠져있는 중생에게 오히려 오해와 혼란만 줄 우려가 있기 때문일 것입니다.

그때 혜명(慧命)수보리가 부처님께 말했다.

『세존이시여, 미래의 어떤 중생이 이런 법문을 듣고 믿음을 낼 이가 있겠나이까?』

《금강경》을 읽어보면 부처님은 첫째로 우리가 육체를 부처로 여겨서는 안 된다고 했습니다. 둘째는 상(相)에 집착하지 말라는 것이었습니다. 셋째는 부처님은 아무 법도 설하지 않았다는 것입니다. 그런데 수보리는 지금까지 죽 듣고서 곧 이해했습니다. 즉 불법은 도저히 말로 표현할 수 없다는 것, 말할만한 어떤 것도 없다는 것을 깨달았습니다. 그는 말합니다. 장래에 올 중생 역시 이런 말씀을 들으면 신심이 생길 수 있을까요?

부처님께서 대답하셨다.

『수보리여, 저들은 중생도 아니요, 중생 아님도 아니니 무슨 까닭이겠는가? 수보리여, 중생이라 하는 것은 여래가 말하기를 중생이 아니므로 이름하여 중생이라 하느니라.』

부처님의 말은 소위 중생이라는 것은 근본적으로 존재하지 않는다는 것입니다. 중생이 아니라는 것은 무엇을 말하는 것일까요? 모두가 부처라는 겁니다. 일체의 중생이 본래 부처입니다. 말을 바꾸면 수보리가 다른 사람을 위해서 걱정할 필요가 없다는 겁니다. 어느 누구도 모두 성불을 할 수 있기 때문입니다. 이 이치는 부처님이 《법화경》과 《열반경》에서도 언급했던 것입니다.

이것과 관련하여 일천제(一闡提)에 대해 이야기를 하고자 합니다. 일천제 같은 사람도 성불할 수 있을까요? 일천제는 죄악이 극에 달한 아주 나쁜 사람입니다. 부모를 죽이고 부처와 나한을 죽이며 나쁜 짓을 가리지 않고 해 죄업이 너무도 무거워 무간지옥에 떨어진 사람입니다.

말하자면 세상에서 무기징역을 선고받아 영원히 빠져나올 수 없는 것과 같습니다. 이처럼 악하기 짝이 없는 중생도 성불할 수 있을까요? 결론부터 말하자면 일천제도 성불할 수 있다고 부처님이 말했습니다. 일체 중생이 모두가 성불할 수 있다는 것입니다.

부처님은 《금강경》에서 혜명수보리에게 일체의 중생은 중생이 아니므로 다른 사람을 업신여기지 말라고 합니다. 일체 중생은 모두 부처입니다.

생명을 지닌 일체 중생은 모두 실제로 존재하지 않는 환상입니다. 삼계(三界: 욕계, 색계, 무색계), 육도(六道: 지옥, 아귀, 축생, 인간, 아수라, 천상)의 중생은 모두 인연에 의해 생겨나는 것으로, 고정된 것이 없습니다.

육도 윤회에 대해서 자세히 이야기 하고자 합니다. 중생이 업인(業因)에 따라 윤회하는 길을 지옥(地獄)·아귀(餓鬼)·축생(畜生)·인간(人間)·아수라(阿修羅)·천(天) 등 6가지 존재양상으로 분류하여 육도라고 합니다. 중생이 몸과 말과 뜻으로 속세에서 어떠한 업(karma)을 지었는가에 따라 태어나는 곳이 달라지게 됩니다.

지옥은 육도 중 가장 고통이 심한 곳으로 분노심을 일으켜 남에게 해(害)를 입힌 사람이 태어나는 곳이며, 아귀(餓鬼)는 굶주림과 목마름으로 상징되는 세계로 생전에 욕심을 부리고 보시를 하지 않은 사람이 태어나는 곳입니다. 축생(animal)의 세계는 고통이 많고 낙(樂)이 적은 곳으로 어리석은 짓을 많이 한 사람이 태어나는 곳이며, 인간세계는 5계(戒)와

10선(善)을 닦은 사람이 태어나는 세계로 탐욕·분노·어리석음이 잠재되어 있어 불법을 수행하는 데 가장 적합한 곳입니다.

아수라(阿修羅)의 세계도 5계 10선을 닦은 사람이 태어나는 곳으로 이곳은 지혜는 있지만 싸우기를 좋아하는 세계입니다. 천계(天界)는 모든 욕망이 충족되고 모든 즐거움이 온전히 갖추어진 세계이지만 아직 열반의 세계에는 이르지 못하는 세계로서 선정(禪定)을 익히고 닦아야 하는 곳입니다.

그러나 《법화경(法華經)》에서는 육도가 어떠한 장소에 있는 것이 아니라 그 사람의 생명상태에 따라 변화되는 것이며, 범부(凡夫)가 끊임없이 욕망에 지배당하여 좌우되는 것을 육도윤회라고 이야기 합니다.

핵심(核心)을 눈치 채신 분도 있겠지만, 육도(六道)가 어떤 특정한 공간을 점유(占有)하고 있는 것이 아니라 일체유심조(一體唯心造)이며, 쉬운 비유를 들면 다른 중생에게 자비를 베풀면 마음은 그 순간 바로 극락에 거(居: stay)하는 것이요, 다른 중생에게 해를 끼치고 미워하면 마음은 그 순간 바로 지옥에 거(居: stay)하는 것입니다.

중생은 육도 윤회(輪廻) 중 부단히 변화합니다. 윤회는 영어로는 트랜스마이그레이션(transmigration)이며 서구적인 표현으로는 영혼의 순환(transmigration of souls), 카르마 때문에 다시 태어나게 되는 것(rebirth by Karma)입니다. 중생은 자신의 업보와 인연에 따라 변화합니다. 그러므로 일체중생은 중생이 아닙니다.

부처님의 본의(本意)는 일체 중생의 자성(自性)이 부처라는 겁니다. 스스로 자신을 돌이켜보아 명심견성할 수 있으므로 중생이라 할 수 없다는 것입니다. 어떤 중생이든 모두 부처입니다. 일천제와 같은 사람도 최후에는 성불할 수 있습니다. 《열반경》이나 《법화경》에서도 그렇게 말합니다.

일체중생은 모두가 평등합니다. 이 이치를 철저히 연구한 것이 바로 법상(法相)과 유식(唯識)의 이치입니다. 인간 세상에서는 일체 중생이 아견(我見: self-opinionated)을 갖기 때문에 사람들 사이에서 시비(是非)가 생기고, 시비가 생기면 번뇌(煩惱)가, 번뇌가 생기면 갈등(葛藤)과 고통(苦痛)이 생깁니다. 이렇게 해서 줄줄이 이어져 내려옵니다.

비록 우리에게 신체가 있지만 우리 것이 아니라 잠시 나에게 속한 것입니다. 이것은 인연(因緣)에 의해 사대(四大)가 잠시 합쳐진 것으로 궁극적인 것이 아니라 마침내는 없어져 버릴 것입니다. 진정한 자성은 불생불멸(不生不滅)합니다. 이 자성은 공성(空性)으로서, 반드시 무아(無我)의 경지에서만 도달할 수 있습니다.

무아의 경지를 닦아 증득(證得)하게 되면 지혜를 얻게 되는데 바로 유식에서 말하는 평등성지(平等性智)입니다. 내가 없으면〔無我〕 사람도 없고〔無人〕, 사람이 없으면 그도 없고 중생상도 없으며〔無衆生〕, 번뇌도 없고 일체의 것이 모두 없습니다. 일체가 모두 공인 것이 바로 무중생상입니다. 이것을 유식에서는 드러내어 설명합니다.

여기서 《능엄경》에 대해서 간단히 이야기 하겠습니다. 《능엄경》은 《금강경》 《원각경》 《대승기신론(大乘起信論)》과 함께 불교 전문강원(講院)의 사교과(四敎科) 과목으로 채택되어 학습될 정도로 중요한 경전입니다. 《능엄경》은 세간의 만법이 모두 여래장묘진여성(如來藏妙眞如性)이라 하여 마음의 영원불멸성을 깨우치고 있고, 여래장이 무엇인가를 밝혀 여래장사상 발달에 중요한 역할을 하였습니다.

또 관세음보살이 중생을 제도하기 위해서 갖가지 몸으로 화현함을 밝히고, 이 사바세계에서 깨달음의 세계로 들어가는 가장 쉬운 방법이 관음수행문(觀音修行門)임을 설한 경전입니다.

관음수행에 대해서는 《즉각 깨닫는 열쇠》를 쓴 칭하이 무상사가 유명합니다. 칭하이 무상사(無上師: supreme master의 의미)는 베트남 출신으로 현재 살아있고, 성자(聖者)로도 불리고 있습니다. 칭하이 무상사는 명상수행과 내면(內面)으로의 묵상(默想), 기도의 중요성 및 채식(菜食)만을 할 것을 가르칩니다. 칭하이 무상사는 어느 누구에게도 자신을 따르라고 요구하지 않습니다. 자신을 깨달음의 본보기로 삼아 다른 사람들도 궁극적인 해탈을 얻을 수 있도록 도울 뿐 입니다.

부처님은 《능엄경(楞嚴經)》에서 말씀하셨습니다. 달이 어디 있느냐고 물으면 사람들은 손가락으로 달을 가리키며 달이 여기 있다고 말한다. 그렇지만 손가락을 쳐다보아서는 안 되며, 단지 달만을 보아야 한다. 손가락만 쳐다보면 달을 볼 수 없으니 아무 소용이 없다. 손가락은 달이 아니다. 부처님이 말한 법은 이 손가락이 아닙니다. 불법을 배우는 사람이 한참을 배우고도 손가락이 달이라고 생각하고 매달린다면 이것은 잘못된 것입니다.

제3절　용어해설

21. 비설소설분(非說所說分)

① 내가 말하는 그 뜻을 잘 이해하지 못하는 것이기 때문에[不能解我所說故]:

이것은 마치 제6 정신희유분(正信希有分)의 『진실한 믿음의 마음을 낼 수 있겠읍니까(生實信不)』라는 말씀과도 비슷한데, 전자의 것은 상(相)에 머무르지 않는 보시를 믿을 이가 없겠다는 의미이고 여기서의 것은 부처님의 본질과 설법의 정의에 대한 풀이를 믿기 어렵겠다는 뜻이다.

② 법을 설한다고는 하나[說法者]:

구마라집본 이외의 유지본, 진제본, 현장본, 의정본 그리고 범본은 모두 "법을 설한다는 것은, 법을 설한다는 것은" 라고 반복해서 설명하여 그 의미로서 해석하고 있다.

③ 혜명(慧命):

원어는 아위스마트(ayusmat). 원래 '장수(長壽)의' 라는 형용사이지만, 부를 때 이름 앞에 붙여서 경어로 쓰기도 하여 장로(長老), 대덕(大德), 존자(尊者), 구수(具壽), 정명(淨命) 등으로 번역하기도 한다. 혜명에 관해서 장수(長水)의 《금강경소기료회(金剛經疏記料會)》에서는, 『색신은 식(食)으로써 명(命)으로 삼고, 법신은 혜(慧)로써 명으로 삼는다.』라고 하고 있다. 이것은 법신의 지혜를 수명에 비유한 것이다.

《대비바사론》에서는 다음과 같이 말하고 있다.

『세존이 바라니사(婆羅泥斯; 鹿苑)에 도달했을 때 오인(五人)이 문득 부처님을 보고, 드디어 제(制)를 세워 말하기를 「고타마는 해만다구(懈慢多求)로서, 광란하고 실지하고 헛되어서 얻을 바가 없다. 그런데도 지금 또 우리에게 다가와서 유혹하려고 한다. 우리들은 능히 모두가 담론하거나 공경하거나 질문하거나 하는 일을 해서는 안 되며, 단지 평상시대로 그가 자리를 깔고 앉든지 말든지 그에게 맡겨 버리자」 라고. 그 때 세존이 가까이 다가온 즉, 그에게 위덕이 갖추어져 있음을 보고, 그들은 본래의 생각을 버리고 자리에서 일어나 세존을 맞이하러 나가 드디어 합장공경하여 귀명하였다.』

그 때에 부처님은 자리로 나아가 편안히 앉았는데, 그 위광기특(威光奇特)한 모습이 묘고산(妙高山)과 같았다. 그리하여 다섯 사람은 부처님을 공경하여 부르기를 구수(具壽: ayusmat) 또는 고타마라고 하였는데, 부처님은 이에 말씀하시기를, 「그대들은 여래를 호칭함에 있어서 구수라고 하거나 족성의 이름을 불러서는 안 된다」 라고. 이에 따르면 아위스마트(ayusmat)라는 호칭은 동년배나 그 이하의 사람에게 사용되었던 것 같다.

제4절 한역(漢譯)

21. 비설소설분(非說所說分)

須菩提 汝勿謂如來作是念 我當有所說法 莫作是念 何以故
수보리 여물위여래작시념 아당유소설법 막작시념 하이고

若人言 如來有所說法 卽爲謗佛 不能解我所說故
약인언 여래유소설법 즉위방불 불능해아소설고

須菩提 說法者 無法可說 是名說法
수보리 설법자 무법가설 시명설법

爾時 慧命須菩提 白佛言
이시 혜명수보리 백불언

世尊 頗有衆生 於未來世聞說是法 生信心不
세존 파유중생 어미래세문설시법 생신심부

佛言 須菩提 彼非衆生 非不衆生
불언 수보리 피비중생 비불중생

何以故 須菩提 衆生衆生者 如來說非衆生 是名衆生
하이고 수보리 중생중생자 여래설비중생 시명중생

제5절 영역(英譯) 1

TWENTY-ONE:

The Buddha said, “Subhuti, what do you think? Does it occur to the Tathagata: ‘I teach a dharma’ ?”

Subhuti replied, “No, indeed, Bhagavan. It does not occur to the Tathagata: ‘I teach a dharma.’ ”

The Buddha said, “Subhuti, if someone should claim, ‘the Tathagata teaches a dharma, ’ such a claim would be untrue. Such a view of me, Subhuti, would be a misconception. And how so? In the teaching of a dharma, Subhuti, in the ‘teaching of a dharma’ there is no such dharma to be found as the ‘teaching of a dharma.’ ”

Upon hearing this, the venerable Subhuti asked the Buddh a, “Bhagavan, will there be any beings in the future, in the final epoch, in the final period, in the final five hundred years of the dharma-ending age, who hear a dharma such as this and believe it?”

The Buddha said, “Neither beings, Subhuti, nor no beings. And how so? Beings, Subhuti, ‘beings’ are all spoken of by the Tathagata, Subhuti, as no beings. Thus are they called ‘beings.’ ”

제6절 영역(英譯) 2

Section 21. Words cannot express Truth. That which Words Express is not Truth

Subhuti, do not say that the Tathagata conceives the idea: I must set forth a Teaching. For if anyone says that the Tathagata sets forth a Teaching he really slanders Buddha and is unable to explain what I teach. As to any Truth-declaring system, Truth is undeclarable; so "an enunciation of Truth" is just the name given to it.

Thereupon, Subhuti spoke these words to Buddha: World-honoured One, in the ages of the future will there be men coming to hear a declaration of this Teaching who will be inspired with belief?

And Buddha answered: Subhuti, those to whom you refer are neither living beings nor not-living beings. Wherefore? Because "living beings", Subhuti, these "living beings" are not really such; they are just called by that name.

제22장 아무 법도 얻을 것이 없다

제1절 한글번역

수보리가 부처님께 말했다.

『세존이시여, 부처님이 아뇩다라삼먁삼보리를 얻으신 것은 얻으신 바가 없는 것입니까?』

부처님께서 말씀하셨다.

『그렇다. 바로 그렇다. 수보리야, 내가 아뇩다라삼먁삼보리 뿐 아니라 조그만치의 법도 얻은 것이 없다. 이것을 이름하여 아뇩다라삼먁삼보리라 하느니라.』

제2절 해설

제 22장 아무법도 얻을 것이 없다

수보리가 부처님께 말했다.

『세존이시여, 부처님이 아뇩다라삼먁삼보리를 얻으신 것은 얻으신 바가 없는 것입니까?』

부처님께서 말씀하셨다.

『그렇다. 바로 그렇다. 수보리여, 내가 아뇩다라삼먁삼보리 뿐 아니라 조그만치의 법도 얻은 것이 없다. 이것을 이름하여 아뇩다라삼먁삼보리라 하느니라.』

부처님이 수보리에게 말씀하십니다. 내가 그대에게 일러 주겠다. 당시 내가 보리수 아래에서 아뇩다라삼먁삼보리를 얻었을 때 그대는 내가 보리라 할 만한 어떤 것을 얻었으리라 생각하는가? 아무것도 얻을만한 것이 없었다. 아무것도 얻을만한 것은 없습니다. 만약 조그마한 법이라도 얻을 수 있다면, 또는 조그마한 공(空)이나 광명(光明), 경계(境界)라도 얻을 수 있다면 이것은 모두 상(相)에 집착(執着: attachment)한 것입니다. 조그만치의 법도 얻은 것이 없습니다. 아뇩다라삼먁삼보리라고 하는 것은 무상(無上)의 정등정각(正等正覺)입니다.

부처님은 우리에게 상에 집착하지 말라고 합니다. 일체의 법에 집착해서는 안 된다는 겁니다. 비록 일체의 법에 집착하지 말라고 하지만 하나의 법에는 집착해야 됩니다. 바로 선법(善法)을 닦아 생명의 근원, 자성으로 돌아가는 길입니다. 그러면 이것은 모순(矛盾)이 되는 것이 아닌가 생각할지도 모르겠습니다. 모순이 아닙니다. 이 이치를 증득해야 합니다.

제3절 용어해설

① 법신불(法身佛):

진리를 인격화한 불신(佛身). 초기 불교에서는 부처라고 하면 석가모니 한 사람을 의미하였으나, 석가모니가 입적한 뒤에 부처에 대한 신격화가 이루어졌다. 부처가 된 석가모니는 일시적으로 인간의 모습을 하고 이 세상에 출현한 것이며, 사실은 영원한 과거에 있어서 이미 성불(成佛)을 완성하고 무수한 시간에 걸쳐 인간들을 교화해온 구원실성(久遠實性)의 부처가 있었음을 주장하였다. 이 부처를 구원의 법신불이라 부르는데, 이것은 불교가 법(法)을 신앙하는 것이고, 법을 깨달은 진리와 일체요 영원불멸하는 법신이라고 본 것이다.

한국에서는 법신을 설명함에 《대승기신론(大乘起信論)》의 설을 인용하는데 신라의 원효(元曉)는 법신에 대해 ① 큰 지혜요 광명이며, ② 세상의 모든 대상계를 두루 남김없이 비추어 모든 것을 다 알게 되는 것이며, ③ 있는 그대로를 참되게 하는 힘을 간직하고 있으며, ④ 맑고 깨끗한 마음을 본성으로 하고 있으며, ⑤ 영원하고 지복하고 자유자재하고 번뇌가 없으며, ⑥ 인과(因果)의 법칙에 의해 변동하는 것이 아니라 스스로 존재하는 것으로서, 중생의 마음을 통해서만 증득(證得)될 수 있는 것이라 하였다.

한국에서는 법신불이라 하면 비로자나불을 뜻하게 된다.

제4절 한역(漢譯)

22. 무법가득분(無法可得分)

須菩提白佛言 世尊 佛得阿耨多羅三藐三菩提 爲無所得耶
수보리백불언 세존 불득아뇩다라삼먁삼보리 위무소득야

佛言 如是如是
불언 여시여시

須菩提 我於阿耨多羅三藐三菩提 乃至無有少法可得
수보리 아어아뇩다라삼먁삼보리 내지무유소법가득

是名阿耨多羅三藐三菩提
시명아뇩다라삼먁삼보리

제5절 영역(英譯) 1

TWENTY-TWO:

"Subhuti, what do you think? Did the Tathagata realize any such dharma as unexcelled, perfect enlightenment?"

The venerable Subhuti replied, "No, indeed, Bhagavan. The Tathagata did not realize any such dharma, Bhagavan, as unexcelled, prefect enlightenment."

The Buddha said, "So it is, Subhuti. So it is. The slightest dharma is neither obtained nor found therein.

Thus is it called 'unexcelled, perfect enlightenment.' "

제6절 영역(英譯) 2

Section 22. It Cannot be Said That Anything is Attainable

Then Subhuti asked Buddha: World-honoured One, in the attainment of the Consummation of Incomparable Enlightenment did Buddha make no acquisition whatsoever?

Buddha replied: Just so, Subhuti. Through the Consummation of Incomparable Enlightenment I acquired not even the least thing; wherefore it is called "Consummation of Incomparable Enlightenment".

제23장　깨끗한 마음으로 선을 행하다

제1절　한글번역

『또한 수보리여, 이 법은 평등하여 높고 낮음이 없으므로 아뇩다라삼먁삼보리라 하나니, 아상 · 인상 · 중생상 · 수자상이 없이 일체의 선법을 닦으면 즉시 아뇩다라삼먁삼보리를 얻으리라.

수보리여, 선법이라 하는 것은 여래가 말하기를 선법이 아니라고 말하니 단지 그것의 이름이 선법일 따름이니라.』

제2절 해설

제23장 깨끗한 마음으로 선을 행하다.

『또한 수보리여, 이 법은 평등하여 높고 낮음이 없으므로 아뇩다라삼먁삼보리라 하나니, 아상·인상·중생상·수자상이 없이 일체의 선법(善法)을 닦으면 즉시 아뇩다라삼먁삼보리를 얻으리라.

수보리여, 선법이라 하는 것은 여래가 말하기를 선법이 아니라고 말하니 단지 그것의 이름이 선법일 따름이니라.』

부처님은 앞에서 어떤 것도 부정했습니다. 부처도 아니요, 상이 있는 것도 아니요, 형체가 있는 것도 아니요, 얻을 수 있는 법이 있는 것도 아니라 하셨습니다. 일체를 부정했습니다. 그러면서 여기서는 성불(成佛)하려면 일체의 선법(善法)을 닦아야 한다고 말씀하십니다. 악을 행하지 말고 선을 받들어야 하며, 선법이 없는 성취(成就)는 불가능하다는 것입니다.

부처님은 수보리에게 말합니다. 진정한 불법은 평등하다. 높고 낮은 것은 없다. 8만 4천 법문, 염불도 좋고, 현교(顯敎)도 좋고, 밀교(密敎)도 좋고, 참선(參禪)도 좋고, 지관(止觀)을 닦는 것도 좋으며 앞의 어느 것도 화엄의 경계에서 보면 평등합니다.

진정한 불법은 평등합니다. 높고 낮음이 없습니다. 부처님이 앞에서도 말했지만 일체의 성현(聖賢)은 모두 무위로 법을 삼으나 약간의 차이가 있습니다. 달리 말하면 본질적인 차별은 없다는 것입니다.

유식불교 이야기를 다시 조금 하고자 합니다. 제6식이 공이 되면 묘관찰지(妙觀察智)를 증득할 수 있고, 제7식의 아집이 공이 된 후에야 비로소 평등성지(平等性智)를 증득할 수 있습니다. 이렇게 되면 일체 중생이 평등하며 나와 남이 모두 평등합니다. 우리가 번뇌를 느끼는 것은 나와 남이 있고 중생이 있기 때문입니다. 즉 나와 남의 구별(separation), 분별(discrimation)에서 나옵니다.

그렇다면 아상(我相), 즉 아견(我見)이 공이 된 후 평등성지가 나타나며 다시 여기서 일체 중생을 평등하게 보는 것이 곧 아뇩다라삼먁삼보리일까요? 그러나 여기에 하나 더 있습니다. 바로 일체의 선(善)을 닦아야만 비로소 공을 증득할 수 있습니다. 그래서 일체의 선법을 닦으면 아뇩다라삼먁삼보리를 얻을 수 있다고 한 것입니다.

만약 어떤 바라는 것이 있어서, 즉 부처의 열매를 얻기 위해 또는 자신의 복보(福報) 또는 공덕(功德)을 얻기 위해서 일체의 선법(善法)을 닦는다면, 이것은 인천과보(人天果報)이며 범부(凡夫)의 수행법이자 범부의 선입니다. 진정한 선법은 보리의 열매(菩提道果)를 위해서 선을 행하는 것입니다. 비록 선을 행하지만 선을 행한다는 생각을 갖지 않습니다. 복덕을 구하는 마음이 없어야만 비로소 진정한 선법입니다.

불경(佛經)에서는 거울속의 꽃, 물속의 달과 같은 비유를 종종 듭니다. 인생 일체의 온갖 현상이 거울속의 꽃과 같다는 것입니다. 그렇다고 꽃이 없다고 생각해서는 안 됩니다. 꽃은 있습니다. 물속의 달이라고 해서 없는 것은 아닙니다. 있습니다. 후면에 진정한 하나의 달이 있습니다. 거울속의 꽃 역시 마찬가지입니다.

거울속의 꽃이나 물속의 달은 결코 절대 존재하지 않는 것이라 잘라 말할 수 없습니다. 단지 환상(幻像)이자 실재(實在)하지 않는 것이 아니며 우연히 잠시 존재하는 것이라 할 수 있습니다. 이렇게 잠시 존재하는 것은 붙들 수 없으며 항시 변화합니다. 거울속의 꽃, 물속의 달 이런 것을 이해해야 비로소 공(空)과 유(有)의 사이를 이해할 수 있습니다. 불법은 평범하여 높고 낮음이 없습니다. 공 또한 불법이며 유 또한 불법입니다.

《금강경》에서 부처님이 말해주는 요점은 마음에 머물지 말고, 집착하지 말라는 것입니다. 집착하지 않는 것이 공이라 해서 공에만 매달려서는 안 됩니다. 이렇게 되면 공은 구체적인 하나의 대상으로 변합니다. 진정으로 집착하지 않는 것은 공이라 해도 거기에 집착하지 않는 것입니다. 공에 집착하지 않기 때문에 세상속으로 들어와 수행합니다.

소승(小乘)에서 속세에 들어서려 하지 않는 이유 중의 하나는 유(有)가 그를 오염시킬까 두려워하기 때문입니다. 진정으로 집착하지 않는다는 것에 이르러야만 티끌도 보배라는 것을 알아 과감히 속세로 들어섭니다. 유(有) 또한 옳은 것이기 때문입니다. 우리가 깊은 산속에 있어도 마음이 흩어지면 정(定)을 얻을 수 없고, 우리가 속세에 있어도 마음을 차분히 다스릴 수 있으면 정(定)을 얻을 수 있습니다.

불법을 배워 수도하고 참선을 하며 일념으로 온갖 인연을 던져버리려고 하면 얼마나 좋습니까? 그렇지만 일체의 선행을 닦지 않으면, 이런 복보가 없으면 던져버리고자 해도 던져지지 않습니다. 여러분은 내던지는 것, 놓아버리는 것이 쉽다고 생각해서는 안 됩니다. 내던지거나 놓아버릴 수 있으려면 큰 복덕(福德), 큰 복보(福報)가 필요합니다. 일체의 선법을 닦아야만 비로소 아뇩다라삼막삼보리를 닦을 수 있습니다.

우리가 불법을 배우는 근본은 무엇일까요? 악을 행하지 않고 선을 받들어 행하는 것입니다. 이것이 첫 출발입니다. 그러면 앞에서 말한 인생 일체의 온갖 형상이 거울속의 꽃과 같고, 물속의 달과 같다고 했는데 왜 악을 행하지 않고 선을 받들어 행해야 할까요? 이것은 불경 전체에 흐르는 의미를 깨달아야한다는 의미입니다.

불경 전체를 꿰뚫어서 부처님의 가르침의 전체 의미를 깨달아야 증득할 수 있습니다. 우리의 육신이 비록 우연히 잠시 존재하는 것이라 해도 이 우리의 육신도 법신(法身)이 반영된 것입니다. 그러므로 소중하게 여기되, 다만 마음이 머무름이 없이 집착하지 말라는 말입니다. 소중하게 여기기는 하되 마음이 머무름이 없고 집착하지 않아야합니다. 이것은 자기가 직접 몸으로 증득해야 합니다.

제3절 용어해설

23. 정심행선분(淨心行善分)

① 이 법은 평등하여 높고 낮음이 있을 수 없다[是法平等 無有高下]:

불교에서 평등이라 함은 높고 낮고, 깊고 얕고, 크고 작고, 많고 적고 하는 차별이 없는 한결같이 법의 근본이 되는 원리, 만유의 본체를 말하는 것이다. 곧 아뇩다라삼먁삼보리는, 인간은 물론 축생·아수라에 이르기까지도 평등하고 무차별한 본질을 지니고 있는 것이다. 마음이 지극히 맑고 깨끗하며 얽매임이 없어야만 평등심을 얻을 수 있다.

부처와 중생이 다른 점이란, 부처는 사물에 집착하는 번뇌에서 해탈하고 있으며 다른 사물에 흔들림이 없지만, 중생은 제 몸이나 마음에 알맞는 경계, 즉 순경(順境)을 벗어날 때에는 탐욕이라는 번뇌가 생기고, 제 몸과 마음에 고통을 주는 경계, 즉 위경(逆違)일 때에는 진(瞋)의 번뇌가 생긴다. 이러한 순경이나 역경에 있을 경우 높고 낮음 없는 평등을 지키지 못하고 아상(我相)·인상(人相)·중생상(衆生相)·수자상(壽者相) 같은 사상(四相)이나 색(色)·성(聲)·향(香)·미(味)·촉(觸)·법(法) 같은 육진(六塵)에 물들고 더럽혀지는 것이다.

이리하여 중생은 자기의 자성이 불성인 줄 알면서도 생각과 행동이 일치하지 못하게 된다. 아뇩다라삼먁삼보리는 이러한 육진과 사상에 얽매이고 집착하는 한 절대로 이룰 수 없다.

② 선법(善法):

선법이란 수양생활에 있어서 자기를 이롭게 하는 법을 말하는 것으로, 악법(惡法)과 반대되는 것이다. 선법에는 여러 가지가 있으나 일반적으로 불교에서 기본이 되는 것으로서 말하는 것으로는 오계(五戒)와 십선(十善)이 있다.

<오계>

1) 중생을 죽이지 말라,

2) 남의 물건을 함부로 훔치지 말라,

3) 음란한 짓을 하지 말라,
4) 거짓말을 하지 말라,
5) 술을 마시지 말라

〈십선이란〉

1) 살생하지 말 것,
2) 도둑질하지 말 것,
3) 사음하지 말 것,
4) 함부로 망령된 말을 하지 말 것,
5) 두 혀로 말을 하지 말 것, 즉 이간질 하는 말을 하지 말 것,
6) 욕하지 말 것,
7) 꾸민 말을 하지 말 것,
8) 탐욕하지 말 것,
9) 성내지 말 것,
10) 사견(邪見)을 내지 말 것 등이다.

이상과 같은 선법으로서의 오계나 십선들은 모두 착한 생활, 착한 행동을 하게 하는 것이고 또 그날 그날을 반성케 하여 일상생활에 실천한다면 그런대로 수행하는데 큰 도움이 되는 것들이다. 여기에서 한 걸음 더 나아가 아뇩다라삼막삼보리로 가는 삼학(三學)과 육바라밀(六波羅蜜)이 있는데, 삼학(三學)이란 도를 닦아서 깨달아야 할 세 가지인 계학(戒學)·정학(定學)·혜학(慧學) 등을 말한다. 계학과 정학을 거쳐야 비로소 혜학에 이르고 혜학에서 미계(迷界)의 번뇌를 없이 할 수가 있다. 한편 육바라밀이란, 보시·지계·인욕·정진·선정·지혜의 육바라밀을 말한다.

제4절 한역(漢譯)

23. 정심행선분(淨心行善分)

復次 須菩提 是法平等 無有高下 是名阿耨多羅三藐三菩提
부차 수보리 시법평등 무유고하 시명아뇩다라삼먁삼보리

以無我無人無衆生無壽者 修一切善法
이무아무인무중생무수자 수일체선법

卽得阿耨多羅三藐三菩提
즉득아뇩다라삼먁삼보리

須菩提 所言善法者 如來說卽非善法 是名善法
수보리 소언선법자 여래설즉비선법 시명선법

제5절 영역(英譯) 1

TWENTY-THREE:

"Furthermore, Subhuti, undifferentiated is this dharma in which nothing is differentiated. Thus is it called 'unexcelled, perfect enlightenment.' Without a self, without a being, without a life, without a soul, undifferentiated is this unexcelled, perfect enlightenment by means of which all auspicious dharmas are realized. And how so? Auspicious dharmas, Subhuti, 'auspicious dharmas' are spoken of by the Tathagata as 'no dharmas.' Thus are they called 'auspicious dharmas.' "

Section 23. The Practice of Good Works Purifies the Mind

Furthermore, Subhuti, This is altogether everywhere, without differentiation or degree; wherefore it is called "Consummation of Incomparable Enlightenment".

It is straightly attained by freedom from separate personal selfhood and by cultivating all kinds of goodness.

Subhuti, though we speak of "goodness" the Tathagata declares that there is no goodness; such is merely a name.

제24장 복과 지혜는 비교할 수 없다

제1절 한글번역

『수보리여, 만약 어떤 사람이 삼천대천세계의 모든 수미산만큼 칠보를 쌓아놓고 보시하더라도, 만약 어떤 사람이 이 경전 내지는 사구게 만이라도 받아 지니고 읽고 외우며 다른 사람을 위해 말해 준다면 앞의 공덕으로는 백분의 일에도 미치지 못하며 백 천 만억 분의 일에도 미치지 못하며 나아가서는 산술적 비유로는 미치지 못할 것이니라.』

제2절 해설

제24장 복과 지혜는 비교할 수 없다

불교를 증득하고 성불하기 위해서는 두 가지 자량(資糧)이 필요합니다. 자량이란 요새 기업으로 따지면 자본(capital)에 해당하고 우리 일상생활로 따지면 양식, 밑천이라고 말할 수 있을 것입니다. 성불(成佛)을 위한 두 가지 자량은 복덕자량(福德資糧)과 지혜자량(智慧資糧)입니다.

앞에서 일체의 선법을 닦으면 아뇩다라삼먁삼보리를 얻을 수 있다고 말했습니다. 도를 깨우치기 위해서는 우리나라 조계종에서 중시하는 간화선(看話禪)을 하거나 《벽암록》, 《무문관》 등에 나오는 공안(公案)을 참구하거나 염불을 전심(專心)으로 하거나 하는 것에 덧붙여, 반드시 악(惡)을 행하지 말고, 온갖 선(善)을 받들어 행해야 도의 증득이 가능하다는 것을 알아야 합니다.

선업(善業)조차 공(空)으로 보는 공관(空觀)은 하나는 알고 둘은 모르는 것입니다. 악을 행하지 않는 것은 소극적인 것이요, 선을 받들어 행하는 것은 적극적인 것입니다. 적극적으로 일체의 선법을 닦아야만 비로소 큰 깨달음을 얻어 무상정등정각을 증득할 수 있습니다. 선을 행하고도 그것에 집착하지 않을 때 비로소 보살도(菩薩道)라 할 수 있습니다. 일체 중생을 이롭게 하고 세상을 구하려면 일체의 선행을 행하여야 합니다.

『수보리여, 만약 어떤 사람이 삼천대천세계의 모든 수미산만큼 칠보를 쌓아놓고 보시하더라도, 만약 어떤 사람이 이 경전 내지는 사구게 만이라도 받아 지니고 읽고 외우며 다른 사람을 위해 말해준다면 앞의 공덕으로는 백분의 일에도 미치지 못하며 백 천만 억분의 일에도 미치지 못하며 나아가서는 산술적 비유로는 미치지 못할 것이니라. 』

수미산(須彌山)은 불교의 우주론에 나오는 상상의 산으로 세계의 중심에 솟아 있는 거대한 산을 말합니다. 굳이 이해하기 쉽게 비유를 들자면 히말라야산맥에 비유할 수 있을 것입니다. 수미산은 산스크리트어로 수메루(Sumeru)라 하며, 수미산 남쪽에 있는 대륙이 우리 인간이 사는 대륙인 인간계 「섬부주(贍部洲)」라 합니다. 수미산 중턱에는 사대왕천(四大王天)들이 살며, 정상에는 제석천(帝釋天)을 수장(首長)으로 하는 33천(天)들이 산다고 합니다.

여기서 수미산이라 함은 엄청나게 큰 것, 엄청나게 많은 것을 의미합니다. 수미산만큼 칠보(七寶: seven jewelry)로 쌓아놓고 보시를 한다면 이 사람의 복보는 당연히 클 것입니다. 이 비유를 드는 것은 재시(財施)보다 법시(法施)가 훨씬 크다는 것을 말하기 위함입니다.

지혜의 성취에 대한 중요성을 말하고 있습니다. 가령 어떤 사람이 이 경전의 이치로써 혹 전부가 아니더라도 사구게만이라도 수지하고 독송하며 다른 사람을 위해 설명해준다면 이 복보는 앞에서 수미산만큼 많은 칠보로써 보시하는 것보다 훨씬 더 크다는 것입니다.

여기서 수지독송(受持讀誦)의 의미는 단순히 받아들이는 것이 아니라, 마음으로 깊이 받아들이는 것을 말합니다. 스스로 심리상에 그리고 행위상에 작용을 일으켜야 합니다. 거기다 마음으로 얻은 바가 있어야 합니다. 우리가 불법을 배우고 《금강경》을 연구해 설사 공(空)을 이해했다 하더라도, 구체적으로 실제 사회생활에서 매우 화(anger)가 나는 상황에 부딪쳤을 때 과연 마음을 다스리고 공(空)을 마음으로 받아들일 수 있을까요?

예를 들어봅시다. 우리가 직장을 다닐 때 다른 사람이 뚜렷한 이유도 없이 나를 미워하고, 괴롭히고, 계속 못살게 굴 경우 인내하면서 성냄〔瞋〕의 마음을 다스리고 화(火)의 실체가 공(空)임을 마음으로 받아들이기〔受〕가 쉽지 않을 것입니다.

또 받아들인다고 해서 다 된 것은 아닙니다. 그것을 계속 유지하면서〔持〕 닦을 수 있어야 합니다. 유지한다는 것은 계속 이어진다는 것입니다. 영어로 표현하면 keep, continue, sustain해야 한다는 말입니다. 이런 경지에 이르러야만 비로소 동요(動搖)하지 않습니다. 독(讀)은 불경을 눈으로 읽거나 나지막하게 소리내어 읽는 것을 말하며, 송(誦)은 큰소리로 낭송하는 것을 말합니다. 영어로 챈트(chant)라고 할 수 있습니다.

부처님이 열반하신 후 마하가섭은 법(法)답지 않은 것이나 삿된 계율이 번성하기 전에 법과 율을 정비할 필요를 느꼈습니다. 이때 정비한다는 것은 여러 승려들의 공인을 받는 일입니다. 이러한 것을 합송(合誦) 내지 결집(結集)이라 말합니다. 합송이란 문자로 기록되기 이전에는 공동으로 암송하는 것이 필요했으므로 승단 구성원이 공동으로 암송했고, 결집이란 각자가 들었던 가르침, 즉 법과 율을 공인(公認)이라는 과정을 통해 하나로 합쳤습니다.

마하가섭은 승려대회를 원만하게 완수하기 위해 당시 대표적인 승려 500명을 영취산 칠엽굴에 모아 법과 율을 정비하였습니다. 법은 아난이 암송하고, 율은 이발사 출신의 우바리가 암송했습니다.

본래 문자가 없었던 시절 부처님의 가르침을 1차 결집 때 500명이나 되는 제자가 모여서 큰소리로 합송을 했습니다. 상당히 운율적입니다. 우리나라도 옛날 천자문을 배울 때 책을 외워야 했습니다. 운율을 붙여서 말입니다. 노래를 부르는 것처럼 하여 공부를 시키는 것입니다. 좋은 교육 방법입니다. 《금강경》을 읽을 때는 소리를 내어 읽을 필요가 있습니다. 이렇게 해야 몸으로 얻는 바가 있습니다. 이것이 수지독송의 의미입니다.

부처님은 말씀하십니다. 《금강경》 전부는 아니더라도 단지 사구게만이라도 수지독송하여 다른 사람들을 가르치고 사람들로 하여금 번뇌에서 해탈하게 한다는 것입니다. 사람들을 가르쳐 평안하게 하고 번뇌로부터 해탈하게 하면 됩니다. 이것은 앞에서도 이야기 했지만 재물로 보시하는 재시(財施)보다, 진리의 가르침을 알려주는 법시(法施)가 더 중요하다는 것입니다.

이러한 법시는 사람들의 심리적 고통을 해결해주고, 중생이 스스로 성취하도록 인도(引導)합니다. 이 장(章)에서는 교육의 중요성을 이야기 합니다. 교육은 물질적인 보시의 공덕을 훨씬 초과합니다. 그것은 일체 인생의 정신적 생명, 혜명(慧命)을 돕는 것이기 때문입니다.

세간의 법은 모두 상대적입니다. 인간 세상에서 옳은 것과 그른 것, 아름다운 것과 추한 것, 뚱뚱한 것과 야윈 것, 키가 큰 것과 키가 작은 것, 긴 것과 짧은 것 이렇게 모두 상대적입니다.

여기서 중요한 것 한 가지를 이야기 하겠습니다. 우리가 치매(癡呆: dementia)에 걸려 아무것도 분간할 수 없는 상태가 아니고 모든 것을 잘 분간할 수 있으면서도, 옳은 것과 틀린 것〔正邪: 정사〕, 착한 것과 악한 것〔善惡: 선악〕, 좋아하는 것과 미워하는 것(好惡: 호오), 아름다운 것과 못생긴 것〔美醜: 미추〕, 이것을 모두 초월할 수 있다면, 깨달음(enlightenment)에 근접한 것입니다.

우리 사람의 마음이란 마음을 넓게 쓰면 온 우주가 다 마음속에 들어갈 수가 있고, 우리가 마음을 편협하게 쓰면 송곳하나 꽂을 데가 없는 것이 바로 우리의 마음입니다. 앞에서도 이야기 했지만 최근 미식축구의 영웅 하인스 워드가 우리나라를 방문했습니다. 그의 어머니는 혼혈아를 둔 자신에 대해 한국인의 유별난 차별대우, 멸시 때문에 한국 사람들을 몇 십년간 만나지 않고 싶었다고 합니다.

본래 일체 중생이 평등한 것입니다. 역지사지(易地思之), 자기가 만일 혼혈인이고 혼혈인의 입장에서, 능력의 차이가 아니라 단지 얼굴의 피부색 차이로 차별대우를 받는다면 그 기분이 어떻겠습니까? 하인스 워드의 일로 우리나라에 있는 불법 체류 외국인, 그리고 혼혈인에 대한 인식이 달라지고, 세계화 시대에 상호의존도가 점점 높아지는 지금의 세상에서 우리가 단일 민족임을 강조하는 것보다 세계속에서 세계시민(a citizen of world: cosmopolitanism)으로서, 함께 더불어 살아가는 인식을 하는 계기가 되었으면 합니다.

우리 사람은 진정으로 고통과 번뇌가 극한에 이르렀을 때, 일체 고통과 번뇌를 도저히 해결할 방법이 없을 때, 돌연 한 생각만 돌이켜 생각하면 해탈할 수 있습니다. 미망(迷妄)에서 깨어나는 것입니다. 그러므로 《금강경》은 우리에게 말합니다. 어떠한 복보(福報)도 《금강경》에 나오는 해탈의 참 뜻을 아는 것보다 못하다란 것입니다.

제3절 용어해설

24. 복지무비분(福智無比分)

① 공안(公案):

불교(佛敎)의 한 종파인 선종(禪宗)에서의 용어. 부처나 조사(祖師)의 설법(說法) 혹은 문답(問答)을 가리켜 쓰이는 말인데, 기연(機緣)·인연(因緣)·화두(話頭) 또는 단순히 이야기라고도 한다. 송나라 초에 만들어진 선종사서(禪宗史書)의 하나인 《경덕전등록(景德傳燈錄)》에, 과거 7불(佛) 때부터 편자(編者)의 시대에 이르는 1701명의 불조(佛祖)의 이름을 언급하고, 그 문답을 전법(傳法) 순으로 집록(集錄)한 점에서 1700공안이라는 발상(發想)이 생겨났다.

공안은 원래는 재판소의 판결을 가리키는 것이며, 한번 결정된 판결은 모두가 이것을 따라야만 한다. 이러한 의미에서 종래의 경론(經論)이나 교의(敎義) 이외에 불법(佛法)에 따라야 할 공리(公理)로서, 공안은 선(禪)의 깨달음을 나타내는 표준이 되었다. 특히 선이 일반 사대부계급(士大夫階級) 속으로 침투한 송대(宋代)는 참선자(參禪者)를 지도하고, 그 오경(悟境)을 개발할 필요에서, 주로 임제계(臨濟系)의 선승(禪僧)에 의해 공안은 활발히 이용되어 공안선(公案禪)의 시대가 되었다.

예컨대 북송(北宋) 말기의 오조법연(五祖法演)이나 남송(南宋)의 대혜(大惠)와 무문혜개(無門惠開)가 조주무자(趙州無字)의 공안을 중시하여 이것을 유일한 공안으로 삼아 그 공부(工夫)를 역설했던 점에서 공안이란 무자(無字)를 말하게 되었다. 그러나 한편에서는 그러한 특정의 공안을 사용하지 않고, 날마다 새롭게 일어나는 문제를 공안으로 하는 현성공안(現成公案)의 입장이 있으며, 조동선(曹洞禪)에서는 이것을 선의 본령(本領)으로 한다.

제4절 한역(漢譯)

24. 복지무비분(福智無比分)

須菩提 若三千大千世界中 所有諸須彌山王 如是等七寶聚
수보리 약삼천대천세계중 소유제수미산왕 여시등칠보취

有人持用布施
유인지용보시

若人以此般若波羅蜜經 乃至四句偈等 受持讀誦 爲他人說
약인이차반야바라밀경 내지사구게등 수지독송 위타인설

於前福德 百分不及一 百千萬億分 乃至算數譬喩 所不能及
어전복덕 백분불급일 백천만억분 내지산수비유 소불능급

제5절　영역(英譯) 1

TWENTY-FOUR:

"Moreover, Subhuti, if a man or woman brought together as many piles of the seven jewels as all the Mount Sumerus in the billion worlds of the universe and gave them as a gift to the tathagatas, the arhans, the fully-enlightened ones, and a noble son or daughter grasped but a single four-line gatha of this dharma teaching of the perfection of wisdom and made it known to others, Subhuti, their body of merit would be greater by more than a hundredfold, indeed, by an amount beyond comparison."

제6절 영역(英譯) 2

Section 24. The Incomparable Merit of This Teaching

Subhuti, if there be one who gives away in gifts of alms a mass of the seven treasures equal in extent to as many Mount Sumerus as there would be in three thousand galaxies of worlds, and if three be another who selects even only four lines from this Discourse upon the Perfection of Transcendental Wisdom, receiving and retaining them, and clearly expounding them to others, the merit of the latter will be so far greater than that of the former that no conceivable comparison can be made between them.

제25장 교화함이 없는 교화

제1절 한글번역

『수보리여, 그대 생각은 어떠한가? 그대들은 여래가 중생을 제도하리라고 생각한다고 여기지 말라. 수보리야, 그런 생각을 하지 말지니, 무슨 까닭이겠는가? 실로 어떤 중생도 여래가 제도할 것이 없느니라. 만약 어떤 중생을 여래가 제도할 것이 있다면 이는 여래가 아상 · 인상 · 중생상 · 수자상이 있다는 것이니라.

수보리여, 여래가 말하기를 「내가 있다.」고 말하는 것은 「내가 있는」 것이 아니나 범부는 「내가 있다.」고 생각한다.

수보리여, 범부라 하는 것도 여래는 말하기를 「범부가 아니라.」하니, 단지 그것을 이름하여 범부라 하는 것이니라.』

제2절 해설

제25장 교화함이 없는 교화

『수보리여, 그대 생각은 어떠한가? 그대들은 여래가 중생을 제도하리라고 생각한다고 여기지 말라. 수보리야, 그런 생각을 하지 말지니, 무슨 까닭이겠는가? 실로 어떤 중생도 여래가 제도할 것이 없느니라. 만약 어떤 중생을 여래가 제도할 것이 있다면 이는 여래가 아상·인상·중생상·수자상이 있다는 것이니라.』

부처님은 45년을 설법하고도 《금강경》에서는 한마디도 말한 적이 없다고 합니다. 본래 중생의 제도(濟度)를 발원(發願)하고서도 이제 또 부인(否認)합니다.

둘째로 세상에 부처님의 제도를 필요로 하는 중생이 아무도 없다는 것입니다. 여러분은 주의해야 합니다. 부처님은 제도가 필요한 중생이 없다고 합니다. 부처님이 직접 말씀하신 것입니다. 가령 어떤 사람이 자기에게 제도되어 성불했다면 자기가 부처가 아니라 아주 평범한 보통 사람에 불과하다는 겁니다. 자기는 이미 아상·인상·중생상·수자상을 가진 사람이기 때문입니다.

만약 어떤 사람이 깨달음을 얻어서 사람들의 스승이 될 만하다 생각한다면, 진정 다른 사람을 제도할 만하다 생각한다면, 그는 이미 공의 경계를 증득한 사람일 것입니다. 그런 사람이 어떻게 자기를 스스로 숭고(崇高)하다는 생각을 갖겠습니까? 절대 그럴 리 없습니다. 그에게는 이미 그런 생각이 없습니다. 일체 중생, 다른 사람이나 자신이 평등하다고 생각합니다.

그러므로 부처님은 말씀하십니다. 만약 부처가 그런 생각을 갖는다면 부처가 아니다. 도처에서 상에 집착해 자신이 부처라 생각하고 스승이라 생각하며 다른 사람을 어린 백성처럼 여겨 모두 자신의 신도(信徒)라 생각합니다. 이런 사람이라면 부처가 아닙니다. 일체 중생을 평등하게 여기는 것이 불법(佛法)의 정신입니다.

만약 불법에 다른 중생을 다스린다는 생각이 있다면 그것은 불법의 정신이 아닙니다. 만약 어떤 사람이 이런 생각을 갖고 있다면, 즉 중생이 자신의 교화를 받아들여 도를 얻을 수 있다거나, 자신의 제자들은 마땅히 자신에게 공경(恭敬)을 표하여야 한다고 생각한다면 그것은 잘못된 것이고 성불이라 할 수 없습니다.

그러나 또 이런 이치를 알아야 합니다. 우리는 부처님이 중생을 제도한다고 생각하지 않는다고 겸허하게 말했지만 부처님의 본의를 깨닫고 공경하는 것은 우리의 할 일입니다. 이 이치를 증득해야만 합니다. 부정속에 강한 긍정이 있습니다. 부처님은 일체 중생을 제도하셨고, 앞으로도 계속 제도하실 것입니다.

영겁(永劫)의 시간의 차원에서 보면 일체 중생이 성불합니다. 심지어는 구제불능 일천제까지도 성불합니다. 부처님은 번뇌에서 해탈할 수 있는 길을 몸소 보여주셨고, 그 길을 따르고 안 따르고는 우리의 자유입니다. 해탈, 자기구제는 자기가 자기 스스로 해야 하는 것입니다(salvation of one's own).

『수보리여, 여래가 말하기를 '내가 있다' 고 말하는 것은 '내가 있는' 것이 아니나 범부는 '내가 있다' 고 생각한다. 수보리여, 범부라 하는 것도 여래는 말하기를 '범부가 아니라' 하니, 단지 그것을 이름하여 범부라 하는 것이니라.』

진정한 불법은 우리에게 하나의 것, 8만 4천 법문은 우리에게 단지 하나의 것, 즉 어떻게 하면 진정한 무아(無我)를 증득할 수 있는가를 가르칩니다. 그것을 얻으면 성공입니다. 단지 이것만 닦아 진정한 무아에 이르면 됩니다.

제가 간단하게 현대 과학의 연구 성과를 빌어서 두 가지만 이야기 하고자 합니다. 불교에서는 우리가 사대(四大)로 이루어졌다고 말합니다. 인간을 오온(五蘊), 즉 색·수·상·행·식의 다섯 가지로 이루어졌다고 합니다. 여기서 우리 인간을 단순화 시켜 육체와 정신 두 가지로 나누어서 살펴보겠습니다.

먼저 우리의 육체를 구성하는 탄소, 수소, 질소, 산소, 황, 철, 마그네슘 이런 것들은 우리가 물이나 음식, 자연으로부터 섭취한 것입니다. 본래 우리 것이 아닙니다. 우리의 육체는 우리가 태어난 이래로 자연에 있는 동물과 식물을 섭취해서 이 몸을 형성한 것입니다. 즉 우리 고유(intrinsic)의 것이 아닙니다.

그리고 우리가 죽고 나면 이 탄소, 수소, 질소, 산소, 황, 철, 마그네슘 등은 뿔뿔이 흩어져서 흙속에 들어가 식물의 구성성분이 되거나 다른 미생물 곤충, 동물을 구성하는 성분이 됩니다. 아니면 자연을 떠돌아다니거나 할 것입니다.

우리의 영혼에 대해서도 똑같은 이치가 적용됩니다. 영혼의 개념은 동양과 서양 그리고 종교나 신념에 따라 그 개념의 폭이 다릅니다. 브라만교, 힌두교에서 말하는 영혼, 아트만은 그 실체가 있고 영원히 변하지 않는 것을 말합니다. 기독교에서의 영혼 개념을 예로 들어봅시다. 예수님이 재림하실 때 신도(信徒)들은 기존에 가지고 있던 인식, 똑같은 정신을 가지고서 육체가 다시 부활해서 심판의 날에 휴거(lift)를 한다고 봅니다.

불교에서의 접근 방법은 아뢰야식이 고정불변의 것이 아니라 끊임없이 생성, 변화해 나가는 것으로 파악합니다. 우리의 영혼은 불교에서는 제8식 아뢰야식이라고 말합니다. 이것은 무수한 전생을 통해서 무수한 경험이 종자의 형태로 쌓여있는 것입니다.

이것이 이번 생애에 인연이 맞는 태(胎)에 들어 인간계에 태어나서 새로운 연(緣; 環境)에 따라 종자가 현행되어 우리의 행동이나 말, 생각으로 표출되고 또 이렇게 표출된 것이 아뢰야식의 종자에 영향을 미쳐 다시 아뢰야식에 저장되고 하는 역동적인 상호작용(dynamic interactive process)이 끊임없이 이루어집니다.

아뢰야식(阿賴耶識)에 대해서 조금 자세히 이야기 하겠습니다. 아뢰야식은 불교의 유가행유식학파(瑜伽行唯識學派)에서 말하는 근원적 인식을 말합니다. 산스크리트로 알라야 비지냐나(ālaya-vijñāna)라 하는데, 알라야는 주소(住所), 비지냐나는 인식이라는 뜻입니다.

유가행유식학파는 유가행파·유식학파라고도 하며, 중국과 한국에서는 법상종(法相宗)이라 합니다.

유식학파(唯識學派)에서는 안(眼)·이(耳)·비(鼻)·설(舌)·신(身)·의(意)에 의한 6가지 인식(六認識)과 아뢰야식을 자아(自我)로 오인(誤認)하는 자기 집착인 마나스식(제7식: Manas 識), 아뢰야식의 제8식으로 분류합니다.

앞의 7가지 식(識)이 표층적·의식적인 데 비해 아뢰야식은 심층심리적·무의식적 인식입니다. 아뢰야식은 앞의 7식과 그 표상(表象), 즉 자아의식, 의식있는 존재자, 자연 등의 모든 인식표상을 만들어냄과 동시에 그들 표상의 인상(印象)을 자기 안에서 기르므로 종자(種子)에 비유됩니다. 아뢰야식은 종자로서 시시각각 변화하면서 성장하고, 성숙하면 세계의 온갖 현상을 만들어 내며 그 열매로서의 인상(印象)을 종자로서 자기 안에 잠재화(潛在化)시킵니다.

세계는 외적 실재가 아니라 개체의 인식표상입니다. 이 아뢰야식을 철학적 입장에서 가장 잘 분석한 경론으로는 《대승기신론(大乘起信論)》이 있습니다. 서양철학으로는 쇼펜하우어의 저서인 《의지와 표상으로서의 세계》에서 인식표상에 대해 분석하고 있습니다. 《의지와 표상으로서의 세계》는 쇼펜하우어 철학의 전부〔精髓: 정수〕라고 할 수 있으며, 다양한 고찰을 통하여, 한편으로 이성의 인식 방법, 지식, 개념들 사이의 차이와 관계가, 다른 한편으로는 순수 감성적이며 수학적인 직관과 오성에 의한 이해의 차이와 관계를 밝히고 있습니다.

신라의 고승 원효(元曉)는 《대승기신론소》와 《별기(別記)》를 통하여 아뢰야식의 전변(轉變)과 추이를 철학적으로 논구하였는데, 원효의 기본적 입장은 인간을 가능성의 존재로 파악한 것이며, 그 철학적 기반을 이루는 것이 아뢰야식에 대한 그의 논구(論究)에 있습니다.

아뢰야식은 우리가 죽고 나면 다시 인연(因緣)이 있는 다른 태로 들어가서〔入胎〕 또 다른 생애를 맞이하게 됩니다. 이렇게 볼 때 이 아뢰야식(阿賴耶識)을 굳이 영혼이라는 단어를 사용하자면, 변화하는 영혼, 진화(evolution)하는 영혼, 끊임없이 가변적인 영혼입니다.

무시(無始) 이래로 중생(衆生)은 수많은 생애(生涯)를 윤회(輪廻)했고, 따라서 수많은 종자(種子)가 아뢰야식에 함장(含藏: store)되어 있습니다. 또 이 종자가 어떤 외부 환경〔緣: 연〕을 맞아 발현(發顯)되었다가, 그 발현된 것이 다시 아뢰야식에 영향을 끼쳐〔薰習: 훈습〕 새로운 종자를 만들어 내는 끊임없는 과정(perpetual process)입니다.

이렇게 보면 이 아뢰야식이 내 것이다 나의 영혼이다 나의 소유권에 속한다라고 주장할 수 없다는 것을 알 수 있습니다. 우리는 이번 생애동안 이 아뢰야식을 일시적으로 점유(占有)하고 있을 뿐입니다. 우리는 선량한 관리자의 주의의무로 이 아뢰야식을 관리하는 것뿐입니다.

이 아뢰야식은 내생(來生)에 다시 다른 몸을 입어 태어나므로 끊임없이 재활용(recycle)됩니다. 마치 우리 몸을 구성하는 원자가 끊임없이 재활용(recycle) 되듯이 말입니다. 《반야심경》에 나오는 불생불멸(不生不滅), 불구부정(不垢不淨), 부증불감(不增不減)입니다. 과학용어로 표현하면 바로 질량보존의 법칙, 에너지 보존의 법칙입니다.

이렇게 보면 우리를 구성하고 있는 육체와 정신, 이것이 다 나의 것이 아닙니다. 이렇게 보면 이것이 바로 무아(無我), 아공(我空)입니다. 또 다른 측면(側面)에서 관찰하면, 우리가 남조류가 만들어낸 산소, 그리고 자연이 만들어 낸 물 음식이 없다면 살 수 있을까요? 우리는 이런 모든 것들을 자연에 의존하고 있습니다.

또 앞에서도 이야기 했지만 우리가 살고 있는 아파트, 우리가 입고 있는 옷, 우리가 먹는 음식, 우리가 신고 있는 신발, 우리가 읽는 책, 영화, 우리 집에 있는 가구, 우리가 타고 있는 자동차 이 모두가 다른 사람이 만들어낸 것입니다. 내가 만들 수 있는 것은 거의 없습니다. 이것을 봐도 우리는 거의 모든 것을 다른 사람에게 의존하고 있다는 것을 비로소 깨닫게 될 것입니다.

이렇게 볼 때 '나(我)' 라고 할만한 '나' 가 없다는 것을 알 수 있습니다. 자기 정체성(self-identity)이라는 것은 우리가 태어나고 나서 처음엔 자아관념이 없다가 다른 외부환경과 대응, 상호작용을 하면서 서서히 형성되어 나온 것으로 고정불변의 실체가 아니라는 사실입니다. 치매나 사고로 뇌가 손상되면 자기 정체성이 변하거나 없어집니다.

외계 일체의 사물도 영원히 변하지 않는 실체가 없으며 끊임없이 변화하고(subject to change), 여러 가지 구성요소가 합해져서 이루어진 것이라는 겁니다. 예를 들면 자동차도 아주 많은 여러 가지 부품으로 이루어져 있습니다. 이 자동차도 어느 정도 사용하면 폐차장으로 가서 용광로로 들어가든지 일부 자동차 부품은 중고품으로 재활용 되든지 합니다. 이와 마찬가지로 중생도, 인간도 고유의 실체가 있는 것이 아니라 단지 인연에 따라〔因緣和合〕 일시적으로 존재하는 것입니다.

이미 무아(無我)에 이르렀다면 당연히 부처의 제도(濟度: salvation)를 필요로 하지 않습니다. 내가 본래 바로 부처입니다. 부처가 사람을 제도한다는 상(相)에 집착한다면 부처는 곧 아상, 인상에 집착한 것입니다. 진정으로 도(道)를 깨칠 수 있다면 그것은 곧 무아(無我)로서 부처로서도 제도할 것이 없습니다.

이렇게 본다면 부처님의 말씀이 틀린 데가 없습니다. 부처님의 제도를 필요로 하는 중생은 없습니다. 보다 철저히 말한다면 부처님이 말씀하신 8만 4천의 법문은 부처님께서 수도해서 증득한 법문을 모두 우리에게 일러준 것입니다. 그대들도 이렇게 한다면 마찬가지로 성불(成佛)할 수 있다는 것입니다. 부처님은 우리의 성불을 도울 수 없습니다. 자신이 스스로 제도해야 합니다.

말〔馬〕을 물가로 끌고 갈 수는 있지만, 물을 강제로 먹일 수는 없습니다. 부처님이 번뇌(煩惱)로부터 해탈(解脫)하는 열반(涅槃)의 길을 우리에게 가르쳐 주셨지만, 그 길을 가느냐 가지 않느냐는 전적으로 우리한테 달려 있습니다(It's up to me). 부처님이 우리를 대신해 닦아줄 방법이 없습니다. 스스로 닦아 성공하면 스스로 제도하는 것으로 자신이 스스로 닦고 스스로 제도해야 하는 것입니다.

부처님의 말씀은 사실입니다. 부처님은 자신의 제도를 필요로 하는 중생은 없다고 했습니다. 자신도 제도할 수 없다는 것입니다. 반드시 스스로 신심(信心)을 가지고 스스로 닦아〔精進: 정진〕 스스로 제도해야 합니다. 사람마다 모두 스스로 해탈해야 한다는 것입니다. 자성(自性)으로 스스로 제도하고 스스로 구해야 한다는 것입니다. 아무도 자신을 구해줄 수 없습니다.

그런데 사람들은 불경을 읽다보면 많은 혼선(混線)을 느낍니다. 어떤 때는 엄청난 수행을 해야 깨달음을 얻을 수 있다고 하고 어떤 때는 '중생이 곧 부처다', '이 마음과 중생과 부처가 하나다(마음=중생=부처)' 라고 하기도 합니다.

이것은 이렇게 생각하면 될 것 같습니다. 《법화경》에 나오는 이야기를 예(例)로 들어 우리의 불성(佛性)을 다이아몬드(diamond)에 비유(譬喩)해 보겠습니다. 우리가 끊임없이 수행을 통해 아직 보석이 되기 전(前)인 원석(原石)을 깎아서 완벽한 다이아몬드를 만드는 것이 아니라, 우리 내부에 이미 다 깎여진 완벽한 다이아몬드가 있다는 것입니다.

다만 어리석은 중생이 그것을 모르고 있을 뿐이라는 것입니다. 우리가 불성을 완벽하게 갖추고 있음을 알던 모르던 불성은 완벽하게 우리 안에 있습니다. 그것을 다만 탐·진·치(貪瞋痴), 즉 욕망에 눈이 어둡고 무명에 미혹되어서 우리 품안에 다이아몬드가 있는 것을 우리가 모르고 있을 뿐입니다.

그리고 '시간의 길이' 라는 차원에서도 살펴보겠습니다. 초등학생들 중에 한글도 제대로 모르는 학생도 있습니다. 그런 반면에 어떤 학생은 상당히 고난이도(高難易度)의 영어 수준에 있는 학생도 있습니다. 그러나 10년 20년이 지나면, 공부를 잘하는 학생이나 공부를 못하는 학생이나 어느 정도 지식이나 상식을 갖추고 사회생활을 하게 됩니다.

이것은 10년 20년의 시간을 두고 본 것이라고 할 수 있습니다. 그러나 만약 영겁(永劫)의 시간 차원에서 본다면, 백년, 천년, 1만년, 백만년, 1억년, 지구나이 46억년, 우주나이 138억년 시간 단위에서 본다면 1억년도 손가락 하나 튕길 시간으로 볼 수가 있을 겁니다.

최근 우주천문학의 연구에 의하면 138억 년 전에 단 한차례 빅뱅이 있었던 것이 아니라 이러한 빅뱅(Big Bang)이 무수히 많았으며, 우주(cosmos)의 나이가 1조(兆)년 정도 된다는 학설도 나왔습니다. 이 학설이 맞을지 틀릴지는 과학적으로 계속 검증(檢證)해 나가야 하겠지만, 2,500년 전에 부처님은 이미 이러한 순환우주론(循環宇宙論: 成·住·壞·空 create→maintain→destroy→empty→create→ ……………………)을 말씀하셨습니다.

시간의 선후에 약간의 차이는 있을지 몰라도 모든 중생은 성불할 것입니다. 그러니까 짧은 시간의 차원에서 보면 끊임없이 수행을 하고 선업을 쌓아서 깨달음을 얻어야 하지만, 영겁의 차원에서 보면 누구나 다 성불한다는 것입니다. 여기서 노력하지 않아도 된다는 의미는 절대 아닙니다. 육바라밀 중의 정진(精進)이 중요합니다. 이것을 알아야 합니다.

악(惡)보다는 선(善)이 최후에 더 힘을 발휘합니다. 그런 차원에서 보면 중생이 곧 부처고, 중생의 마음과 부처가 하나입니다. 우리 내부에 있는 다이아몬드, 이것이 우리의 무명 때문에 때가 묻고 먼지가 묻고 품속에 감추어져 있습니다. 그러나 구름이 잔뜩 끼어있어도 그 위에 태양은 언제나 찬란하게 빛을 발하듯, 우리의 불성(佛性)은 여여부동(如如不動) 합니다.

우리의 불성(佛性)은 인디스트럭트블(indestructible: 파괴할 수 없는, 불멸의) 합니다.

우리는 새로 다이아몬드를 깎아가는 것이 아니라 이미 있는 다이아몬드, 그것을 발견만 하면 됩니다. 이것을 발견하기 위해서 육바라밀을 꾸준히 수행해야 합니다. 하늘은 스스로 돕는 자를 돕는다고 했습니다. 부처님의 가르침이 있다 하더라도 스스로 노력할 때만 스스로 깨달음을 얻을 수 있습니다.

어떻게 하면 깨달을 수 있을까요? 일체의 선법을 행하는 것입니다. 이렇게 스스로 도우면 하늘도 스스로 돕습니다. 중생은 모두 자성(自性)으로 스스로 제도(濟度)합니다. 무엇을 나라고 하는 것일까요? 일체 중생은 본래 무아(無我)니 이것이 불법(佛法)입니다. 본래 무아입니다. 우리가 깨닫지 못하고 있을 따름입니다. 이것을 깨달으면 누구나 성불합니다.

공안(公案)에 이런 것이 있습니다. 부모미생전(父母未生前), 즉 내가 부모로부터 태어나기 전에 과연 어디에 있었을까요? 또 신체상의 내가 없다면 죽은 뒤에 나는 어디로 갈까요? 영혼이 나일까요? 영혼을 본 적이 있습니까? 본래 어떤 것도 무아(無我)입니다. 어떤 것도 나라 할 만한 것이 없습니다. 이 무아의 경계를 부처님은 단지 우리에게 분석해서 들려주고 있을 따름입니다.

우리가 참선(參禪)을 배우며 좌선(坐禪)을 하는 것은 무엇을 증득하기 위한 것일까요? 바로 무아(無我)를 증득하기 위함입니다. 이것이 바로 성불(成佛)입니다. 우리가 참선을 하고 있을 때 온갖 망상(妄想)이 일어나는 것은 모두 나를 미혹(迷惑)시키기 위한 것입니다. 이런 미혹에서 벗어나지 않으면 무아에 이를 수 없고 불법을 증득할 수 없습니다.

일반 사람들은 진정으로 내가 존재한다고 생각합니다. 육체가 죽어 없어지면 붙들 것이 없으므로 다시 영혼(靈魂)이라도 붙들고자 합니다. 사실 이 영혼이라는 것도 자신의 의식(意識)속에 있는 우연한 존재일 뿐입니다. 인연(因緣)에 따라 잠시 존재하는 것입니다. 역시 진정한 자기가 아니요 진정한 이것이 아닙니다. 그럼에도 일반 사람들은 한사코 상(相)이 있는 자기에게 매달리고자 합니다.

진정으로 사대(四大)가 모두 공(空)인 경계에 이르면, 곧 아상·인상·중생상·수자상이 모두 공이 된 경계에 이르면 생명 본래의 자아를 찾을 수 있습니다.

부처님은 우리에게 말씀하십니다. 소위 범부(凡夫)란 본래 가칭(假稱)이다. 진정한 범부는 없다. 임시로 범부로 칭한 것일 뿐이다. 일체의 중생은 모두 부처입니다. 단지 중생은 자신의 본성을 찾지 못하고 있을 뿐입니다. 그것을 찾는다면 범부가 아니라 모두 부처이니 중생은 평등합니다.

그 때문에 후세 선종(禪宗)에서는 마음, 부처, 중생의 삼자(三者)는 차이(差異)가 없다고 했습니다. 마음이 곧 부처입니다. 도를 깨치는 이 마음이 곧 부처입니다. 도를 깨치지 못하면 부처 역시 범부입니다. 마음과 부처 그리고 중생은 차별없이 평등합니다.

일반 사람도 진정한 무아(無我)를 깨닫고 수지(受持)를 통해 진정한 무아를 증득하면 곧 부처입니다. 이 부처는 무아이므로 자연 무중생이며 무수자입니다. 이것이 바로 부처의 경계입니다. 그러므로 무아의 경계에 이른 것이 바로 부처의 경계입니다. 일체의 범부는 모두 아상·인상·중생상·수자상을 가지며 일체의 관념에 집착합니다. 이는 모두 내가 있으므로 야기(惹起)된 것이므로, 진정한 무아는 곧 부처의 경계입니다.

나에 집착(執着)하는 범부의 경계를 진정으로 모두 떨쳐버릴 수 있다면, 소위 놓아버리면〔放下着〕, 더 이상 놓아버릴 수 없는 경지에 이르도록 놓아버린다면 생명의 본래 모습을 찾을 수 있습니다. 이것을 억지로 말로 표현해 본다면 우리 생명의 진아(眞我)라고 할 수 있는데, 이것이 바로 부처의 경계입니다.

부처님은 45년간 설법을 했으나 이 많은 경전 중 부처님 가르침의 요점은 다음의 몇 가지입니다. 세간 일체는 무상하여 어떤 것에도 머물 수 없고, 어떤 것도 변화하지 않는 것이 없으며, 어떤 것도 나에게 속하지 않는다. 인생 일체는 모두 고통이며, 어떤 것에도 궁극적인 쾌락, 궁극적인 행복은 없다. 일체는 모두 공으로서 파악할 방법이 없으며 모두 변해가며 변화하고 나면 아무 것도 붙들 수 없다. 붙들 수 없는 이 상황, 이 경계가 바로 공입니다.

이것을 삼법인(三法印: trilakshana)이라고 하는데, 불교의 중심사상을 나타내고 있습니다. 법(法)이란 여기서는 불교의 가르침을 말합니다.

부처님의 가르침을 간결하게 정리해서 무상(無常: impermanence), 고(苦: duhkha, suffering), 무아(無我: non-self)를 나타내는 것이 예로부터 있어 왔으며, 또한 열반(涅槃)은 부처님의 깨달음, 즉 불교도의 이상을 나타냅니다. 이것이 초기불교 시대부터 체계화되어 일체개고(一切皆苦)·제행무상(諸行無常)·제법무아(諸法無我)를 삼법인(三法印)이라고 합니다. 여기에 열반적정(涅槃寂靜)을 첨가하여 사법인이라고도 합니다.

부처님이 세상에 살아계실 때 많은 제자들은 부처님이 가르치신 방법에 따라 수지하여 무아의 경계를 증득했습니다. 그렇게 해서 번뇌의 속박을 벗어났습니다. 그렇지만 한편으로는 이로 인해 너무 공(空)에 편향(偏向)되었습니다. 소극적인 공에 너무 치우쳤다는 것입니다.

불교에서는 우리가 경험하는 이 세계는 자기의 본체가 무엇인가를 모르는 무명(無明)이 계기가 되어 전개되었으며, 우리의 일상적 인식〔분별, 迷妄〕이 만들어 낸 것이라고 합니다. 《화엄경》의 삼계유심(三界唯心), 유가행파(瑜伽行派)의 유식무경(唯識無境) 등도 일상생활에서의 주객대립의 견해인 허망분별(虛妄分別)의 심적 작용이 이 세계를 형성(形成)한다고 이야기합니다. 세계는 관념의 소산이며, 따라서 자기에 대한 진실을 깨달았을 때 우리는 이 괴로운 경험세계에서 벗어날 수 있다고 하는데, 바로 이것이 해탈(解脫)이라고 합니다.

그런데 부처님은 열반하기 전에 우리에게 상반되는 네 글자를 말했습니다. 바로 상락아정(常樂我淨)입니다. 진정으로 무아상·무인상·무중생상·무수자상에 이르고 수지하여 일체를 놓아 버렸다면, 공(空)조차도 철저히 공이 되어 버렸다면 생명의 본원을 찾을 수 있는데 이 생명의 본원은 영원히 불변한다는 겁니다.

여기서 《대반열반경(大般涅槃經)》에 대해 잠깐 이야기 하고자 합니다.

《열반경》은 부처님의 열반을 종교적·철학적으로 깊이 이해하기 위하여 편찬한 불교경전입니다. 《열반경》은 대승불교의 몇 가지 중요한 사상을 천명(闡明)한 것으로 한국 불교의 중심사상입니다.

그 내용을 보면 첫째 불신(佛身)이 상주(常住)한다는 사상입니다. 여래(如來)의 몸은 법신(法身)이며, 상락아정(常樂我淨)임을 밝혀서 이전에 부정적·소극적이던 무상·무아·고(苦)·공(空)의 입장을 긍정적·적극적인 세계로 인도합니다. 불교를 현대시대에 맞게 재해석하기 위해서 긍정적·적극적인 자세가 필요합니다.

둘째 열반의 긍정적 가치를 선언하고, 열반에는 상(常)·항(恒)·안(安)·청량(淸凉)·불로(不老)·불사(不死)·무구(無垢)·쾌락(快樂)의 팔미(八味)가 있다고 합니다.

셋째 일체 중생에 모두 불성(佛性)이 있다는 사상을 《열반경》은 담고 있습니다.

무엇이 진정한 낙(樂)일까요? 고통이 없는 것이 낙으로서 청정한 낙입니다. 그러므로 이 낙은 세간의 낙이 아니라 상락(常樂)입니다. 이때가 진정한 나로서 불생불멸합니다. 이 불생불멸하는 나는 우리가 생각하듯 아상(我相)을 가진 세속적 존재가 아닙니다. 이 나는 아주 청결합니다. 선도 없고 악도 없고 고통도 없고 즐거움도 없습니다. 이것이 진정한 낙으로서 바로 부처의 경계입니다.

과학에 에너지 불변의 법칙, 질량 불변의 법칙이 있습니다. 우리가 보는 사물은 겉모습이 계속 변하지만 그것을 구성하는 원자는 형태를 바꾸어 여전히 존재합니다. 단지 겉으로 보이는 형상만의 변화에 불과합니다. 일체 중생은 모두 이 사바세계에 와서 살아가고 있습니다. 우리는 스스로 자기를 속이고, 속으면서 일생을 살아갑니다.

일체의 걱정과 번뇌, 일체의 고통과 쾌락은 자기 마음이 스스로 만들어내는 허상입니다. 허상을 한자(漢字)로 쓰면 허상(虛像: illusory images)과 허상(虛想: illusory thinking) 두 가지가 있는데 두 가지 다 해당됩니다. 허상(虛像), 즉 잘못된 이미지(pseudo images)와 허상(虛想), 즉 잘못된 생각(pseudo thinking) 이 두 가지가 다 합쳐서 우리 일반 사람들의 번뇌, 갈등, 고통을 만들어 내는 것입니다.

이제 이러한 마음의 메커니즘을 알고 나면 마음이 편안해질 수 있습니다. 마치 달마대사와 혜가의 이야기처럼 말입니다. 이렇게 해서 세상의 번잡한 일들로부터 초월할 수 있습니다. 마지막에는 어떤 것도 얻지 못합니다. 아무것도 얻을 수 없다는 것을 이해한다면 일체의 상에 집착하지 않아 곧 본제(本際: homecoming)에 이를 수 있습니다.

제3절 용어해설

25. 화무소화분(化無所化分)

① 실은 여래가 제도할 중생은 없다[實無有衆生 如來度者]:

『중생을 제도하였으되, 제도한 바가 없다』 라는 말씀은, 제2 대승정종분(大乘正宗扮)과 제17 구경무아분(究竟無我分) 그리고 여기서의 대목 세 차례 나오는데, 첫 번째 것은 내가 중생을 제도한다는 생각을 여의라는 뜻이요, 두 번째 것은 중생을 제도한 이가 바로 나가 아닌가? 라는 의문에 대한 것이요, 마지막의 것은 참 법계는 평등하여 중생을 제도한다는 말이 맞지 않겠구나 하는 의문에 대한 것이다.

② 범부(凡夫):

원어는 발라 프리타크 쟈나(bala-prithag-janah). 직역하면 「따로 따로 태어나서 사는 사람」이라는 뜻이라고 한다. 범부란 어리석고 슬기가 모자라는 중생을 말하는 것으로 성자의 반대말이다. 이 말은 우자(愚者)로도 번역된다. 불교에서는 번뇌에 얽매어 생사를 초월하지 못한 채 미계를 헤매고 있는 어리석은 일반 사람들을 일컫는다. 즉 올바른 부처의 이치를 깨닫지 못한 자를 뜻하고, 그 깨우친 정도에 따라서 저하(底下)・범외(凡外)・범내(凡內)의 세 단계로 나눈다.

이 분절에서 말하는 범부에 대해 육조(六祖)대사의 해석을 빌면,

『'나(我)'와 '남[他]'이 있으면 곧 범부이고, '나' 나 '남' 이라는 생각을 내지 않으면 범부가 아니며, 마음에 생과 멸이 있으면 범부이고 마음에 생과 멸이 없으면 범부가 아니며, 반야바라밀을 깨닫지 못했으면 범부이고 반야바라밀을 깨달았으면 범부가 아니며, 마음에 주관・객관이 있으면 범부이고 주관과 객관을 갖지 않고 있으면 범부가 아니다.』

③ 마야(maya):

힌두교에서는 우리가 사는 이 세상을 마야(maya)라고 본다. 쉬바(Siva)신의

춤이라고도 한다. 마야는 환영(幻影)을 뜻하는 말인데, 처음에는 신의 신비적인 창조력을 뜻하였으나 우파니샤드 철학에서는 우주적 환영(幻影)의 의미로 사용되었다.

불교에서는 마음의 작용의 하나로서 기만, 사람을 현혹하는 힘을 의미하며, 사물에 실체가 없음을 나타낸다. 마야는 사람을 현혹시키는 신의 신비적인 환력(幻力)의 의미, 무명(無明)의 동의어, 우주의 질료인(質料因) 등 다양한 의미를 가지고 있다. 마야는 유(有)로도 비유(非有)로도 정의할 수 없는 것이다.

힌두교에서는 우리가 사는 이 세상과 현실을 쉬바(Siva)신의 춤이라고도 본다. 힌두교의 수많은 신 중에도 가장 손꼽히는 3신은 창조의 신 브라흐마(Brahma), 조화와 유지의 신 비슈누(Visnu), 파괴와 재창조의 신 쉬바(Siva)이다. 그중에서도 인도인들은 파괴와 재창조는 윤회의 근본이기 때문에 쉬바(Siva)신을 가장 중시하며 꽃을 바치고 정성을 드린다.

제4절 한역(漢譯)

25. 화무소화분(化無所化分)

須菩提 於意云何 汝等勿謂如來作是念 我當度衆生
수보리 어의운하 여등물위여래작시념 아당도중생

須菩提 莫作是念 何以故 實無有衆生如來度者
수보리 막작시념 하이고 실무유중생여래도자

若有衆生如來度者 如來 卽有我人衆生壽者
약유중생여래도자 여래 즉유아인중생수자

須菩提 如來說有我者 卽非有我 而凡夫之人 以爲有我
수보리 여래설유아자 즉비유아 이범부지인 이위유아

須菩提 凡夫者 如來說卽非凡夫 是名凡夫
수보리 범부자 여래설즉비범부 시명범부

제5절 영역(英譯) 1

TWENTY-FIVE:

"Subhuti, what do you think? Does it occur to the Tathagata: 'I rescue beings?' Surely, Subhuti, you should hold no such view. And why not? Subhuti, the being does not exist who is rescued by the Tathagata. Subhuti, if any being were rescued by the Tathagata, the Tathagata would be attached to a self. He would be attached to a being, attached to a life, and attached to a soul. 'Attachment to a self,' Subhuti, is said by the Tathagata to be no attachment. Yet foolish people remain attached. And

'foolish people,' Subhuti, are said by the Tathagata to be no people. Thus are they called 'foolish people.'"

제6절 영역(英譯) 2

Section 25. The Illusion of Ego

Subhuti, what do you think? Let no one say the Tathagata cherishes the idea: I must liberate all living beings. Allow no such thought, Subhuti. Wherefore? Because in reality there are no living beings to be liberated by the Tathagata. If there were living beings for the Tathagata to liberate, He would partake in the idea of selfhood, personality entity, and separate individuality.

Subhuti, though the common people accept egoity as real, the Tathagata declares that ego is not different from non-ego. Subhuti, whom the Tathagata referred to as "common people" are not really common people; such is merely a name.

제26장 법신은 상이 아니다

제1절 한글번역

『수보리여, 그대 생각은 어떠한가? 32상(相)으로 여래를 볼 수 있겠느냐?』

수보리가 말했다.

『그러하옵니다. 32상(相)으로 여래를 볼 수 있습니다.』

부처님께서 말씀하셨다.

『수보리여, 만일 32상(相)으로 여래를 볼 수 있다면 전륜성왕(轉輪聖王)이 곧 여래이리라.』

수보리가 부처님께 말했다.

『세존이시여, 제가 부처님의 말씀하시는 뜻을 이해하기로는 32상(相)으로써 여래를 보아서는 안 됩니다.』

그때 세존께서 게송으로 말씀하셨다.

『만약 형체로서 나를 보거나
목소리로써 부처를 구한다면
이 사람은 삿된 도를 행하는 것이다
끝내 여래를 보지 못하리라.』

제2절 해설

제26장 법신은 상이 아니다

『수보리여, 그대 생각은 어떠한가? 32상(相)으로 여래를 볼 수 있겠느냐?』

수보리가 말했다.

『그러하옵니다. 32상(相)으로 여래를 볼 수 있습니다.』

부처님께서 말씀하셨다.

『수보리여, 만일 32상(相)으로 여래를 볼 수 있다면 전륜성왕(轉輪聖王)이 곧 여래이리라.』

수보리가 부처님께 말했다.

『세존이시여, 제가 부처님의 말씀하시는 뜻을 이해하기로는 32상(相)으로써 여래를 보아서는 안 됩니다.』

그때 세존께서 게송으로 말씀하셨다.

『만약 형체로서 나를 보거나
목소리로써 부처를 구한다면
이 사람은 삿된 도를 행하는 것이다
끝내 여래를 보지 못하리라.』

좌선을 오래 하면 자신이 자신의 모습을 보기도 한다고 합니다. 선방(禪房)에 앉아 있는 자신의 모습을 볼 수 있습니다. 마치 유체이탈(Out of the Body Experience)한 것처럼 말입니다. 《능엄경》에도 이러한 내용이 나옵니다. 《티벳 마법의 서》를 보면 특이한 수행을 쌓은 고승(高僧)들은 자는 중에 누워있는 몸에서 빠져나와 밖으로 돌아다니다가 다른 사람과 만나 이야기도 하고, 일을 하기도 하며, 다시 돌아와 자고 있는 몸으로 들어간다고 합니다.

오랫동안 좌선을 하더라도 육체의 생리작용은 결코 정지하지 않습니다. 마음이 고요하더라도 육체의 생리적 활동은 정지하지 않아 이 양자가 마찰하여 환상을 만들어냅니다. 또 다른 자기는 이렇게 만들어집니다. 말하자면 범부가 집착하는 자기의식의 투영입니다. 만약 이런 것을 도라고 생각한다면 바로 형체로써 자신을 보는 것으로 잘못된 것입니다.

유체이탈(Out of the Body Experience)에 대해서 간단히 이야기 하겠습니다. 유체이탈이 뇌 속의 산소부족 때문에 생기는 현상이라고 말하기도 하지만 과학이 만능이 아닙니다. 물론 혹세무민하는 사기(詐欺: fraud)는 철저히 배격해야 되겠지만, 그렇다고 현재 과학 수준으로 알 수 없다고 해서 부정(否定)해서는 안 됩니다.

과학은 재현 가능성, 검증 가능성을 중시하지만, 항상 열린 마음(open mind)으로 접근해야 합니다. 중생을 구제하는 보살의 정신처럼 과학 기술을 더욱 발달시켜 인류의 복지(福祉)가 증진 되었으면 합니다.

《세계가 백 명의 마을이라면》이라는 책을 보면 세계의 65억 인구 중에서 전기, 수도, 주택 등의 아주 기본적 생존조건·생활수단마저 부족한 사람이 아름다운 푸른 별이 지구에 너무나 많습니다. 우리 한국도 위와 같은 수준에서 벗어난 게 불과 얼마 되지 않는다는 사실을 항상 잊지 말고 겸허(謙虛)하게 마음에 새겨야 합니다.

부처님은 말씀하십니다. 이 사람은 삿된 도를 행하고 있다. 마도(魔道)에 빠진 것입니다. 마도는 현대사회에서 널리 유행되고 있어 일반인들에게 미치는 미혹은 아주 심각합니다. 유체이탈을 통해 우주적인 차원에서 마치 조감도(鳥瞰圖)처럼 우주에서 아름답고 푸른 별 지구를 바라보고, 나와 우주가 둘이 아니고 하나이며, 우주의 본질이 사랑이라는 사실을 깨닫는 다면 그것은 좋은 일입니다. 그러나 유체이탈 자체에 너무 집착한다면 그것 또한 상(相)에 집착하는 것이 될 것입니다.

우리 일반 사람이 좌선 중에 어떤 종류의 법문에 의지하든 무관하지만, 지(止)에 이를 수 있을까요? 정(定)은 두말할 필요도 없습니다. 정(定)을 말하기는 더 어렵습니다. 이 마음이 하나의 것, 그것이 공(空)일 수도 있고, 청정(清淨)일 수도 있지만 과연 거기에 머물러 있을 수 있을까요? 거기에 이를 수 있기가 아주 어렵다는 사실을 알아야 합니다.

지(止)에 이른 후에야 능히 관(觀)할 수 있고 이 둘을 동시에 갖추는 것이 바로 삼매(三昧)요, 진정한 정(定)의 경계입니다. 부처님은 우리에게 지관(止觀)의 방법을 말해줍니다. 그러나 지관으로 말하자면 8만 4천이 모두 지관입니다.

예를 들어 염불(念佛)을 한다면 마음속으로도 외우고 입으로도 외지만 과연 아무런 잡념 없이 단지 한 구절 염불에 한 구절 나무아미타불에 전념(專念)할 수 있을까요? 만약 이 단계에 이르렀다면 이것은 곧 염불법문의 지혜입니다. 청정(清淨)이 극(極)에 이르러 지혜가 크게 열리니 온갖 불법의 이치를 이해하고 알게 됩니다. 이것을 관이라 합니다.

불교에는 지관을 닦는 아주 많은 방법이 있습니다. 그렇지만 이것은 어디까지 방법일 뿐 진정한 불법은 아닙니다. 방법은 방편(方便)적인 것입니다. 우리의 지극히 혼란한 생각을 먼저 하나의 것에 붙들어 두는 것입니다. 이것이 바로 지관의 초보적 형태라 할 수 있습니다.

티베트 불교에서는 부처님을 끊임없이 관상(觀想)해서 마음속에 머물러 있게 하는 수행방법을 쓰기도 합니다. 끊임없이 부처님을 생각하며 머물러 있게 합니다. 이것은 최상승(最上勝)의 경지는 아니나 방편상 좋은 방법이 될 수 있습니다. 티베트 불교에 보면 몸에 병이 났을 때 심상(心象: mental image)으로 병을 치유(治癒)하는 방법도 나옵니다.

우리의 일념(一念)이 청정(淸淨)하여 앞 생각은 지나가고 뒷 생각은 일어나지 않은 이 공(空)의 상태에 머물러 있다면, 주변의 일체 경계를 모두 알고 일체의 소리를 모두 듣고 일체의 움직임을 모두 파악(把握)하면서도 그것이 나와는 털끌 만큼도 상관없이 느껴져 한없이 청정하다면, 이것이 바로 지관(止觀)입니다.

불교신자는 통상 항시 나무아미타불을 욉니다. 나무아미타불(南無阿彌陀佛)은 아미타불에 귀의한다는 뜻입니다. 나무라는 말은 본래 namas(절을 한다)라는 산스크리트어로, 보통 '신앙한다'는 뜻으로도 사용됩니다. 나무아미타불을 '6자의 명호(名號)'라고 하여 기본적으로 중생의 신앙심을 표현한 것이나, 아미타불의 자비심도 담겨 있습니다. 중생의 근기와 아미타불의 자비로움과의 만남이라는 사상을 담고 있습니다. 아미타불은 서방정토(西方淨土)에 살고 있는 무량수불(無量壽佛 ; Amitayus) 또는 무량광불(無量光佛 ; Amitabha)입니다.

그런데 아미타불을 염불하기 전에 사실은 마땅히 나무본사(南無本師)인 석가모니불을 외어야 합니다. 석가모니불이 불교를 처음 창시했기 때문입니다. 아미타불은 석가모니불에서 나온 부처입니다. 나무아미타불만 외우고 자신의 본래 은사인 석가모니불을 거들떠보지 않는다면 잘못된 것이 아니겠습니까?

사람이 성취(成就)를 이루기 위해서는 근본을 잊지 말아야 합니다. 하물며 불법을 닦는데 오죽 하겠습니까? 그런데 왜 나무아미타불만 욀까요? 시방삼세가 모두 동일체(同一體)이니 이 이치를 명백히 이해한다면 나무아미타불을 외는 것이 곧 나무본사 석가모니불을 외는 것이요, 나무관세음보살을 외는 것입니다. 이 이치가 통한다면 가능합니다.

제26장에서는 이야기가 부처를 보는 문제에 이르자 부처님은 32상으로써 부처를 보는 것이 과연 옳은가 하고 묻습니다. 수보리가 마땅히 32상으로써 부처를 보아야 한다고 말하자 부처님은 그렇지 않다고 이야기합니다.

부처님은 말씀하십니다. 가령 32상으로써 여래를 볼 수 있다면, 즉 부처를 형상있는 존재로 본다면 전륜성왕의 모습과 풍채가 부처나 다름없이 그렇게 훌륭하니 그 역시 부처라 할 수 있다. 이것이 첫 번째 문제입니다. 부처님이 이렇게 말하는 것을 보고 듣고 수보리가 말합니다. 그렇게 말씀하시는 것을 들으니 32상으로써 여래를 보는 것, 즉 색상(色相)으로 부처를 보아서는 안 된다는 것을 알겠습니다.

색상(色相)은 실체가 아니기 때문에 오래 지속될 수 없습니다. 법신의 본체가 잠시 작용한 것일 뿐 진실된 것이 아닙니다. 만약 색상으로 부처님을 보고자 하거나 소리로써 부처님을 구(求)하고자 한다면 이 사람은 삿된 도를 행하는 자로서 이 사람은 여래를 볼 수 없습니다.

전륜성왕(轉輪聖王)이 되기도 쉽지 않습니다. 전생에 엄청난 공덕을 쌓아야 합니다. 인류 역사상 전륜성왕의 이상을 구현한 왕으로는, 사람마다 견해가 다르겠지만, 아쇼카왕을 들 수 있을 것입니다.

불교는 종교문화현상으로 사회의 한 구성요소인 이상, 사회의 변화와 밀접한 관련을 갖습니다. 곧 사회를 변화시키고 움직이는 중요한 요소로서 세속적인 힘과 무관하지 않은 것입니다. 기독교와 이슬람교가 세속의 정치적인 힘과 관련을 맺었듯, 불교 또한 아쇼카왕이라는 대군주와의 관계 속에서 인도를 벗어나 세계종교로 발돋움하는 기틀을 마련합니다.

아쇼카왕은 인도 최초의 통일왕조인 마우리야 왕조의 제3대 왕입니다. 할아버지인 찬드라굽타는 마케도니아 알렉산더왕의 인도 진입을 저지한

왕으로, 헬레니즘의 조류가 인도에 들어오는 것을 막아냈습니다. 이 찬드라굽타의 손자에 해당하는 아쇼카왕은 조부와 아버지가 이룬 통일과업을 완성시켜, 인도 최대의 통일제국을 만들었습니다.

아쇼카왕이 젊어서부터 불교와 관계가 깊었던 것은 아니었습니다. 그 성격 역시 부드럽고 온화한 것과는 거리가 멀고 일설에는 잔혹하고 냉정한 성격이었다고 합니다. 이러한 잔혹하고 냉정한 성격이 천성적인 것인지, 왕위 계승과 통일을 위한 정복의 과정에서 비롯된 것인지는 확실치 않지만, 왕위에 올라 8년째 '법(法)의 대왕(大王)'으로 불리게 된 이후로는 자애와 대비심에 충만한 자비의 왕으로 탈바꿈했습니다.

아쇼카왕은 최후의 통일과업을 위한 정복전쟁 후 '다르마라자' 즉 '법의 대왕'으로 바뀌었습니다. 전쟁의 참상과 비참함에서 더 이상 전쟁이 없이 평화롭고 화목하게 사는 이상적인 사회를 구현하는 전륜성왕으로 바뀐 것입니다. 법의 대왕으로 바뀐 아쇼카왕은 35년여에 걸친 재위기간동안 불교의 진리로서 정법(正法)에 바탕을 둔 이상적인 인도사회를 구현하기 위해 그 노력을 아끼지 않았습니다.

'법의 대왕'으로서 아쇼카왕이 인도 사회에 실현한 큰 공적은 살아있는 것에 대한 존중과 평화의 정신을 뿌리내린 것입니다. 곧 사람은 물론 동물이나 살아있는 모든 것에 대한 자애와 존중을 강조하였고, 이러한 강조를 석주(石柱)나 바위벽 등에 기록하여 잊지 않도록 조치하였습니다. 지금도 이러한 석주가 많이 남아 있을 정도입니다.

아쇼카왕은 병원을 만들고, 노약자, 보호받지 못하는 자들을 위한 시설 등을 많이 만들었습니다. 이러한 평화와 존중의 근본이념은 불교의 정법을 바탕으로 한 것으로, 정법에 의거하여 타종교나 사상 등에 대해서도 관용과 포용의 정책을 실시하였습니다.

아쇼카왕은 자신의 법이념을 알리기 위해 법의 전도사로서 법의 대관

(大官)이라 일컬어지는 사절단을 인도 국내는 물론 인도 이외의 지역에 파견시켰습니다. 이 법의 대관이 파견된 지역으로는 헬레니즘의 영향을 받고 있는 그리스인의 통치지역이나 간다라 등의 북인도와 버마 등의 인도 동부지역, 스리랑카 등 인도 남부지역을 들 수 있습니다. 이러한 법의 대관이 파견됨으로써 불교의 정법에 입각한 아쇼카왕의 정치이념이 전 세계로 전해졌습니다.

아쇼카왕은 부처님의 생애와 관련된 지역을 방문하였고, 또한 부처님의 사리를 재분배해 인도 각 지역에 다수의 탑을 건립하였습니다. 제3 불전결집도 이때 이루어졌습니다. 고승을 스승으로 모시며 정법의 이념을 배웠음은 물론 당시 승가의 안녕과 번영을 기원하고 불전결집에 지원을 아끼지 않았습니다. 또한 불교의 도덕적이고 윤리적인 정신을 석주나 바위에 새겨 많은 사람들로 하여금 따르게 하였습니다.

아쇼카왕의 석주는 역사학이나 고고학 분야에서 인도의 고대사를 복원하는 중요한 실마리를 제공하고 있습니다.

불교의 법의 이념은 아쇼카왕을 통해 여러 지역으로 전파되었습니다. 곧 불교의 이념이 인도뿐만 아니라, 간다라 등의 북인도를 통해 중국불교로 이어지는 경로가 구축되고, 스리랑카를 중심으로 한 남방불교가 형성되는 계기가 마련되었습니다. 북인도 마가다국을 중심으로 한 종교문화현상인 불교가 그 진리성과 도덕성을 통치의 이념으로 삼은 아쇼카왕의 정치이념과 맞물려 세계종교로서 발돋움하는 터전을 마련한 것입니다.

세계평화란 그렇게 간단하지 않습니다. 반드시 전륜성왕과 같이 막대한 공덕이 있어야 합니다. 그래야만 비로소 세계평화를 이룰 수 있습니다. 사람이 성불을 이루는 것도 쉽지 않지만 전륜성왕이 되는 것도 쉽지 않습니다. 많은 선행을 행하고 많은 공덕을 닦아 이루어야 합니다. 세간법과 부처의 공덕과는 조금의 차이가 있을 뿐입니다. 바로 반야(般若)의 지혜입니다. 전륜성왕과 부처의 차이는 반야(般若)의 지혜를 증득했느냐 하지 못했느냐의 차이입니다.

전륜성왕이 큰 깨달음마저 갖춘다면 재가불(在家佛)이 될 것입니다. 사람의 리더가 되어 천하를 태평하게 하는 것도 부처님과 마찬가지로 어렵습니다. 사람 통솔하기 보다 더 어려운 것은 없다고 많이들 이야기 합니다. 요즘같이 각 개인의 개성(個性), 욕구가 분출(噴出)하는 시기에 지도자 노릇하기는 결코 만만치 않습니다.

명심견성이란 최후로 우주와 동일체가 되는 것으로 만물과 똑같은 근원(根源)인 나를 찾는 문제입니다. 바로 생명의 본래인 '나' 를 찾는 문제입니다. 이것은 소리나 형체 모든 것에 집착하지 않고, 일체에 머물지 않는 것으로, 바로 대승(大乘)의 심인(心印)인 무주(無住) · 무상(無相) · 무원(無願)입니다. 이 경계에 이르러야만, 소리나 형체를 떠나야만 비로소 도를 볼 수 있고 진정으로 부처를 볼 수 있으며 또 나를 볼 수 있습니다.

'본다' 는 것은 무엇을 보는 것일까요? 바로 실상(實相)인 법신(法身)의 본체를 보는 것입니다. 일체에 모두 집착하지 않고 일체에 모두 머물지 않는 것은 곧 법신의 본체인 근본지(根本智)를 보는 것입니다. 그렇지만 아직 대철대오는 없습니다. 아직 후득지(後得智)를 보지 못했습니다. 선종에서는 소위 세 관문(關門)을 돌파해야 한다고 하는데 이 경계에 이르렀다면 첫째 관문을 돌파한 것입니다. 말하자면 '산은 산이 아니요 물은 물이 아니다' 라는 경지인 셈입니다.

사람이 불법을 배우는 데는 도처에 장애가 많습니다. 모두 가시밭길과 같아 사람을 찔러댑니다. 보통의 관점에서 본다면 가시밭길 속에서 발을 옮기기가 무척 곤란할 것입니다. 그렇지만 수도하기를 결심한 사람이라면 결코 대단한 곤란을 느끼지 못합니다. 제일 어려운 것은 어떤 것일까요?

완전히 자신과 자신의 몸까지도 잊어버리고 공(空)을 증득해 청정한 상태인데도, 입정(入定)에 들지 않는 것입니다. 왜 입정에 들 수 있는데도 입정에 들지 않을까요? 그것은 바로 중생구제를 위해 대승 보살의 길을 걷기 위함입니다.

여기서 지장보살 이야기를 하고자 합니다. 지장보살은 모든 중생이 성불하기 전에는 자신도 성불하는 것을 연기하고 보살로 머무르면서 중생의 죄를 씻기 위해 전력합니다.

지장보살은 오탁악세(五濁惡世)에서 중생의 구제활동을 하는 보살입니다. 산스크리트로는 크시티가르바(Ksitigarbha)라고 하는데, '땅을 모태로 하는 것'이라는 뜻으로 생명을 낳고 기르는 대지와 같은 능력을 가진 보살을 상징한 것입니다. 관세음보살이 자비를 상징하는 것과 같습니다. 우리나라에서는 주로 관세음보살을 신앙합니다.

일체중생(一切衆生)에게 불성(佛性)이 있다고 보는 여래장사상(如來藏思想)과 관련하여 대승불교(大乘佛敎)의 후기에 나타났습니다.

《지장보살본원경(地藏菩薩本願經)》에 따르면, 지장보살은 석가여래의 부촉에 따라 육도(六道)의 모든 중생이 성불하기 전에는 자신도 성불하는 것을 연기하고 보살로 머무르면서 중생의 죄고(罪苦) 씻기에 전력할 것을 본원으로 한다고 하였습니다.

이 세상의 모든 중생의 운명은 전생의 업에 의하여 이미 결정되어 있다는 업보사상이 불교의 일반설이지만 지장보살에게는 적용되지 않습니다. 즉 지장보살은 정해진 업도 모두 소멸시키는 힘을 가지고 있으므로, 지장보살에게 귀의하여 해탈을 구하면 악도를 벗어나 구제를 받을 수 있다는 것입니다.

한국에서는 일찍부터 모든 중생을 지옥의 고통에서 구해주는 지장보살에 대한 신앙이 성행하였는데, 지장보살이 육도윤회를 심판하는 것으로 믿어왔고, 사찰에서는 명부전(冥府殿)의 주존으로 신봉하였습니다.

지장보살의 일반적인 모습은 천관(天冠)을 쓰고 가사를 입었으며, 왼손에 연꽃을, 오른손은 시무외인(施無畏印)의 형상으로 묘사되었으나, 한국에서는 지장보살을 삭발한 머리에 석장(錫杖)을 짚고 여의주를 들고 있는 모습으로 많이 만듭니다.

대승 보살은 청정한 그 경계에 들지 않고 사람으로서 차마 행할 수 없는 것을 행하려 하고, 차마 참아낼 수 없는 것을 참아내려고 합니다. 그 망망한 고해(苦海)속으로 들어가 세상을 구하고 사람을 구하려고 합니다. 이것이 제일 어렵고 행하기 힘듭니다.

이 때문에 대승(大乘)에서는 소승 아라한과의 증득이나 청정한 경계의 증득을 높게 평가하지 않습니다. 그것은 선정(禪定)에 탐닉한 것으로 중생구제에 나서지 않은 것으로 보기 때문입니다.

진정으로 법신을 알게 되면, 이 몸이 진정으로 철저히 무주(無住)·무상(無相)·무원(無願)의 공(空)의 경계에 이르면 나아감이 이롭지 않음이 없고, 번뇌가 곧 보리(菩提)입니다. 만약 청정의 일면에만 집착한다면 보리 또한 번뇌가 됩니다.

선종(禪宗)은 《금강경》을 원본으로 채택했습니다. 우리나라의 조계종도 《금강경》을 소의경전(所依經典)으로 합니다. 《금강경》에서 부처님의 교육방법을 가만히 살펴보십시오. 장(章)과 장(章)을 다 연결시켜 살펴보십시오. 수보리가 이렇게 말해도 옳지 않다고 하고, 저렇게 말해도 옳지 않다고 말합니다.

바르게 말해도 옳지 않다하고 그 반대로 말해도 옳지 않다 합니다. 옳지 않다고 말하면 더욱 옳지 않고 옳다고 말해도 여전히 옳지 않습니다. 그러면 어떻게 해야 옳은 것일까요 ? 바로 주어들은 지식이 아니라 자기의 지식, 자기의 체험, 의심과 회의를 뚫고 도를 직접 몸으로 증득하라는 이야기입니다.

어떤 질문을 하더라도 흔들리지 않고, 온갖 회의(懷疑)와 의심(疑心)을 극복한 다음에야 불자(佛子)들이 비로소 흔들리지 않는 도(道)의 증득이 가능하다는 것을 알게끔 하는 부처님의 교육방법입니다.

도란 여러분의 것일 때 비로소 옳습니다. 부처님의 것일 때 옳은 것이 아닙니다. 그러므로 《금강경》 전부는 조사(祖師)들이 말하는 "스스로 깨닫고 스스로 긍정하는 것" 을 가르치고 있습니다. 진정으로 반야의 체상(體相)을 깨달아 스스로 긍정하기를 요구하는 것입니다. 선종의 조사들이 말하는 백척이나 되는 낭떠러지〔百尺竿頭〕에서 손을 놓아버려서〔進一步〕 스스로 긍정하도록 하기 위함입니다.

형상에 집착하는 수보리의 뿌리 깊은 병폐가 아직 제거되지 않자 부처님은 먼저 위와 같은 질문을 던집니다. 수보리는 아직 부처님의 이런 뜻을 제대로 알지 못해 32상으로 여래를 볼 수 있다고 답변합니다. 아직 미혹함에서 벗어나지 못한 것입니다.

이처럼 진리에서 점점 벗어나자 부처님은 수보리의 어리석음을 제거하기 위해 만일 32상으로 여래를 본다면 전륜성왕이 여래일거라고 말씀하셨습니다. 전륜성왕은 비록 32상을 갖추긴 했지만 어찌 그가 여래이겠습니까. 부처님이 이렇게 말씀을 던진 까닭은 형상에 집착하는 수보리의 허물을 제거하고 그로 하여금 진리에 깊이 사무치게 하기 위함이었습니다.

부처님의 이런 말씀에 수보리의 미혹은 단숨에 녹아 내렸습니다. 그래서 『제가 부처님 말씀을 이해하기로는 32상으로 여래를 볼 수 없습니다.』라고 수보리가 답했습니다. 부처님은 방편으로 수보리의 이런 허물을 나타내어 그 미세한 미혹을 제거함으로써 후세 중생의 소견이 형상에 집착하는 잘못된 병폐에 빠지지 않도록 배려한 것입니다. 형상에 집착하는 병폐를 벗어나야 비로소 법신(法身)을 볼 수 있습니다.

제3절 용어해설

26. 법신비상분(法身非相分)

① 전륜성왕(轉輪聖王):

원어는 차크라바르티 라자(Cakra-varti-raja). 직역하면 '수레를 굴리는 왕'이라는 뜻이므로 전륜왕이라 의역한 것이다. 전륜왕은 하늘을 날아다닐 수 있기 때문에 비행황제(飛行皇帝)라고도 한다. 몸에는 부처님과 같은 32상을 갖추고 있고, 그가 즉위하는 때에 하늘로부터 윤보(輪寶 Cakra)를 감득하여 그것을 굴려서 온 천하를 정복한다고 전해지는 전설적인 대망의 왕이다.

윤보란 일종의 무기인데, 금・은・동・철의 네 개가 있다. 금륜왕(金輪王)은 수미 4주〔須彌四洲〕를 다스리고, 은륜왕(銀輪王)은 동・서・남의 3주를, 동륜왕(銅輪王)은 동・남의 2주를, 철륜왕(鐵輪王)은 남섬부주의 1주를 다스린다고 한다. 전생에서 큰 복을 닦은 탓으로 전륜성왕이 되고, 32상을 갖추고 있으나 아직 아뇩다라삼먁삼보리를 이룩하지 못하고 있으므로, 32상이 다만 색(모양)에 그치는 것이라서 이를 여래라 할 수 없는 것이다.

② 모양으로써는 여래를 볼 수 없을 것이다[以色身 不能見如來]:

"모양으로써는 여래를 볼 수 없다"는 말씀은 여러 곳에서 찾아볼 수 있다. 첫째는 제5 여리실견분(如理實見分)으로서 여기서는 부처가 되려는 목표에 향하는 수행의 방법으로 겉모양으로서 부처를 보려고 하는 것은 잘못된 방식이라는 의미이고, 다음은 제10 장엄정토분(莊嚴淨土分)의 후반부로서 여기서는 부처님이 부처가 되신 것은 겉모양을 여의었다는 뜻이요, 세 번째로는 제20 이색이상분(離色離相分)으로서 여기서는 "모두 갖춘 몸매로 여래를 볼 수 없다"고 하여 참 법신에 의해 거짓인 겉모양이 나타났다는 뜻이고, 마지막으로 여기의 제26 법신비상분(法身非相分)에서는 "겉모양으로 참 부처를 찾을 수 없다"고 하는 뜻으로 말씀하고 있는 것이다.

제4절 한역(漢譯)

26. 법신비상분(法身非相分)

須菩提 於意云何 可以三十二相觀如來不
수보리 어의운하 가이삼십이상관여래부

須菩提言 如是如是 以三十二相觀如來
수보리언 여시여시 이삼십이상관여래

佛言 須菩提 若以三十二相觀如來者 轉輪聖王 卽是如來
불언 수보리 약이삼십이상관여래자 전륜성왕 즉시여래

須菩提白佛言 世尊 如我解佛所說義 不應以三十二相觀如來
수보리백불언 세존 여아해불소설의 불응이삼십이상관여래

爾時 世尊 而說偈言
이시 세존 이설게언

若以色見我 以音聲求我
약이색견아 이음성구아

是人行邪道 不能見如來
시인행사도 불능견여래

제5절 영역(英譯) 1

TWENTY-SIX:

"Subhuti, what do you think? Can the Tathagata be seen by means of the possession of attributes?"

Subhuti replied, "No, indeed, Bhagavan. As I understand the meaning of what the Buddha says, the Tathagata cannot be seen by means of the possession of attributes."

The Buddha said, "Well done, Subhuti. Well done. So it is, Subhuti. It is as you claim. The Tathagata cannot be seen by means of the possession of attributes. And why not? Subhuti, if the Tathagata could be seen by means of the possession of attributes, a universal king would be a tathagata. Hence, the Tathagata cannot be seen by means of the possession of attributes."

The venerable Subhuti said to the Buddha, "As I understand the meaning of what the Buddha says, the Tathagata cannot be seen by means of the possession of attributes."

On that occasion the Buddha then spoke this gatha:

"Who looks for me in form
who seeks me in a voice
indulges in wasted effort
such people see me not."

제6절 영역(英譯) 2

Section 26. The Body of Truth has no Marks

Subhuti, what do you think? May the Tathagata be perceived by the thirty-two marks of a great man?

Subhuti answered: Yes, certainly the Tathagata may be perceived thereby.

Then Buddha said: Subhuti, if the Tathagata may be perceived by such marks any great imperial ruler is the same as the Tathagata.

Subhuti then said to Buddha: World-honoured One, as I understand the meaning of Buddha`s words the Tathagata may not be perceived by the thirty-two marks.

Whereupon the World-honoured One uttered this verse:

Who sees Me by form,
Who seeks Me in sound,
Perverted are his footsteps upon the Way;
For he cannot perceive the Tathagata.

제27장 끊음도 없고 멸함도 없다

제1절 한글번역

『수보리여, 만약 그대가 '여래는 거룩한 상을 두루 갖추지 않았기에 아뇩다라삼먁삼보리를 얻었다.' 고 생각한다면,

수보리여, 여래가 거룩한 상을 두루 갖추지 않았기에 아뇩다라삼먁삼보리를 얻었다고 생각하지 말라.

수보리여, 만약 그대가 '아뇩다라삼먁삼보리의 마음을 낸 이는 모든 법이 없다고 말하리라' 라고 생각한다면 그런 생각을 말지니, 무슨 까닭이겠는가? 아뇩다라삼먁삼보리의 마음을 낸 이는 법에 대해 없는 것이라고 말하지 않느니라.』

제2절 해설

제27장 끊음도 없고 멸함도 없다

『수보리여, 만약 그대가 '여래는 거룩한 상을 두루 갖추지 않았기에 아뇩다라삼먁삼보리를 얻었다' 고 생각한다면, 수보리여, 여래가 거룩한 상을 두루 갖추지 않았기에 아뇩다라삼먁삼보리를 얻었다고 생각하지 말라. 수보리여, 만약 그대가 '아뇩다라삼먁삼보리의 마음을 낸 이는 모든 법이 없다고 말하리라' 라고 생각한다면 그런 생각을 말지니, 무슨 까닭이겠는가? 아뇩다라삼먁삼보리의 마음을 낸 이는 법에 대해 없는 것이라고 말하지 않느니라.』

부처님이 수보리를 부릅니다. 그대가 이런 생각을 한다면 즉 상에 집착하지 않음으로써 부처를 볼 수 있고 큰 깨달음을 얻을 수 있다고 생각한다면 그대는 결코 그렇게 생각해서는 안 된다. 공덕의 성취가 없이도 도를 깨달아 성불할 수 있다고 생각해서는 안 된다. 그런 생각은 잘못된 것이다.

만약 도를 깨달은 뒤에 모든 것이 좋고 모든 것이 공(空)이 되리라 생각한다면 이 생각은 착오입니다. 이것은 부처님이 수보리에게 명백히 말하고 있습니다. 불법을 배워 도(道)를 깨달으면 생사를 초월(超越::transcendence)해 버려 이 세상에 다시 와서 고통을 받지 않을 것이라 생각합니다. 이 생각은 잘못된 것입니다. 수행 한다고 해서 반드시 나한과를 증득하는 것은 아닙니다. 성취를 얻은 바가 있다 하더라도 여러 번 다시 인간으로 태어날 수 있습니다. 어떤 사람이 도를 깨닫고 난 뒤 다시

이 세상에 오지 않을 것이라 생각한다면 그것은 잘못된 생각입니다.

유물론(唯物論)은 단견(斷見)에 떨어진 것입니다. 사람이 죽는 것이 마치 등불이 꺼지는 것과 같다고 생각합니다. 삼세의 인과도 육도의 윤회도 없다고 생각합니다. 그것을 증명할 수 없다고 생각하기 때문입니다. 사람이 죽으면 그것으로 끝이라 생각하는데 이것은 단멸견에 속하는 것으로 역시 사견(邪見)의 일종입니다. 이 때문에 부처님은 수보리에게 말합니다. 결코 잘못된 생각, 즉 단멸견에 떨어져서는 안 된다.

앞에서는 상(相)에 집착해서는 부처를 볼 수 없다고 말하고서 이제 다시 수보리에게 상에 집착하지 않으려고 하는 데 빠져서도 부처를 볼 수가 없다고 말합니다. 상에 집착하는 것도 잘못이요, 상에 집착하지 않는 것도 잘못이란 겁니다. 가령 상에 집착하지 않으려는데 빠져 부처를 본다면 일체가 본래 공이니 꼭 선(善)한 일을 해야 할 필요가 있겠습니까?

부처도 공이요 선 또한 공입니다. 일체가 공(空)이라고만 잘못 생각한다면 가령 살인을 하더라도 상관이 없게 되는 게 아니겠습니까? 살인 역시 공입니다. 훔치고 속이고 빼앗고 나쁜 일을 하는 것도 모두 공입니다. 이런 견해는 인과를 배제시킨 것으로 공견(空見)에 떨어진 것입니다. 공견의 착오는 유물론의 관점과도 같은 것으로, 부처님의 가르침은 양 극단을 초월한 중도(中道)의 가르침입니다.

불법(佛法)의 기초가 삼세인과(三世因果)와 육도윤회(六道輪迴)입니다. 인과를 배제시킨 단멸견은 현재 인류의 사상(思想)중에서 가장 무서운 것의 하나입니다. 부처님은 수보리의 견해가 잘못될까 두려워 앞에서는 상에 집착해서 여래를 보려 해서는 안 된다고 했습니다. 그렇지만 이번에는 다시 수보리에게 상을 집착하지 않으려는데 떨어질까 두려웠습니다.

상에 집착하지 않으려고 하면 결과적으로 단멸견이 되어 인과를 배제시키게 됩니다. 이 때문에 부처님은 재차(再次) 경계를 시킵니다. 잘못 생각해서는 안 된다고 다시 주의를 줍니다.

그러므로 진정으로 불법을 배우는 사람, 즉 큰 깨달음을 구하려는 사람이라면 단멸상에 떨어지지 않도록 주의해야 합니다. 단멸상이란 무엇일까요? 단멸상이란 공에 떨어진 것입니다. 공(空)을 불법의 구경(究竟)이라고 생각한 것입니다. 이것이 단멸입니다. 후세에서 《금강경》을 해설하기를 《금강경》이 공을 설한 것이라 말합니다. 그렇지만 이것은 하나의 관점일 뿐 부처님은 그렇게 말하지 않았습니다.

부처님은 단지 과거의 마음은 얻을 수 없고 현재의 마음도 없을 수 없으며 미래의 마음도 얻을 수 없다고 했습니다. 형체로써 나를 보려하거나 소리로써 나를 구하고 하는 자는 삿된 도를 행하는 자로서 여래를 볼 수 없다고 말했습니다. 이것이 교육방법입니다. 곳곳에서 우리가 착오를 일으킬 것을 막고자 하는 것입니다. 부처님은 우리에게 결코 "이런 것이다" 라고 말하지 않았습니다. 단지 "어떤 것이 아니다" 라고만 말했습니다.

《반야심경》에서도 단지 오온(五蘊)이 모두 공(空)이라고만 말하며, 최후에는 '진실하며 허무한 것이 아니다' 라고 했습니다. 결코 공을 설하지 않았습니다. 오온이 모두 공이라는 것이지 결코 반야바라밀다가 모두 공이라고 말한 것은 아닙니다. 우리가 불학(佛學)이나 불경, 불법을 연구할 때 특별히 주의해야 할 것입니다. 그렇지 않으면 사견(邪見)에 떨어지기 쉽습니다. 공견(空見)과 단멸견(斷滅見)은 서로 다를 바가 없습니다.

불법을 배우는 사람들 중에 어떤 것을 보아도 모두 공(空)으로 보인다고 이야기 하는 사람이 있습니다. 그러나 사실 그것은 공이라고 할 수 없습니다. 그것은 그렇게 말하는 본인이 깨달음을 얻지 못했거나, 성취를 이루지 못하고, 여러 가지에 실망하거나 해서 허무주의, 소극적, 비관적 태도에서 그렇게 말하는 경우가 많기 때문입니다.

공(空)은 방편적 설법입니다. 이것은 어떤 것을 형용한 것입니다. 만약 이것을 진정으로 아무것도 존재하지 않는 것이라 생각한다면, 그것은 공견이 아니라 단멸견이라 해야 할 것입니다. 이 때문에 부처님은 말합니다. 아뇩다라삼먁삼보리의 마음을 일으킨 자는 법에 대해 단멸상을 말하지 않는다. 아주 중요한 가르침입니다. 절대로 단멸이 아니며 공을 설한 것은 더욱 아닙니다. 이 장(章)의 제목은 "무단무멸"입니다. 단절되지도 않고 없어지지도 않으니 단멸상이 아닙니다.

현대과학에서는 물질이 에너지의 변환이라는 것을 알고 있습니다. 물질은 결코 없어지지 않습니다. 이점을 뚜렷이 인식해야 합니다. 현대과학에서 에너지 불변의 법칙, 질량불변의 법칙이 있습니다. 우리가 예를 들자면 어떤 나무를 태워버리면 재가 되어 없어져 버린다고 생각합니다.

그렇지만 그렇지 않습니다. 나무를 태우기 전이나 태우고 나서 그 나무를 구성하고 있는 원자의 수 와 태우고 나서의 재와 생성된 가스에 들어있는 원자의 수는 정확하게 일치합니다. 즉 우리가 겉으로 보는 모양만 변화할 뿐 불생불멸입니다. 질량불변, 에너지 불변입니다.

물질은 결코 없어지지 않습니다. 원자는 수명이 1035년(10의 35승) 정도 됩니다. 이것은 상상할 수도 없는 영겁의 시간입니다. 그뿐만 아니라 앞에서도 이야기 했지만 우리가 영혼이라고 부르는, 물론 동양과 서양의 개념상의 차이는 있겠지만, 제8식 아뢰야식도 재활용됩니다. 아뢰야식은 인연에 따라 이번 생에서 이런 삶을 살다가 수많은 종자를 함장한 채, 또 인연에 맞는 육체를 입어 또다시 재활용됩니다.

삼세인과(三世因果) 즉 선업(善業)은 선과(善果)를 낳고 악업(惡業)은 악과(惡果)를 낳는다는 것은 진리입니다. 이것을 믿지 않는 것은 외도(外道)입니다. 사견(邪見)입니다. 앞에서도 나온 바가 있지만 어떤 사람이 착한 일을 계속하고 있는데도 어려움을 겪고 있고, 고난을 받고 있다면 이것은 그 사람이 전생(前生)에 쌓아둔 악업의 영향을 받고 있는 것입니다.

악업을 다 받고 나면 그 다음에 지금 쌓아둔 선업이 영향을 발휘하여 좋은 시절이 올 것입니다. 씨〔因〕가 발아(發芽)하여 나무가 되고 열매〔果〕를 맺기 위해서는 시간이 필요하듯, 선업(善業)이 선과(善果)를 거두는 데도 시차(time lag)가 존재하는 것입니다. 인과는 전생, 현생, 내생 삼세(三世)에 걸쳐서 보아야 합니다.

일체의 중생도 하나의 동일한 본성에서 나왔지만 독립된 개체를 이루고 나서는 나는 나이요, 너는 너로서 같지 않고 서로 구별됩니다. 그렇지만 뿌리는 하나입니다. 우리가 겉으로 보이는 변화는 변화했다가 다시 본래의 상태로 변화해 가지만 본체는 변화하지 않습니다. 본체는 고정된 형태를 갖지 아니하고 어디에 집착하지 않습니다.

이런 본체가 과연 공일까요? 아닙니다. 그렇다면 본체가 항시 머물러 있다고 할 수 있을까요? 그것 역시 아닙니다. 그렇다면 본체가 단멸 된다고 말할 수 있을까요? 역시 아닙니다. 이것들은 모두 아닙니다. 그렇다면 본체의 법신은 어디에서 볼 수 있을까요?

일체의 작용과 일체의 현상에서 볼 수 있습니다. 일체의 현상은 모두 본체의 현상이며 일체의 작용은 모두 본체의 작용입니다. 그러므로 본체는 현상과 작용 속에서 볼 수 있지만 현상과 작용에 집착하지 않아야만 비로소 본체를 체득할 수 있습니다.

제3절 용어해설

27. 무단무멸분(無斷無滅分)

① 단멸견(斷滅見):

부처님께서 말씀하셨다.

『만일 어떤 외도가 미래에 대하여 미래의 일을 보고 헤아릴 수 없는 오랜 시간의 도로 아는 것과 말하는 것이 각기 다른 것은 모두 44견에 빠진 것이다. 그 외도가 아는 것은 무엇인가?

어떤 외도가 '행이 없고 견해가 없으며, 사람·생각·허공·지(知)가 없다' 고 말하는 것은 모두 7견(見)에 빠진 것이다. 그 외도가 '행이 없고 견해가 없으며, 사람·생각·허공이 없다' 고 말하는데, 그가 아는 것은 무엇인가?

어떤 외도의 견해가 이와 같고 이와 같아서 '원소로 이루어진 아(我-자기 주관의 중심)라는 물질의 몸은 부모에게서 태어나 음식을 먹고 자라지만 항상 존재하지 않는 것이어서 그 몸을 목욕시키고 옷을 입혀도 죽으면 땅에 묻혀 뼈마디가 떨어져 나가 뿔뿔이 다른 곳으로 흩어지고, 바람이 불면 그 몸이 산산이 부서지고 무너져 후세에 다시 나고 죽음을 되풀이할 수 없다. 이와 같이 소멸되어 없어진다' 고 하니, 이것이 첫 번째 견해이다.

두 번째 견해, 또 어떤 외도가 '죽으면 이와 같이 부서지고 무너지는 것이 아니다. 다시 아(我)가 있어서 또 그곳을 뛰어넘어 올라가니, 어느 곳으로 이 아(我)가 그곳을 뛰어넘어 올라가는가? 그 아(我)는 색천(色天)과 욕행천(欲行天: 欲天)으로 올라간다. 그 아(我)가 죽으면 무너지고 부서져 후세에 다시 나고 죽음을 되풀이하지 않는다.' 고 하니, 이것이 두 번째 견해이다.

註)

① 색천: 음욕·식욕(食欲) 등의 탐욕은 여의었으나, 아직 무색계와

같이 완전히 물질을 여의어, 순 정신적인 것은 되지 못한 중간의 물적(物的)인 세계.

② 욕행천: 욕계에 딸린 6종 하늘. 이 하늘 사람들은 모두 욕락이 있으므로 욕천이라 함. 6욕천은 모두 음욕을 여의지 못하였으며, 각기 음상을 달리함. 음행하는 형식의 여섯 가지. ① 4왕천; 인간의 음행과 같음. ② 도리천; 인간의 음행과 같음. ③ 야마천; 서로 포옹만 함. ④ 도솔천; 손만 잡음. ⑤ 낙변화천; 서로 웃기만 함. ⑥ 타화자재천; 남녀가 서로 쳐다보기만 하면 음행이 성립된다고 함.

세 번째 견해, 어떤 외도가 '아(我)는 죽어도 이와 같이 무너지거나 없어지지 않는다. 다시 다른 아(我)가 있어서 그곳을 뛰어넘어 올라가는데, 그 아(我)는 색에 대하여 생각이 없다. 그러므로 그 아(我)가 죽으면 무너지고 부서져 후세에 다시 나고 죽음을 되풀이하지 않는다' 고 하니, 이것이 세 번째 견해이다.

네 번째 견해, 또 어떤 외도가 '아(我)는 죽어도 이와 같이 무너지거나 없어지지 않는다. 다시 아(我)가 있어서 다시 그곳을 뛰어넘어 위로 올라가니, 그 아(我)는 무엇인가? 그 아(我)는 색에 대한 상(想)을 지닌 하늘을 모두 뛰어넘고, 성내는 상(想)을 지닌 하늘을 모두 뛰어넘어 가지가지 헤아릴 수 없는 시간의 허공지천(虛空知天: 空無邊處)에서의 가행(加行)을 생각한다. 그 아(我)가 죽으면 무너지고 없어져 후세에 다시 나고 죽음을 되풀이하지 않는다' 고 하니, 이것이 네 번째 견해이다.

다섯 번째 견해, 어떤 외도가 '아(我)는 죽으면 이와 같이 무너지거나 없어지지 않는다. 다시 아(我)가 있어서 그곳을 뛰어넘어 위로 올라간다. 그 아(我)는 무엇인가? 그 아(我)는 모든 허공지천(虛空知天)을 뛰어넘어 무앙수의 이름이 식지천(識知天)인 하늘에서의 가행(加行)을 생각한다. 만일 그 하늘이 무너져 없어지지 않을 때에는 후세에 다시 나고 죽음을 되풀이하지 않는다' 고 하니, 이것이 다섯 번째 견해이다.

여섯 번째 견해, 또 어떤 외도가 '아(我)는 죽어도 이와 같이 무너지거나 없어지지 않는다. 다시 아(我)가 있어서 그곳을 뛰어넘어 위로 올라간다. 그 아(我)는 무엇인가? 모든 식지천(識知天)을 뛰어넘어 다시는 집착하지 않고 이름이 무식지천(無識知天)인 하늘에서의 가행을 생각한다. 그 하늘에서 아(我)는 죽어서 무너지고 없어져 후세에 다시 나고 죽음을 되풀이하지 않는다' 고 하니, 이것이 여섯 번째 견해이다.

일곱 번째 견해, 또 어떤 외도가 '아(我)는 죽어도 이와 같이 무너져 없어지지 않는다. 다시 아(我)가 있어서 그곳을 뛰어넘어 위로 올라간다. 그 아(我)는 무엇인가? 모든 무식지천(無識知天)을 뛰어넘은 그 하늘의 천인들은 상(想)이 없기도 하고 상(想)이 있기도 하며 가행을 생각한다. 그 하늘에서 아(我)는 죽어서 무너지고 없어져 후세에 다시 나고 죽음을 되풀이하지 않는다' 고 하니, 이것이 일곱 번째 견해이다.』

부처님께서 말씀하셨다.

『이것이 이른바 외도들이 단멸견〔滅壞見〕을 행하며, 행(行)도 없고 상(想)도 없고, 사람·생각·허공도 없다고 하는 것이니, 모두 이 7견에 빠져 있어 그것을 벗어날 수 없다. 부처는 이것을 모두 알고 그 아는 것을 뛰어넘어 절묘하게 안다. 그러므로 나무라지도 않고 비방하지도 않고 무위를 얻었다. 부처는 단멸견과 상견이 생긴 유래를 알고, 집착이 없는 뜻으로 잘 해탈하였다. 내가 아는 법은 심오하여 깊게 비추며 모든 것을 분명하게 아니, 만일 어떠한 현자와 제자라도 그것을 듣고 안다면 곧 부처의 공덕을 말할 것이다.』

註)

① 단멸견: 만유는 무상한 것이어서 실재하지 않는 것과 같이, 사람도 죽으면 몸과 마음이 모두 없어져서 공무(空無)에 돌아간다고 고집하는 그릇된 소견. 사람이 죽으면 재나 흙이 되어 마음과 몸이 모두 단멸(斷滅)하고, 다시 뒷세상이 없다고 주장함.

② 상견: 사람은 죽으나, 자아(自我)는 없어지지 않으며, 5온은 과거나 미래에 상주 불변하여 간단(間斷)하는 일이 없다고 고집하는 그릇된 견해.

제4절 한역(漢譯)

27. 무단무멸분(無斷無滅分)

須菩提 汝若作是念 如來不以具足相故 得阿耨多羅三藐三菩提
수보리 여약작시념 여래불이구족상고 득아뇩다라삼먁삼보리

須菩提 莫作是念 如來不以具足相故 得阿耨多羅三藐三菩提
수보리 막작시념 여래불이구족상고 득아뇩다라삼먁삼보리

須菩提 汝若作是念 發阿耨多羅三藐三菩提心者
수보리 여약작시념 발아뇩다라삼먁삼보리심자

說諸法斷滅 莫作是念
설제법단멸 막작시념

何以故 發阿耨多羅三藐三菩提心者 於法不說斷滅相
하이고 발아뇩다라삼먁삼보리심자 어법불설단멸상

제5절 영역(英譯) 1

TWENTY-SEVEN:

"Subhuti, what do you think? Was it due to the possession of attributes that the Tathagata realized unexcelled, perfect enlightenment? Subhuti, you should hold no such view. And why not? Subhuti, it could not have been due to the possession of attributes that the Tathagata realized unexcelled, perfect enlightenment.

"Furthermore, Subhuti, someone may claim, 'Those who set forth on the bodhisattva path announce the destruction or the end of some dharma.' Subhuti, you should hold no such view. And why not? Those who set forth on the bodhisattva path do not announce the destruction or the end of any dharma."

제6절 영역(英譯) 2

Section 27. It is Erroneous to Affirm that All Things are Ever Extinguished

Subhuti, if you should conceive the idea that the Tathagata attained the Consummation of Incomparable Enlightenment by reason of His perfect form, do not countenance such thoughts. The Tathagata`s attainment was not by reason of His perfect form. On the other hand, Subhuti, if you should conceive the idea that anyone in whom dawns the Consummation of Incomparable Enlightenment declares that all manifest standards are ended and extinguished, do not countenance such thoughts. Wherefore? Because the man in whom the Consummation of Incomparable Enlightenment dawns does not affirm concerning any formula that it is finally extinguished.

제28장 받지도 않고 탐하지도 않는다

제1절 한글번역

『수보리여, 만약 어떤 보살이 갠지스강 모래 수만큼의 세계를 가득 채울 만큼의 칠보로써 보시하더라도, 만약 어떤 사람이 있어 일체법이 무아(無我)라는 것을 알아 확실한 지혜[忍]를 성취한다면 이 보살의 공덕은 앞의 보살이 얻은 공덕보다 클 것이다. 왜냐하면, 수보리여, 모든 보살들은 복덕을 받지 않기 때문이니라.』

수보리가 부처님께 말했다.

『세존이시여, 어찌하여 보살이 복덕을 받지 않나이까?』

『수보리여, 보살들은 자신이 지은 복덕에 집착하지 않기 때문에 복덕을 받지 않는다 하느니라.』

제2절 해설

제28장 받지도 않고 탐하지도 않는다

『수보리여, 만약 어떤 보살이 갠지스 강 모래 수만큼의 세계를 가득 채울 만큼의 칠보로써 보시하더라도, 만약 어떤 사람이 있어 일체법이 무아(無我)라는 것을 알아 확실한 지혜[忍]를 성취한다면 이 보살의 공덕은 앞의 보살이 얻은 공덕보다 클 것이다.』

이 경전은 이곳에 이르러 수보리에게 이 경전의 공덕이 얼마나 큰지를 일러줍니다. 앞에서도 몇 차례 이 공덕에 대해서 말했습니다. 수지독송하면 그 공덕이 대단히 크다고 했습니다. 여러분은 자신이 바로 보살이라는 것을 알아야 합니다. 보살계(菩薩戒)에서는 자살이 허락되지 않으며, 고의로 자신의 신체를 훼손하는 것까지도 보살계를 범하는 것이 됩니다.

부처님의 몸에 피를 흐르게 한 것과 같습니다〔一闡提〕. 이 신체는 곧 보살의 것이기 때문에 마음대로 손상시킬 수 없습니다. 효경에서 말하는 신체와 머리카락, 피부는 부모님에게서 받은 것이니 함부로 훼손할 수 없다와 동일한 이치입니다. 도를 깨닫고 나면 이 육신이 바로 보살의 육신인 것입니다.

선행(善行)을 해야 하는 것은 지위의 높고 낮음과 상관없으며 아무리 행해도 충분치 않다는 것입니다. 자신이 지고무상(至高無上)하다고 생각해서는 안 됩니다. 자신이 원만한 공덕을 갖춰 이제는 부처가 되었다고 생각해서는 안 됩니다. 부처는 끊임없는 선행으로 공덕을 배양합니다.

일체의 보살은 선의 열매를 수지하며 공덕을 수지합니다. 이것은 영원히 다함이 없습니다. 물론 진정으로 불법을 배우기 위해서는 행동으로 배워야 합니다. 불법을 배우면서 게으를 수도 있고 세상을 도피할 수도 있다고 생각하면 잘못된 것입니다. 불법을 배우는 것이 온갖 일을 거들떠보지 않는 것이라 생각한다면, 이것은 잘못된 생각입니다. 비단 소승(小乘)에도 미치지 못할 뿐 아니라 기본적인 사람됨의 측면에서도 올바르지 못합니다.

《금강경》을 보아도 알 수 있습니다. 《금강경》에서 보살이 갠지스강의 모래 수만큼이나 많은 칠보로 보시를 행하는 것을 말하고 있습니다. 대승보살의 발심을 말하고 있는 것입니다.

『만약 다시 어떤 사람이 있어 일체의 법이 무아라는 것을 알아 인(忍)을 얻어 성취했다면 이 보살의 공덕은 앞의 보살이 얻은 공덕보다 클 것이다.』

진정한 과위에 이른 보살은 일체의 법이 본래 무아라는 것을 알고 또 거기에 이를 수 있습니다. 일체의 법에는 자성이 없습니다. 여기서 법이란 일체 사물을 의미 합니다. 《금강경》에서 과거의 마음을 얻을 수 없고 현재의 마음도 얻을 수 없으며 미래의 마음도 얻을 수 없다고 합니다.

여기서 말하는 마음은 우리의 의식 활동 중에서 제6식을 말합니다. 말하자면 심리적 작용으로서의 마음입니다. 일체 법에 자성이 없다는 것은 일체의 세간 출세간의 일체의 이치가 그것 자체로는 영원히 존재할 수 없다는 것을 가리킵니다. 단독으로 존재하며 영원히 불변하는 하나의 성질이 없다는 것입니다.

우리가 일반적으로 불교의 교리를 연구하면서 흔히 그 뜻을 오해하거나 혹은 자기마음대로 새겨 본래의 뜻과 멀어지는 경우가 많습니다. 이점에 대해서는 특별히 주의해야 합니다. 유식에서 말하는 일체의 법에 자성이 없다는 것이 바로 《금강경》에서 말하는 일체의 법은 무아라는 것입니다. 여기서 일체의 법은 세간의 일체와 출세간의 일체를 포괄합니다. 일체의 법이 본래 무아란 것을 압니다. 그렇지만 결코 무아(無我) 이후가 공이라고 말하지 않습니다. 단지 무아만을 말하고 있습니다.

무아 이외에 과연 진정한 자기〔眞我〕가 있느냐 하는 문제에 이르면, 그것은 스스로가 증득해야 하는 일입니다. 일체의 법은 무아입니다. 이 경계에 이르면 천길 깎아지른 낭떠러지에서 스스로 손을 놓아버리고, 스스로 긍정하고, 스스로 감당해야 합니다. 스스로 깨닫고, 스스로 증득하며 스스로 긍정해야 합니다.

이미 불법을 증득하여 최후로 무아상(無我相)에 이르렀다면 하나의 상(相)이 있는 것도 옳지 않고 하나의 지(知)가 있는 것도 옳지 않다. 그렇다면 어떻게 증득했다고 말할 수 있겠느냐? 이미 득도했다는 것을 어떻게 증명할 수 있겠느냐는 것입니다.

현장법사는 한마디 명언(名言)을 남겼습니다. 물을 마셔보면 따뜻하고 차가운 것을 절로 알 수 있다는 것입니다. 그러므로 스스로 증험(證驗)하는 부분은, 마치 물을 마실 때처럼 차고 더운 것을 스스로 느껴 알게 됩니다.

대승이나 소승의 열매를 닦기 위해서는 모두 정〔定〕으로써 기초를 삼아야 합니다. 불법을 배우면서 정〔定〕에 드는 것은 기본(基本)입니다. 재가든 출가든 이치는 마찬가지 입니다. 기초가 없다면 단지 보통의 학인(學人)에 지나지 않습니다. 그렇지만 정(定) 자체가 곧 불법인 것은 아닙니다.

대승의 불법이라면 반드시 인(忍)을 성취해야 합니다. 인을 얻는 것과 정을 얻는 것은 같지 않습니다. 그러므로 보살은 무생법인(無生法忍)을 얻어야 비로소 대승의 경계로 진입할 수 있다고 합니다.

무생법인(無生法忍: anutpattika-dharma-ksanti)은 비록 모든 현상이 생

멸하지만, 궁극적 실재의 관점에서 보면 생멸이 없다는 사실을 의미합니다.(phenomena appear to arise and perish, when they are seen from the viewpoint of ultimate reality, they do not)

육바라밀 중 보시(布施), 인욕(忍辱) 반야를 성취했다면 지계(持戒), 정진(精進), 선정(禪定)은 자연 성취하게 됩니다. 더불어 일체의 법이 무아라는 것을 알게 된다면 무아의 경계에 이르게 되며, 자연 무생법인의 경계에 이르게 됩니다.

부처님은 처음부터 말씀하셨습니다. 생각을 잘 보호하고, 머무는 바 없이 마음이 일어나며, 일체에 집착하지 말며, 상을 갖지 말라. 생각을 잘 보호하고 집착하지 않음으로써 일체법이 무아라는 것을 알 수 있고 인(忍)을 얻어 성취할 수 있습니다.

일체 중생은 동일한 본성을 가지고 있습니다. 이 자성(自性)의 본체는 밝고 깨끗하며 상이 없습니다. 일체 중생은 부처와 차별이 없습니다. 심(心), 불(佛), 중생(衆生) 삼자(三者)는 차별이 없습니다.

일념도 일어나지 않는 것은 무생법인의 초보경계입니다. 진정한 무생법인은 망념이 모두 일어나더라도 여전히 무생법인이기 때문입니다. 그런데 여기서 주의할 것이 있습니다. 일념도 일어나지 않는 것을 어떤 생각도 모두 움직이지 않는 것이라 생각하는 것은 잘못된 착각합니다. 이것은 혼침(惛沈: 산스크리트어 styana 영어 torpor)입니다.

어떤 것을 일념도 일어나지 않는 것이라 할까요? 생각을 잘 보호하여 머물지 않는 것입니다. 일체에 머물지 않습니다. 과거의 마음은 얻을 수 없고 현재의 마음도 얻을 수 없으며 미래의 마음도 얻을 수 없습니다. 얻을 수 없다는 것 역시 얻을 수 없습니다.

이것이 바로 일념도 일어나지 않는 것입니다. 일어나면서도 일어나지 않는 것입니다. 소리나 형체로써는 도를 깨칠 수 없으므로 이들을 모두 제거한 뒤 일념도 일지 않으면 전체가 드러납니다.

여러분이 좌선을 하고서 하루 종일 앉아 번뇌를 끊어버리고자 한다면, 번뇌(煩惱)와 망념(妄念)을 공(空)으로 만들고자 한다면 그것이 바로 망념입니다. 그것이 바로 번뇌입니다. 그러므로 여러분은 정(定)을 얻을 수 없을 뿐 아니라 도리어 마음의 병을 얻게 됩니다. 그러므로 번뇌를 제거한다는 것이 한층 병을 더하는 것이 되는 것입니다. 여러분의 마음속에 단지 도의 경계를 거머쥐겠다는 생각뿐이라면, 그것 역시 사견(邪見)입니다. 일체의 법은 자성이 없습니다.

세간(世間)에서의 삶은 세상의 연(緣)을 따릅니다. 연에 따라 옛 업을 소멸시키며, 새로운 재앙을 만들지 않는 것입니다. 빚을 갚을 뿐입니다. 연에 따라 옛 업을 소멸시키되 다시 새롭게 나쁜 업력을 만들지 않습니다. 물론 새로운 선업은 부단히 행합니다. 연에 따라 옛 업을 소멸하고 새로운 재앙을 만들지 않는 것 이것이 바로 세상의 연을 따라가며 걸림이 없는 이치입니다.

『왜냐하면, 수보리여, 모든 보살들은 복덕을 받지 않기 때문이니라.』

수보리가 부처님께 여쭈었다.

『세존이시여, 어찌하여 보살이 복덕을 받지 않나이까?』

『수보리여, 보살들은 자신이 지은 복덕에 집착하지 않기 때문에 복덕을 받지 않는다 하느니라.』

진정으로 대승보살도를 행하는 사람은 선한 일을 행하지만 복덕의 과보를 구하지 않습니다. 일체의 선한 일을 행하는 것은 마땅히 해야 할 일을 행하는 것일 뿐입니다. 가령 우리가 세상을 구하고 사람을 구하는 선(善)을 행하고 나서 내가 복보(福報)를 기르고 있다고 생각하면 이것 역시 틀린 생각입니다. 이것은 범부의 경계이지 보살의 심성이 아닙니다.

일체의 보살은 복덕을 받지 않으며 과보를 구하지 않습니다. 보살은 결코 복덕을 구하는 마음으로 선을 행하지 않습니다. 그것은 당연히 해야 할 일이며 본분입니다. 선을 행하고 거기에 머물거나 집착하지 않습니다.

보살은 공덕을 행하면서 당연히 거기에 집착하지 않습니다. 그러므로 복덕이 있더라도 거기에 집착하지 않고 좋은 것이 있더라도 스스로 결코 받아들이지 않습니다. 대신에 그것을 일체 중생에 돌리고〔廻向 회향: transferring one′s merit to other beings for their benefit〕 세계의 일체 중생이 그 좋은 것을 받도록 기원합니다.

자신은 그것을 원하지 않습니다. 진정으로 깨달음을 증득해 반야를 얻은 사람은 사사로움이 없어 소승의 길을 걷지 않으며, 보시를 우선시 합니다. 보시에는 법보시, 재보시, 무외보시가 있으나 일체의 보시 속에 바로 보살도가 있습니다.

진정한 불법은 일체가 무아이며 자성이 없습니다. 부처님이 말씀하신 법 또한 방편적인 것으로서, 진정한 불법은 말로 설명될 수 있는 것이 아닙니다. 그러니 스스로 증험해야 합니다. 그러므로 묵묵히 아무 말도 하지 않습니다. 진정으로 무심의 경지에 이르면 일체의 행위에서, 일체의 곳에서 모두 무심합니다.

말한 만한 것도 없으니 이것이 진정한 들음입니다. 일체의 감정과 의식이 모두 저절로 청정합니다. 과거의 마음을 얻을 수 없고 현재의 마음도 얻을 수 없으며 미래의 마음도 얻을 수 없습니다. 무심의 경지에 이르면 제6식이 완전히 전환되어 비로소 지혜의 경계가 드러납니다. 소위 말하는 묘관찰지(妙觀察智), 즉 반야의 경계로 전환됩니다.

천 길 낭떠러지 절벽에서 손을 놓아버리는 무심의 경지만으로는 부족합니다. 삼천대천세계 일체의 것으로 보시할 수 있고 일체의 것을 놓아버려야 합니다. 이것이 진정한 놓아버림입니다. 바로 육조(六祖) 혜능이 말한 본래 아무 것도 없다(本來無一物)이라는 것입니다. 그러므로 불법을 배우는 데는 두 가지 길이 있습니다.

복덕의 성취를 구하고자 한다면 모든 악을 행하지 않고 온갖 선을 받들어 행해야 합니다. 이것은 분발시키는 것입니다. 지혜의 성취를 이루고자 한다면 모든 것을 놓아버릴 수 있어야 합니다. 분발시킬 수 있고 놓아버릴 수 있을 때 비로소 불법을 배울 자격이 있습니다. 분발시킬 수 있고 놓아버릴 수 있을 때 자연 성불할 수 있습니다.

반야의 경계는 일체의 온갖 인연을 놓아버리고, 온갖 악을 행하지 않고 온갖 선을 받들어 행함으로써 일체의 선법(善法: virtuous ways)을 닦는 것을 말합니다. 일체의 복덕을 닦아야 합니다. 선법을 닦아야 큰 깨달음을 얻고, 선법을 닦아야 진정한 지혜를 얻습니다. 선법을 닦는 것이 결코 공(空)이 아닙니다. 이 이치를 알아야 합니다.

제3절 용어해설

28. 불수불탐분(不受不貪分)

① 일체법이 무아임을 알고[知一切法無我]:

일체법(一切法)이란, 일체 만물이 갖는 진리와 같은 것이다. 그러나 일체법을 인정하는 사람이라면 무아를 알아야만 한다. 일체법에서 무아임을 알았으면, 인(忍)을 얻을 수 있다. 인(忍)이란 요약해서 말하면 시기하지 않는 마음[瞋心]을 내는 것이지만, 여기서는 진리에 안주하여 마음을 움직이지 않는 것을 가리킨다. 다시 말하면 일체의 법을 인정하면 자연히 무아임을 알게 되며, 따라서 인(忍)을 얻어 행(行)을 성취할 수가 있다는 뜻이다.

② 인(忍):

원어 크산티(Ksanti)의 의역. 인내, 즉 참는 것 외에 인가결정(忍可決定)의 뜻으로도 쓰인다. 인가결정이란 인정하여 확실하게 안다는 뜻이다. 다시 말하면 자기의 뜻에 맞지 않는 환경이나 어떤 사건에 대해 성내거나 불쾌한 마음을 내지 않고 참고 견디는 것, 또는 도리에 마음을 순응시키어 편안한 마음으로 머물러 외부에서 오는 어떠한 조건에 의해서도 동요하지 않는 마음을 말할 때도 있고, 또 확실히 인정하여 확정한다는 인가(印可)의 뜻으로 풀이되기도 한다.

인에는 2인(二忍), 3인(三忍), 4인(四忍), 5인(五忍), 6인(六忍), 10인(十忍), 14인(十四忍) 등의 여러 가지가 있다. 2인(二忍)은 중생인이라고 하며, 일체 중생에게 성내지 않고 원망하지 않고 보복하지 않고 참는 것을 말한다. 2인(忍)이란 말은 생인(生忍)과 법인(法忍)의 두 가지를 뜻하는 것이다.

생인(生忍)은 남이 나를 욕하고 때리고 해롭게 해도 성내지 않고 잘 참는 것이며, 법인(法忍)은 추위 · 더위 · 굶주림 · 생로병사 등에 대해 번민이나 원망을 하지 않고 잘 참고, 희노애락 등 정신적인 번뇌를 잘 참아내는 것이다.

3인(三忍)은 내원해인(耐怨害忍) · 안수고인(安受苦忍) · 관찰법인(觀察法忍)의 세 가지를 말하고, 4인(四忍)은 무생인(無生忍) · 무멸법인(無滅法忍) · 인연인(因緣

忍)・무주인(無住忍)의 네 가지를 말한다.

무생인(無生忍)은 일체의 법은 모두 다 자성이 공적(空寂)해서 본태는 나타나지 않는 것이라는 점을 깨우쳐서 보살의 계율을 깨뜨리지 않고 참아가는 것이다. 무멸법인(無滅法忍)은 일체의 법은 본래 생기는 법도 없고 또한 멸하는 법도 없는 것이라는 진리를 몸소 인정하면서 계율을 지키는 것이다.

인연인(因緣忍)은 일체의 법은 모두 다 인연으로 해서 생기는 것이며, 자체가 변화하지 않는 것이란 없다는 진리를 깨닫는 것이다. 보살이 이 법을 몸소 인정하게 되면 금계(禁戒)의 죄를 능히 초월한다.

무주인(無住忍)은 모든 법에 집착하지 않는 것이다.

5인(五忍)은 복인(伏忍)・신인(信忍)・순인(順忍)・무생인(無生忍)・적멸인(寂滅忍)의 다섯 가지를 말한다.

《대지도론》에서는 다음과 같이 설명하고 있다.

즉 『다시 또 인을 행하는 사람은 우선 때리거나 욕하는 자를 보면, 부모의 모습을 보는 것같이 하여 그 성내거나 욕하는 것에 더욱 자비로운 마음을 내어 이것을 사랑함이 더욱 더 깊어진다.

또한 스스로 생각하기를, '저 사람이 나에게 악을 행하는 그 업 인연은 전세에 내 스스로가 지은 것이다. 지금 마땅히 이것을 받아야 한다. 만일 성을 내면 과보를 가중시켜 나중에도 또 고(苦)가 된다. 언제 이것을 벗어날 것인가? 만일 이것을 참는다면 고(苦)를 떠날 수 있으리라. 이 때문에 성을 내서는 안 된다.' 라고.

이와 같이 모든 인연으로 성냄을 힐책하고 자비로운 마음을 내어 중생인(衆生忍) 가운데로 들어선다. 들어서고 나서는 이러한 생각을 한다.

'시방의 모든 부처님께서 설하신 법에는, 아도 없고 아소(我所)도 없다. 단지 제법이 화합하여 거짓으로 중생이라 이름하는 것이다. 수많은 관목인(關木人)의 행위와 같이 능히 동작한다 하더라도 안으로 주(主)가 없다. 신(身)도 또 이와 같아서 단지 피골(皮骨)이 상지(相持)하고 심풍(心風)이 바뀜에 따라 생각들도 생멸하여, 무상공적(無常空寂)으로서 짓는 자도 없다. 본래 필경공(畢竟空)이기 때문이다. 단 진도허광(瞋倒虛狂) 때문에 범부의 마음에 집착함이 있을 뿐이다' 라고.

이와 같이 사유하고 나면, 중생은 없다. 중생이 없으면 이미 법이 속할 바가 없다. 단지 인연이 화합할 뿐으로 자성(自性)도 없다. 중생이라는 것은 화합을 견고히 하여 중생이라고 이름하는 것이며, 법도 또한 그렇다. 이와 같이해서 법인(法忍)을 얻는다. 이 중생인과 법인을 얻기 때문에 능히 아뇩다라삼먁삼보리를 얻는다고 하는 것이다.』

제4절 한역(漢譯)

28. 불수불탐분(不受不貪分)

須菩提 若菩薩以滿恒河沙等世界七寶 持用布施
수보리 약보살이만항하사등세계칠보 지용보시

若復有人 知一切法無我 得成於忍 此菩薩勝前菩薩所得功德
약부유인 지일체법무아 득성어인 차보살승전보살소득공덕

何以故 須菩提 以諸菩薩不受福德故
하이고 수보리 이제보살불수복덕고

須菩提白佛言 世尊 云何菩薩不受福德
수보리백불언 세존 운하보살불수복덕

須菩提 菩薩所作福德 不應貪着 是故說不受福德
수보리 보살소작복덕 불응탐착 시고설불수복덕

제5절 영역(英譯) 1

TWENTY-EIGHT:

"Furthermore, Subhuti, if a noble son or daughter took as many worlds as there are grains of sand in the Ganges and covered them with the seven jewels and gave them as a gift to the tathagatas, the arhans, the fully-enlightened one s, and a bodhisattva gained an acceptance of the selfless, birthless nature of dharmas, the body of merit produced as a result would be immeasurably, infinitely greater. And yet, Subhuti, this fearless bodhisattva would not obtain a body of merit."

The venerable Subhuti said, "But surely, Bhagavan, this bodhisattva would obtain a body of merit!"

The Buddha replied, "They would, Subhuti, but without grasping it. Thus is it called 'obtaining.'"

제6절 영역(英譯) 2

Section 28. Attachment to Rewards of Merit

Subhuti, if one Bodhisattva bestows in charity sufficient of the seven treasures to fill as many worlds as there be sand-grains in the river Ganges, and another, realizing that all things are egoless, attains perfection through patient forbearance, the merit of the latter will far exceed that of the former. Why is this, Subhuti? It is because all Bodhisattvas are insentient as to the rewards of merit.

Then Subhuti said to Buddha: What is this saying, World-honoured One, that Bodhisattvas are insentient as to rewards of merit?

And Buddha answered, Subhuti, 'Bodhisattvas who achieve merit should not be fettered with desire for rewards. Thus it is said that rewards of merit are not received.'

제29장 위의가 고요하다

제1절 한글번역

『수보리여, 만약 어떤 사람이 말하기를 「여래가 오기도 하고 가기도 하고 앉기도 하고 눕기도 한다」 하면 이 사람은 내가 말한 뜻을 이해하지 못한 것이다. 왜냐하면 여래란 오는 곳도 없고 가는 곳도 없어 여래라 하기 때문이니라.』

제2절　해설

제29장 위의가 고요하다

『수보리여, 만약 어떤 사람이 말하기를 '여래가 오기도 하고 가기도 하고 앉기도 하고 눕기도 한다' 하면 이 사람은 내가 말한 뜻을 이해하지 못한 것이다. 왜냐하면 여래란 오는 곳도 없고 가는 곳도 없어 여래라 하기 때문이니라.』

일체의 중생과 부처에게는 모두 법신(法身), 보신(報身), 화신(化身)의 세 몸이 있습니다. 앞에서 법신에 대해서 자세히 이야기 했습니다. 여래는 오는 것 같기도 하고 가는 것 같기도 하며, 법신은 생겨나지도 않고 없어지지도 않습니다. 소위 불생불멸하며 오지도 않고 가지도 않습니다. 죽지도 않고 태어나지도 않으며 마치 영원히 그렇게 존재하는 것 같습니다. 이것이 법신입니다.

여러분은 자신이 고통과 번뇌를 느낀다고 하지만 그것은 잘못된 이야기입니다. 어제는 이미 지나가, 어제의 번뇌는 이미 그림자도 없습니다. 지금 여기 앉아서는 번뇌를 느끼지 않습니다. 여러분이 현재 심한 번뇌를 느낀다면, 조금 지나면 번뇌가 없어질 것입니다. 영원히 번뇌를 느낄 수 없으며, 번뇌를 결코 붙잡아 둘 수 없습니다.

부처님은 어떤 것도 남겨두지 않고 모두 다 말씀하셨습니다. 진리를 남김없이 명백히 밝혔습니다. 어떤 비밀도 없습니다. 도는 일체 중생의 것입니다.

진정한 부처, 법신의 본체를 증득한 자는 오는 곳이 없고 가는 곳도 없습니다. 오지도 않고 가지도 않으며, 태어나지도 않고 죽지도 않으며, 앉아 있지도 않고 누워 있지도 않습니다. 그것은 어떤 경계일가요? 아주 평범한 경계입니다. 나쁜 생각이 움직이지도 않고 좋은 생각이 생기지도 않습니다. 이 마음은 평온하고 고요하며, 분별심이 일지 않으니 바로 여래의 경계속에 있는 것입니다.

여러분은 부처의 경계가 그렇게 높고도 먼 것이라 생각해서는 안 됩니다. 사실 지극히 평범합니다. 잠시도 떨어질 수 없으니, 떨어질 수 있으면 도가 아닙니다. 도란 어떤 것일까요? 지극히 고명하지만 중용을 말합니다. 가장 평상적인 것입니다. 오지도 않고 가지도 않으며, 바로 여기에 있습니다.

우리가 자신의 번뇌와 마음 씀씀이를 관찰하면, 오지도 않고 가지도 않으며, 앉지도 않고 눕지도 않으며, 생기지도 않고 없어지지도 않습니다. 앞 생각이 없어진 것을 멸(滅)이라 하고 그 뒤를 이어 나타난 것을 생(生)이라고 한다면, 생겨난 것은 반드시 없어집니다.

없어진 뒤에는 완전히 존재하지 않는 것일까요? 상은 단멸되지 않습니다. 다시 생겨날 수 있습니다. 계속 생겨나고 멸하니 물위의 파도와 같습니다. 파도가 비록 움직일지라도 움직인 뒤에는 하나하나 흩어집니다. 모든 파도는 물이 변한 것입니다. 물은 움직인 적이 없지만 파도는 여전히 그렇게 많습니다.

우리가 여러 가지 방법을 생각해서 이 파도를 잠재우고자 하지만 잠재우고나면 또 어떤 것인가요? 잠재우고 나서도 역시 물입니다. 잠재우지 못한다면요? 잠재우지 못해도 역시 물입니다. 그러므로 한사코 잠재우려 하는 것은 스스로 번뇌를 만드는 것입니다.

여러분의 생각 역시 오는 곳이 없고 가는 곳이 없습니다. 생각 자체는 여래의 청정한 경계에 있습니다. 이 신체는 진짜가 아닙니다. 잠시 빌려 사용하는 하나의 도구입니다. 부모에게 빌려 수십 년간 사용하고 있는 것입니다. 이것을 안다면 진정으로 무심의 경지에 이를 수 있습니다.

무엇을 무심의 경지라 할까요? 일체의 망념이 생겨나도 개의치 않는 것입니다. 그것이 본래 물위의 파도에 불과한데, 구태여 따질 것이 무엇이냐는 것입니다. 개의치 않는 것은 곧 허망한 심리적 마장(魔障)을 받아들이지 않는 것입니다. 이들을 모두 헛것이라 여기면 그 위의(威儀)는 자연 고요해집니다.

호수에 돌을 던지면 고요하던 물이 일렁거리면서 그 일렁거리는 것이 퍼져나갑니다. 돌이 던져진 지점을 중심으로 하여 사방으로 퍼져나가는 물결은 동심원을 이루게 됩니다. 멀리 진행할수록 파의 높이는 줄어들어 아주 먼 곳에서는 파가 거의 사라져 버립니다. 뿐만 아니라 시간이 흘러가면 다시 고요한 호수의 본래의 모습으로 되돌아갑니다.

원형파가 멀어질수록 줄어드는 이유는 파동의 에너지가 보존되어야 하기 때문입니다. 멀어질수록 파가 점유된 길이가 커지기 때문에 진폭이 줄어들어야 전체의 에너지가 그대로 유지됩니다.

한편 수면파는 물의 마찰열로의 발산에 의해 에너지가 서서히 열에너지로 소모되어 상당한 시간이 흐르면 수면이 고요해집니다. 어떤 물질 속을 파동이 전파되어 갈 때, 그 물질을 파동의 매질이라고 합니다. 진행파가 전파되어 나갈 때 매질은 그 평형위치를 중심으로 진동할 뿐 진행파와 함께 전파되어 가는 것은 파동의 에너지 흐름입니다.

만약 우리가 자기 심성의 본래 모습을 이해하지 못한다면, 즉 견해와 감정이 모두 수면의 파도처럼 헛된 것이라는 것을 이해하지 못한다면, 수면의 파도에 의해 기만당해 자신의 본성이 물이라는 것을 잊어버립니다. 일반인은 모두 깊고 얕음에 속임을 당합니다.

아름답다는 것이 무엇일까요? 남·녀 간의 자태를 말하는 것이 아닐까요? 이 경계는 사람을 미혹시킵니다. 물리세계의 일체 욕망은 사람을 기만합니다. 세상의 어떤 것도 사람을 기만하지 않는 것이 없습니다. 모두 속이고 모두 속임을 당합니다.

왜 그럴까요? 자기의 자성이 여래라는 것을 알지 못하고 단지 물위의 파도만을 보고 거기에 기만당하기 때문입니다. 파도를 뚜렷이 안다면 감정과 견해가 모두 가지도 않고 오지도 않는다는 것을 알게 됩니다. 이 마음은 본래 청정합니다. 이것을 안다면 속임을 덜 당해, 곧 금강반야바라밀에 이를 것입니다.

제3절 용어해설

29. 위의적정분(威儀寂靜分)

① 여래가 온다거나, 간다거나, 앉는다거나, 눕는다거나[如來 若來若去若坐若臥]:

여기서는 부처님의 행주좌와(行住坐臥)를 말하는 것인데, 행(行)은 오고 가고 다니는 것, 주(住)는 머무르는 것, 좌(坐)는 앉는 것, 와(臥)는 누워서 다리를 뻗는 것인데, 이것을 부처님의 사위의(四威儀)라고 한다. 이 구절을 겉모습에 나타난 사위의(四威儀)의 동작을 가지고 진정한 여래로 속단하여서는 안 된다는 뜻이다. 즉 색신(色身)인 세존의 육체를 가지고서 여래의 법신과 혼동해서는 안 된다는 말이다. 여래는 가고, 오고, 앉고, 눕는 것, 즉 상(相)이 있는 것이 아니고 또한 그것이 여래를 떠나서 있지도 아니함을 알아야 할 것이라는 말이다.

제4절 한역(漢譯)

29. 위의적정분(威儀寂靜分)

須菩提 若有人言 如來若來若去若坐若臥 是人不解我所說義
수보리 약유인언 여래약래약거약좌약와 시인불해아소설의

何以故 如來者 無所從來 亦無所去 故名如來
하이고 여래자 무소종래 역무소거 고명여래

TWENTY-NINE:

"Furthermore, Subhuti, if anyone should claim that the Tathagata goes or comes or stands or sits or lies on a bed, Subhuti, they do not understand the meaning of my words. And why not? Subhuti, those who are called

'tathagatas' do not go anywhere, nor do they come from anywhere. Thus are they called 'tathagatas, arhans, fully-enlightened ones.' "

제6절 영역(英譯) 2

Section 29. Perfect Tranquility

Subhuti, if anyone should say that the Tathagata comes or goes or sits or reclines, he fails to understand my teaching Why? Because Tathagata has neither whence nor whither, therefore is He called "Tathagata".

제30장 이치와 현상의 일합상

제1절 한글번역

『수보리여, 만약 어떤 선남자 선여인이 삼천대천세계를 부수어 티끌을 만든다면 어떻게 생각하느냐? 이 티끌들이 많지 않느냐?』

수보리가 말했다

『매우 많겠나이다. 세존이시여, 무슨 까닭인가 하면 만일 이 티끌들이 실제 존재하는 것이라면 부처님께서는 이것을 티끌들이라 말씀하시지 않으셨을 것이기 때문입니다. 왜냐하면 부처님께서 티끌이라 말씀하신 것은 티끌이 아니요, 단지 그 이름이 티끌이기 때문이옵니다.

세존이시여, 여래께서 말씀하신 삼천대천세계도 세계가 아니므로 세계라 이름하나이다. 그 까닭이 무엇인가 하면 만약 세계가 참으로 있는 것이라면 그것은 곧 일합상(一合相)이기 때문입니다. 여래께서 말씀하시는 일합상은 일합상이 아니요, 단지 그 이름이 일합상일 뿐입니다.』

『수보리여, 일합상이란 말할 수 없는 것인데, 다만 범부는 그것을 탐내고 거기에 집착하느니라.』

제2절 해설

제30장 일치와 이치의 일합상

『수보리여, 만약 어떤 선남자 선여인이 삼천대천세계를 부수어 티끌을 만든다면 어떻게 생각하느냐? 이 티끌들이 많지 않느냐?』

수보리가 말했다

『매우 많겠나이다. 세존이시여, 무슨 까닭인가 하면 만일 이 티끌들이 실제 존재하는 것이라면 부처님께서는 이것을 티끌들이라 말씀하시지 않으셨을 것이기 때문입니다. 왜냐하면 부처님께서 티끌이라 말씀하신 것은 티끌이 아니요, 단지 그 이름이 티끌이기 때문이옵니다.』

가령 이 먼지(塵진)들, 이 물질세계의 분자나 원자, 이들이 진실로 영원히 존재한다면, 세상에 먼지가 있다고 그대에게 말하지 않았을 것이다. 이 먼지들이 누적되면 대지와 산하로 변해 물질세계가 됩니다. 물질세계의 물질은 과학의 눈을 통해 본다면 그것이 분석되어 최후에는 원자 전자 원자핵 등이 되며 마침내는 공이 되리라는 것입니다.

공의 역량이 이처럼 막대한 위력을 발휘하지만 마침내는 공입니다. 양자역학을 연구하는 물리학자는 이것을 이해할 것입니다. 소위 원자라는 것은 마지막까지 분석해 들어가면 마침내 공이 되고 맙니다. 이공은 결코 없는 것이 아닙니다. 그 영향은 아주 큽니다. 원자폭탄이 작열할 때 알 수 있듯이 공의 위력은 그렇게 막강합니다.

만약 정말 미진(微塵)이 있다면 부처님이 미진을 말하지 않았을 것입니다. 근본적으로 먼지는 존재하지 않기 때문에, 이처럼 모두 공으로부터 형성된 것이므로 단지 그 이름을 미진이라 한 것입니다. 미진은 극히 미세한 것으로 물질의 가장 기본적이지만 그것이 궁극적인 것은 아닙니다. 그것을 다시 분석해 들어가면 마침내는 아무것도 남지 않습니다.

원자의 직경은 약 1억분의 1cm입니다. 그 크기는 대체 얼마만 한 것일까요? 우리의 일상적인 경험에 비추어 그 크기를 가늠하는 게 가능하기는 한 것일까요?

프리초프 카프라는 《새로운 과학과 문명의 전환(The Turning Point)》에서 그 극미한 원자세계의 크기를 파악하기 위해 오렌지를 지구 크기만큼 확대해 보라고 제안합니다.

"아마도 오렌지가 지구 크기만 하다면 오렌지 원자들은 버찌만 할 것이다. 지구만 한 크기의 공 속에 수많은 버찌가 꽉 차 있는 모습! 그게 바로 오렌지 하나 속에 들어 있는 원자들의 확대된 모양이다."

그러나 이 미세한 원자조차도 그 중앙에 있는 핵에 비하면 대단히 큰 것이라고 합니다. 원자를 버찌 크기로 확대하더라도 원자핵은 너무 미세해서 육안으로는 볼 수 없습니다.

그렇다면 원자를 세계에서 가장 크다는, 로마에 있는 성 베드로 성당의 돔 크기만큼 확대해 보면 어떨까요?

"원자 하나가 성 베드로 성당의 돔만 하다면 원자핵은 소금 한 알의 크기만 할 것이다. 성 베드로 성당의 천장 한가운데에 있는 소금 한 알과 천장의 광대한 공간에서 그 주위를 맴도는 먼지들…. 이것이 원자의 핵과 전자들을 묘사해 볼 수 있는 모양이다."

원자물리학은 초미시적 세계에 깊숙이 파고들어 처음으로 사물의 본질을 엿볼 수 있는 길을 터놓았습니다. 원자는 고래로부터 믿어왔듯이 견고하고 딱딱한 입자가 아니었습니다. 그것은 그 안에서 극도로 미세한 입자들이 핵의 주위를 빛의 속도로 운동하고 있는 공간의 광막한 영역으로 구성되어 있었습니다. 그것은 물체라기보다는 차라리 하나의 사건이라고 볼 수 있습니다.

카프라는 선(禪) 불교와 도교에 관한 책을 접하면서 현대물리학의 모델과 이미지들이 동양사상의 그것과 아주 흡사하다는데 매료되었다고 합니다. 물질에 대한 지식은 더는 직접적인 감각 경험에 기댈 수가 없었습니다. 여하한 논리적 추리로도 답을 구할 수 없었습니다.

"자연은 어떤 명제가 아니라 단지 수수께끼를 내놓을 따름이었다. 과학자들은 원자적 실재에 대한 새로운 각성, '통찰'을 통해서만 그것을 이해할 수 있었다."

1970년대 들어 카프라는 양자역학의 출현이 의미하는 세계관의 근본적인 변화, 그 혁명적인 패러다임 전환에 대해 본격적으로 연구하기 시작했습니다.

카프라의 첫 번째 책 《현대물리학과 동양사상(The tao of Physics)》은 1975년 출간되었습니다. 양자역학을 연구해보면 동양의 정신과 일맥상통하는 점을 발견할 수 있습니다.

육체를 분석하고 분석해 들어가면 마침내는 아무것도 남지 않습니다. 공입니다. 이 공의 영향이 응결되어 물리세계로 변합니다.

『세존이시여, 여래께서 말씀하신 삼천대천세계도 세계가 아니므로 세계라 이름하나이다. 그 까닭이 무엇인가 하면 만약 세계가 참으로 있는 것이라면 그것은 곧 일합상(一合相) 이기 때문입니다. 여래께서 말씀하시는 일합상은 일합상이 아니요, 단지 그 이름이 일합상일 뿐입니다.』

『수보리여, 일합상이란 말할 수 없는 것인데, 다만 범부는 그것을 탐내고 거기에 집착하느니라.』

부처님께서 물었던 이 삼천대천세계라는 것도 역시 가명(假名)으로 우연히 잠시 존재하는 것입니다. 실제로 영원히 존재하는 것은 없습니다. 물질세계 역시 변하는 것이며, 소멸되는 것입니다.

현재 우리가 직장의 사무실에 있다면 이곳도 마찬가지입니다. 이것 저것을 끌어모아 놓은 것입니다. 책상과 의자를 가져다 놓고 사람들이 앉아 있으며, 형광등이나 에어컨도 갖추고, 컴퓨터와 전화를 책상위에 놓고서 업무를 보면서 이곳을 사무실이라고 합니다. 사무실이란 것은 사무실이 아닙니다. 이름이 사무실인 것입니다.

이것은 우연히 잠시 모여진 것입니다. 궁극적인 것이 아니며 실제로 존재하는 것도 아닙니다. 사무실도 곧 다른 용도로 바뀔 수도 있습니다. 일체의 물질세계는 모두 이처럼 우연히 모인 가상적인 것입니다. 소위 인생이란 인생이 아니라 이름이 인생인 것입니다. 마찬가지 이치입니다.

진정으로 하나의 세계가 존재한다면, 또 영원히 불변한다면 그것은 바로 일합상입니다. 그것은 서로 다른 것이 모여서 변한 것입니다. 물질세계는 무단히 변합니다. 산을 예로 들어 봅시다. 언뜻 보기에는 움직이지 않는 것 같지만 바람이라도 한번 불면 먼지가 쌓입니다. 아주 서서히 일어난 것이지만 산은 커질 수 있습니다.

판구조론(plate tectonics)에 의하면 대륙조차 움직입니다. 단지 우리가 그것을 눈으로 볼 수 없을 뿐입니다. 산은 변하고 있습니다. 커질 수도 있고 훼손될 수도 있습니다. 그러므로 일합상의 세계가 진실로 존재한다 하더라도 수억년 이후에는 역시 공이 되고 말겁니다. 그리고는 공에서 유로 변할 것입니다.

여래께서 말씀하신 일합상은 일합상이 아니요 그 이름이 일합상입니다. 일합상은 가상의 존재입니다. 하나의 명사에 지나지 않는 것으로 불변하지 않는 것은 없습니다. 불변이란 단지 이념에 불과합니다.

그러나 일합상이 과연 존재하지 않는 것일까요? 이 세계가 공이라고요? 사람들은 항시 덧없는 꿈같다고 하지만 이런 관념이나 견해는 잘못된 것입니다. 꿈은 존재하지 않는 것이 아닙니다. 꿈은 존재합니다. 그러나 우연히 잠시 단편적으로 존재합니다.

심리학적 연구에 의하면 꿈꾸는 사람이 아무리 긴 꿈을 꾸었다고 본인이 생각하더라도 옆에서 객관적으로 시간을 측정해보면 아주 짧은 시간에 지나지 않는다고 합니다. 사람은 자면서 꿈을 꿉니다. 어려서 시작해 자라면서 많은 일들을 경험한 뒤 여러 가지 꿈을 꿉니다. 꿈속에서는 수십년의 세월이 흘렀지만 실제로는 아주 짧은 시간이 흘렀을 뿐입니다.

사람이 절벽에서 떨어졌거나 심한 교통사고를 당했을 경우 자기가 살았던 전 일생이 한편의 드라마처럼 파노라마로 펼쳐지더라는 이야기를 종종합니다. 이 사람들이 주관적으로 느낀 시간은 엄청 긴 시간이라 느꼈지만 실제 의사들이 측정해보면 10분이나 20분에 지나지 않는 경우가 많다고 합니다. 꿈속의 시간과 공간은 상대적입니다.

상대성 이론을 밝혀낸 아인슈타인은 우주의 심오한 성질을 밝혀냈음에도 불구하고 대학의 강사직(university lecturer) 조차 얻을 수가 없었습니다. 고등학교 교사가 되려는 꿈도 포기해 버렸습니다. 그는 3급 기술시험사의 일을 계속하면서 연구를 할 수밖에 없었습니다. 아인슈타인 한사람에 의해서 창조된 그의 상대성 이론은 인류가 지금까지 이룩한 가장 높은 수준의 지적 성과(the highest intellectual achievement)의 하나임에 틀림없습니다.

상대성 이론(the theory of relativity)이란 쉽게 말하면 공간(space)과 시간(time)이 절대적인 것이 아니라(not absolute), 관찰자(the observer)와 관찰되는 대상(the thing being observed) 모두에게 상대적인 것이며 속도가 빨라질수록 그 차이가 더욱 커진다는 것입니다. 상대성이론이 이상해 보이는 이유는 우리가 일상생활에서 그런 경우를 경험하지 못하기 때문입니다.

일반 상대성이론의 개념들 중에서 우리의 직관(intution)에서 벗어나기 때문에 가장 이해하기 어려운 것은 시간이 공간의 일부라는 주장입니다. 우리는 본능(instinct)적으로 시간이 영원(eternal)하고 절대적(absolute)이고 불변(immutable)의 것이라고 생각합니다. 일정하게 찰칵거리는 시간은 무엇으로도 방해할 수가 없다고 생각합니다. 그런데 아인슈타인의 주장에 따르면 시간은 변화할 수 있는 것 일뿐만 아니라 실제로 끊임없이 변화하고 있다는 것입니다.

시간은 모양도 가지고 있습니다. 시간은 3차원의 공간과 풀어헤칠 수 없도록 서로 얽힌 시공간(space-time)이라는 기묘한 차원을 만들어냅니다. 무거운 물체(massive object)가 시공간을 늘어나고(stretch) 휘어지고(curve) 구부러지게(warp) 만듭니다.

우리의 우주는 안정(stable)되고 고정되어 있고(fixed) 영원히 텅빈(eternal void) 공간이 아니라 태초(beginning)가 있었고, 따라서 종말이 있을 가능성도 있습니다.

아인슈타인역시 시공이 상대적이라고 잘 알고 있었습니다. 우리 지구상의 15일이 달에서는 단지 하룻밤이요, 이 세계상의 1년이 태양에서는 단지 하루에 불과합니다. 또 다른 세계에서는 우리의 100년이 단지 하루에 지나지 않을 수 있습니다. 사람의 하루가 많은 미생물들에게는 영겁(永劫)일 수 있습니다. 죽었다 다시 태어나고 태어나서 다시 죽기를 수천수백억번이나 반복해 얼마나 많은 시간이 흘렀는지 모를 수 있습니다. 그러므로 우주의 어떤 행성에서도 시공은 모두 상대적입니다.

『수보리여, 일합상이란 말할 수 없는 것인데, 범부는 그것을 탐내고 거기에 집착한다.』

반야(般若)를 연구하기 위해서는 유식(唯識)을 공부해야 합니다. 공(空)을 아무것도 없는 것이라 생각해서는 안 됩니다. 이것은 사견(邪見)입니다. 공은 하나의 경계입니다. 심성(心性)의 학문인 반야에 대해 《금강경》에서는 심(心)을 이야기 합니다. 이것으로 일체의 것이 나타납니다.

유식종(唯識宗)이나 법상종(法相宗)에서는 마음[心]을 8개의 식(識)으로 분석하는데 이것을 8식이라고 합니다. 8식(8識) 중에서 제6식은 의식(意識)입니다. 의식은 우리가 쉽게 이해할 수 있는 것으로 바로 우리 심리상에서 견해를 일으키는 작용입니다. 바로 의식상태입니다. 꿈을 꾸는 것 역시 의식 뒷면의 일부로서 심리학적으로는 잠재의식이라 합니다.

제8식인 아뢰야식은 현재와 과거 및 미래의 시간과 공간을 포괄합니다. 그리고 과거의 인(因) 즉 종자(種子)와 미래의 종성(種性)을 포괄합니다. 이것이 바로 삼세인과의 이론적 기초입니다. 같은 부모가 낳은 자식이라고 각각의 개성이 다른 것은 부모로부터 받는 유전적 요소가 작은 부분에 지나지 않기 때문입니다.

나머지는 무엇일까요? 자기가 지니고 온 전생(前生)의 종성(種性), 기질(氣質), 습관(習慣)입니다. 이 중요한 부분은 제8식인 아뢰야식, 즉 가장 중요한 종자(種子)에 수반(隨伴: accompany)된 것입니다. 이 종성의 작용(作用)을 아뢰야식이라고 합니다.

불교의 많은 경전에서는 공(空)을 이야기 합니다. 특히 반야경에서는 더합니다. 그러나 법상 유식에서는 공으로부터 말하지 않고 실제적인 현상으로부터 말합니다. 이런 까닭에 《해심밀경》에서 부처님은 마음의 본래모습인 제8식 즉 아뢰야식의 작용에 대해서 이렇게 말씀하십니다.

그대들은 잘 연구해 보아야 한다. 아뢰야식의 작용은 아주 알기 어렵고 깊고 세밀하다. 마치 폭포 같으며 긴 강을 흐르는 물과도 같다. 언뜻 보기에는 천년 만년 시종 흐르는 것 같지만 실제로는 큰 물결이 한 번 흘러가 버리면 다시 돌아올 수 없다.

우리는 이제 막 눈앞에 있는 물결을 보고 있지만 곧 흘러갈 것입니다. 미래의 물결이 다시 이어 올 것입니다. 과거의 마음은 얻을 수 없고 현재의 마음도 얻을 수 없으며 미래의 마음도 얻을 수 없습니다. 물리세계나 우리의 심리세계는 별다른 차이가 없습니다.

하나하나 물결지어 흐르는 물을 보십시오. 언뜻 보기에는 고정된 것 같지만, 실제로는 고정된 것이 아닙니다. 하나의 물결은 하나의 물방울들이 모여서 된 것입니다. 가령 이 물결을 분해시켜 버린다면 물은 한방울도 없을 겁니다. 이렇게 된다면 폭포도 생기지 않겠지요? 우리는 이것을 볼 방법이 없습니다. 볼 수 있는 것이라고는 영원한 물결뿐입니다.

우리의 심리 또한 이렇습니다. 하나의 생각에 이어 또 하나의 생각이 나타납니다. 수십 년을 사는 동안 일체의 종자가 폭포처럼 흐릅니다. 실제로 우리가 어렸을 때의 생각은 이미 사라져 버렸으며 청소년 때의 생각도 사라져 버렸습니다. 우리 일상을 한번 생각해 보십시오. 매 일분(一分) 매 일초(一秒)마다 매 하나의 생각이 모두 지나가 버립니다.

과거는 얻을 수 없습니다. 미래는 어떨까요? 역시 얻을 수 없습니다. 이제 막 현재라 말해도 현재는 얻을 수 없습니다. 현재라 말해도 말하는 그 순간 현재는 과거가 되어 버립니다. 현재는 곧 사라져 버립니다. 그렇지만 방금 말하지 않았습니까? 그 영향은 분명 존재합니다. 일체 종자는 과거 현재 미래를 포괄하며 총명함과 우둔함, 선과 악을 포괄합니다.

선한 사람은 선의 종자를 발아(發芽)시키며 서서히 악의 종자를 선의 종자로 바꿔 지극히 선한 사람이 됩니다. 바로 일체의 선법을 닦아 아뇩다라삼막삼보리를 얻는 것입니다. 여러분이 악한 심정을 발전시켜 나간다면 선한 마음이 그것에 오염되어 선한 마음까지 악한 마음으로 변합니다.

아뢰야식의 일체의 종자는 폭류(暴流)와 같다고 말합니다. 폭포처럼 그렇게 흐릅니다. 폭포는 결코 존재하지 않는 것이 아닙니다. 존재합니다. 도도히 흘러가는 큰 강의 물결, 물거품처럼 영원히 도태되어 사라져 버립니다. 물결은 영원히 흐릅니다. 그러므로 부처님은 말합니다. 그대는 무아라 말하지만 진정한 자기가 있다. 그렇지만 진정한 자기에는 어떤 이름도 붙일 방법이 없다.

만약 항상 불변하는 어떤 이름을 붙인다면 항상 존재하는 그 의미를 곡해(曲解)할 수 있다. 그래서 나는 어리석은 범인들에게는 말을 끄집어 내지 않는다. 일체 중생의 지혜가 부족하여 분별심을 일으켜 세간법의 관념으로 폭포수처럼 흐르는 이 종성(種性)을 바라보고 거기에 사로잡힐까 두려운 것이다. 생명에 진정한 자기가 있다고 잘못 생각할까 두려운 것이다.

생명이 무아라고 하는 것은, 중생이 소아(小我)의 상에 사로잡히는 잘못을 깨뜨리기 위한 것입니다. 소아(小我)의 상(相)은 하나의 물거품이요 하나의 물분자입니다. 소아의 상을 수지(受持)를 통해 깨끗한 공(空)의 상으로 전환(轉換)시킬 수 있어야만 비로소 생명의 본래 모습을 찾을 수 있습니다. 그것은 오는 곳도 없고 가는 곳도 없습니다.

일합상에 대해서 아주 쉬운 예를 들어 설명하겠습니다. 만일 티끌이 실제〔不變의 自性〕로 있다고 하면 티끌이 모여 세계를 이룰 수 없을 것이고(왜냐하면 자성은 불변이므로), 또 세계(여기서는 세계를 일합상의 예로 들었음)가 실제〔不變의 自性〕로 있다고 하면 흩어져 티끌로 나누어질 수 없을 것(왜냐하면 자성은 불변이므로)입니다. 그럼에도 불구하고 어리석은 사람은 이를 화합하여 하나로 성립되었다고 말합니다.

일합상(一合相) 자성(自性)이란 타에 의존하지 않고, 변하지 않고, 영원한 것을 말합니다. 일반 사람은 있다와 없다, 같다와 다르다 이런 두 가지 미혹을 떠나지 못했기에〔離二邊 이이변〕, 두 가지 허물을 떠나지 못한 채 어느 한쪽에 집착하므로 법신의 이치를 알지 못하는 것입니다. 부처님은 양극단을 떠난 중도(中道)의 가르침을 말씀하셨습니다.

사대(四大)가 본래 모두 공입니다. 그러나 사대가 나쁘다는 말은 결코 아닙니다. 사대 역시 자성 본체의 기능이 변한 것입니다. 사대가 모두 공이라는 것은 그 존재가 영원히 고정되어 있지 않다는 것, 즉 바로 앞에서 설명한 자성(自性)이 없다는 뜻입니다.

그러므로 부처님은 말합니다. 일합상이란 말할 수 없는 것인데, 범부는 그것을 탐내고 그것에 집착한다. 바로 부처님이 아뢰야식에 대해,

"나는 어리석은 사람들에게는 말을 꺼내지 않는다. 그들이 분별심을 일으켜 아뢰야식을 영원한 자기로 착각하고 집착할까 두렵기 때문이다."
라고 말한 이치와 같습니다.

일반 사람은 언어와 문자에 미혹되어 있다와 없다, 같다와 다르다 이런 이분법적인 사고에 젖어 있습니다. 이런 이분법적인 사고(思考)를 초월해야만 법신의 이치를 알 수 있습니다.

제3절 용어해설

30. 일합이상분(一合理相分)

① 그것이 곧 티끌들이 아니라, 그 이름이 티끌들이다〔卽非微塵衆 是名微塵衆〕:

부처님은 말씀하시기를, 티끌이라고 해서 티끌이 아니라 하셨다. 즉 티끌이 모여서 세계를 만들고, 세계를 부수어버리면 티끌들이 되는 것이니 곧 티끌이 아니며, 또한 세계 역시 세계라 할 수가 없다. 그 이름이 티끌이요, 그 이름이 세계일 뿐이다. 그러니 티끌이 티끌일 수 없고, 세계가 세계일 수 없는 것이다. 여기 티끌들이 뭉쳐서 된 것이 세계라고 한다면 그것은 탐심(貪心)과 진심(瞋心)과 치심(癡心)인 삼독(三毒)이 뭉쳐진 세계일 것이다. 중생들이 부처님의 가르침을 잘 지키어 수행하고 깨닫는다면 삼독은 곧 티끌이 되어 없어져버리게 된다.

② 일합상(一合相):

원어는 핀다 그라하(Pinda-graha). 모든 것을 한 개의 전체라 보고 그것을 실체인 양 집착하는 것을 말하는 것이다. 즉 여러 인연으로 말미암아 티끌들이 모여서 물질계를 형성하거나 또는 오온(五蘊)이 한때 가화합(假和合)하여 사람이 되는 것 따위를 말하는 것이다. 구마라집역본에서 상(相)은 상(想)으로 되어 있어서 집(執)의 의미를 띠고 있다.

이 일합상이라는 번역은 나집역본과 유지역본 뿐으로서, 진제는 취일집(聚一執), 직본(直本)은 박취(搏取), 현장은 일합집(一合執), 의정은 취집(聚執)으로 번역하고 있다. 일성집(一性執 ekatva-graha)이 하나하나를 실유(實有)로서 고집하는데 대해, 일합집(pinda-graha)은 모두를 하나의 전체로 보고 그것을 실유로서 고집하는 것을 의미한다.

제4절 한역(漢譯)

30. 일합이상분(一合理相分)

須菩提 若善男子善女人 以三千大千世界 碎爲微塵 於意云何
수보리 약선남자선녀인 이삼천대천세계 쇄위미진 어의운하

是微塵衆 寧爲多不
시미진중 영위다부

須菩提言 甚多 世尊
수보리언 심다 세존

何以故 若是微塵衆實有者 佛卽不說是微塵衆
하이고 약시미진중실유자 불즉불설시미진중

所以者何 佛說微塵衆 卽非微塵衆 是名微塵衆
소이자하 불설미진중 즉비미진중 시명미진중

世尊 如來所說三千大千世界 卽非世界 是名世界
세존 여래소설삼천대천세계 즉비세계 시명세계

何以故 若世界實有者 卽是一合相
하이고 약세계실유자 즉시일합상

如來說一合相 卽非一合相 是名一合相
여래설일합상 즉비일합상 시명일합상

須菩提 一合相者 卽是不可說 但凡夫之人 貪着其事
수보리 일합상자 즉시불가설 단범부지인 탐착기사

제5절 영역(英譯) 1

THIRTY:

"Furthermore, Subhuti, if a noble son or daughter took as many worlds as there are specks of dust in a billion-world universe and by an expenditure of limitless energy ground them into a multitude of atoms, Subhuti, what do you think, would there be a great multitude of atoms?"

Subhuti replied, "So there would, Bhagavan. So there would, Sugata. There would be a great multitude of atoms. And why? If a great multitude of atoms existed, Bhagavan, the Tathagata would not have spoken of a

'multitude of atoms.' And why? Bhagavan, this multitude of atoms of which the Tathagata speaks is said by the Tathagata to be no multitude. Thus is it called a

'multitude of atoms.'

Also, Bhagavan, this 'billion-world universe' of which the Tathagata speaks is said by the Tathagata to be no universe. Thus is it called a 'billion-world universe.'

And how so? Bhagavan, if a universe existed, attachment to an entity would exist. But whenever the Tathagata speaks of attachment to an entity, the Tathagata speaks of it as no attachment. Thus is it called 'attachment to an entity.' "

The Buddha said, "Subhuti, attachment to an entity is inexplainable and inexpressible. For it is neither a dharma nor no dharma. Foolish people, though, are attached."

제6절 영역(英譯) 2

Section 30. The Integral Principle

Subhuti, if a good man or a good woman ground an infinite number of galaxies of worlds to dust, would the resulting minute particles be many?

Subhuti replied: Many indeed, World-honoured One! Wherefore? Because if such were really minute particles Buddha would not have spoken of them as minute particles. For as to this, Buddha has declared that they are not really such. "Minute particles" is just the name given to them. Also, World-honoured One, when the Tathagata speaks of galaxies of worlds these are not worlds; for if reality could be predicted of a world it would be a self-existent cosmos and the Tathagata teaches that there is really no such thing. "Cosmos" is merely a figure of speech.

Then Buddha said, Subhuti, words cannot explain the real nature of a cosmos. Only common people fettered with desire make use of this arbitrary method.

제31장 지견이 생기지 않는다

제1절 한글번역

『수보리야, 어떤 사람이 말하기를「부처님이 아견(我見)·인견(人見)·중생견(衆生見)·수자견(壽者見)을 말씀하셨다.」한다면 수보리여, 그 사람은 내가 말한 뜻을 이해한 것이겠는가?』

『세존이시여, 이 사람은 여래께서 말씀하신 뜻을 이해하지 못한 것입니다. 무슨 까닭인가 하오면 세존께서 말씀하신 아견·인견·중생견·수자견은 아견·인견·중생견·수자견이 아니라, 그 이름이 아견·인견·중생견·수자견이기 때문입니다.』

『수보리여, 아뇩다라삼먁삼보리의 마음을 낸 이는 일체의 법에 대하여 마땅히 이렇게 알며 이렇게 보며 이렇게 믿고 이해하여 법상(法相)이 생기지 않도록 해야 하느니라. 수보리여, 법상이라 하는 것은 여래가 말하기를 법상이 아니라 하니, 이름이 법상이라 하느니라.』

제2절 해설

제31장 지견이 생기지 않는다

『수보리여, 어떤 사람이 말하기를, '부처님이 아견(我見)·인견(人見)·중생견(衆生見)·수자견(壽者見)을 말씀하셨다' 한다면 수보리여, 그 사람은 내가 말한 뜻을 이해한 것이겠는가?』

견(見)이란 자신의 견해로서, 정신의 영역에 속합니다. 소위 견해란 관점에 해당하는 것으로 모두 견(見)에 속합니다. 이 때문에 선종(禪宗)에서는 도를 깨친 것을 견지(見地)라고 합니다. 도를 보아 내어야 하는 것으로, 눈으로 보는 것이 아닙니다. 선종 공부를 한다고 해서 반드시 참선을 해야 하는 것이 아니며, 화두나 공안을 들고 좌선을 해야만 되는 것도 아닙니다. 지(知)는 본래 무명(無明)의 근본입니다. 바로 번뇌(煩惱)입니다.

양자역학적 관점에서 보더라도 물건과 같은 사물(事物), 나와 너 그 사람 또한 존재라기보다는 현상(現象: phenomena)에 가깝습니다. 산과 강 일체 건물이 모두 현상이요 꿈꾸는 것도 현상이며 깨어나는 것 역시 현상입니다. 일체 현상 모두 생멸하며 변화합니다.

예를 들면 우리의 생각은 계속 바뀝니다. 우리의 신체를 구성하는 원자도 계속 바뀝니다. 고정된 것이 없습니다. 미세한 변화이든 큰 변화이든 쉬지 않고 변하며, 고정된 존재(存在: existence) 라기보다는, 변화하는 현상(現象: phenomena)입니다.

어떤 사람은 매일 참선을 합니다. 요즘 어떠냐 하고 물어보면 좋다고 합니다. 아주 청정하다고 합니다. 이것은 상에 집착한 것입니다. 청정(淸淨)이라는 상에 집착하고 있습니다. 상(相)은 도(道)가 아닙니다. 도는 상(相)속에 있지 않습니다. 일단 상에 집착하면 이것은 무명의 근본입니다. 상에 집착하지 않아야만 열반에 이를 수 있습니다.

『세존이시여, 이 사람은 여래께서 말씀하신 뜻을 이해하지 못한 것입니다. 무슨 까닭인가 하오면 세존께서 말씀하신 아견 · 인견 · 중생견 · 수자견은 아견 · 인견 · 중생견 · 수자견이 아니라, 그 이름이 아견 · 인견 · 중생견 · 수자견이기 때문입니다.』

『수보리여, 아뇩다라삼먁삼보리의 마음을 낸 이는 일체의 법에 대하여 마땅히 이렇게 알며 이렇게 보며 이렇게 믿고 이해하여 법상(法相)이 생기지 않도록 해야 하느니라. 수보리여, 법상이라 하는 것은 여래가 말하기를 법상이 아니라하니, 이름이 법상이라 하느니라.』

욕계와 색계의 일체 번뇌와 감정(感情)을 모두 남김없이 해탈한 후, 그래도 아직 남아있는 것은 바로 심성의 지(知)와 견(見)입니다. 이 지와 견마저 해탈한다면 최후에 철저한 공(空)에 이릅니다.

대승의 마음을 내어 범부로부터 도를 닦아 성불을 하려는 자는 마땅히 일체 법에 대해 이렇게 알고 이렇게 보아야 한다는 것입니다. 공(空)에도 유(有)에도 머물지 않고 머무름과 집착이 없습니다. 그러므로 일체 법을 마땅히 이렇게 알고 이렇게 보아야 합니다.

불법(佛法)은 바르게 알고 나서 믿어야 이성적입니다. 불법을 배우고 수도하는 것은 이성적인 것이지 정감적인 것이 아닙니다. 맹목적인 미신이 아니라 이성적으로 이렇게 믿고 이해해야 합니다.

법상(法相)이란 무엇일까요? 일체의 형상이나 관념은 모두 현상으로서,

의식이나 견해가 구성한 하나의 정신적 구조물입니다. 모든 사람의 의식 속에는 스스로 만든 환상(幻想: illusion)이 있습니다. 환상이 오래되면 깨뜨릴 수 없는 하나의 전형(典型: sterotype)으로 변해 거기에 스스로 갇혀 버리고 맙니다. 이것이 바로 의식의 경계 속에 있는 형태로서, 불교의 용어로는 법(法)이라 합니다. 법은 일체의 일, 일체의 이치, 일체의 사물, 일체의 견해나 관념을 포괄합니다.

여러분은 깨달음을 하나의 광명이라 생각합니다. 온통 청정한 광명속에 있는 것이라 생각합니다. 일반인의 생각에는 이것이 이미 잠재의식 속에 깔려있어, 도를 깨닫고 나서 좌선을 하고 있으면 안팎이 모두 빛날 것이라 생각합니다. 이 광명은 맑고 투명한 빛, 태양의 빛과 같으리라 생각합니다. 무의식적으로 법상(法相)이 형성되어 이것이 어떤 형태를 갖추게 됩니다.

보통 일반 사람은 좌선시 입정에 들어가면 아무것도 모릅니다. 법상은 자신의 의식이 스스로 조작한 것입니다. 일체가 공인 것이 곧 부처라 말하는 것 역시 법상입니다. 공(空) 역시 하나의 법상이요 현상입니다.

불교에서는 유식종을 법상종이라 부르기도 합니다. 법상종이란 먼저 현상계로부터 시작해 분석 연구해 들어갑니다. 현상계란 세간 일체의 일로서, 소위 말하는 일체법입니다. 최후에는 연구가 심리상태에 이릅니다. 연구가 심성의 본모습에 이르러 전체 우주를 점검하기에 이릅니다.

이렇게도 말할 수 있습니다. 법상종은 현재의 인생, 현 세계의 상으로부터 분석하기 시작해 마침내는 마음으로 귀결되고 이후 방향을 돌려 형이상의 본체에 이릅니다. 경제학으로 비유하면 미시경제학에서 거시경제학으로 나가는 것입니다.

화엄종은 《화엄경》과 같이 우주(cosmos)적 스케일에서 시작합니다.

법상종과는 달리 먼저 형이상학적 우주관으로부터 시작합니다. 비할 바 없이 큰 우주로부터 시작해 서서히 축소해 최후로는 마음으로 모여집니다. 본체로부터 시작해 자기 자신을 알도록 하는 것입니다. 우주(cosmos : macro)에서 시작해 원자(atom: micro)로 들어가는 것으로 비유할 수 있을 것입니다.

유식과 화엄은 서로 다른 접근방법(approach)이지만, 진리를 추구한다는 점에서는 동일합니다.

무상(無上)의 지혜를 증득하려면 법상(法相), 즉 마음속으로 어떤 것을 조작해서 만들어내지 말아야 합니다(不生法相). 마음속으로 어떤 것을 조작해서는 안 됩니다. 잠재의식 속에서 어떤 부처의 모양이 생겨나서는 안 됩니다. 각 사람마다 마음속으로 이해하고 있는 부처, 도(道), 열반의 경계는 모두 같지 않습니다. 왜 같지 않을까요? 마음이 만들어내기 때문입니다. 자신이 만들어낸 것으로, 마음이 만들어낸 것입니다(自生法相). 그러므로 지혜를 증득하기 위해서는 자생법상(自生法相)이 없도록 해야 합니다.

예를 들어 똑같은 책을 읽어도 백 명의 독자가 있으면 백가지, 천명의 독자가 있으면 천 가지 각자의 이해가 다 다릅니다. 각자가 마음속에 다른 자생법상을 갖기 때문입니다. 자기가 구성한 하나의 현상은 궁극적인 것이 아닙니다. 불경에서 말하고 있습니다. 장님이 코끼리를 더듬고는 각자 더듬은 측면만을 고집하는 이치입니다.

만약 코끼리의 전 모습을 이해하려한다면 일체의 것에 집착하지 말아야 합니다. 비록 장님이 코끼리를 더듬고서 한 측면만을 고집한 것일지라도 그 측면 역시 코끼리의 부분인 점에서는 결코 틀린 것이 아닙니다. 그렇지만 코끼리의 전(全) 모습을 이해하려 한다면 일체의 것에 집착하지 말아야 합니다. 바로 부처님이 우리에게 일러준 불생법상입니다.

불경의 각종 설법은 어떤 때는 공(空)을 말하고 어떤 때는 유(有)를 말하며 어떤 때는 공도 아니고 유도 아니라〔非空非有〕 말하고 어떤 때는 공이면서 유라〔卽空卽有〕 말합니다. 궁극적으로 어떤 것이 옳을까요? 어떤 것이 옳고 어떤 것이 그른가 스스로 법상을 만들지 말아야 합니다.

유식(唯識)에서는 마음을 8개의 식(識)으로 나눈 외에, 다시 심리활동 현상을 분류(classify)하여 100개의 법(法)으로 만들었습니다. 상세히 분류한다면 당연히 100개에 그치지 않을 것입니다. 이 때문에 후세 일반인들이 일단 유식을 연구하기 시작하면, 유(有)에 치중하는 경향을 보이기 쉽습니다. 승의유(勝義有)의 법상 속으로 들어간 것입니다.

반면(反面])에 용수보살은 반야를 말하면서 공(空)으로 비유했습니다. 유식종과는 교육방법이 다르기 때문입니다. 그렇지만 일반인들은 반야를 연구하면 공(空)의 법상(法相)속으로 떨어지기 쉽습니다.

진정한 불법(佛法)의 가르침은 중도(中道)입니다. 이 점을 잘 알고 균형(均衡: equilibrium)을 잡아야 합니다.

어떤 법상도 모두 머물 수 없으며 어떤 법상도 모두 아닙니다. 부처님은 우리에게 말씀하십니다. 소위 법상이란 법상이 아니다. 그것은 단지 말하기 위한 방편, 교육상의 방편으로서, 목적은 그대들이 알도록 하는데 있다.

우리가 불법을 배우면서 가장 곤란한 것은, 마음속의 번뇌와 신체상의 감각입니다. 앉아 있으면 다리가 저려오고 앉아있지 않으면 마음속의 번뇌가 끊이지 않습니다. 간절히 청정을 구하지만 청정은 영원히 얻을 수 없습니다. 번뇌가 끊이지 않으니 스스로 자신에게 어찌하면 좋을지 묻습니다. 번뇌가 달아난 것이 청정입니다.

과거의 마음은 얻을 수 없고 현재의 마음도 얻을 수 없으며 미래의 마음도 얻을 수 없습니다. 마음속에 법상이 생기지 않으면, 머무름 없이 마음이 생깁니다.

번뇌는 곧 보리입니다. 마음속에 영원히 머물러 있는 번뇌가 어디 있습니까? 수행과정에서 두려운 것은 법상에 빠지는 것입니다. 실제로 불법이나 도를 배우면서 불법과 도에 빠진다면 그것은 법상에 빠진 것입니다. 마음이 일어 생각이 움직이는 것, 마음이 일지 않아 생각이 움직이지 않는 것, 생각이 일었다 일지 않았다 하는 것 이러한 마음의 움직임을 잘 살펴보아야 합니다.

좌선을 하면서 단지 아무것도 알지 못하는 것만을 생각합니다. 그것이 곧 입정(入定)이라 생각합니다. 이것은 입정이 아니라 마음이 일지 않아 생각이 움직이지 않는 것입니다. 생각이 일었다 일지 않았다 하는 것은 번뇌입니다.

우리가 수행을 하다보면 어떤 때는 아주 청정한 것 같습니다. 어떤 때는 마음이 산란하고 잡념이 얽혀 있다고 느낍니다. 그렇다고 걱정할 필요는 없지만 마음이 어수선한 것은 사실입니다. 이것이 바로 일었다 일지 않았다 하는 번뇌입니다. 무명인 것입니다.

법상은 완전히 자신의 마음이 만든 것으로 그밖에 것은 아무 것도 없습니다. 마음이 일어 생각이 움직이는 것, 마음이 일지 않아 생각이 움직이지 않는 것, 마음이 일었다, 일지 않았다 하는 것은 번뇌입니다. 이것뿐입니다. 사실 이런 심리상황이나 경계는 모두 스스로 만든 자생법상(自生法相)입니다.

부처님은 《금강경》에서 남김없이 다 말씀하셨습니다. 부처님이 설한 법은 철학중의 철학이요, 경전중의 경전이며 세상의 진정한 형이상학 입니다. 아주 직설적으로 남김없이 우리에게 말했지만 우리는 알지 못합니다. 《금강경》의 제일 서두에서 선호념(善護念)을 강조했습니다.

범부에게나 성불한 사람에게나 단지 하나의 법문이 있을 뿐입니다. 바로 선호념입니다. 어떤 생각을 보호한다는 것일까요? 머물지 않음입니다. 어떻게 머물지 않는다는 걸까요? 아주 간단합니다. 법상을 만들지 않는 것입니다.

성불한 사람은 어떨까요? 마찬가지입니다. 역시 밥을 먹고 발을 씻고는 좌선(坐禪)합니다. 이처럼 평범합니다. 무슨 머리에서 빛이 난다거나, 공중부양(空中浮揚)을 한다거나, 물위를 걷는다거나, 여섯 가지 신통력(六神通)이 있다거나 하는 이야기를 하지 않습니다. 밥 먹고 옷 입고 자리 깔고 앉습니다. 그러고 나서 질문하면 대답합니다. 이렇게 간단합니다. 《금강경》은 평범함 속의 진실이며, 평범함 속의 초월입니다.

제3절 용어해설

31. 지견불생분(知見不生分)

① 법상을 내지 말아야 할 것이다[不生法相]:

법상(法相)이라는 것은 우주 만유의 본체보다도 현상을 세밀하게 분류, 설명하는 것을 말한다. 여기에서 말하는 불생법상(不生法相)이라는 뜻은, 아뇩다라삼먁삼보리의 마음을 낸 사람은 일체법에 있어서 마땅히 세존이 설하는 아견·인견·중생견·수자견의 가르침을 크게 파악하여 이를 바르게 알며 믿고 이해하고 법상에 대한 그릇된 고집을 버려야 한다는 뜻이다. 즉 아견·인견을 버려야 하며, 중생상에서 벗어나야 하며, 수자상에 사로잡혀서는 안 된다는 것을 말한다.

제4절 한역(漢譯)

31. 지견불생분(知見不生分)

須菩提 若人言 佛說我見人見衆生見壽者見
수보리 약인언 불설아견인견중생견수자견

須菩提 於意云何 是人解我所說義不
수보리 어의운하 시인해아소설의부

不也 世尊 是人不解如來所說義
불야 세존 시인불해여래소설의

何以故 世尊說我見人見衆生見壽者見
하이고 세존설아견인견중생견수자견

卽非我見人見衆生見壽者見 是名我見人見衆生見壽者見
즉비아견인견중생견수자견 시명아견인견중생견수자견

須菩提 發阿耨多羅三藐三菩提心者
수보리 발아뇩다라삼먁삼보리심자

於一切法 應如是知 如是見 如是信解 不生法相
어일체법 응여시지 여시견 여시신해 불생법상

須菩提 所言法相者 如來說卽非法相 是名法相
수보리 소언법상자 여래설즉비법상 시명법상

제5절 영역(英譯) 1

THIRTY-ONE:

"And how so? Subhuti, if someone should claim that the Tathagata speaks of a view of a self, or that the Tathagata speaks of a view of a being, a view of a life, or a view of a soul, Subhuti, would such a claim be true?"

Subhuti said, "No, indeed, Bhagavan. No, indeed, Sugata. Such a claim would not be true. And why not? Bhagavan, when the Tathagata speaks of a view of a self, the Tathagata speaks of it as no view. Thus is it called a ' view of a self.' "

The Buddha said, "Indeed, Subhuti, so it is. Those who set forth on the bodhisattva path know, see, and believe all dharmas but know, see, and believe them without being attached to the perception of a dharma. And why not? The perception of a dharma, Subhuti, the

'perception of a dharma' is said by the Tathagata to be no perception. Thus is it called the 'perception of a dharma.' "

제6절 영역(英譯) 2

Section 31. Conventional Truth Should be Cut Off

Subhuti, if anyone should say that Buddha declares any conception of egoity do you consider he would understand my teaching aright?

No, World-honoured One, such a man would not have any sound understanding of the Tathagata`s teaching, because the World- honoured One declares that notions of selfhood, personality, entity and separate individuality, as really existing, are erroneous. These terms are merely figures of speech.

Thereupon Buddha said, Subhuti, those who aspire to the Consummation of Incomparable Enlightenment should recognize and understand all varieties of things in the same way and cut off the arising of views which are mere aspects. Subhuti, as regards aspects, the Tathagata declares that in reality they are not such. They are called “aspects” .

제32장 모든 교화는 참된 것이 아니다

제1절 한글번역

『수보리여, 만약 어떤 사람이 한량없는 아승지 세계를 가득 채울 수 있는 칠보로써 보시하더라도 만약 선남자 선여인으로서 보살 마음을 낸 이가 이 경전 내지는 사구게만이라도 수지독송하여 다른 사람을 위해 설명해준다면, 이 복이 저 칠보로써 보시한 복보다 클 것이다. 어떻게 다른 사람을 위해 설명해주는가? 상에 집착하지 않고 항상 여여부동하는 것이다. 왜냐하면

일체의 유위법(有爲法)은
꿈같고 환상같고
물거품, 그림자와 같으며
이슬같고 번개 같으니
마땅히 이렇게 보아야 하느니라.

부처님께서 이 경 말씀하시기를 마치시니, 장로수보리와 여러 비구비구니와 재가의 남녀수행인, 일체 세간의 천·인·아수라가 부처님의 법문을 듣고 모두 크게 기뻐하며 믿고 받들어 행하였다.

제2절 해설

제32장 모든 교화는 참된 것이 아니다

말한 것은 법상에 머물 수 있으므로 입만 열어도 곧 옳지 않습니다. 아무리 생각이 아름답더라고 일단 문장으로 써놓고 보면 원래의 아름답던 생각이 아닙니다. 보면 볼수록 더 아닙니다. 문장은 문장이요, 생각은 생각입니다. 양자는 서로 일치하지 않습니다. 이 밖에 생각을 글로 쓰는 것과 말로 표현하는 것에는 속도의 차이가 있습니다.

생각은 아주 빠릅니다. 일초간에도 동시에 여러 가지 상황을 잘 이해할 수 있습니다. 그러나 그것을 글로 옮긴다면 일초간의 생각을 옮기는데도 최소한 몇 분 정도는 걸릴 것입니다. 이 사이에 많은 생각들이 쏟아져 나와 혼돈스럽습니다.

이 때문에 부처님은 말씀하십니다. 진정한 불법을 말한 적이 없다. 말할 수 없습니다. 말한 것은 모두 아닙니다. 일단 입을 열면 이미 그것이 아닙니다. 입을 열지도 않고 그것을 이해시킬 수 있을까요? 단지 꽃을 들고 미소 지을 수밖에 없습니다.

『수보리여, 만약 어떤 사람이 한량없는 아승지 세계를 가득 채울 수 있는 칠보로써 보시하더라도 만약 선남자 선여인으로서 보살 마음을 낸 이가 이 경전 내지는 사구게만이라도 수지독송하여 다른 사람을 위해 설명해준다면, 이 복이 저 칠보로써 보시한 복보다 클 것이다.』

보리란 깨달음입니다. 일반적 의미의 깨달음이 아니라 큰 깨달음을 말하는 것으로 반야바라밀다를 깨닫는 것입니다. 능히 삼계(三界)를 초탈할 수 있는 깨달음입니다.

도를 깨닫는 것이 곧 보리심의 본체요, 보리심의 현상과 작용은 대비심, 곧 대자대비(大慈大悲)입니다. 보리심의 본체는 크게 깨달아서 도를 이루는 것, 아뇩다라삼먁삼보리, 반야바라밀다, 형이상의 도, 도의 증득입니다. 보리심의 작용은 대자대비, 일체 중생에 대한 사랑, 일체 중생에 대한 제도(濟度)입니다.

《금강경》에서 말합니다.

『가령 선남자 선여인이 보리심을 발하고서 이 경전을 수지한다면』 이 의미는 이렇습니다. 가르침을 받들어 행하고 교육을 받은대로 수지(受持)한다는 것입니다. 행위상에서, 사람됨에서, 참선공부에서 내지는 일을 처리함에 있어서 계속 실천해 나가는 것입니다.

불교에서는 재보시보다 법보시를 더 중요하게 생각합니다. 무엇을 법보시라 할까요? 바로 정신적 보시입니다. 인류의 생명이나 지혜를 위해 불법(佛法)을 가르쳐 주는 공덕으로 행하는 보시입니다.

『어떻게 다른 사람을 위해 설명해주는가? 상에 집착하지 않고 항상 여여부동하는 것이다. 왜냐하면

일체의 유위법(有爲法)은
꿈같고 환상같고
물거품, 그림자와 같으며
이슬 같고 번개 같으니
마땅히 이렇게 보아야 하느니라.』

상(相)에 집착해서는 안 됩니다. 불법을 말하고 있으면서도 시종 한 점

의 불교적 색깔이 없습니다. 불법에 절어 있지 않습니다. 아주 평범하고 평온합니다. 여여부동합니다. 무엇이 여여부동일까요? 법상이 생겨나지 않는 것, 선호념, 머무는 바가 없는 것입니다.

《금강경》에는 몇 개의 사구게가 있습니다.

『만약 형체로써 나를 보거나 소리로써 나를 구하고자 하는 자는 삿된 도를 행하는 자로서 여래를 볼 수 없다.』 등 몇 개가 있습니다.

『법상이 생겨나지 않고 머무는 바 없다.』는 구절에 귀 기울여야 합니다.

유위법은 무위와 상대적입니다. 무위는 바로 열반의 도체, 형이상의 도체입니다. 실상반야가 곧 무위법으로서 도를 증득한 것이 무위요, 여여부동입니다. 유위는 형이하의 만유(萬有)로서 작위적인 것입니다.

일체의 유위법은 꿈과 같고 환영과 같은데 영화가 바로 환영입니다.

불교와 관련된 영화 세 가지를 간단히 소개 하겠습니다.

첫째가 「동승(童僧)」(2003, A Little Monk)입니다.

천진난만한 아홉살짜리 애기스님 도념과 외모에 엄청 관심이 많은 사춘기 총각스님 정심, 그리고 때론 할아버지처럼 자상하고 때론 무지 폭력적인 큰스님이 한솥밥을 먹으며 도란도란 살고 있는 산 아래 고요한 산사. 올해도 어김없이 꽃들이 피었고, 빠알간 단풍이 졌고, 함박눈이 내렸지만, 어린 도념이 기다리는 사람은 오지 않습니다. 절에 나무를 해주는 아랫마을 초부 아저씨는 분명 도라지꽃이 활짝 피면 엄마가 오신다고 했는데….

이쁜 아줌마를 엄마라고 부르면 안 되나요? 얼마 전부터 절에 들르는 그 이쁜 아줌마가 오늘도 또 왔습니다. 나는 머리털 나고 그렇게 이쁜 아줌마는 처음 봤습니다. 저 아줌마가 우리 엄마면 얼마나 좋을까요? 이쁜 아줌마는 큰스님한테 나를 입양하겠다고 하지만, 큰스님은 막무가내로 안 된다고 하십니다. 미운 큰스님…. 큰스님은 내게 엄마가 생기는 게 질투나는 게 분명합니다. 하지만 뭐 어때? 이번엔 아줌마한테 잘 보여 꼭 엄마라고 부르고 말테야…. 도념의 마음은 또 다시 설레이기만 합니다.

이 영화가 감동을 주는 이유는 물론 잘 짜인 시나리오 때문이지만 그 외에도 영화의 배경이 되었던 사찰과 마을의 아름다움도 그 감동에 한몫을 하고 있습니다. 애기스님과 총각스님, 그리고 큰스님이 함께 지내는 생활터전으로 결정된 곳은 안동에 자리 잡은 봉정사, 천등산 남쪽 기슭, 촘촘히 늘어선 소나무 숲을 지난 곳에 위치하여 풍광이 빼어날 뿐만 아니라 아담한 모양의 삼층 석탑까지 세워져 있는 이곳은 산사에서의 생활을 소박하게 담아내기에 적절했습니다.

한국에서 가장 오래된 목조건물로 이루어진 이 사찰은 영국 엘리자베스여왕이 직접 그 아름다움을 감탄하였기에 더욱 유명하기도 한 곳입니다. 봉정사의 돌로 된 아치교(arch 橋)는 요즘 CF에도 자주 나옵니다.

불교와 관련된 영화 두 번째는 「봄 여름 가을 겨울 그리고 봄」(2003, Spring, Summer, Fall, Winter. And Spring)입니다.

이 영화는 사계절에 담긴 인생의 사계를 나타내고 있습니다.

천진한 동자승이 소년기, 청년기, 중년기를 거쳐 장년기에 이르는 파란 많은 인생사가 신비로운 호수 위 암자의 아름다운 사계(四季)위에 그려집니다.

봄…. 업(Karma): 장난에 빠진 아이, 살생의 업을 시작합니다.

만물이 생성하는 봄. 숲에서 잡은 개구리와 뱀, 물고기에게 돌을 매달아 괴롭히는 짓궂은 장난에 빠져 천진한 웃음을 터트리는 아이. 그 모습을 지켜보던 노승은 잠든 아이의 등에 돌을 묶어둡니다. 잠에서 깬 아이가 울먹이며 힘들다고 하소연하자, 노승은 잘못을 되돌려놓지 못하면 평생의 업이 될 것이라 이릅니다.

여름…. 욕망: 사랑에 눈뜬 소년, 집착을 알게 됩니다.

아이가 자라 17세 소년이 되었을 때, 산사에 동갑내기 소녀가 요양하러 들어옵니다. 소년의 마음에 소녀를 향한 뜨거운 사랑이 차오르고, 노승도 그들의 사랑을 감지합니다. 소녀가 떠난 후 더욱 깊어가는 사랑의 집착을 떨치지 못한 소년은 산사를 떠나고….

가을…. 분노: 살의를 품은 남자, 고통에 빠집니다.

절을 떠난 후 십여 년 만에 배신한 아내를 죽인 살인범이 되어 산사로 도피해 들어온 남자. 단풍만큼이나 붉게 타오르는 분노와 고통을 이기지 못하고 불상 앞에서 자살을 시도하자 그를 모질게 매질하는 노승. 남자는 노승이 바닥에 써준 《반야심경》을 새기며 마음을 다스리고…. 남자를 떠나보낸 고요한 산사에서 노승은 다비식을 치릅니다.

겨울…. 비움[公]: 무의미를 느끼는 중년, 내면의 평화를 구하다.

중년의 나이로 폐허가 된 산사로 돌아온 남자. 노승의 사리를 수습해 얼음불상을 만들고, 겨울 산사에서 심신을 수련하며 내면의 평화를 구하는 나날을 보냅니다. 절을 찾아온 이름 모를 여인이 어린 아이만을 남겨둔 채 떠나고….

그리고 봄…. 새로운 인생의 사계가 시작됩니다.

노인이 된 남자는 어느새 자라난 동자승과 함께 산사의 평화로운 봄날을 보내고 있습니다. 동자승은 그 봄의 아이처럼 개구리와 뱀의 입속에 돌맹이를 집어넣는 장난을 치며 해맑은 웃음을 터트리고 있습니다.

불교와 관련된 영화 세 째가 「달마가 동쪽으로 간 까닭은?」(1988, Why Has Bodhi-Dharma Left for the East?)입니다.

짝이 있는 새 한 마리를 죽이고 현상계를 지배하는 삶과 죽음이라는 이원성에 최초로 직면하게 된 해진은 죽음과 무상, 집착과 번뇌, 죄와 공포라는 생의 근원적인 고뇌를 깨닫게 됩니다. 생과 사, 선과 악, 행과 고라는 우리 존재의 체험이 주어지고 생은 공하며 태어나는 것도 사멸하는 것도 아니라는 설법이 주어집니다. 주인공 해진은 생의 근원적인 고뇌를 발견하고 수련의 과정에 들어가고, 마침내 생의 무상함을 깨닫습니다.

포(泡)란 물위의 거품이요, 영(影)이란 그림자를 가리킵니다. 불교에는 아주 비유가 많습니다. 몽환포영, 물속의 달, 거울속의 꽃, 양염(陽炎)이란 태양속의 아지랑이 입니다. 이런 비유는 모두 공(空)을 말하는 것입니다.

세간 일체의 일은 모두 꿈을 꾸는 것처럼 환영(幻影)이라는 것입니다. 20년 전(前)의 일을 회상해보면 한바탕 꿈과 같습니다. 그렇지 않습니까? 그렇습니다. 꿈은 과연 있는 것일까요? 없는 것은 아닙니다. 그렇지만 꿈을 꾸듯 그렇게 아련합니다. 꿈을 꿀 때는 꿈이 진짜입니다. 꿈을 깨고 나서야 아 꿈이었구나 합니다.

우리는 현재 꿈을 꾸고 있다는 것을 알아야 합니다. 눈을 한번 감으면 눈앞에 있는 이 경계, 이 꿈의 경계는 자꾸 사라집니다. 이것이 결국 깨어난 것이겠습니까? 아니면 꿈이겠습니까? 누가 감히 결론을 내릴 수 있겠습니까? 아무도 결론을 내릴 수 없습니다.

〈장자〉에 나오는 유명한 「나비의 꿈(胡蝶之夢)」 이야기가 있습니다. 『언젠가 나 장주는 나비가 되어 즐거웠던 꿈을 꾸었다. 나 자신이 매우 즐거웠음을 알았지만, 내가 장주였던 것을 몰랐다. 갑자기 깨고 나니 나는 분명히 장주였다. 그가 나비였던 꿈을 꾼 장주였는지 그것이 장주였던 꿈을 꾼 나비였는지 나는 모른다.』

장자는 말로 설명하거나 배울 수 있는 도는 진정한 도가 아니라고 가르쳤습니다. 도는 시작도 끝도 없고 한계나 경계도 없습니다. 인생은 도의 영원한 변형에 따라 흘러가는 것이며, 도 안에서는 좋은 것, 나쁜 것, 선한 것, 악한 것이 없습니다.

사물은 저절로 흘러가도록 내버려두어야 하며 사람들은 이 상태가 저 상태보다 낫다는 가치판단을 해서는 안 됩니다. 장자는 참으로 덕이 있는 사람은 환경, 개인적인 애착, 인습, 세상을 낫게 만들려는 욕망 등의 집착에서 벗어나 자유로워져야 한다고 이야기 합니다. 장자는 관리생활의 번잡함을 원하지 않았기 때문에 초나라의 재상직을 거절했습니다.

〈장자〉에서 모든 경험이나 지각의 상대성은 「만물의 통일성(萬物齊同)」과 밀접하게 연관되어 있습니다. 도가 어디에 있느냐는 질문에 대해 장자는 도가 없는 곳이 없다고 대답했습니다. 도가 어디에나 있다는 단정은 그 뒤에 중국불교에서도 나타납니다. 그들은 이와 유사한 예를 들어 아무리 미천한 것에도 불성(佛性)이 깃들어 있다고 설명했습니다. 장자는 무애자재(無碍自在)의 도를 깨친 자유인 이었습니다.

환상(幻想) 또한 없는 것이 아닙니다. 환상이 존재하고 있을 때는 환상이 곧 진실입니다. 이 세계는 바로 이렇습니다. 이 물리세계인 지구 역시 일시적으로 존재하는 것입니다.

지금 지구의 나이가 46억년 되었다고 하더라도 앞으로 태양이 수소를 다 태워 스스로 팽창하면 지구도 거의 타 버릴 것입니다. 수십억년을 지구의 시간과 비교하면 아주 긴 것 같지만 우주의 시간과 비교한다면 역시 손가락 한번 튕기는 사이에 지나가 버립니다. 역시 환상입니다.

《금강경》에서는 색(色)을 공(空)이라 말하지 않습니다. 그렇지만 유(有)라 말하지도 않습니다. 공과 유란 모두 법상(法相)입니다. 일체의 유위법은 꿈이나 환상, 물거품이나 그림자와 같다고만 했습니다. 꿈, 환상, 물거품, 그림자란 집착하거나 머물지 말라고 한 말입니다. 결코 공이니 공이 아니니 하고 말한 것은 아닙니다.

《금강경》은 법에서 단멸상(斷滅相)을 말하지 않는다고 말합니다. 모든 것을 공(空)으로 보는 것은 단멸상입니다. 유물론의 사상과 마찬가지로 잘못된 것입니다. 단지 알아야 될 것은 현재 무아(無我)속에 있지만 마음이 머물지 않아야 한다는 것입니다.

인연이 쌓여 모인 것이 연기성공(緣起性空)입니다. 성(性)이 공(空)이기 때문에 비로소 연기가 생겨날 수 있습니다. 마땅히 이렇게 뚜렷이 인식해야합니다. 상에 머물지 않고 여여부동 합니다. 이렇게 해야만 진정한 불법의 배움입니다. 일반 수행자들은 좌선을 할 때 경계가 발생하면 마(魔)에 사로잡혔다고 생각합니다. 마(魔)의 실체는 없고, 오직 유심(唯心)의 작용입니다.

《티벳사자의 서》를 읽어보면 사람이 죽고 나서 그 기간 중에 여러 가지 공포의 신이 다가옵니다. 이것에 대해서 부처님의 제자들이 부처님에게 질문했습니다. 이 공포의 신은 진짜입니까? 부처님이 말했습니다. 그것은 모두 유심이다. 모두 자기 마음이 만들어낸 것이라는 뜻입니다. 자생법상(自生法相)입니다. 아뢰야식의 종자가 현현한 것입니다.

일체 유위법은 꿈이나 환상, 물거품이나 그림자와 같고 이슬과도 같고 번개와도 같으니 마땅히 이렇게 보아야 한다는 설법은 세상이 마야(maya)임을 깨닫는데 가장 좋은 처방(prescription)입니다.

부처님께서 이 경전을 다 말씀하시자 장로수보리 및 모든 비구와 비구니, 재가의 남녀수행인, 일체 세간의 천·인·아수라가 부처님의 말씀을 듣고 모두 크게 기뻐하며 믿고 받들었습니다.

여기서 재가의 남녀수행인, 즉 속세에 있으면서 불교를 믿는 남성 신도가 우바새이고, 속세에 있으면서 불교를 믿는 여성 신도가 우바이 입니다.

부처님의 말이 여기에 이르러 《금강경》의 전부가 원만히 끝납니다. 부처님의 가르침은 처음도 좋고 중간도 좋고 끝도 좋습니다.

제3절 용어해설

32. 응화비진분(應化非眞分)

① 보살심(菩薩心):

보리심(菩提心)과 같은 말로서 보살의 마음을 말한다. 보살은,

『중생을 다 제도하리라, 번뇌를 도두 다 끊으리라, 법문을 모두 다 배우리라, 불도를 모두 다 깨우치리라』라는 내용을 가진 사홍서원(四弘誓願)을 갖고 있다. 즉 보살은 위로는 보리를 구하고, 아래로는 일체 중생을 교화하려는 마음을 가지고 있는데, 이 가운데 지장보살처럼 중생의 제도를 위하여 영원히 성불하지 않겠다는 보살도 있다. 따라서 보살심은 이렇게 가이없는 대자대비의 마음을 말하는 것이다.

② 꿈이요, 허깨비요, 물거품이요, 그림자 같은 것, 이슬 같고 또 번개와도 같은 것, 마땅히 이와 같이 볼지니라[如夢幻泡影 如露亦如電 應作如是觀]:

산스크리트경을 보면 이 게구(偈句)의 그림자〔影〕 대신 구름〔雲〕·별〔星〕·눈〔目〕·등불〔燈火〕 등이 들어가 있어 9개의 비유로 되어 있다. 이 게구는 《금강경》에 있는 게구 중 가장 뛰어난 명구로 손꼽히고 있다. 지금까지의 《금강경》 말씀이 바로 이 게구에 모두 집대성되어 있다고 할 수 있다.

③ 우바새(優婆塞):

원어 우바사카(Upasaka)의 음역으로 우바색가(優婆索迦), 우바사가(優婆娑迦)라고 음역하기도 한다. 또는 줄여서 우바색이라고 읽기도 한다. 한역으로는 근선남(近善男), 청신사(淸信士)라고 의역한다. 우바새란 출가하지 않고 속가에 있으면서 부처님을 믿는 남자를 말한다. 원래는 삼귀계(三歸戒)를 받고 오계를 지키며, 선사(善士)·선인(仙人)을 섬기는 사람을 우바새라 했다. 삼귀계는 불문에 처음 귀의할 때 하는 의식으로 불(佛)·법(法)·승(僧)에 귀의함을 말한다. 또 오계

(五戒)는 불가에 귀의하는 재가 남녀가 받는 5가지 계율을 말한다.

④ 우바이(優婆夷):

원어 우바시카(Upasika)의 음역. 우바사(優婆斯)라고 음역하기도 한다. 한역으로는 근선녀(近善女), 청신녀(淸信女)라고 번역한다. 우바이란 출가하지 않고 세속에 있으면서 불법을 믿고 부처님을 따르는 여자를 말한다. 우바새처럼 삼귀계를 받고 오계를 지키는 여성을 의미한다.

⑤ 한결같아서 움직이지 않는다[如如不動]:

여여부동(如如不動) 중에서 뒤의 여(如)는 진여(眞如)이고, 앞의 여(如)는 비유를 나타내는 것이다. 화신(化身)이 설법할 때, 유위상(有爲相)을 취하지 않고 진여의 심연으로서 움직이지 않음을 말하는 것이다. 길장의 해석에도, "뒤의 여(如)자는 법성의 여(如)와 같다. 동행자는 마땅히 법성의 여(如)와 같이 하여, 마음에 동념(動念)을 일으키지 말아야 한다하고 설하는 것이다"라고 하고 있다.

⑥ 천인(天人):

원어 아프사라(Apsara)의 음역. 비천(飛天), 낙천(樂天)이라고도 하는데, 하늘의 유정(有情)들을 가리킨다. 하늘 위를 날아다니며 음악을 연주하고 하늘에 꽃을 뿌리기도 하며 지냄으로써, 세간(世間)의 고(苦)를 벗어나 항상 즐거운 경계에 서있지만, 그 복이 다하면 5가지의 괴로움이 생긴다고 하는데 이것을 천인오쇠(天人五衰)라고 한다.

즉 첫째, 화관(花冠)이 저절로 시들고, 둘째 옷에 때가 끼고, 셋째 겨드랑이에 땀이 나고, 넷째 제 처지가 즐겁지 않고, 다섯째 왕녀가 배반한다는 것 등이다. 이러한 천인들을 형상화한 것으로는 경주국립박물관에 있는 봉덕사 성덕대왕신종, 속칭 에밀레종에 새겨져 있는 비천상(飛天象)을 볼 수 있다.

제4절 한역(漢譯)

32. 응화비진분(應化非眞分)

須菩提 若有人以滿無量阿僧祇世界七寶 持用布施
수보리 약유인이만무량아승지세계칠보 지용보시

若有善男子善女人 發菩薩心者 持於此經 乃至四句偈等
약유선남자선여인 발보살심자 지어차경 내지사구게등

受持讀誦 爲人演說 其福勝彼
수지독송 위인연설 기복승피

云何爲人演說 不取於相 如如不動 何以故
운하위인연설 불취어상 여여부동 하이고

一切有爲法 如夢幻泡影 如露亦如電 應作如是觀
일체유위법 여몽환포영 여로역여전 응작여시관

佛說是經已 長老須菩提 及諸比丘比丘尼 優婆塞優婆夷
불설시경이 장로수보리 급제비구비구니 우바새우바이

一切世間天人阿修羅 聞佛所說 皆大歡喜 信受奉行
일체세간천인아수라 문불소설 개대환희 신수봉행

제5절 영역(英譯) 1

THIRTY-TWO:

"Furthermore, Subhuti, if a fearless bodhisattva filled measureless, infinite worlds with the seven jewels and gave them as an offering to the tathagatas, the arhans, the fully-enlightened ones, and a noble son or daughter grasped but a single four-line gatha of this teaching on the perfection of wisdom and memorized, discussed, recited, mastered, and explained it in detail to others, the body of merit produced by that noble son or daughter as a result would be immeasurably, infinitely greater. And how should they explain it? By not explaining. Thus is it called 'explaining.'

"As a lamp, a cataract, a star in space
an illusion, a dewdrop, a bubble
a dream, a cloud, a flash of lightning
view all created things like this."

All this was spoken by the Buddha to the joy of the elder Subhuti, the monks and nuns, the laymen and laywomen, the bodhisattvas, the devas, humans, asuras and gandharvas of the world all of whom were greatly pleased with what the Buddha said.

제6절 영역(英譯) 2

Section 32. The Delusion of Appearances

Subhuti, someone might fill innumerable worlds with the seven treasures and give all away in gifts of alms, but if any good man or any good woman awakens the thought of Enlightenment and takes even only four lines from this Discourse, reciting, using, receiving, retaining and spreading them abroad and explaining them for the benefit of others, it will be far more meritorious.

Now in what manner may he explain them to others? By detachment from appearances-abiding in Real Truth. So I tell you.

Thus shall you think of all this fleeting world:
A star at dawn, a bubble in a stream;
A flash of lightening in a summer cloud,
A flickering lamp, a phantom, and a dream.

When Buddha finished this Discourse the venerable Subhuti, together with the bhikshus, bhikshunis, lay-brothers and sisters, and the whole realms of Gods, Men and Titans, were filled with joy by His teaching, and, taking it sincerely to heart they went their ways.

글쓴이 **황의현** 님은

서울고등학교와 서울대학교 외교학과를 졸업하고
현재 한국공항공사에 근무중입니다.

현대과학과 동양학 및 불교 등에 깊은 관심을 가지고
틈틈이 관련 외서 번역과 집필에 정성을 쏟고 있습니다.

e-mail: garlic3@hanmail.net

과학과 불교의 만남

-현대인을 위한 금강경 해설

지은이: 황의현
펴낸이: 김현회
펴낸곳: 도서출판 하늘북

초판 1쇄 발행일: 2006년 8월 18일

표지디자인: 백서연
본문디자인: 법등심
등록: 1999년 11월 1일(등록번호 제 300-2003-138)
주소: 서울시 종로구 내자동 164-1번지
전화: 02-722-7484 | 전송: 02-730-2646

커뮤니티: http://www.lotuskorea.net
E-mail:hanulbook@yahoo.co.kr

값: 12,000원
ISBN 89-90883-17-2 03220